"十四五"职业教育国家规划教材

职业教育经济管理类新形态系列教材

经济法实务

（第5版）

Jingjifa Shiwu

王琳雯 李良雄 ◎ 主编

人民邮电出版社

北 京

图书在版编目（CIP）数据

经济法实务 / 王琳雯, 李良雄主编. -- 5 版.

北京 : 人民邮电出版社, 2025. --（职业教育经济管理
类新形态系列教材）. -- ISBN 978-7-115-67340-4

Ⅰ. D922.29

中国国家版本馆 CIP 数据核字第 20255KQ497 号

内 容 提 要

　　本书是在总结职业院校经济法教学改革经验的基础上，针对社会主义市场经济发展和培养实用型人才需要而编写的财经类专业经济法教材。本书以我国最新的经济法律法规为依据，分别介绍了个人独资企业法、合伙企业法、公司法、《民法典》中的合同编、消费者权益保护法、产品质量法、反不正当竞争法、反垄断法、专利法、商标法、中国人民银行法、商业银行法、证券法、保险法、票据法、劳动法、税法、电子商务法、经济仲裁法与诉讼法等内容。

　　本书深入浅出地介绍了我国现行的经济法律法规及其实践，注重理论联系实际，精选相关案例进行分析，简明、通俗而实用，每章均设有丰富的习题以帮助读者巩固所学知识。同时，为开拓读者视野，本书还利用二维码链接了相关文本、视频等。

　　与本书配套的课程简介、课程标准、电子教案、电子课件、文本及视频案例、各类题目参考答案、补充练习题及答案、模拟试卷及答案等资料的索取方式参见"更新勘误表和配套资料索取示意图"（部分资料仅限用书教师下载，咨询 QQ：602983359）。

　　本书为职业院校非法律类专业经济法课程教科书，也可作为成人教育教材、在职培训教材或自学参考读物。

　◆　主　　编　王琳雯　李良雄
　　　责任编辑　万国清
　　　责任印制　陈　犇
　◆　人民邮电出版社出版发行　　北京市丰台区成寿寺路 11 号
　　　邮编　100164　电子邮件　315@ptpress.com.cn
　　　网址　https://www.ptpress.com.cn
　　　北京市鑫霸印务有限公司印刷
　◆　开本：787×1092　1/16
　　　印张：14　　　　　　　　　　2025 年 7 月第 5 版
　　　字数：356 千字　　　　　　　2025 年 7 月北京第 2 次印刷

定价：54.00 元

读者服务热线：(010)81055256　印装质量热线：(010)81055316
反盗版热线：(010)81055315

第5版前言

本书自 2011 年出版以来，经过多次修订再版和数十次重印，受到广大读者及同人认可。为了更好地落实立德树人这一根本任务，培养德才兼备的职业教育财经商贸大类专业人才，进一步增强教材的可读性，编者在深入学习党的二十大报告的基础上，依据我国最新经济法律法规的修订情况，特对本书再次进行修订。

本次修订秉承了第 4 版教材理论和实务并重的编写原则，在广泛吸取读者意见的基础上，主要做了以下几项工作。

一是结合新颁布或新修订/正的法律法规，更新了相关章节内容。随着我国社会经济的快速发展，相关经济法律法规也在不断推陈出新、修订完善，如 2023 年 9 月修正的《中华人民共和国民事诉讼法》、2023 年 12 月修订的《中华人民共和国公司法》、2023 年 12 月实施的《最高人民法院关于适用〈中华人民共和国民法典〉合同编通则若干问题的解释》、2024 年 7 月施行的《中华人民共和国消费者权益保护法实施条例》等。本次修订以截至 2025 年 6 月的最新法律为基础，更新、充实了上一版教材中相关章节的内容。

二是结合职业教育专业教学标准，新增了税收法律制度和电子商务法律制度两章内容。由于财经商贸大类专业不仅包括金融类、财务会计类、经济贸易类等专业，还涵盖了财政税务类、电子商务类等专业，为更好地契合财经商贸大类各专业人才培养需求，本次修订根据最新的《中华人民共和国增值税法》（2026 年 1 月实施）、《中华人民共和国关税法》（2024 年 12 月实施）等增补了有关税收、电子商务的相关重要法律知识，以拓宽各专业对章节内容的选择面，也使得本书内容体系更具合理性。

三是结合职业教育财经商贸大类专业人才培养特点，强化了实用性和可读性。本次修订为更好地落实立德树人这一根本任务，在每章章前增加了"素养目标"栏目，同时弱化了理论知识阐述，突出了经济业务的法律解析和运用，并增补、更新了"案例导入""实案广角""课堂讨论""知识拓展"等栏目内容，利用二维码链接补充文本及视频素材，使本书内容更加通俗易懂、重点更加突出，进一步增强了实用性和新颖性，以激发学生的求知欲。

四是结合授课和阅读需求，持续完善教学资料。本次修订全面更新了与本书配套的课程简介、课程标准、电子教案、电子课件、文本及视频案例、各类题目参考答案、补充练习题及答案、模拟试卷及答案等资料（部分资料仅限用书教师下载，咨询 QQ：602983359），后期还将不定期补充、完善这些资料。

本版教材由王琳雯、李良雄担任主编。具体分工如下：第一章和第四章由王琳雯修订；第二章、第三章、第六章的第一、二、五节和第十章由李良雄修订；第五章和第六章的第三、四节由常琳修订；第七章由张云修订；第八章、第九章由杨垠红编写。全书由王琳雯、李良雄统稿。

编者在修订过程中参阅了大量国内外的有关论著，在此对其作者表示诚挚的谢意。同时也感谢为本次修订提出宝贵意见的用书教师和广大读者。

由于编者水平有限，书中疏漏之处在所难免，敬请广大读者提出宝贵意见，以便编者进一步修订和改进。

编　者

目　　录

第一章　经济法基础知识 1

【学习目标】 1

【素养目标】 1

【法律链接】 1

第一节　经济法概述 1

　　一、法及其相关概念 1

　　二、代理制度 2

　　三、经济法的概念和调整对象 4

　　四、经济法的地位 4

　　五、经济法的渊源 5

第二节　经济法律关系 6

　　一、经济法律关系的特征 6

　　二、经济法律关系的构成要素 7

　　三、经济法律关系的产生、变更与终止 10

第三节　法律责任和经济法律责任 10

　　一、法律责任 11

　　二、经济法律责任 12

课后练习与实训 13

第二章　企业法律制度 15

【学习目标】 15

【素养目标】 15

【法律链接】 15

第一节　个人独资企业法 15

　　一、个人独资企业的设立 15

　　二、个人独资企业的投资人和事务管理 16

　　三、个人独资企业的解散和清算 17

第二节　合伙企业法 18

　　一、普通合伙企业 18

　　二、特殊的普通合伙企业 21

　　三、有限合伙企业 22

　　四、合伙企业的解散和清算 25

第三节　有限责任公司 26

　　一、有限责任公司的设立 26

　　二、有限责任公司的组织机构 28

　　三、有限责任公司的股权转让 31

第四节　股份有限公司 32

　　一、股份有限公司的设立 32

　　二、股份有限公司的组织机构 34

　　三、股份有限公司的股份发行与转让 38

第五节　公司的合并、分立、增减资、
　　　　解散和清算 39

　　一、公司的合并 39

　　二、公司的分立 40

　　三、公司的增资 40

　　四、公司的减资 41

　　五、公司的解散 41

　　六、公司的清算 42

课后练习与实训 43

第三章　合同法律制度 45

【学习目标】 45

【素养目标】 45

【法律链接】 45

第一节　合同法概述 45

　　一、合同与合同法的概念 46

　　二、合同的法律特征 46

　　三、合同的分类 46

第二节　合同的订立 47

一、订立合同的主体资格 47

二、合同订立的程序 47

三、合同成立的时间与地点 50

四、合同的内容和形式 50

五、缔约过失责任 51

第三节 合同的效力 52

一、合同的生效 52

二、无效合同 53

三、可撤销合同 53

四、效力待定合同 54

五、合同被确认为无效或被撤销后的
法律后果 55

第四节 合同的履行 56

一、合同履行的原则 56

二、双务合同履行中的抗辩权 56

三、合同的保全 57

第五节 合同的担保 59

一、保证 59

二、抵押 60

三、质押 61

四、留置 62

五、定金 62

第六节 合同的变更、转让和终止 62

一、合同的变更 63

二、合同的转让 63

三、合同的终止 64

第七节 违约责任 66

一、违约责任的归责原则 66

二、违约责任的免除 66

三、承担违约责任的方式 67

课后练习与实训 68

第四章 市场规制法律制度 70

【学习目标】 70

【素养目标】 70

【法律链接】 70

第一节 消费者权益保护法 70

一、消费者的概念与特征 71

二、消费者的权利 72

三、经营者的义务 73

四、消费争议 76

五、经营者的民事责任 78

第二节 产品质量法 79

一、产品与产品质量法 79

二、生产者、销售者的产品质量责任和
义务 80

三、产品质量损害赔偿责任 81

第三节 反不正当竞争法 83

一、不正当竞争行为及其表现形式 83

二、对不正当竞争行为的监督检查 85

第四节 反垄断法 85

一、垄断协议 86

二、滥用市场支配地位 87

三、经营者集中 88

四、行政性垄断 89

课后练习与实训 90

第五章 工业产权法律制度 92

【学习目标】 92

【素养目标】 92

【法律链接】 92

第一节 工业产权法概述 92

一、工业产权与工业产权法 92

二、工业产权的国际保护 93

第二节 专利法 93

一、专利权的主体和客体 94

二、授予专利权的条件 95

三、专利权人的权利和义务 97

四、专利权的申请、审查和批准 97

五、专利权的保护期限、终止和无效
宣告 98

六、专利实施的强制许可 98

七、专利权的保护 99

第三节 商标法 101

一、商标概述 101

二、商标的注册申请 103

三、商标注册申请的审查与核准 104

四、商标权人的权利和义务 104

五、注册商标的保护期限、续展和终止.....105

六、商标权的法律保护 105

课后练习与实训.................................107

第六章　金融法律制度.................109

【学习目标】.................................109

【素养目标】.................................109

【法律链接】.................................109

第一节　中国人民银行法.................109

一、中国人民银行的法律性质 109

二、中国人民银行的法律地位 110

三、中国人民银行的职责 110

四、中国人民银行的组织机构 111

五、中国人民银行的货币政策 111

六、中国人民银行的金融监督管理权 112

七、人民币 113

第二节　商业银行法.........................114

一、商业银行的设立 114

二、商业银行的经营原则和经营范围 115

三、商业银行的业务规则 116

四、商业银行的接管制度 118

五、商业银行的终止 119

第三节　证券法.................................120

一、证券机构 120

二、证券发行 121

三、证券交易 123

第四节　保险法.................................126

一、保险法的基本原则 126

二、保险业务的关系人 127

三、保险合同 128

第五节　票据法.................................131

一、票据法的基础理论 131

二、汇票 135

三、本票 137

四、支票 138

课后练习与实训.................................139

第七章　劳动法律制度.................141

【学习目标】.................................141

【素养目标】.................................141

【法律链接】.................................141

第一节　劳动法概述.........................141

一、劳动法的调整对象 141

二、劳动关系与相关概念 142

三、我国劳动法律对人的适用范围.........143

第二节　劳动合同.............................144

一、劳动合同的种类 144

二、劳动合同的条款 145

三、劳动合同的效力 146

四、劳动合同的解除及终止 146

第三节　工资、工作时间和休息休假
　　　　制度.................................149

一、工资制度 149

二、工作时间制度 150

三、休息休假制度 151

第四节　社会保险.............................152

一、社会保险的法律特征 152

二、社会保险的种类 153

三、社会保险待遇的计发 155

第五节　劳动争议的处理.................157

一、劳动争议概述 157

二、劳动争议调解 157

三、劳动争议仲裁 158

四、劳动争议诉讼 159

课后练习与实训.................................160

第八章　税收法律制度.................162

【学习目标】.................................162

【素养目标】.................................162

【法律链接】.................................162

第一节　税法概述.............................162

一、税收的特征 162

二、税法的调整对象 163

三、税法的构成要素 163

第二节　我国现行税法体系.................165

一、流转税类 165

二、所得税类 169

三、财产税类 172

第三节　税收征收管理法律制度 173

　　一、税务管理法律制度 174

　　二、税款征收法律制度 174

　　三、税务检查 176

　　四、违反税法的法律责任及处理 176

　　课后练习与实训 177

第九章　电子商务法律制度 179

【学习目标】 179

【素养目标】 179

【法律链接】 179

第一节　电子商务法概述 179

　　一、电子商务的特征 179

　　二、电子商务法的调整对象和电子商务的

　　　　立法概况 180

第二节　电子商务经营者规制 181

　　一、电子商务经营者的分类 181

　　二、电子商务经营者的市场主体登记 182

　　三、电子商务经营者的义务 182

　　四、电子商务平台经营者的特殊义务 183

第三节　电子商务合同法律制度 184

　　一、电子商务合同的特征 184

　　二、电子商务合同的成立 185

　　三、电子商务合同的履行 186

第四节　电子签名与电子支付法律

　　　　制度 187

　　一、电子签名法律制度 187

　　二、电子支付法律制度 189

　　课后练习与实训 193

第十章　经济仲裁与诉讼法律制度 195

【学习目标】 195

【素养目标】 195

【法律链接】 195

第一节　经济仲裁 195

　　一、经济仲裁的范围 195

　　二、经济仲裁的基本原则 196

　　三、仲裁机构 197

　　四、经济仲裁的基本制度 197

　　五、仲裁协议的无效 199

　　六、经济仲裁程序 200

第二节　经济审判 201

　　一、经济审判的基本制度 201

　　二、审判管辖 203

　　三、原告与被告 205

　　四、诉讼时效 206

　　五、经济诉讼程序 207

　　六、执行程序 210

第三节　人民法院对仲裁的监督 211

　　一、仲裁裁决的撤销 211

　　二、仲裁裁决的不予执行 211

　　三、仲裁裁决的中止执行、终结执行和

　　　　恢复执行 212

　　课后练习与实训 213

主要参考文献 215

更新勘误表和配套资料索取示意图 216

第一章

经济法基础知识

【学习目标】

◆ 掌握法律、法律规范、法律部门和法律体系的概念，掌握代理的概念、特征、种类、法律责任，了解委托代理终止的情形。

◆ 掌握经济法的概念和调整对象，了解经济法的渊源。

◆ 掌握经济法律关系的构成要素，了解经济法律关系的产生、变更和终止。

◆ 了解经济法律责任的特征及条件。

【素养目标】

树立社会主义核心价值观，培养经济法治意识和精神，维护社会正义、交易公平、宏观效率和公共福利，培养良好的价值判断能力，做当代市场经济法治的践行者。

【法律链接】

《民法典·总则》[①]

第一节　经济法概述

案例导入

甲与乙签订了委托代理合同，由乙代理销售一批天鹅绒棉被。乙在代理权限内与丙签订买卖合同将该批货物出售给丙，但因乙未及时掌握该货物价格变动的信息，这批货物的出售价格低于市场价格。事后，甲以价格低为由拒绝交货，并称要交货乙就得赔偿这次交易所造成的损失。现丙向人民法院起诉，要求判令甲依合同交付货物。

请问：（1）人民法院会支持丙的诉讼请求吗？

（2）甲有权要求乙赔偿一定的损失吗？

一、法及其相关概念

1. 法和法律

法是人类进入阶级社会以后的产物，是统治阶级的根本利益和共同意志的集中体现。法律有广义和狭义之分。在我国，狭义的法律仅指全国人民代表大会及其常务委员会制定的规范性文件；广义的法律是指法的整体，即国家制定或认可并由国家强制力保证实施的各种规范性文件的总和。

---

① 简便起见，一般情况下，本书中的法律法规、机构等一律使用简称，如《中华人民共和国民法典》简称为《民法典》，中国证券监督管理委员会简称为证监会，等等。

2. 法律规范、法律部门和法律体系

法律规范是指由国家制定或认可的，具有特殊内在结构，通过法律条文表述的，以国家强制力保证实施的行为规则。法律规范是构成法的基本细胞，是相对独立的基本法律单位。它通常由条件（或称假定）、模式（或称处理或指示、行为模式）和后果（或称制裁）等三部分组成。这三个部分密切联系、缺一不可，否则就不能构成法律规范。其中，条件是指法律规范中所指出的适用法律规范的情况；模式是指法律规范所规定的行为规则部分，即允许人们做什么、禁止做什么或要求做什么；后果是指法律规范中所规定的，人们在做出符合或者违反规范的行为时，会带来什么法律后果。

任何法律规范，都是为了调整一定的社会关系而制定的，所以不能缺少条件部分。

由于一切法律规范都是用来调整一定社会关系中人们的行为的，必须有明确的规定和要求，所以模式是法律规范的核心要素，是最基本的组成部分。

法律规范区别于一般社会规范的主要特点是它具有国家强制性，只有对人们的合法行为加以赞许、保护或奖励，对人们的违法行为进行制裁，才能使法律规范所规定的行为模式在实际生活中发挥规范性作用；否则，法律就会失去规范性、严肃性和权威性。因而后果部分在法律规范中也是必不可少的。

法律部门又称部门法，是根据一定原则和标准所划分的本国同类法律规范的总称。

法律部门由法律规范组成，同一类法律规范构成一个法律部门，没有法律规范也就没有法律部门。调整特定社会关系的全部现行法律规范，组成了一个独立的法律部门。一个国家之所以有许多法律部门，就是因为法律规范所调整的社会关系具有多样性。法的调整对象是划分法律部门的标准。目前，我国的法律部门主要有宪法、民法、刑法、行政法、商法、诉讼法、经济法等。

法律体系是由这些法律部门组成的具有内在联系的、互相协调的统一整体。一个国家的现行法律规范是多种多样的，它们涉及社会生活的各个方面，有着不同的内容和形式；但它们并不是杂乱无章的，而是紧密联系的，形成了完整、有机、统一的体系。

二、代理制度

代理是指代理人以被代理人的名义，在代理授权围内与第三人进行的、确立被代理人与第三人之间一定的法律关系的法律行为。

1. 代理的特征

代理具有以下法律特征：①代理是代理人以被代理人的名义，即代替被代理人进行的法律行为；②代理人在代理权限内有权独立自主地进行代理行为；③代理是代理人与第三人之间进行的具有法律意义、产生法律后果的法律行为；④代理人的代理后果由被代理人承受，从而在被代理人与第三人之间确立了法律关系。

2. 代理的种类

《民法典》第一百六十三条规定："代理包括委托代理和法定代理。委托代理人按照被代理人的委托行使代理权。法定代理人依照法律的规定行使代理权。"

委托代理是基于被代理人的委托而产生的代理。经济关系中主要采取委托代理形式。

法定代理即代理人的代理权是根据法律的直接规定而产生的一种代理关系。如监护人对被监护人实施法律行为的代理。

3. 代理的法律责任

在代理法律关系中，代理人和被代理人承担法律责任的情形主要有以下几种。

（1）无代理权，又称无权代理。行为人没有代理权、超越代理权或者代理权终止后，仍然

实施代理行为，未经被代理人追认的，对被代理人不发生效力。相对人可以催告被代理人自收到通知之日起 30 日内予以追认。被代理人未作表示的，视为拒绝追认。

行为人实施的行为被追认前，善意相对人有撤销的权利。撤销应当以通知的方式作出。行为人实施的行为未被追认的，善意相对人有权请求行为人履行债务或者就其受到的损害请求行为人赔偿。但是，赔偿的范围不得超过被代理人追认时相对人所能获得的利益。

相对人知道或者应当知道行为人无权代理的，相对人和行为人按照各自的过错承担责任。行为人没有代理权、超越代理权或者代理权终止后，仍然实施代理行为，相对人有理由相信行为人有代理权的，代理行为有效。

（2）代理人不履行或者不完全履行职责，造成被代理人损害的，应当承担民事责任。代理人和相对人恶意串通，损害被代理人合法权益的，代理人和相对人应当承担连带责任。

（3）代理人知道或者应当知道代理事项违法仍然实施代理行为，或者被代理人知道或者应当知道代理人的代理行为违法未作反对表示的，被代理人和代理人应当承担连带责任。

（4）代理人需要转委托第三人代理的，应当取得被代理人的同意或者追认；否则，代理人应当对转委托的第三人的行为承担责任。但在紧急情况下，代理人为维护被代理人利益而转委托的不在此限。

因此，案例导入中，首先，人民法院会支持丙的诉讼请求。本案代理为有效代理，代理人的代理后果由被代理人承受。其次，甲有权要求乙赔偿损失。代理人不完全履行职责，造成被代理人损害的，应当承担民事责任。

4. 委托代理的终止

根据《民法典》的规定，有下列情形的委托代理终止。

（1）代理事务完成或者代理期限届满。委托代理的代理人与被代理人之间的代理关系因委托事务的完成、代理目的的实现而自然归于终止。委托代理若是有期限的，当代理的期限届满，代理关系即归于终止。

（2）被代理人取消委托或者代理人辞去委托。委托代理是在代理人与被代理人之间，基于相互信赖而自愿设立的代理关系，如果双方或其中任何一方的信赖基础发生动摇，任何一方都可以终止这种委托代理关系。

（3）代理人丧失民事行为能力。在代理关系中，代理人的职责是以被代理人的名义实施民事法律行为并独立作出意思表示，要求代理人必须具有民事行为能力。若代理人丧失了民事行为能力，便丧失了代理他人为民事法律行为的资格，从而导致代理权的丧失和代理关系的消灭。

（4）代理人或者被代理人死亡。代理人或者被代理人死亡当然导致委托代理终止。但根据《民法典》的规定，被代理人死亡后，有下列情形之一的，委托代理人实施的代理行为有效：①代理人不知道且不应当知道被代理人死亡；②被代理人的继承人予以承认；③授权中明确代理权在代理事务完成时终止；④被代理人死亡前已经实施，为了被代理人的继承人的利益继续代理。

（5）作为被代理人或者代理人的法人、非法人组织终止。法人的终止，是法人资格在法律上不再存在，是民事权利主体资格的终止。因此，法人的终止，无论是作为被代理人还是作为代理人，都使代理关系归于消灭。非法人组织的终止也意味着该组织民事主体资格消失。

📖**知识拓展**

哪些行为不得代理

《民法典》第一百六十一条第二款规定："依照法律规定、当事人约定或者民事法律行为的性质，应当由本人亲自实施的民事法律行为，不得代理。"

依照双方当事人约定，应当由本人亲自实施的民事法律行为不得代理。如演讲、约稿、授课、预约绘画、预约演出等，此类行为因与债务人的知识积累、表演水平、创作能力分不开，必须由债务人亲自履行，不能由他人代理。

内容违法的行为、侵权行为不得代理，例如非法侵害他人人身权、财产权的行为；私自买卖黄金、贩毒等行为都是国家法律所禁止的行为，当然不能进行，因而也不能代理。

三、经济法的概念和调整对象

1. 经济法的概念

经济法是调整国家在管理与协调经济运行过程中发生的经济关系的法律规范的总称。我们可从以下几个方面理解这一概念的含义。

（1）经济法是调整经济关系的法律规范的总称。经济法作为一个独立的法律部门，是由一系列调整经济关系的法律规范按照其固有的特征所构成的一个整体。经济法是由经济法律规范所组成的，但并不是一切经济法律规范都属于经济法的内容，其他法律部门也可以包含一定数量的经济法律规范。如民法、行政法等都包含了一定数量的经济法律规范。

（2）经济法调整的是经济关系。经济法调整的关系具有经济性质，凡不属于经济关系的其他社会关系均不属于经济法调整的对象。如人身关系、行政管理关系等不是经济关系，不属于经济法调整的对象。

（3）经济法调整的是一定范围内的经济关系。经济法调整一定范围内的经济关系，即国家在管理和协调经济运行过程中所发生的经济关系，而不是一切经济关系，也不是经济关系以外的其他社会关系。财产继承关系、财物赠与关系等虽是经济关系，但不属于经济法调整的对象。

2. 经济法的调整对象

经济法的调整对象主要是社会经济活动中一定范围内的经济关系，即在社会经济调控与管理活动以及市场经济运行中所发生的各种经济关系。这些经济关系主要包括以下几个方面。

（1）市场主体调控关系。它是指国家在对市场主体的活动进行管理，以及市场主体在自身运行过程中所发生的经济关系。国家作为市场协调主体，其协调的客体是本国经济运行中的经济关系，协调的方式是法律手段和管理手段，协调的目的是使市场经济运行符合客观规律的要求，推动国民经济的发展。企业是最主要的市场主体。

（2）市场运行调控关系。它是指国家为了建立市场经济秩序，维护国家、生产经营者和消费者的合法权益而干预市场所发生的经济关系。如反不正当竞争、反垄断、保证产品质量等方面的法律所涉及的关系。

（3）宏观经济调控关系。它是指国家为了实现经济总量的基本平衡，促进经济结构的优化，推动社会经济的协调发展，对国民经济的总体活动进行调节和控制过程中发生的经济关系。

（4）社会分配调控关系。它是指国家在对国民收入进行初次分配和再分配过程中所发生的经济关系，如财政、税收方面的法律关系。

四、经济法的地位

经济法的地位是指经济法在法的体系中的地位。讨论经济法的地位主要讨论以下两个问题：①经济法是不是一个独立的法律部门；②经济法在整个法的体系中与其他部门法的相互关系，以及经济法在整个法的体系中的重要性。

经济法不仅是一个独立的法律部门，而且是宪法之下的一个重要法律部门，它是与民法、行政法、刑法等并列的基本法。经济法不仅有自己独特的调整对象和基本原则，而且其内部也形成了较为严密的体系。经济法的体系包括经济法理论、市场主体法、市场管理法、宏观调控法、社会保障法等内容。

【课堂讨论】经济法与民法、行政法的主要区别有哪些？

五、经济法的渊源

经济法的渊源是指经济法律规范赖以存在和表现的形式，它主要表现在各国家机关根据其职权范围所制定的各种规范性文件之中。我国经济法的渊源主要有以下几种。

1. 宪法

宪法规定了国家的根本制度和根本任务，具有最高法律效力。宪法中对我国基本经济制度的规定以及其他原则性规定是制定经济法的依据。因此，宪法是经济法的最重要渊源。

2. 法律

法律包括全国人民代表大会制定的基本法律和全国人民代表大会及其常务委员会制定的一般法律。经济法律在规范性文件体系中处于仅次于宪法的地位，它是经济法的主要渊源。

此外，全国人民代表大会及其常务委员会作出的规范性的决议、决定，同全国人民代表大会及其常务委员会制定的法律具有同等效力，也属于经济法的渊源。

3. 行政法规

国务院是最高国家权力机关的执行机关，是最高国家行政机关。国务院制定的行政法规的数量远大于法律的数量，是经济法的重要渊源。

国务院发布的规范性的决定和命令，同行政法规具有同等的法律效力，也属于经济法的渊源。

4. 地方性法规

省、自治区、直辖市的人民代表大会及其常务委员会，在不同宪法、法律、行政法规相抵触的前提下，可以制定地方性法规，报全国人民代表大会常务委员会备案。设区的市的人民代表大会及其常务委员会，在不同宪法、法律、行政法规和本省、自治区的地方性法规相抵触的前提下，可以依照法律规定制定地方性法规，报本省、自治区人民代表大会常务委员会批准后施行。

地方性法规涉及调整在国家宏观调控本国经济运行过程中发生的经济关系的，也属于经济法的渊源。

5. 自治条例和单行条例

民族自治地方（自治区、自治州、自治县）的人民代表大会有权依照当地民族的政治、经济和文化的特点制定自治条例和单行条例，用于协调经济运行过程中发生的经济关系。自治条例和单行条例也属于经济法的渊源。

6. 部委和政府规章

国务院各部委和省、自治区、直辖市人民政府以及设区的市的人民政府在其职权范围内依法制定的规章，发布的规范性命令、指示、决议，也都属于经济法的渊源。但它们的效力低于宪法、法律和行政法规。

7. 特别行政区基本法和有关规范性文件

特别行政区实行其特有的法律制度。全国人民代表大会授权特别行政区享有立法权，特别行政区可以根据基本法的规定并依照法定程序制定、修改和废除法律。特别行政区协调其经济运行过程中发生的经济关系的基本法和有关的规范性文件，也属于经济法的渊源。

8. 法律解释

法律解释有广义和狭义之分。狭义的法律解释即法定解释，又称为正式解释、有权解释或官方解释，是指由特定的国家机关根据宪法和法律所赋予的职权，对有关法律规定所作的具有法律效力的解释。广义的法律解释包括法定解释和非法定解释。非法定解释不属于经济法的渊源。

按照进行解释的国家机关的不同，法定解释分为以下三类：①立法解释，即全国人民代表大会常务委员会对宪法及法律的解释；②司法解释，即最高人民法院及最高人民检察院在司法工作中对如何具体应用法律所作的解释；③行政解释，即法定的国家行政机关对法律如何具体应用或自己依法制定的规范性文件所作的解释。

9. 国际条约

国际条约不属于国内法的范畴，但我国签订和加入的国际条约对国内的国家机关、社会团体、企事业单位和自然人有约束力。因此，就其具有与国内法同样的约束力而言，这些国际条约也属于我国经济法的渊源。

第二节　经济法律关系

案例导入

甲税务局与乙公司签订承揽合同，由乙公司承揽甲税务局新办公楼的外装修工程。某日，因大风造成施工脚手架倒塌，在事故调查过程中，发现脚手架有质量问题，且甲税务局局长陈某有收受施工单位好处的行为。据此，甲税务局上级单位作出以下决定：解除承揽合同，撤销陈某该局局长的职务。对此，乙公司不同意解除合同，并准备向甲税务局所在地的人民法院提起诉讼。

请问：本案中哪些属于经济法律事实中的事件？哪些属于经济法律事实中的行为？

一、经济法律关系的特征

经济法律关系是法律关系的一种，是指在国家干预社会经济活动的过程中，由经济法律规范确认的，在经济法主体间形成的以权利与义务为内容的关系。

经济法律关系作为法律关系的一种，除具有法律关系的一般特征外，还有其本身的特征。

首先，多数情况下经济法律关系的一方主体为特定国家经济管理机关或行使国家权力的某些职能机构，另一方为市场主体，主要是企业和自然人。经济法律关系主体之间的地位多是不平等的。

其次，经济法律关系是国家依法干预社会经济活动过程中发生的权利义务关系。经济法律关系是一种带有强制性，具有特定经济内容的经济职权和经济职责、经济权利和经济义务的关系。

再次，经济法律关系表现为一定的经济管理行为。

最后，经济法律关系有严格的法定形式，一般采取书面形式，有的还需登记、鉴证、公证等。

经济法律关系与经济关系既有区别又有联系。经济关系是人们在物质生产和再生产过程中结成的相互关系，包括生产、分配、交换和消费等方面的关系，它是特定经济领域内的社会关系。经济法律关系是一定领域的经济关系在法律上的体现，是以经济关系为基础而形成的。

【案例1.1】某年5月底，A市税务机关稽查分局接到举报，称A市××啤酒股份有限公司有偷税嫌疑。经调查取证，发现该公司少缴税款 34 500 元。根据《税收征收管理法》有关规定，责令该公司补缴所偷漏的税款，并处以 50 000 元罚款。

请问：本案是否构成经济法律关系？

解析：构成经济法律关系。本案中 A 市税务机关稽查分局为我国经济管理机关，其查处 A 市××啤酒股份有限公司偷税、漏税的问题，是行使经济管理职权中的"税收监督权"，是经济管理行为，符合经济法律关系的特征。

二、经济法律关系的构成要素

任何法律关系都是由主体、客体和内容这三个要素构成的。这三个要素必须同时具备，缺少其中任何一个，都不能形成法律关系；如果变更其中一个要素，便会引起法律关系的变更。经济法律关系作为法律关系的一种，也是由主体、客体和内容这三个要素构成的。

（一）经济法律关系的主体

经济法律关系的主体是指在经济法律关系中，享有经济权利和承担经济义务的当事人，也称经济法主体。享有经济权利的当事人称为权利主体，承担经济义务的当事人称为义务主体。没有主体参与的法律关系是不存在的，它们是经济法律关系的第一要素。

判断当事人是否成为经济法律关系主体，应把握以下几点：①经济法主体能够以自己名义独立地参与经济法律关系；②经济法主体必须是经济权利的享有者和经济义务的承担者；③经济法主体能够独立或相对独立地承担经济法律责任。

法律关系主体的数目因法律关系的具体情况而定，但任何一个法律关系至少要有两个主体，如此才能在它们之间形成以权利和义务为内容的法律关系。

那么，经济法律关系的主体资格如何取得？谁能取得主体资格？

1. **经济法主体资格**

所谓经济法主体资格是指当事人参与经济法律关系，享受经济权利和承担经济义务的资格或能力。只有具有经济法主体资格的当事人，才能参与经济法律关系，享受经济权利和承担经济义务。未取得经济法主体资格的组织不能参与经济法律关系，不能从中享有权利和承担义务。

经济法对经济法主体资格，一般采用法律规定一定条件或规定一定程序成立的方式予以确认。包括以下几种方式：①依照宪法和法律由国家各级权力机关批准成立；②依照法律法规由国家各级行政机关批准成立；③依照法律法规和规章由经济组织自行批准成立；④依照法律法规由主体自己向国家有关机关申请并经核准登记而成立；⑤由法律法规直接赋予一定身份而成立。

2. **经济法主体的范围**

依照我国有关法律的规定，目前在我国具有经济法律关系主体资格的，主要有以下几类。

（1）国家机关。国家机关是行使国家职能的各种机关的总称，它包括国家权力机关、国家行政机关、国家司法机关等。作为经济法主体的国家机关，主要是指国家行政机关中负有经济管理职权的经济管理机关。经济管理机关可以分为三类：一是综合性的经济管理机关，如国家发展改革委、中国人民银行、财政部等；二是行业性的经济管理部门，如商务部、交通运输部、农业农村部等；三是专门职能部门，如国家市场监督管理总局、国家税务总局等。在地方各级人民政府中，也相应设立了有关经济管理机关。上述国家经济管理机关在市场管理和宏观经济调控过程中发挥着重要作用。某些情况下，国家也可以作为主体参与经济法律关系，如发行国债、出让国有土地使用权、以政府名义与外国签订经济贸易协定等。

（2）企业和其他社会组织。企业是指从事生产经营活动，依法自主经营、自负盈亏并实行独立核算的经济组织。其他社会组织是指经法定程序成立，实行独立核算或预算，拥有独立的财产权或经营管理权的组织，包括事业单位和社会团体。经济法律关系发生在多种经济法主体之间，但主要发生在国家机关与企业之间、企业与企业之间。因此，企业是最广泛、最普遍的经济法主体。企业和其他社会组织在经济活动中参与多种协作关系，从而成为经济协作关系的主体；同时，企业和其他社会组织进行经济活动时要服从国家经济管理机关的管理，从而成为经济管理关系的一方主体。

（3）企业内部组织和有关人员。企业内部组织是指隶属于企业，担负企业一定生产经营职能的分支机构、职能科室和基层业务活动的组织机构。除某些分支机构可以参与企业外部经济法律关系外，其他内部机构则只能参与企业内部的经济法律关系。它们虽不具有独立的法人地位，但在一定条件下也是经济法律关系的主体，如分公司、分店等依法作为纳税人参与纳税，与税务机关形成税收法律关系，便具有了经济法主体的地位。企业的领导人员、其他管理人员或者其他职工也可以参与企业内部的经济管理关系，成为经济法主体。但这时他们不是以一般公民的身份而是以企业成员的身份参与经济法律关系。

（4）城乡个体工商户、农村承包经营户和公民。他们是民事法律关系的主体，但当他们与国家经济管理机关、企事业单位、社会团体发生经济权利和义务关系时，就成为经济法主体。如农户与集体经济组织发生承包关系，个体工商户或公民与税务机关发生税收征收关系的情况。

（二）经济法律关系的内容

经济法律关系的内容是指经济法主体所享有的经济权利和承担的经济义务。它是经济法律关系的核心，直接反映了经济法主体的要求和利益。

经济权利和经济义务既相互对立又相辅相成，一方的权利就是他方的义务。不同的经济法律关系中，主体的权利、义务各不相同。

1. 经济权利

经济权利是指经济法主体依法具有自己为或不为一定行为和要求他人为或不为一定行为的资格。不同的经济法主体享有不同的经济权利。比如，国家行政机关有权运用利率、税率、汇率等经济杠杆和价格政策，调控和引导企业行为；企业有权拒绝任何机关和单位乱摊派等。经济权利的主要内容包括以下几个方面。

（1）经济职权。经济职权是指国家机关及其工作人员在行使经济管理职能时依法享有的权利，如国民经济决策权，对社会经济活动的监督权、审核权、许可权等。经济职权的产生基于国家授权或法律的直接规定，具有隶属性和行政权力性。在国家机关及其工作人员依法行使经济职权时，其他经济法主体均应服从。同时对于国家机关及其工作人员来说，这种职权既是权利又是义务，因此不可随意放弃和转让。

（2）财产所有权。财产包括有形财产和无形财产两类。财产所有权是指法律确认和保护的所有人对自己的财产占有、使用、收益和处分的权利。一定的财产所有权是进行经济活动的前提。

（3）经营管理权。经营管理权是指企业进行生产经营活动时依法享有的权利。经营管理权的内容包括产、供、销、人、财、物各个方面，如经营方式选择权、生产经营决策权、物资采购权、产品销售权、人事劳务管理权、资金支配使用权、物资管理权，以及其他经营管理权。

（4）请求权。请求权是指经济法主体的合法权益受到侵犯时依法享有的要求侵权人停止侵权行为和要求国家机关保护其合法权益的权利。经济法主体主要享有要求赔偿权、申请仲裁权、经济诉讼权、破产申请权等请求权。

2. 经济职责

经济职责是指国家机关行使经济职权时必须为一定行为或不为一定行为的责任。作为的职责是主动行使经济管理职能，制定和完善经济发展制度和计划，对国民经济运行进行宏观管理和调控，监督市场主体的生产经营行为等；不作为的职责是指以不作为某种行为的方式履行职责，即不滥用国家机关经济职权。经济职责是国家机关的职务责任，其职责范围与该机关的经济职权相一致。

3. 经济义务

经济义务是除国家机关以外的经济法主体在经济法律关系中必须为一定行为或不为一定行为的责任。其中作为的义务主要有：第一，贯彻国家的方针和政策，遵守法律法规；第二，服从合法的经济调控；第三，依法缴纳税金和其他费用；第四，全面履行协议和经济合同。不作为的义务主要是不侵犯其他经济主体的利益等。

经济义务具有强制性，如不履行或不适当履行，都要受到法律的制裁。

（三）经济法律关系的客体

经济法律关系的客体是指经济法主体享有的经济权利和承担的经济义务所指向的对象，包括物、经济行为、智力成果等。

经济法律关系的客体是确立权利义务关系的性质和具体内容的依据，也是确定权利行使与否和义务是否履行的客观标准。如果没有客体，经济权利和义务就失去了指向的目标，就要落空。因此，客体是经济法律关系不可缺少的要素之一。

（1）物，是指具有一定经济价值，可以由经济法主体控制和支配的物质财富，如土地、矿藏、水流、森林、机器、建筑物、货币、有价证券等。物是经济法律关系客体中最普遍、最主要的一种，但并不是自然界中的所有物都可以成为经济法律关系的客体。凡是不具有经济价值，或者不能为人们认识、控制或支配的物，都不能成为经济法律关系的客体。

（2）经济行为，是经济法主体为了实现一定的经济目的所进行的活动，如生产经营行为、经济管理行为、建设工程承包、货物运输、加工承揽等。

（3）智力成果，是指人们创造的能够带来经济价值的创造性脑力劳动成果，如专利、商标和专有技术等。智力成果虽不表现为物质，但它具有重要的经济价值，可以创造能满足社会一定需要的物质财富，能提高经济效益。如专利可以转化为专利产品，并带来一定的经济效益。随着社会的进步和科学技术的发展，智力成果成为社会财富的重要组成部分。

【**案例1.2**】甲请乙（为中介公司）帮助其寻找适当的出租房。双方在合同中约定：①该出租房应是位于城里的一居室，月租金不高于3 000元，甲支付1 000元作为中介费；②乙应在签订合同后1个月内找到符合要求的出租房，否则退还中介费并解除合同；③如双方发生争议，提请当地仲裁机构仲裁。

某日，乙通知甲找到了合适的出租房，但月租金为3 500元，甲表示同意。甲准备入住时才发现，出租房不是一居室，而是一套房其中的一间。甲找到乙要求退还中介费，但遭到拒绝，双方遂发生争议。在争议过程中，双方发生身体接触，造成甲受伤住院1个月。甲出院后再次找到乙，除继续要求退还中介费外，还要求支付医药费。经多次协商无果后，甲向当地人民法院提起诉讼，要求乙退还中介费并支付医药费。

请问：该案中经济法律关系的主体、内容和客体分别是什么？

解析：①甲与乙是该经济法律关系的主体。②得到出租房信息是甲的经济权利，支付中介费是甲的经济义务；获得中介费是乙的经济权利，提供出租房信息是乙的经济义务。这些经济权利和经济义务共同构成双方经济法律关系的内容。③经济法主体权利和义务指向的对象是寻找出租房的行为，其为该经济法律关系的客体。

三、经济法律关系的产生、变更与终止

经济法律关系的产生是指根据经济法律规范经济法主体之间经济权利和经济义务关系的形成；经济法律关系的变更是指经济法律关系主体、客体和内容的变化；经济法律关系的终止是指经济法主体之间经济权利和经济义务关系的消灭。

在社会经济活动中，经济法律关系处在不断地产生、变更和终止的运动过程中。但它的产生、变更和终止需要具备以下条件。

1. 法律规范

如果在某一经济领域，国家没有颁布和实施经济法律法规，则这一经济领域就不会有经济法律关系的产生，更不会有经济法律关系的变更和终止。因此，经济法律关系的产生、变更和终止是以经济法律法规为前提的。

2. 法律事实

一般来说，经济法律规范并不能直接引起经济法律关系的变化，只有当经济法律规范规定的法律事实出现时，才会引起经济法律关系的产生、变更和终止。

所谓法律事实，是指由经济法所规定的，能够引起经济法律关系产生、变更和终止的客观情况或现象。它是引起经济法律关系产生、变更和终止的直接原因。法律事实可以分为法律行为和法律事件。

法律行为是指以当事人的意志为转移，能够引起经济法律关系的产生、变更和终止的人们有意识的活动，包括合法行为和违法行为两类。如依法订立合同，不履行或不适当履行合同义务等。法律行为是引起经济法律关系产生、变更和终止最普遍的法律事实。

法律事件是指不以当事人的意志为转移，能够导致经济法律关系产生、变更和终止的客观事实。事件可以是自然现象，如地震、台风等自然灾害；也可以是社会现象，如战争、重大政策的变化等。因此，本节案例导入中，因大风造成施工脚手架倒塌属于经济法律事实中的事件；签订承揽合同、陈某收受施工单位好处、解除合同属于经济法律事实中的行为。

任何经济法律关系的产生、变更和终止，都离不开法律事实。在现实经济活动中，大多数情况下，经济法律关系产生、变更和终止只需要一个法律事实的出现，但有时需要两个或两个以上的法律事实的出现。这种情况称为法律事实的构成。此时，只有形成法律事实构成的两个或两个以上的法律事实全部具备，经济法律关系才能产生、变更或者终止。

第三节　法律责任和经济法律责任

案例导入

童某、陈某和姜某三人共同出资设立了一家儿童制衣有限公司，公司注册资本为60万元，经市场监督管理部门登记，领取了营业执照，其经营范围为生产并销售儿童服装。2022年年初，童某等人看到临近春节儿童玩具市场火爆，所以商量后决定也兼售儿童玩具。后被人举报，市场监督管理部门对该公司予以罚款和暂扣营业执照的处罚。

请问： 该公司承担的是哪种法律责任？

一、法律责任

法律责任制度是任何一个法律部门都不可或缺的法律制度。所谓法律责任，即指法律主体因未承担法律规定必须承担的义务，所必须接受的、带有否定性的法律后果。

法律责任作为社会责任的最高形态，与其他责任形态相比，具有以下特征：①承担法律责任的最终依据是法律；②法律责任具有国家强制性。

（一）法律责任与法律制裁

法律制裁是指由特定国家机关对违法者依其所应负的法律责任而实施的强制性惩罚措施。

法律制裁与法律责任有着紧密的联系。一方面，法律制裁是承担法律责任的一种重要方式。法律责任是前提，法律制裁是结果或体现。法律制裁的目的，是强制责任主体承担否定的法律后果，惩罚违法者，恢复被侵害的权利和法律秩序。另一方面，法律制裁与法律责任又有明显的区别。法律责任不等于法律制裁，有法律责任不等于一定有法律制裁。而且在追究违法者的法律责任时，可视其违法情节、危害程度、主观方面等具体情况，依法减轻、免予或从重、加重制裁。这表明，即便是有法律制裁的情况下，法律责任的承担方式也是有轻有重的。

（二）法律责任的种类

根据我国有关法律的规定，违反法律法规应当承担的法律责任可分为民事责任、行政责任和刑事责任等三类。

1. 民事责任

民事责任指法律关系主体违反民事法律法规所应承担的责任。根据《民法典》的规定，承担民事责任的方式主要有：①停止侵害；②排除妨碍；③消除危险；④返还财产；⑤恢复原状；⑥修理、重作、更换；⑦继续履行；⑧赔偿损失；⑨支付违约金；⑩消除影响、恢复名誉；⑪赔礼道歉。

需要强调的是，追究民事责任还应注意诉讼时效问题。诉讼时效是权利人在法定期间内不行使权利，则人民法院对权利人的权利不再给予保护的制度。诉讼时效届满，权利人丧失胜诉权，但仍享有实体权利，因而若当事人自愿履行，则不受诉讼时效限制。《民法典》规定，向人民法院请求保护民事权利的诉讼时效期间为3年。诉讼时效期间自权利人知道或者应当知道权利受到损害以及义务人之日起计算。法律另有规定的，依照其规定。但是，自权利受到损害之日起超过20年的，人民法院不予保护，有特殊情况的，人民法院可以根据权利人的申请决定延长。

2. 行政责任

行政责任指国家行政机关或法律法规授权的组织对违反行政法律规范的单位和个人依据法定程序所给予的制裁。行政责任包括行政处分和行政处罚。对国家机关工作人员违反行政法律规范的行为给予行政处分。行政处分的种类有警告、记过、记大过、降级、撤职、开除等。对违反行政法律的责任人给予的是行政处罚。行政处罚的种类有：警告、通报批评；罚款、没收违法所得、没收非法财物；暂扣许可证件、降低资质等级、吊销许可证件；限制开展生产经营活动、责令停产停业、责令关闭、限制从业；行政拘留；法律、行政法规规定的其他行政处罚等。因此，本节案例导入中，市场监督管理部门对该公司给予罚款和暂扣营业执照属于行政处罚，故该公司承担的是行政责任。

3. 刑事责任

刑事责任指触犯国家刑事法律的行为人所应承担的法律责任。刑事违法即犯罪，承担刑事法律责任方式即刑事处罚。

刑事处罚包括管制、拘役、有期徒刑、无期徒刑和死刑五种主刑，还包括剥夺政治权利、罚金和没收财产三种附加刑。附加刑可以单独适用，也可以与主刑合并适用。

二、经济法律责任

经济法律责任是指经济法主体因实施了违反经济法律法规的行为，而应承担的法律后果。

（一）经济法律责任的特征

经济法律责任的特征有以下几个。

（1）经济法律责任具有单向性。从法律上讲，权利和义务是对等的，义务和义务也是对等的，但经济法律责任只是违法主体的单向义务，不存在对等性。

（2）经济法律责任具有因果性。经济法律责任不是凭空产生的消极义务，而是与经济法主体的先前行为存在因果关系。没有经济法主体的违法行为，就不可能产生经济法律责任。

（3）经济法律责任具有经济性。经济法律责任同其他法律责任的主要区别（即根本区别）在于，它是在国家干预和调节社会经济的过程中产生的。这就决定了经济法律责任的内容具有经济性。

（4）经济法律责任具有强制性。经济法律责任同其他法律责任一样，从本质上讲，它们都是一种法定的强制性义务。

（二）经济法律责任的条件

承担经济法律责任的条件有以下几个。

（1）主体必须有经济违法行为存在。经济违法行为不仅是产生经济法律责任的前提，而且是承担经济法律责任的必备条件。经济法主体的违法行为既包括违反法定经济义务的行为，也包括不正确地行使权利的行为；既包括作为的经济违法行为，也包括不作为的经济违法行为。

（2）主体的违法行为必须给国家、社会或个人造成损害事实。主体的经济违法行为给国家、社会或个人造成的损害，既包括经济的，也包括人身的；既包括有形的，也包括无形的；既包括现实的，也包括潜在的；既包括对国家和社会的，也包括对个人的。

（3）主体的经济违法行为与损害事实之间存在因果关系。主体要承担经济法律责任，不仅要有经济违法行为和损害事实，而且要求经济违法行为与损害事实之间必须具有内在的、必然的引起和被引起的关系。

（4）主体在主观上必须具有故意或者过失。主体承担经济法律责任，不仅要具备客观方面的条件，还必须同时具备主观方面的条件，即要具备法定的故意或者过失的主观因素。

（三）经济法律责任的依据

承担经济法律责任的依据主要有以下两种。

1. 事实依据

承担经济法律责任的事实依据，是指经济违法主体实施的具体的、特定的经济危害行为。

首先，这种行为是客观存在的，而不仅仅是经济法主体的某种意愿、倾向或者某些想法；其次，这种行为又是特定的、具体的，而不是抽象的、概括的；再次，这种行为从法律上、道德上都是应当予以否定评价的，而不应被提倡或鼓励；最后，这种行为是在经济法主体的自由意志支配之下所外化出来的。

2. 法律依据

承担经济法律责任不仅要求具有事实依据，而且要求具有法律依据。也就是说，经济法律责任不仅是事实责任，而且是法定责任；非法定的经济责任，不能成为经济法律责任，且不能依据经济法律法规的规定对行为人予以惩罚。

承担经济法律责任的法律依据就是经济法律法规对各种经济法律责任的明文规定。大多数的经济法律法规中都有专章或专节规定"法律责任"或"罚则"，在无专章或专节规定的法律法规中，也大多包含有"法律责任"或"罚则"的条款。这些规定主要包括以下内容：一是对实施违法行为的主体即国家机关、企业、事业单位、社会团体和个人予以明确规定；二是对主体实施的违法行为的性质、种类、情节、程度、后果等予以明确规定；三是对违法行为人实施惩罚的国家机关予以明文规定；四是对违法主体应采取的具体惩罚措施予以明文规定。

综上所述，从总体上讲，经济法律责任的承担条件和承担依据是整体和部分的关系。经济法律责任的承担条件是必须同时具备、缺一不可的。而承担经济法律责任依据中的事实或者法律往往是承担条件中最关键性的因素，或者说是根本性条件。因此，不能把经济法律责任的承担条件和承担依据完全对立起来。

（四）经济法律责任的实现方式

经济法律责任的实现方式包括经济制裁、行政制裁和刑事制裁，这里主要介绍经济制裁。

经济制裁是指对违反经济法律法规并依法应承担经济法律责任的单位和个人所采取的具有经济和财产权益内容的惩罚性措施。它是经济法律责任的主要实现方式，具有惩罚性和补偿性双重功能。

经济制裁不同于民事制裁中的财产性惩罚措施，不能把经济制裁与民事制裁画等号或者混同。同时经济制裁也具有独立性，而不是完全从属于行政制裁或其他制裁。经济制裁主要适用于因管理对象的经济违法行为而产生的经济法律责任。至于管理主体即国家机关在干预经济过程中的违法行为产生的经济法律责任也是存在的。对于前一种经济法律责任所适用的经济制裁措施主要包括罚款、没收违法所得等，对后一种经济法律责任所适用的经济制裁措施主要是指行政侵权赔偿即国家赔偿。

【课堂讨论】为什么经济法律责任具有惩罚性和补偿性双重功能？

课后练习与实训

一、判断题

1. 法律规范区别于一般社会规范的主要特点是，它具有国家强制性。　　　（　　）
2. 经济法律关系主体的经济行为包括作为与不作为。　　　（　　）
3. 在某些情况下，国家也可以作为主体参与经济法律关系，如发行国债、征收税收等。
　　　（　　）
4. 在经济法律关系中，企业是最主要的市场主体。　　　（　　）
5. 代理人需要转委托第三人代理的，应当取得被代理人的同意或者追认。　　　（　　）

二、单项选择题

1. 下列各项中，属于法律事件的是（　　）。
   A. 发行股票　　　B. 签订合同　　　C. 发生地震　　　D. 承兑汇票

2. 经济法律关系是以（　　）为其存在的依据。

    A. 经济法律规范　　B. 经济活动　　　　C. 经营者　　　　D. 经济利益

3. 行为人没有代理权仍然实施代理行为，未经被代理人追认的，对被代理人不发生效力。相对人可以催告被代理人自收到通知之日起（　　）内予以追认。

    A. 15 日　　　　　　B. 30 日　　　　　　C. 60 日　　　　　D. 半年

4. 下列选项中，不能成为经济法律关系客体的是（　　）。

    A. 公民甲的著作权　　　　　　　　　　B. 企业丙的厂房

    C. 公民乙的隐私　　　　　　　　　　　D. 企业丁购买的证券

5. 行政解释的机关是（　　）。

    A. 立法机关　　　　B. 行政机关　　　　C. 最高人民法院　　D. 最高人民检察院

三、多项选择题

1. 下列各项中，属于经济法律关系的有（　　）。

    A. 消费者因商品质量问题与商家发生的赔偿与被赔偿的关系

    B. 税务局局长与税务干部之间发生的领导与被领导关系

    C. 企业厂长与企业职工在生产经营管理活动中发生的经济关系

    D. 税务机关与纳税人之间发生的征税关系

2. 承担民事责任的主要责任形式包括（　　）。

    A. 排除妨碍　　　　B. 停止侵害　　　　C. 罚款　　　　　D. 赔礼道歉

3. 下列关于经济法律关系客体的表述中正确的有（　　）。

    A. 所有的物都能成为经济法律关系的客体

    B. 所有的行为都能成为经济法律关系的客体

    C. 能够转让的股权可以成为经济法律关系的客体

    D. 专利技术能够成为经济法律关系的客体

4. 下列能够成为经济法律关系主体的有（　　）。

    A. 商务部　　　　　B. 某有限责任公司　　C. 某话剧团　　　D. 书法协会

5. 关于法律关系的表述，正确的有（　　）。

    A. 任何法律关系，都是由主体、客体和内容这三个要素构成的

    B. 法律关系当事人所享有的权利受到国家强制力的保护

    C. 没有法律的存在，也就不可能形成与之相应的法律关系

    D. 法律上的权利义务关系是一种明确的、不稳定的权利义务关系

四、思考题

1. 简述代理的特征。

2. 经济法调整的经济关系包括哪几个方面？

3. 简述经济法律关系的特征。

4. 经济法律责任的构成条件有哪些？

5. 什么是经济法律关系主体？我国经济法律关系主体的种类有哪些？

五、实训题

    某机器制造厂实行内部承包经营责任制，工程师张某负责的第一车间与厂方签订了承包合同。合同中规定了第一车间全年应完成的各项指标，同时也规定了厂方必须保证按时、按质、按量供应该车间全年的计划内原材料。后来由于地震导致第一车间坍塌，所有生产设备毁坏，无法完成承包合同中所规定的各项指标，双方遂解除了承包合同。

    请问：（1）机器制造厂与第一车间是否形成经济法律关系？为什么？

    （2）引起机器制造厂与第一车间之间法律关系终止的法律事实是什么？

第二章

企业法律制度

【学习目标】

◆ 掌握个人独资企业的设立、事务管理、解散与清算。

◆ 掌握普通合伙企业的设立、合伙事务的执行、入伙与退伙，理解合伙企业财产，熟悉特殊的普通合伙企业和有限合伙企业的规定。

◆ 掌握有限责任公司的设立条件、组织机构及股权转让制度，熟悉一人有限责任公司、国有独资公司的特别规定。

◆ 掌握股份有限公司的设立条件、组织机构及股份转让限制，了解股份有限公司的设立程序、股份的发行。

◆ 理解公司合并、分立、增资、减资、解散及清算的概念，了解其程序。

【素养目标】

提升依法创办企业（公司）的能力和确保其合法合规运营的能力，理解企业（公司）在经济发展、科技创新、环境保护等方面的社会责任以及在中华民族伟大复兴过程中的历史使命和责任担当。

【法律链接】

《个人独资企业法》《合伙企业法》《公司法》

第一节　个人独资企业法

案例导入

刘某注册成立了一家主营信息咨询的个人独资企业，取名为"远大信息咨询有限公司"，注册资本为人民币1元。经营过程中先后共聘用工作人员10名，但刘某认为自己开办的是私人企业，并不需要为职工办理社会保险，因此没有给职工缴纳社会保险费，也没有与职工签订劳动合同。

请问： 上述哪些行为是违法的？为什么？

个人独资企业是指依照《个人独资企业法》在我国境内设立的，由一个自然人投资，财产为投资人个人所有，投资人以其个人财产对企业债务承担无限责任的经营实体。

一、个人独资企业的设立

在我国设立个人独资企业须具备的条件包括：①投资人为一个自然人，即具有我国国籍且不属于法律、行政法规禁止从事营利性活动的自然人；②有合法的企业名称，且应当与其责任形式及从事的营业范围相符合，不得使用"有限""有限责任"等字样；③有投资人申报的出资；

④有固定的生产经营场所和必要的生产经营条件；⑤有必要的从业人员。因此，案例导入中刘某将其个人独资企业取名为"远大信息咨询有限公司"是违反法律规定的，应予纠正。

个人独资企业作为市场主体之一，实行实名登记。申请设立个人独资企业时，申请人应当配合登记机关核验身份信息，应当对提交材料的真实性、合法性和有效性负责。申请人可以委托其他自然人或者中介机构代其办理市场主体登记。受委托的自然人或者中介机构代为办理登记事宜应当遵守有关规定，不得提供虚假信息和材料。登记机关应当对申请材料进行形式审查。对申请材料齐全、符合法定形式的予以确认并当场登记。不能当场登记的，应当在3个工作日内予以登记；情形复杂的，经登记机关负责人批准，可以再延长3个工作日。申请材料不齐全或者不符合法定形式的，登记机关应当一次性告知申请人需要补正的材料。登记申请不符合法律、行政法规规定，或者可能危害国家安全、社会公共利益的，登记机关不予登记并说明理由。个人独资企业营业执照的签发日期为个人独资企业的成立日期。

知识拓展

营业执照介绍

营业执照分为正本和副本，具有同等法律效力。电子营业执照与纸质营业执照具有同等法律效力。营业执照样式、电子营业执照标准由国务院市场监督管理部门统一制定。市场主体应当将营业执照置于住所或者主要经营场所的醒目位置。从事电子商务经营的市场主体应当在其首页显著位置持续公示营业执照信息或者相关链接标识。任何单位和个人不得伪造、涂改、出租、出借、转让营业执照。

营业执照遗失或者毁坏的，市场主体应当通过国家企业信用信息公示系统声明作废，申请补领。登记机关依法作出变更登记、注销登记和撤销登记决定的，市场主体应当缴回营业执照。拒不缴回或者无法缴回营业执照的，由登记机关通过国家企业信用信息公示系统公告营业执照作废。

二、个人独资企业的投资人和事务管理

1. 个人独资企业投资人的权利和责任

个人独资企业投资人对本企业的财产依法享有所有权，其有关权利可以依法进行转让和继承。也就是说，个人独资企业并不是独立的财产所有权主体，个人独资企业的财产与投资人的个人财产并没有明确的界限。也正因如此，个人独资企业只缴个人所得税，而不缴企业所得税。

个人独资企业的债务由投资人承担无限责任，即个人独资企业对其债务，应当先以企业财产进行清偿，企业财产不足以清偿债务的，投资人应当以其个人的其他财产予以清偿。若个人独资企业投资人在申请企业设立登记时明确以其家庭共有财产出资的，应当依法以其家庭共有财产对企业债务承担无限责任。

2. 个人独资企业的事务管理

个人独资企业投资人可以自行管理企业事务，也可以委托或者聘用其他具有民事行为能力的人负责企业的事务管理。投资人委托或者聘用他人管理个人独资企业事务的，应当与受托人或者被聘用人签订书面合同，明确委托的具体内容和授予的权利范围。但是投资人对受托人或者被聘用人员职权的限制，不得对抗善意第三人。

受托人或者被聘用人员也应当履行诚信、勤勉义务，按照与投资人签订的合同负责个人独资企业的事务管理。受托人或者被聘用人员不得有下列行为：利用职务上的便利，索取或者收受贿赂；利用职务或者工作上的便利侵占企业财产；挪用企业的资金归个人使用或者借贷给他人；擅自将企业资金以个人名义或者以他人名义开立账户储存；擅自以企业财产提供担保；未

经投资人同意，从事与本企业相竞争的业务；未经投资人同意，同本企业订立合同或者进行交易；未经投资人同意，擅自将企业商标或者其他知识产权转让给他人使用；泄露本企业的商业秘密；法律、行政法规禁止的其他行为。

此外，个人独资企业招用职工的，应当依法与职工签订劳动合同，并按照国家有关规定参加社会保险，为职工缴纳社会保险费。因此，案例导入中刘某没有给职工缴纳社会保险费，也没有与职工签订劳动合同，是违法的。

【案例 2.1】 王某投资设立了甲个人独资企业，委托李某管理企业事务，并授权李某可以决定 10 万元以下的交易。李某未经王某同意，便以甲企业的名义向刘某购买 15 万元的商品。刘某不知王某对李某的授权限制，依约供货。甲企业未按期付款，由此发生争议。

请问： 甲企业是否应该按期付款？为什么？

解析： 甲企业应按期付款。因为个人独资企业的投资人对受托人或者被聘用人员内部职权的限制，不得对抗善意第三人，故李某超出投资人的限制与善意第三人刘某所达成的买卖合同是有效的。当然，若李某违反王某授权限制给王某造成损失的，李某应承担民事赔偿责任。

三、个人独资企业的解散和清算

个人独资企业具备一定条件时可以依法解散，解散后应进行清算。

1. 个人独资企业的解散条件

个人独资企业的解散条件包括：投资人决定解散；投资人死亡或者被宣告死亡，无继承人或者继承人决定放弃继承；被依法吊销营业执照；法律、行政法规规定的其他情形。

2. 个人独资企业的清算

个人独资企业解散，由投资人自行清算或者由债权人申请人民法院指定清算人进行清算。投资人自行清算的，应当在清算前 15 日内书面通知债权人；无法通知的，应当予以公告。债权人应当在接到通知之日起 30 日内，未接到通知的应当在公告之日起 60 日内，向投资人申报其债权。

清算期间，个人独资企业不得开展与清算目的无关的经营活动。在企业清偿债务前，投资人不得转移、隐匿财产。个人独资企业解散的，其财产清偿顺序应当是先清偿所欠职工工资和社会保险费用，而后是所欠税款，最后才是其他债务。

个人独资企业解散后，原投资人对个人独资企业存续期间的债务仍应承担偿还责任，但债权人在 5 年内未向债务人提出偿债请求的，该责任消灭。

【案例 2.2】 某个人独资企业开始几年由投资人老张自行经营，盈利 10 万元。后因投资人老张年老体弱，很难管理企业，便委托小张管理企业。由于小张不会管理与经营，企业连年亏损，现欠债 15 万元。企业很难再维持下去，故而准备解散和清算。

请问：（1）老张可否决定解散该个人独资企业？为什么？

（2）该个人独资企业解散可由谁清算？

（3）该个人独资企业解散后的 15 万元债务由老张承担，还是由小张承担？为什么？

解析：（1）可以。个人独资企业有下列情形之一的，应当解散：投资人决定解散；投资人死亡或者被宣告死亡，无继承人或者继承人决定放弃继承；被依法吊销营业执照。因此，老张作为投资人可以决定解散该个人独资企业。

（2）该个人独资企业解散后，投资人可以自行清算或由债权人申请人民法院指定清算人进行清算。

（3）该个人独资企业解散后的 15 万元债务由老张承担，因为老张是该个人独资企业的投资人，对企业债务承担无限责任。

第二节　合伙企业法

案例导入

甲、乙、丙、丁等四人开办了普通合伙企业。在合伙协议中，未约定合伙期限。关于入伙、退伙等约定按《合伙企业法》办理。后来丁想把自己的一部分财产份额转让给张某，甲、乙同意，但丙不同意并提出他愿意受让，却遭到甲、乙反对。结果，张某经多数合伙人同意而成为新合伙人。于是丙提出退伙，丁不同意，由此引发纠纷。

请问：（1）丁转让财产份额的行为是否有效？

（2）丙提出愿意受让合法吗？丙可以退伙吗？

合伙企业是指自然人、法人和其他组织依照《合伙企业法》在中国境内设立的普通合伙企业和有限合伙企业。

法规展台

《合伙企业法》

合伙企业一般具有以下特征：第一，合伙企业成立的法律基础是合伙协议。第二，合伙企业成立的前提是2个以上的合伙人共同出资，其中普通合伙企业由2个以上普通合伙人共同出资、共同经营、共负盈亏、共担风险；有限合伙企业由2个以上50个以下合伙人共同投资设立，且普通合伙人和有限合伙人都至少有1人。第三，普通合伙人对合伙企业债务承担无限连带责任，有限合伙人以其认缴的出资额为限对合伙企业债务承担责任。

合伙企业法是指调整合伙企业关系的规范性法律文件的总称。《合伙企业法》所规范的合伙企业仅是普通合伙企业和有限合伙企业。

一、普通合伙企业

普通合伙企业由普通合伙人组成，合伙人对合伙企业债务承担无限连带责任。《合伙企业法》对普通合伙人承担责任的形式有特别规定的，从其规定。

（一）普通合伙企业的设立

合伙企业作为典型的企业组织形式之一，其设立也必然需要有法律规范其组织条件，这是企业取得法律主体资格，进行正常生产经营活动的前提。设立合伙企业应满足以下条件。

（1）有2个以上合伙人。合伙人为自然人的，应当具有完全民事行为能力。国有独资公司、国有企业、上市公司以及公益性的事业单位、社会团体不得成为普通合伙人。

（2）有书面的合伙协议。修改或者补充合伙协议，应当经全体合伙人一致同意；但是，合伙协议另有约定的除外。

（3）有合伙人认缴或者实际缴付的出资。合伙人可以用货币、实物、知识产权、土地使用权或者其他财产权利出资，也可以用劳务出资。合伙人以劳务出资的，其评估办法由全体合伙人协商确定，并在合伙协议中载明。合伙人以非货币财产出资的，依照法律、行政法规的规定，需要办理财产权转移手续的，应当依法办理。

（4）有合伙企业的名称和生产经营场所。普通合伙企业应当在其名称中标明"普通合伙"字样。合伙企业只能登记一个主要经营场所，并且应当在其登记机关登记管辖区域内。

（5）法律、行政法规规定的其他条件。

（二）普通合伙企业的登记

申请设立合伙企业，应当向企业登记机关提交登记申请书、合伙协议书、合伙人身份证明等文件。经登记机关依法核准登记，领取营业执照后，方可在核准的登记事项内从事经营活动。合伙企业的成立日期为营业执照签发日期，且领取营业执照前，合伙人不得以合伙企业名义从事合伙业务。

（三）普通合伙企业的财产

合伙企业的财产是为经营合伙企业事务所汇集的各种财产的总和，是合伙企业设立、存续的物质条件，也是合伙企业对外获得信用、从事交易和承担责任的基础。

1. 合伙企业财产的构成

合伙企业财产由以下几部分构成：第一，合伙人的出资。第二，以合伙企业名义取得的收益。如合伙企业的营业所得；以合伙企业名义购置的财产，包括动产和不动产；合伙企业接受的赠与财产；合伙企业获得的无形资产；等等。第三，依法取得的其他财产。

合伙企业的财产只能由全体合伙人共同管理和使用；在合伙企业存续期间，除非有合伙人退伙等法定事由，否则合伙人不得请求分割合伙企业的财产。

合伙企业的合伙财产具有共有财产的性质，对合伙财产的占有、使用、收益和处分，均应当依据全体合伙人的共同意志进行。

2. 合伙企业财产份额的转让和出质

合伙企业存续期间，经其他合伙人的一致同意，合伙人可以向合伙人以外的人转让其在合伙企业中的全部或者部分财产份额。合伙人依法转让其财产份额的，在同等条件下，其他合伙人享有优先购买权。合伙人之间转让在合伙企业中的全部或部分财产份额的，应当通知其他合伙人。

财产份额的出质，须经其他合伙人一致同意。未经其他合伙人一致同意，其行为无效，由此给善意第三人造成损失的，由行为人依法承担赔偿责任。为此，本节案例导入中，丁的转让行为由于未经全体合伙人一致同意而无效。但在同等条件下，其他合伙人有优先受让的权利，所以丙可以优先受让。

（四）普通合伙企业事务的执行

1. 合伙人对合伙企业事务的管理

合伙人对执行合伙企业事务（以下简称合伙事务）享有同等的权利。全体合伙人可以共同执行合伙事务，也可以分别执行合伙事务。可以委托一个或者数个合伙人对外代表合伙企业，执行事务。执行事务的合伙人可以对其他合伙人执行的事务提出异议。提出异议时，应当暂停该项事务的执行。如果发生争议，依照《合伙企业法》的规定作出决定。

经全体合伙人一致同意，合伙企业也可以聘任合伙人之外的人担任合伙企业的经营管理人员。

2. 合伙人行为的限制

（1）竞业禁止。合伙人不得自营或者同他人合作经营与本合伙企业相竞争的业务。

（2）自我交易。合伙人不得同本合伙企业进行交易，合伙协议另有约定或者经全体合伙人一致同意的除外。合伙人不得从事损害本合伙企业利益的活动。

3. 合伙企业的利润分配、亏损承担

合伙企业的利润分配、亏损分担，按照合伙协议的约定办理；合伙协议未约定或者约定不明确的，由合伙人协商决定；协商不成的，由合伙人按照实缴出资比例分配、分担；无法确定出资比例的，由合伙人平均分配、分担。

合伙协议不得约定将全部利润分配给部分合伙人或者由部分合伙人承担全部亏损。合伙协议的约定比例只有对内效力，没有对外效力。合伙人不得以合伙协议中的约定或者合伙人之间的商定，对抗合伙企业的债权人或其他善意第三人。债权人可以请求全体合伙人中的一人或数人承担全部清偿责任，也可以按照自己确定的比例向各个合伙人分别追索。

【案例2.3】 *李某与金某各出资5万元设立了甲线面厂（合伙企业），其经营状况相当好。金某见有钱赚，遂又与刘某各出资15万元设立了乙线面厂（合伙企业）。由于乙线面厂的规模大，为流水线生产，成本很低，因此不久就占据了当地市场的大部分份额，导致甲线面厂几乎处于半停产状态，给李某造成了极大的损失，而金某却从乙线面厂获得了丰厚的利润。*

请问：（1）金某的做法合法吗？对此，依照《合伙企业法》应该如何处理？
（2）李某该怎么办？
解析：（1）金某的行为违反了竞业禁止规定。其行为给李某造成了损失，应依法承担赔偿责任。
（2）李某可以与金某协商解决，也可在收集相关证据后直接向人民法院起诉。

（五）入伙

入伙是指在合伙企业存续期间，合伙人以外的第三人加入合伙企业并取得合伙人资格的行为。新合伙人一般可通过投资、转让、继承等三种方式入伙。

新合伙人入伙，除合伙协议另有约定外，应当经全体合伙人一致同意，并依法订立书面入伙协议。订立入伙协议时，原合伙人应当向新合伙人如实告知原合伙企业的经营状况和财务状况。

加入合伙企业后，新合伙人取得合伙人的资格。入伙的新合伙人与原合伙人享有同等权利，承担同等责任；入伙协议另有约定的，从其约定。新合伙人对入伙前合伙企业的债务承担无限连带责任。

（六）退伙

退伙是指在合伙企业存续期间，合伙人退出合伙企业从而导致合伙人资格消灭的法律行为。实践中，退伙有协议退伙、通知退伙、当然退伙和除名退伙四种情形。对于退伙的法律后果，有一些特殊规定。

1. 协议退伙

合伙协议约定合伙期限的，在合伙企业存续期间，有下列情形之一的，合伙人可以退伙：①合伙协议约定的退伙事由出现；②经全体合伙人一致同意；③发生合伙人难以继续参加合伙的事由；④其他合伙人严重违反合伙协议约定的义务。

2. 通知退伙

合伙协议未约定合伙期限的，合伙人在不给合伙事务执行造成不利影响的情况下，可以退伙，但应当提前30日通知其他合伙人。合伙人违反上述规定退伙的，应当赔偿由此给合伙企业造成的损失。本节案例导入中，当事人未约定合伙期限，所以丙可以提出退伙，但应提前30天通知其他合伙人。

3. 当然退伙

合伙人有下列情形之一的，当然退伙：作为合伙人的自然人死亡或者被依法宣告死亡；个人丧失偿债能力；作为合伙人的法人或者其他组织依法被吊销营业执照、责令关闭、撤销，或者被宣告破产；法律规定或者合伙协议约定合伙人必须具有相关资格而丧失该资格；合伙人在合伙企业中的全部财产份额被人民法院强制执行。

合伙人被依法认定为无民事行为能力人或者限制民事行为能力人的，经其他合伙人一致同意，可以依法转为有限合伙人，普通合伙企业依法转为有限合伙企业。其他合伙人未能一致同意的，该无民事行为能力或者限制民事行为能力的合伙人退伙。退伙事由实际发生之日为退伙生效日。

4. 除名退伙

合伙人有下列情形之一的，经其他合伙人一致同意，可以决议将其除名：未履行出资义务；因故意或者重大过失给合伙企业造成损失；执行合伙事务时有不正当行为；发生合伙协议约定的事由。

对合伙人的除名决议应当书面通知被除名人。被除名人接到除名通知之日，除名生效，被除名人退伙。被除名人对除名决议有异议的，可以自接到除名通知之日起 30 日内向人民法院起诉。

5. 退伙的法律后果

退伙将导致退伙人在合伙企业中的财产份额和民事责任的归属发生变动。就退伙的效力而言，上述几种方式的退伙基本是一致的，具体表现为：①退伙人丧失合伙人身份，脱离原合伙协议约定的权利义务关系；②导致合伙企业财产的清理与结算；③导致财产继承方面的问题。

合伙人死亡或者被依法宣告死亡的，对该合伙人在合伙企业中的财产份额享有合法继承权的继承人，按照合伙协议的约定或者经全体合伙人一致同意，从继承开始之日起，取得该合伙企业的合伙人资格。

有下列情形之一的，合伙企业应当向合伙人的继承人退还被继承合伙人的财产份额：继承人不愿意成为合伙人；法律规定或者合伙协议约定合伙人必须具有相关资格，而该继承人未取得该资格；合伙协议约定不能成为合伙人的其他情形。

合伙人的继承人为无民事行为能力人或者限制民事行为能力人的，经全体合伙人一致同意，可以依法成为有限合伙人，普通合伙企业依法转为有限合伙企业。全体合伙人未能一致同意的，合伙企业应当将被继承合伙人的财产份额退还该继承人。

课堂研讨案例

万某欲加入他人的合伙企业。但是，原合伙人的态度不一：①李某对此不置可否；②张某出国未归，但是在电话中表示同意；③刘某口头表示同意，但未签订书面协议；④邱某在入伙协议书上签了字；⑤邱某依据陈某从外地发回的委托传真，代其在该协议书上签了字。由此，万某入伙之事一直不能定下来。

请问：从法律上看，你认为还要再做谁的工作，万某才能成为新合伙人？

二、特殊的普通合伙企业

特殊的普通合伙企业又称为有限合伙企业，是指各合伙人在对合伙债务承担无限责任的基本前提下，对因其他合伙人过错造成的合伙债务不负无限连带责任的合伙组织。

1. 特殊的普通合伙企业的适用范围

以专业知识和专门技能为客户提供有偿服务的专业服务机构，可以设立为特殊的普通合伙企业。目前，按照实践，特殊的普通合伙企业主要存在于公共责任较重的律师事务所、会计师事务所、资产评估机构等行业机构。

非企业专业服务机构依据有关法律采取合伙制的，其合伙人承担责任的形式可以适用关于特殊的普通合伙企业合伙人承担责任的规定。

2. 特殊的普通合伙企业的责任形式

一个合伙人或者数个合伙人在执业活动中因故意或者重大过失造成合伙企业债务的，应当承担无限责任或者无限连带责任，其他合伙人以其在合伙企业中的财产份额为限承担责任。合伙人执业活动中因故意或者重大过失造成的合伙企业债务，以合伙企业财产对外承担责任后，该合伙人应当按照合伙协议的约定对给合伙企业造成的损失承担赔偿责任。

合伙人在执业活动中非因故意或者重大过失造成的合伙企业债务以及合伙企业的其他债务，由全体合伙人承担无限连带责任。在合伙企业的正常经营活动中，可能由于市场环境、竞争压力、对商机判断等方面因素而造成企业债务，只要合伙人不存在故意、重大过失，则出于对债权人保护的考虑，应由全体合伙人承担无限连带责任。

知识拓展

如何注册有限合伙企业

三、有限合伙企业

有限合伙企业是由普通合伙人和有限合伙人组成，普通合伙人对合伙企业的债务承担无限连带责任，有限合伙人以其认缴的出资额为限对合伙企业债务承担责任的合伙组织。

（一）有限合伙企业设立的特殊规定

设立有限合伙企业，有以下几项特殊规定。

（1）有限合伙企业人数。有限合伙企业由2个以上50个以下合伙人设立，法律另有规定的除外。有限合伙企业至少应当有1个普通合伙人。自然人、法人和其他组织可以依照法律规定设立有限合伙企业。

（2）有限合伙企业名称。有限合伙企业名称中应当标明"有限合伙"字样。

（3）有限合伙企业协议。有限合伙企业协议是有限合伙企业生产经营的重要法律文件。

（4）有限合伙人出资形式。有限合伙人可以用货币、实物、知识产权、土地使用权或者其他财产权利作价出资。有限合伙人不得以劳务出资。

（5）有限合伙人的出资义务。有限合伙人应当按照合伙协议的约定按期足额缴纳出资；未按期足额缴纳的，应当承担补缴义务，并对其他合伙人承担违约责任。

（6）有限合伙企业登记事项。有限合伙企业登记事项中应当载明有限合伙人的姓名或者名称及认缴的出资数额。

（二）有限合伙企业事务执行的特殊规定

1. 有限合伙企业事务执行人

有限合伙企业由普通合伙人执行合伙事务。执行事务的合伙人可以要求在合伙协议中确定执行事务的报酬及报酬提取方式。如合伙协议约定数个普通合伙人执行合伙事务，这些普通合伙人均为合伙事务执行人。如合伙协议无约定，则全体普通合伙人是合伙事务的共同执行人。合伙事务执行人除享有与一般合伙人相同的权利外，还有接受其他合伙人的监督和检查、谨慎执行合伙事务的义务，若因自己的过错造成合伙财产损失的，应向合伙企业或其他合伙人负赔偿责任。

2. 禁止有限合伙人执行合伙事务

有限合伙人不执行合伙事务，不得对外代表有限合伙企业。有限合伙人的下列行为，不视为执行合伙事务：①参与决定普通合伙人入伙、退伙；②对企业的经营管理提出建议；③参与选择承办有限合伙企业审计业务的会计师事务所；④获取经审计的有限合伙企业财务会计报告；⑤对涉及自身利益的情况，查阅有限合伙企业财务会计账簿等财务资料；⑥在有限合伙企业中的利益受到侵害时，向有责任的合伙人主张权利或者提起诉讼；⑦执行事务合伙人怠于行使权利时，督促其行使权利或者为了本企业的利益以自己的名义提起诉讼；⑧依法为本企业提供担保。

第三人有理由相信有限合伙人为普通合伙人并与其交易的，该有限合伙人对该笔交易承担与普通合伙人同样的责任。

有限合伙人未经授权以有限合伙企业名义与他人进行交易，给有限合伙企业或者其他合伙人造成损失的，该有限合伙人应当承担赔偿责任。

3. 有限合伙企业的利润分配

有限合伙企业不得将全部利润分配给部分合伙人，但是合伙协议另有约定的除外。

4. 有限合伙人的权利

有限合伙人可以同本有限合伙企业进行交易，但是合伙协议另有约定的除外。同时，有限合伙人可以自营或者同他人合作经营与本有限合伙企业相竞争的业务，但是合伙协议另有约定的除外。

（三）有限合伙企业财产出质与转让的特殊规定

有限合伙人可以将其在有限合伙企业中的财产份额出质，但是合伙协议另有约定的除外。有限合伙人可以按照合伙协议的约定向合伙人以外的人转让其在有限合伙企业中的财产份额，但应当提前 30 日通知其他合伙人。

（四）有限合伙人债务清偿的特殊规定

有限合伙人的自有财产不足清偿其与合伙企业无关的债务的，该合伙人可以以其从有限合伙企业中分取的收益用于清偿；债权人也可以依法请求人民法院强制执行该合伙人在有限合伙企业中的财产份额用于清偿。

人民法院强制执行有限合伙人的财产份额时，应当通知全体合伙人。在同等条件下，其他合伙人有优先购买权。

【案例 2.4】甲、乙、丙、丁共同投资设立了 A 有限合伙企业（以下简称 A 企业）。合伙协议约定：甲、乙为普通合伙人，分别出资 10 万元；丙、丁为有限合伙人，分别出资 15 万元；甲执行合伙事务，对外代表 A 企业。A 企业发生下列事实。

（1）2 月，甲以 A 企业的名义与 B 公司签订了一份 12 万元的买卖合同。乙获知后，认为该买卖合同损害了 A 企业的利益，且甲的行为违反了 A 企业内部规定的甲无权单独与第三人签订超过 10 万元合同的限制，遂要求各合伙人作出决议，撤销甲代表 A 企业签订合同的资格。

（2）4 月，乙、丙分别征得甲的同意后，以自己在 A 企业中的财产份额出质，为自己向银行借款提供质押担保。丁对上述事项均不知情，乙、丙之间也对质押担保事项互不知情。

（3）8 月，丁退伙，从 A 企业取得退伙结算财产 12 万元。

（4）9 月，A 企业吸收庚作为普通合伙人入伙，庚出资 8 万元。

（5）10 月，A 企业的债权人 C 公司要求 A 企业偿还 6 月所欠款项 50 万元。

经查：A 企业内部约定，甲无权单独与第三人签订超过 10 万元的合同，B 公司与 A 企业签订买卖合同时，不知 A 企业该内部约定。合伙协议未对合伙人以财产份额出质事项进行约定。

请问：（1）甲以 A 企业的名义与 B 公司签订的买卖合同是否有效？为什么？

（2）合伙人对撤销甲代表 A 企业签订合同的资格事项作出决议，在合伙协议未约定表决办法的情况下，应当如何表决？

（3）乙、丙的质押担保行为是否有效？为什么？

（4）如果 A 企业的全部财产不足清偿 C 公司的债务，对不足清偿的部分，哪些合伙人应当承担清偿责任？如何承担清偿责任？

解析：（1）甲以 A 企业的名义与 B 公司签订的买卖合同有效。因为合伙企业对合伙人执行合伙事务以及对外代表合伙企业权利的限制，不得对抗善意第三人。在本案中，B 公司属于不知情的善意第三人，因此，买卖合同有效。

（2）实行合伙人"一人一票"并经全体合伙人过半数通过的表决方式。

（3）乙的质押担保行为无效。因为普通合伙人以其在合伙企业中的财产份额出质的，须经其他合伙人一致同意；未经其他合伙人一致同意，其行为无效，由此给善意第三人造成损失的，由行为人依法承担赔偿责任。在本案中，普通合伙人乙的质押担保行为未经其他合伙人的同意，因此该质押担保行为无效。

丙的质押担保行为有效。因为有限合伙人可以将其在有限合伙企业中的财产份额出质；但是，合伙协议另有约定的除外。在本案中，由于合伙协议未对合伙人以财产份额出质事项进行约定，因此有限合伙人丙的质押担保行为有效。

（4）普通合伙人甲、乙、庚应承担无限连带责任；有限合伙人丙以其认缴的出资额为限承担责任；退伙的有限合伙人丁以其退伙时从 A 企业分得的 12 万元财产为限承担有限责任。

（五）有限合伙企业入伙与退伙的特殊规定

新入伙的有限合伙人对入伙前有限合伙企业的债务，以其认缴的出资额为限承担责任。

对于有限合伙企业中合伙人退伙有以下几项法律规定。

（1）有限合伙人当然退伙。有限合伙人出现下列情形时当然退伙：①作为合伙人的自然人死亡或者被依法宣告死亡；②作为合伙人的法人或者其他组织依法被吊销营业执照、责令关闭、撤销，或者被宣告破产；③法律规定或者合伙协议约定合伙人必须具有相关资格而丧失该资格；④合伙人在合伙企业中的全部财产份额被人民法院强制执行。

（2）有限合伙人丧失民事行为能力的处理。作为有限合伙人的自然人在有限合伙企业存续期间丧失民事行为能力的，其他合伙人不得因此要求其退伙。

（3）有限合伙人继承人的权利。作为有限合伙人的自然人死亡、被依法宣告死亡或者作为有限合伙人的法人及其他组织终止时，其继承人或者权利承受人可以依法取得该有限合伙人在有限合伙企业中的资格。

（4）有限合伙人退伙后的责任承担。有限合伙人退伙后，对基于其退伙前的原因发生的有限合伙企业债务，以其退伙时从有限合伙企业中取回的财产承担责任。

（六）合伙人性质转变的特殊规定

除合伙协议另有约定外，普通合伙人转变为有限合伙人，或者有限合伙人转变为普通合伙人，应当经全体合伙人一致同意。

有限合伙人转变为普通合伙人的，对其作为有限合伙人期间有限合伙企业发生的债务承担无限连带责任。普通合伙人转变为有限合伙人的，对其作为普通合伙人期间合伙企业发生的债务承担无限连带责任。

【案例 2.5】甲、乙、丙、丁共同投资设立一从事商品流通的有限合伙企业。合伙协议约定了以下事项：

（1）甲以现金 5 万元出资，乙以房屋作价 8 万元出资，丙以劳务作价 4 万元出资，丁以现金 10 万元出资；

（2）丁为普通合伙人，甲、乙、丙均为有限合伙人；

（3）合伙企业的事务由丙和丁执行，甲和乙不执行合伙事务，也不对外代表合伙企业；

（4）普通合伙人向合伙人以外的人转让财产份额的，不需要经过其他合伙人同意。

请问：（1）合伙人丙以劳务作价出资的做法是否符合法律规定？

（2）合伙事务执行方式是否合法？

（3）关于合伙人转让出资的约定是否符合法律规定？

解析：（1）有限合伙人不得以劳务出资，故丙以劳务作价出资不符合规定。

（2）根据规定，有限合伙人不执行合伙事务，不得对外代表合伙企业。丙为有限合伙人，由其执行合伙事务不合法。

（3）合伙人转让出资的约定符合法律规定。如果合伙协议中约定了转让的方式，那么就可以按照合伙协议的约定来处理。

四、合伙企业的解散和清算

1. 合伙企业的解散

合伙企业解散是指各合伙人解除合伙协议，合伙企业终止活动。合伙企业有下列情形之一的，应当解散：①合伙期限届满，合伙人决定不再经营；②合伙协议约定的解散事由出现；③全体合伙人决定解散；④合伙人已不具备法定人数满30天；⑤合伙协议约定的合伙目的已经实现或者无法实现；⑥依法被吊销营业执照、责令关闭或者被撤销；⑦法律、行政法规规定的其他原因。

2. 合伙企业的清算

合伙企业解散，应当进行清算。合伙企业清算的目的是为了保护合伙人和合伙企业债权人的利益，清算是合伙企业终止的必经程序。清算期间合伙企业存续，但不得开展与清算无关的经营活动。

合伙企业解散，应当由清算人进行清算。清算人由全体合伙人担任；经全体合伙人过半数同意，可以自合伙企业解散事由出现后15日内指定1个或者数个合伙人，或者委托第三人，担任清算人。自合伙企业解散事由出现之日起15日内未确定清算人的，合伙人或者其他利害关系人可以申请人民法院指定清算人。

上述清算人，不管其产生方式如何，在清算期间都是合伙企业的代表，主持合伙企业的一切清算事务。清算人在清算期间执行下列事务：①清理合伙企业财产，分别编制资产负债表和财产清单；②处理与清算有关的合伙企业未了结事务；③清缴所欠税款；④清理债权、债务；⑤处理合伙企业清偿债务后的剩余财产；⑥代表合伙企业参加诉讼或者仲裁活动。

清算人确定后，应当通知合伙企业的债权人尽快申报债权，以便顺利清偿债务。债权人申报债权，应当说明债权的有关事项，并提供证明材料。清算人应当对债权进行登记。

3. 财产的清偿与分配

合伙企业财产在支付清算费用和职工工资、社会保险费用、法定补偿金以及缴纳所欠税款、清偿债务后的剩余财产，按照合伙协议的约定办理；合伙协议未约定或者约定不明确的，由合伙人协商决定；协商不成的，由合伙人按照实缴出资比例分配、分担；无法确定出资比例的，由合伙人平均分配、分担。

合伙企业不能清偿到期债务的，债权人可以依法向人民法院提出破产清算申请，也可以要求普通合伙人清偿。合伙企业依法被宣告破产的，普通合伙人对合伙企业债务仍应承担无限连带责任。

4. 合伙企业的注销

清算结束，清算人应当编制清算报告，经全体合伙人签名、盖章后，在清算结束之日起30日内向企业登记机关申请注销登记。

合伙企业注销后，原普通合伙人对合伙企业存续期间的债务仍应承担无限连带责任。

课堂研讨案例

甲是一个合伙企业，在清算时，其企业财产加上各合伙人的可执行财产，共计有50万元现金和价值150万元的实物。其负债为：职工工资10万元，银行贷款40万元和其他债务160万元，欠缴税款60万元。

请问：如果你是清算人，该如何清算和清偿？当全部财产不足清偿其债务时，应该如何处理？

第三节　有限责任公司

案例导入

甲、乙、丙等 3 个国有企业投资设立职工人数 500 人的丁有限责任公司，该公司设立董事会，成员为 14 人，由甲企业原副总经理 3 人、财务主管 2 人，乙企业原总经理、副总经理 5 人，丙企业原总经理、副总经理、财务人员 4 人组成。公司章程规定，董事每届任期 4 年，可以连选连任。该公司没有设立监事会。

请问： 案例中哪些行为违反了《公司法》的规定？为什么？

公司是现代社会经济生活中最基本、最重要的企业组织形式。各国公司法都对公司作出了具体而明确的规范，以确保公司正常运营，促进经济繁荣发展。我国也不例外。

公司是指依照《公司法》设立的以营利为目的的企业法人，包括有限责任公司和股份有限公司两种类型。其中有限责任公司是指股东以其所认缴的出资额为限对公司承担有限责任，公司以其全部法人财产对其债务承担责任的公司。股份有限公司是指由两人以上的股东组成，其全部资本分为等额股份，股东以其所认购的股份为限对公司承担有限责任，公司以其全部财产对其债务承担责任的公司。在股份有限公司中，其股票可以在证券交易所公开交易的公司，称为上市公司，反之为非上市公司。

公司法的概念有广义和狭义之分。广义上的公司法是指调整公司在设立、组织、活动和解散以及其他与公司组织有关的对内、对外关系的法律规范的总称。狭义上的公司法专指 1993 年 12 月通过，经四次修正和两次修订后于 2024 年 7 月实施的《公司法》。

一、有限责任公司的设立

（一）设立条件

根据《公司法》规定，设立有限责任公司应满足以下要求。

（1）股东符合法定人数。有限责任公司的股东为 1 个以上 50 个以下。

（2）有股东认缴的出资额。有限责任公司的注册资本为在公司登记机关登记的全体股东认缴的出资额。全体股东认缴的出资额由股东按照公司章程的规定自公司成立之日起 5 年内缴足。法律、行政法规以及国务院决定对有限责任公司注册资本实缴、注册资本最低限额、股东出资期限另有规定的，从其规定。

（3）依法制定公司章程。公司章程是记载公司组织规范及其活动准则的公开性书面文件。设立有限责任公司应当由股东共同制定公司章程，股东应当在公司章程上签名或者盖章。

（4）有公司名称。有限责任公司应当在公司名称中标明有限责任公司或者有限公司字样。

（5）有公司住所。公司以其主要办事机构所在地为住所。

（二）设立程序

设立有限责任公司应履行以下程序。

1. 制定公司章程

我国有限责任公司章程应当载明下列事项：公司名称和住所，公司经营范围，公司注册资本，股东的姓名或者名称，股东的出资额、出资方式和出资日期，公司的机构及其产生办法、职权、议事规则，公司法定代表人的产生、变更办法，股东会会议认为需要规定的其他事项。

公司章程对公司、股东、董事、监事、高级管理人员具有约束力。

2. 股东缴纳出资

（1）出资方式。股东可以用货币出资，也可以用实物、知识产权、土地使用权、股权、债权等可以用货币估价并可以依法转让的非货币财产作价出资；但是，法律、行政法规规定不得作为出资的财产除外。对作为出资的非货币财产应当评估作价，核实财产，不得高估或者低估作价。法律、行政法规对评估作价有规定的，从其规定。

（2）出资的缴纳。股东应当按期足额缴纳公司章程规定的各自所认缴的出资额。股东以货币出资的，应当将货币出资足额存入有限责任公司在银行开设的账户；以非货币财产出资的，应当依法办理其财产权的转移手续。股东未按期足额缴纳出资的，除应当向公司足额缴纳外，还应当对给公司造成的损失承担赔偿责任。

3. 申请设立登记

股东认足公司章程规定的出资后，由全体股东指定的代表或者共同委托的代理人向公司登记机关报送公司登记申请书、公司章程等文件，申请设立登记。法律、行政法规规定设立公司必须报经批准的，应当在公司登记前依法办理批准手续。依法设立的公司，由公司登记机关发给公司营业执照。公司营业执照签发日期为公司成立日期。公司营业执照应当载明公司的名称、住所、注册资本、经营范围、法定代表人姓名等事项。公司登记机关可以发给电子营业执照。电子营业执照与纸质营业执照具有同等法律效力。

4. 签发出资证明书

有限责任公司成立后，应当向股东签发出资证明书。出资证明书是证明股东出资额的书面凭证。出资证明书应当载明下列事项：公司名称，公司成立日期，公司注册资本，股东的姓名或者名称、认缴和实缴的出资额、出资方式和出资日期，出资证明书的编号和核发日期。出资证明书由法定代表人签名，并由公司盖章。

5. 置备股东名册

有限责任公司成立后，应当置备股东名册。股东名册是记载股东权利的内部凭证，记载于股东名册的股东，可以依股东名册主张行使股东权利。股东名册应当载明下列事项：股东的姓名或者名称及住所，股东认缴和实缴的出资额、出资方式和出资日期，出资证明书编号，取得和丧失股东资格的日期。

【案例 2.6】王某、钱某和孙某计划设立一家以商业批发为主的有限责任公司，由王某单独制定了公司章程。章程规定：王某以劳务作为出资，作价人民币 20 万元；钱某以商品房一幢作为出资，作价人民币 100 万元；孙某以现金人民币 30 万元作为出资；不设股东会，董事会为最高权力机关。

请问：该公司能否设立？为什么？

解析：该公司不能设立，因为不符合《公司法》的有关规定，具体如下。

（1）根据《公司法》的规定，设立有限责任公司，应当具备的条件之一是股东共同制定公司章程。因而该公司章程应由三人共同制定，而不能由王某单独制定。

（2）根据《公司法》的规定，股东可以用货币出资，也可以用实物、知识产权、土地使用权等可以用货币估价并可以依法转让的非货币财产作价出资；但是，法律、行政法规规定不得作为出资的财产除外。根据《市场主体登记管理条例》的规定，公司股东不得以劳务、信用、自然人姓名、商誉、特许经营权或者设定担保的财产等作价出资。所以，王某不能以劳务作为出资。

（3）公司必须设股东会，股东会为最高权力机关。

二、有限责任公司的组织机构

有限责任公司的组织机构包括股东会、董事会、经理和监事会。只有一个股东的有限责任公司不设股东会，股东对股东会职权范围内事项作出决定时，应当采用书面形式，并由股东签名或者盖章后置备于公司。

（一）股东会

股东会是由全体股东所组成的，依据法定方式和程序决议《公司法》和公司章程规定的重大事项的非常设机构。

1. 股东会的职权

股东会作为有限责任公司的权力机构，依法行使下列职权：选举和更换董事、监事，决定有关董事、监事的报酬事项；审议批准董事会的报告；审议批准监事会的报告；审议批准公司的利润分配方案和弥补亏损方案；对公司增加或者减少注册资本作出决议；对发行公司债券作出决议；对公司合并、分立、解散、清算或者变更公司形式作出决议；修改公司章程；公司章程规定的其他职权。对于上述所列事项，股东以书面形式一致表示同意的，可以不召开股东会会议直接作出决定，并由全体股东在决定文件上签名或者盖章。当然，股东会可以授权董事会对发行公司债券作出决议。

2. 股东会会议的形式

通常，股东会会议分为定期会议和临时会议。定期会议应当按照公司章程的规定按时召开。代表 1/10 以上表决权的股东、1/3 以上的董事或者监事会提议召开临时会议的，应当召开临时会议。

3. 股东会会议的召开

股东会会议由董事会召集，董事长主持；董事长不能履行职务或者不履行职务的，由副董事长主持；副董事长不能履行职务或者不履行职务的，由过半数的董事共同推举一名董事主持。董事会不能履行或者不履行召集股东会会议职责的，由监事会召集和主持；监事会不召集和主持的，代表 1/10 以上表决权的股东可以自行召集和主持。值得一提的是，首次股东会会议由出资最多的股东召集和主持。

召开股东会会议，应当于会议召开 15 日前通知全体股东，但公司章程另有规定或者全体股东另有约定的除外。

4. 股东会决议

股东会会议作出决议时，由股东按照出资比例行使表决权；但是，公司章程另有规定的除外。股东会的议事方式和表决程序，除《公司法》有规定的外，由公司章程规定。股东会作出决议，应当经代表过半数表决权的股东通过，但下列重大事项应当经代表 2/3 以上表决权的股东通过：修改公司章程，增加或者减少注册资本，公司分立、合并、解散或者变更公司形式。

股东会应当对所议事项的决定作成会议记录，出席会议的股东应当在会议记录上签名或者盖章。

5. 股东会决议的无效与撤销

股东会决议是有限责任公司意志的体现，对公司及公司的股东、董事、经理、监事的行为均有约束力。但是，在特定情况下，股东会决议可能无效或被人民法院撤销。根据《公司法》规定，公司股东会的决议内容违反法律、行政法规的无效。股东会的会议召集程序、表决方式违反法律、行政法规或者公司章程，或者决议内容违反公司章程的，股东自决议作出之日起 60 日内，可以请求人民法院撤销，但股东会的会议召集程序或者表决方式仅有轻微瑕疵，对决议未产生实质影响的除外。股东会决议被人民法院宣告无效、撤销或者确认不成立的，公司应当向公司登记机关申请撤销根据该决议已办理的登记，但公司根据该决议与善意相对人形成的民事法律关系不受影响。

【案例2.7】 某有限责任公司董事会决议拟增加注册资本，公司监事会的5名成员坚决反对，但董事会坚持决议。于是，监事会直接通知全部股东召开临时股东会会议。其中除2名共持有1/2表决权、反对增加注册资本的股东未参加外，其余5名股东全部参加。与会5名股东通过了公司增加注册资本的临时股东会决议。监事会认为临时股东会会议的表决方式未达到法定要求，因而决议可以撤销。董事会认为，监事会越权召开股东会会议，会后又对会议决议横加指责，纯属无理之举。

请问：（1）公司董事会是否有权作出增加注册资本的决议？

（2）临时股东会会议的召集程序是否合法？

（3）临时股东会会议通过的决议是否可以撤销？

解析：（1）无权。董事会仅有权制订公司增加注册资本的方案，而增资决议应由股东会作出。

（2）不合法。根据《公司法》的规定，监事会应先提议董事会召开临时股东会会议，董事会不能履行或者不履行召集股东会会议职责的，监事会才可自行召集和主持。

（3）可以撤销。公司增加注册资本的股东会决议应由经代表2/3以上表决权的股东通过，而本案中同意增资的股东仅持有1/2表决权。此外，临时股东会会议的召集程序也不合法，故有异议的股东可以自决议作出之日起60日内，请求人民法院撤销。

（二）董事会

董事会是指依法设立的由全体董事集体进行经营决策和业务执行的机构。规模较小或者股东人数较少的有限责任公司，可以不设董事会，设一名董事行使董事会的职权。

1. 董事会的组成

董事会对股东会负责，是公司的常设机关。董事会由董事组成，其成员为3人以上，其中可以有公司职工代表。职工人数300人以上的有限责任公司，除依法设监事会并有公司职工代表的外，其董事会成员中应当有公司职工代表。董事会中的职工代表由公司职工通过职工代表大会、职工大会或者其他形式民主选举产生。可见，本节案例导入中丁有限责任公司的董事会成员中没有公司职工代表属于违法的。

有限责任公司董事会设董事长1人，可以设副董事长。董事长、副董事长的产生办法由公司章程规定。

2. 董事的任期

董事任期由公司章程规定，但每届任期不得超过3年。董事任期届满，连选可以连任。因而，本节案例导入中丁有限责任公司章程规定的董事每届任期为4年是违法的。董事任期届满未及时改选，或者董事在任期内辞任导致董事会成员低于法定人数时，在改选出的董事就任前，原董事仍应当依照法律、行政法规和公司章程的规定，履行董事职务。

3. 董事会的职权

有限责任公司的董事会行使下列职权：召集股东会会议，并向股东会报告工作；执行股东会的决议；决定公司的经营计划和投资方案；制订公司的利润分配方案和弥补亏损方案；制订公司增加或者减少注册资本以及发行公司债券的方案；制订公司合并、分立、解散或者变更公司形式的方案；决定公司内部管理机构的设置；决定聘任或者解聘公司经理及其报酬事项，并根据经理的提名决定聘任或者解聘公司副经理、财务负责人及其报酬事项；制定公司的基本管理制度；公司章程规定或者股东会授予的其他职权。

4. 董事会的议事规则

董事会会议由董事长召集和主持；董事长不能履行职务或者不履行职务的，由副董事长召集和主持；副董事长不能履行职务或者不履行职务的，由过半数的董事共同推举一名董事召集和主持。董事会会议应当有过半数的董事出席方可举行。董事会作出决议，应当经全体董事的过半数通过。董事会决议的表决，应当一人一票。董事会应当对所议事项的决定作成会议记录，出席会议的董事应当在会议记录上签名。董事会的其他议事方式和表决程序，由公司章程规定。

（三）经理

有限责任公司可以设经理。经理是负责组织日常经营管理活动的高级管理人员。经理由董事会决定聘任或者解聘，对董事会负责，根据公司章程的规定或者董事会的授权行使职权。经理列席董事会会议。

【案例 2.8】甲、乙、丙等三家有限责任公司各出资 500 万元，设立了丁有限责任公司。甲有限责任公司派人担任董事长，乙有限责任公司派人担任财务负责人兼任监事，丙有限责任公司派人担任经理。丁有限责任公司成立后，董事长认为，公司章程对甲有限责任公司不利，也不利于丙有限责任公司的经营，于是作出修改公司章程的决定，经理与财务负责人均不同意。于是董事长找借口直接解除经理的职务，自己兼任经理，独揽大权。乙、丙两家有限责任公司知道以后，提出异议。

请问：上述哪些行为违反了《公司法》的规定？为什么？

解析：（1）根据《公司法》的规定，董事、高级管理人员不得兼任监事。财务负责人是公司的高级管理人员，因而财务负责人不能兼任监事。

（2）根据《公司法》的规定，公司可以修改章程，但修改公司章程的决议，必须经代表 2/3 以上表决权的股东通过。因而董事长个人不能决定修改公司章程。

（3）根据《公司法》的规定，聘任和解聘经理是董事会的法定职权之一，董事长个人无权解聘公司经理。因而该公司董事长找借口直接解除经理的职务，自己兼任经理，是违法的。

（四）监事会

监事会是依法产生，对董事、高级管理人员的职务行为及公司财务进行监督的常设机构。监事会对股东会负责。

1. 监事会的组成及监事的任期

监事会由监事组成，其成员数量为 3 人以上。监事会成员应当包括股东代表和适当比例的公司职工代表，其中职工代表的比例不得低于 1/3，具体比例由公司章程规定。监事会中的职工代表由公司职工通过职工代表大会、职工大会或者其他形式民主选举产生。监事会设主席 1 人，由全体监事过半数选举产生。

公司可以按照公司章程的规定在董事会中设置由董事组成的审计委员会，行使监事会的职权，不设监事会或者监事。规模较小或者股东人数较少的有限责任公司，可以不设监事会，设 1 名监事，行使监事会的职权；经全体股东一致同意，也可以不设监事。

监事的任期是法定的，每届为 3 年。监事任期届满，连选可以连任。公司董事、高级管理人员不得兼任监事。

2. 监事会的职权

监事会行使下列职权：检查公司财务；对董事、高级管理人员执行职务的行为进行监督，对违反法律、行政法规、公司章程或者股东会决议的董事、高级管理人员提出解任的建议；当董事、高级管理人员的行为损害公司的利益时，要求董事、高级管理人员予以纠正；提议召开临时股东会会议，在董事会不履行《公司法》规定的召集和主持股东会会议职责时召集和主持股东会会议；向股东会会议提出提案；依照《公司法》第一百八十九条的规定，对董事、高级管理人员提起诉讼；公司章程规定的其他职权。

监事可以列席董事会会议，并对董事会决议事项提出质询或者建议。监事会发现公司经营情况异常，可以进行调查；必要时，可以聘请会计师事务所等协助其工作，费用由公司承担。

3. 监事会的议事规则

监事会主席召集和主持监事会会议；监事会主席不能履行职务或者不履行职务的，由半数以上监事共同推举 1 名监事召集和主持监事会会议。

监事会每年度至少召开一次会议，监事可以提议召开临时监事会会议。监事会的议事方式和表决程序，除《公司法》有规定的外，由公司章程规定。监事会决议应当经全体监事的过半数通过。监事会决议的表决，应当一人一票。监事会应当对所议事项的决定作成会议记录，出席会议的监事应当在会议记录上签名。

三、有限责任公司的股权转让

根据股权转让的原因和对象不同，《公司法》规定了下列五种有限责任公司股权转让的形式。

1. 股权的对内转让

公司股权的对内转让即股东基于其自身意愿将股权转让给现有的其他股东。由于股权的对内转让一般不会影响有限公司的人合性，所以《公司法》中对有限公司股权的内部转让问题原则上采用自由转让原则，即只要转让方与受让方协商一致，转让即可成立，而无须经过其他股东的同意。为此，《公司法》明确规定，有限责任公司的股东之间可以相互转让其全部或者部分股权。同时，《公司法》有许可股东意思自治，即作为公司内部自治规则的公司章程对股权转让另有规定的，从其规定。

2. 股权的对外转让

公司股权的对外转让即股东基于其自身意愿将股权转让给现有股东以外的第三人。基于股权的对外转让将增加新的股东，可能影响有限公司的人合性，因而《公司法》对有限公司股权的对外转让作了限制性规定，即股东向股东以外的人转让股权的，应当将股权转让的数量、价格、支付方式和期限等事项书面通知其他股东，其他股东在同等条件下有优先购买权。股东自接到书面通知之日起 30 日内未答复的，视为放弃优先购买权。两个以上股东行使优先购买权的，协商确定各自的购买比例；协商不成的，按照转让时各自的出资比例行使优先购买权。公司章程对股权转让另有规定的，从其规定。

3. 股权的强制执行

股权的强制执行是指人民法院根据债权人的申请，依据有效的法律文书，对被执行人在公司中的股份所采取的一种强制转让措施，也就是用被执行股东的股份转让款清偿股东债务，保护股东的债权人利益。这种股权的转让往往非股东自己意愿，所以也称股权的强制转让。人民法院依照法律规定的强制执行程序转让股东的股权时，应当通知公司及全体股东，其他股东在同等条件下有优先购买权。其他股东自人民法院通知之日起满 20 日不行使优先购买权的，视为放弃优先购买权。

4. 异议股东的股权收购请求权

异议股东股权收购请求权是指当股东会作出对股东利害关系产生实质影响的决定时，对该决定持有异议的股东有权请求公司以合理的价格收购其股权，从而退出该公司。为了平衡公司各方面的利益，保护中小股东的权益，《公司法》规定了股东可行使异议股东股权收购请求权的三种情形：①公司连续5年不向股东分配利润，而公司该5年连续盈利，并且符合《公司法》规定的分配利润条件的；②公司合并、分立、转让主要财产的；③公司章程规定的营业期限届满或者章程规定的其他解散事由出现，股东会通过决议修改章程使公司存续的。

股东行使异议股东股权收购请求权时，应当尽量通过协商的方式解决。但如果协商不成，则既有可能影响股东的权益，又有可能影响公司的生产经营活动。因此，《公司法》明确规定，自股东会决议作出之日起60日内，股东与公司不能达成股权收购协议的，股东可以自股东会决议作出之日起90日内向人民法院提起诉讼。公司的控股股东滥用股东权利，严重损害公司或者其他股东利益的，其他股东有权请求公司按照合理的价格收购其股权。

5. 自然人股东资格的继承

自然人股东死亡后，其合法继承人可以继承股东资格，但公司章程另有规定的除外。

【案例2.9】甲出资10万元，乙出资60万元，丙出资10万元，丁出资10万元，戊出资10万元共同组建一家有限责任公司。公司成立后，某年3月1日甲书面通知其他股东要把出资转让给庚，丙表示同意，丁、戊称无所谓，但一直未答复甲。而乙曾与庚共过事，有过恩怨，故坚决反对，但出价又不如庚高。当年5月1日，甲将出资转让给庚，并办理了变更登记手续。乙不服，认为这是甲故意跟自己过不去，并认为转让无效。

请问：甲将出资转让给庚有效吗？

解析：有效。根据《公司法》规定，股东向股东以外的人转让股权的，应当将股权转让的数量、价格、支付方式和期限等事项书面通知其他股东，其他股东在同等条件下有优先购买权。股东自接到书面通知之日起30日内未答复的，视为放弃优先购买权。为此，丁、戊于3月1日接到甲书面通知拟将其出资转让给庚，至5月1日未给出明确答复，则视为放弃优先购买权。同时，乙出价不如庚高，不足以行使优先购买权，故甲可以将出资转让给庚。

第四节　股份有限公司

案例导入

甲股份有限公司（以下简称甲公司）于2月1日召开董事会会议，该次会议召开情况及讨论决议事项如下：①甲公司董事会的7名董事中有6名出席该次会议。其中，董事孟某因病不能出席会议，电话委托董事李某代为出席会议并行使表决权；②甲公司与乙公司有业务竞争关系，但甲公司总经理余某擅自为乙公司从事经营活动，损害了甲公司的利益，故董事会决定解聘余某；③为完善公司经营管理制度，董事会会议通过了修改公司章程的决议，并决定从通过之日起执行。

请问：（1）董事孟某电话委托董事李某代为出席董事会会议并行使表决权的做法是否符合法律规定？

（2）董事会作出解聘余某的决定是否符合法律规定？

（3）董事会作出修改公司章程的决议是否符合法律规定？

一、股份有限公司的设立

1. 设立条件

股份有限公司的设立方式有两种：一是发起设立，二是募集设立。前者是指由发起人认购设立公司时应发行的全部股份而设立公司；后者是指由发起人认购设立公司时应发行股份的一部分，其余股份向特定对象募集或者向社会公开募集而设立公司。以发起方式或募集方式设立股份有限公司，都需满足以下基本条件。

（1）发起人符合法定人数。发起人是指筹办公司设立事务，认购公司股份，并对设立行为承担责任的人。设立股份有限公司，应当有 1 人以上 200 人以下为发起人，其中应当有半数以上的发起人在中华人民共和国境内有住所。在设立公司的过程中，发起人应当承担下列责任：发起人不按照其认购的股份缴纳股款，或者作为出资的非货币财产的实际价额显著低于所认购的股份的，其他发起人与该发起人在出资不足的范围内承担连带责任；公司设立时应发行的股份未募足，或者发行股份的股款缴足后，发起人在 30 日内未召开成立大会的，认股人可以按照所缴股款并加算银行同期存款利息，要求发起人返还。

（2）发起人共同制订公司章程。股份有限公司章程应当载明下列事项：公司名称和住所；公司经营范围；公司设立方式；公司注册资本、已发行的股份数和设立时发行的股份数，面额股的每股金额；发行类别股的，每一类别股的股份数及其权利和义务；发起人的姓名或者名称、认购的股份数、出资方式；董事会的组成、职权和议事规则；公司法定代表人的产生、变更办法；监事会的组成、职权和议事规则；公司利润分配办法；公司的解散事由与清算办法；公司的通知和公告办法；股东会认为需要规定的其他事项。

（3）有符合规定的注册资本且依法缴纳股款。注册资本为在公司登记机关登记的已发行股份的股本总额。在发起人认购的股份缴足前，不得向他人募集股份。法律、行政法规以及国务院决定对股份有限公司注册资本最低限额另有规定的，从其规定。

（4）其他条件，如有公司名称、住所，建立符合股份有限公司要求的组织机构等。

2. 设立程序

设立股份有限公司应履行以下主要程序。

（1）发起人发起。发起人应当签订发起人协议，明确各自在公司设立过程中的权利和义务。

（2）认购股份。采用发起设立方式的，发起人应当认足公司章程规定的公司设立时应发行的股份。采用募集设立方式的，除法律、行政法规另有规定外，发起人认购的股份不得少于公司章程规定的公司设立时应发行股份总数的 35%，其余股份向特定对象募集或者向社会公开募集。

（3）缴足股款。发起人应当在公司成立前按照其认购的股份全额缴纳股款。采用向社会公开募集股份的，发起人应当公告招股说明书，并制作认股书，认股人应当按照所认购股份足额缴纳股款。向社会公开募集股份的股款缴足后，应当经依法设立的验资机构验资并出具证明。公司向社会公开募集股份，还要与依法设立的证券公司签订承销协议，同银行签订代收股款协议。公司发行股份募足股款后，应予公告。

（4）召开成立大会。以募集设立方式设立股份有限公司的，发起人应当自公司设立时应发行股份的股款缴足之日起 30 日内召开公司成立大会。发起人应当在成立大会召开 15 日前将会议日期通知各认股人或者予以公告。成立大会应当有持有表决权过半数的认股人出席，方可举行。以发起设立方式设立股份有限公司成立大会的召开和表决程序由公司章程或者发起人协议规定。

知识拓展

公司成立大会的职权

公司成立大会行使下列职权：审议发起人关于公司筹办情况的报告；通过公司章程；选举董事、监事；对公司的设立费用进行审核；对发起人非货币财产出资的作价进行审核；发生不可抗力或者经营条件发生重大变化直接影响公司设立的，可以作出不设立公司的决议。成立大会对上述所列事项作出决议，应当经出席会议的认股人所持表决权过半数通过。

（5）申请设立登记。董事会应当授权代表，于公司成立大会结束后30日内向公司登记机关申请设立登记。营业执照签发日期为公司成立日期。

【案例2.10】 甲公司欲作为发起人募集设立一家股份有限公司，其拟定的基本构想包括以下内容：①7个发起人中有4个住所地在境外，这为公司的国际化打下了良好的基础。②公司的注册资本8 000万元，其中7个发起人认购2 500万元。由于公司所选项目有非常好的发展前景，其余的5 500万元向社会公开募集。③因为是募集设立股份有限公司，因此所有的出资必须是货币。④认股人在缴纳股款后，在任何情况下，都不可以要求发起人返还股款。⑤成立大会可以根据需要，结合市场情况由发起人决定召开的时间。

请问： 甲公司拟定的基本构想中哪些不符合法律规定？

解析： 甲公司拟定的六个基本构想均不符合法律规定，其理由如下：①设立股份有限公司，应当有半数以上的发起人在中华人民共和国境内有住所。因此本案中4个发起人住所地在境外不合法。②采用募集设立方式的，除法律、行政法规另有规定外，发起人认购的股份不得少于公司章程规定的公司设立时应发行股份总数的35%。因此本案中拟设立注册资本为8 000万元的股份有限公司，7个发起人仅认购2 500万元，仅占31.25%，是违法的。③社会认股人仅能以货币出资，但发起人可以用货币出资，也可以用实物、知识产权、土地使用权、股权、债权等可以用货币估价并可以依法转让的非货币财产作价出资。因此本案中要求所有出资必须是货币是违法的。④公司设立时应发行的股份未募足，或者发行股份的股款缴足后，发起人在30日内未召开成立大会的，认股人可以按照所缴股款并加算银行同期存款利息，要求发起人返还。因此本案中认股人在任何情况下都不可以要求发起人返还股款是违法的。⑤募集设立股份有限公司的发起人应当自公司设立时应发行股份的股款缴足之日起30日内召开公司成立大会。因此本案中根据需要确定成立大会召开时间是违法的。

二、股份有限公司的组织机构

股份有限公司的组织机构由股东会、董事会、经理和监事会组成，对于上市的股份有限公司的组织机构还有一些特殊规定。

（一）股东会

股东会由全体股东组成，是公司的权力机构。有限责任公司股东会的职权适用于股份有限公司股东会。

1. 股东会会议的形式

股东会因召开的原因、召开的时间不同，可以分为定期会议和临时会议。定期会议每年召开一次，召开时间由公司章程规定。临时股东会则应在有下列情形之一的两个月内召开：董事人数不足《公司法》规定的人数或者公司章程所定人数的2/3时；公司未弥补的亏损达到股本总额1/3时；单独或者合计持有公司10%以上股份的股东请求时；董事会认为必要时；监事会提议召开时；公司章程规定的其他情形。

2. 股东会会议的召开

股东会由董事会负责召集，董事长主持会议；董事长不能履行职务或者不履行职务时，由副董事长主持；副董事长不能履行职务或者不履行职务时，由过半数的董事共同推举一名董事主持。董事会不能履行或不履行召集股东会会议职责的，由监事会召集和主持；监事会不召集和主持的，连续90日以上单独或合计持有1/10以上股份的股东可以自行召集和主持。单独或者合计持有公司10%以上股份的股东请求召开临时股东会会议的，董事会、监事会应当在收到请求之日起10日内作出是否召开临时股东会会议的决定，并书面答复股东。

召开股东会会议，应当将会议召开的时间、地点和审议的事项于会议召开 20 日前通知各股东；临时股东会会议应当于会议召开 15 日前通知各股东。单独或者合计持有公司 1% 以上股份的股东，可以在股东会会议召开 10 日前提出临时提案并书面提交董事会。临时提案应当有明确议题和具体决议事项。董事会应当在收到提案后 2 日内通知其他股东，并将该临时提案提交股东会审议；但临时提案违反法律、行政法规或者公司章程的规定，或者不属于股东会职权范围的除外。公司不得提高提出临时提案股东的持股比例。

3. 股东会的决议

股东出席股东会会议，所持每一股份有一表决权，类别股股东除外。公司持有的本公司股份没有表决权。股东会作出决议，应当经出席会议的股东所持表决权过半数通过。但是，股东会作出修改公司章程、增加或者减少注册资本的决议，以及公司合并、分立、解散或者变更公司形式的决议，应当经出席会议的股东所持表决权的 2/3 以上通过。可见，修改公司章程由股东会决定。本节案例导入中，董事会会议通过了修改公司章程的决议不合法。

股东会选举董事、监事，可以按照公司章程的规定或者股东会的决议，实行累积投票制。所谓累积投票制，所称累积投票制，是指股东会选举董事或者监事时，每一股份拥有与应选董事或者监事人数相同的表决权，股东拥有的表决权可以集中使用。

股东会应当对所议事项的决定作成会议记录，主持人、出席会议的董事应当在会议记录上签名。会议记录应当与出席股东的签名册及代理出席的委托书一并保存。

【案例 2.11】 某房地产股份有限公司注册资本为人民币 2 亿元。后来由于房地产市场不景气，公司年底出现了无法弥补的经营亏损，亏损总额为人民币 7 000 万元。据此，某股东请求召开临时股东会。公司决定于次年 4 月 10 日召开临时股东会，并于 3 月 30 日在报纸上向所有的股东发出了会议通知。通知确定的会议议程包括以下事项：①选举新的董事长；②解聘公司总经理；③就公司与另一房地产公司合并作出决议。

在临时股东会上，上述各事项均经出席会议的股东所持表决权的半数通过。

请问：（1）公司发生亏损后，在股东请求后，是否应召开临时股东会？为什么？

（2）公司在临时股东会的召集、召开过程中，有无与法律规定不相符的地方？如有，为什么？

解析：（1）根据《公司法》的规定，公司未弥补的亏损达到股本总额的 1/3 时，应当召开临时股东会。而本案中该公司的未弥补亏损 7 000 万元已超过注册资本 2 亿元的 1/3，所以股东请求后应召开临时股东会。

（2）该公司在临时股东会的召集、召开过程中，存在以下与法律不符的地方：①召开临时股东会应提前 15 日通知股东，该公司通知股东的时间少于 15 日；②选举董事长，不属于股东会的职权，应由董事会以全体董事的过半数选举产生；③解聘公司总经理，由董事会决定，而不是由股东会决定；④公司合并决议应经出席股东会的股东所持表决权的 2/3 以上通过，而不是半数通过。

（二）董事会和经理

1. 董事会

董事会是股份有限公司必设的由全体董事集体进行经营决策和业务执行的机构。董事会对股东会负责。董事会设董事长 1 人，可以设副董事长。董事长和副董事长由董事会以全体董事的过半数选举产生。规模较小或者股东人数较少的股份有限公司，可以不设董事会，设 1 名董事，行使董事会的职权。

（1）董事会的职权。《公司法》关于有限责任公司董事会职权的规定适用于股份有限公司董事会。根据规定，解聘公司经理属于董事会的职权。故本节案例导入中，董事会的决定符合法律规定。

（2）董事会会议的形式、召集和主持。股份有限公司的董事会会议分为定期会议和临时会议两种形式。董事会定期会议每年度至少召开两次，每次应于会议召开 10 日前通知全体董事和监事。代表 1/10 以上表决权的股东，1/3 以上董事或监事会，可以提议召开临时董事会会议。董事长应当自接到提议后 10 日内，召集和主持董事会会议。董事会召开临时会议，可以另定召集董事会的通知方式和通知时限。董事会会议由董事长负责召集和主持；董事长不能履行职务或者不履行职务的，由副董事长履行职务；副董事长不能履行职务或者不履行职务的，由过半数的董事共同推举一名董事履行职务。

（3）董事会会议的决议。董事会会议应有过半数的董事出席方可举行。董事会作出决议，必须经全体董事的过半数通过。董事会会议应当由董事本人出席；董事因故不能出席，可以书面委托其他董事代为出席，委托书中应载明授权范围。因此，本节案例导入中，董事孟某以电话方式委托董事李某代为出席会议并行使表决权，委托方式不合法。

董事应当对董事会的决议承担责任。董事会的决议违反法律、行政法规或者公司章程、股东会决议，致使公司遭受严重损失的，参与决议的董事对公司负赔偿责任。但经证明在表决时曾表明异议并记载于会议记录的，该董事可以免除责任。

【案例 2.12】某股份有限公司董事会由 11 名董事组成。5 月 10 日，公司董事长李某召集并主持召开董事会会议，出席会议的共 8 名董事，另有 3 名董事因事请假。董事会会议讨论了下列事项，经表决有 6 名董事同意而通过：①鉴于公司董事会成员工作任务加重，决定给每位董事涨工资 30%；②鉴于监事会成员中的职工代表张某生病，决定任命本公司职工王某成为监事会成员；③鉴于公司的财务会计工作日益繁重，拟将财务科升级为财务部，并向社会公开招聘会计人员 3 名，招聘会计人员事宜及财务科升级为财务部的方案经股东会通过后实施。

请问：（1）公司董事会会议的召开和表决程序是否符合法律规定？为什么？

（2）公司董事会通过的事项有无不符合法律规定之处？如有，为什么？

解析：（1）公司董事会会议的召开和表决程序符合法律规定。按照《公司法》的规定，股份有限公司董事会会议应有过半数的董事出席方可举行；董事会会议由董事长召集并主持；董事会决议须经全体董事过半数通过。

（2）董事会通过的事项中有不符合法律规定之处：①董事会决定给每位董事涨工资的决议违法。按照《公司法》的规定，决定董事的报酬属于公司股东会的职权。②董事会决定任命公司职工王某成为监事会成员的决议违法。根据《公司法》的规定，职工代表出任的监事应由公司职工民主选举产生。③董事会认为将公司财务科升级为财务部的方案须经股东会通过的观点不符合法律规定。根据《公司法》的规定，公司董事会有权决定公司内部管理机构的设置。

2. 经理

股份有限公司设经理，由董事会决定聘任或者解聘。《公司法》关于有限责任公司经理职权的规定，适用于股份有限公司经理。经理对董事会负责，根据公司章程的规定或者董事会的授权行使职权。经理列席董事会会议。公司董事会可以决定由董事会成员兼任经理。

（三）监事会

股份有限公司设监事会，监事会成员为 3 人以上。监事会成员应当包括股东代表和适当比例的公司职工代表，其中职工代表的比例不得低于 1/3，具体比例由公司章程规定。监事会中的职工代表由公司职工通过职工代表大会、职工大会或者其他形式民主选举产生。

监事会设主席 1 人，可以设副主席。监事会主席和副主席由全体监事过半数选举产生。监事会主席召集和主持监事会会议;监事会主席不能履行职务或者不履行职务的,由监事会副主席召集和主持监事会会议;监事会副主席不能履行职务或者不履行职务的,由过半数的监事共同推举一名监事召集和主持监事会会议。董事、高级管理人员不得兼任监事。

监事会每 6 个月至少召开一次会议。监事可以提议召开临时监事会会议。监事会的议事方式和表决程序,除《公司法》有规定的外,由公司章程规定。监事会决议应当经全体监事的过半数通过。监事会决议的表决,应当一人一票。监事会应当对所议事项的决定作成会议记录,出席会议的监事应当在会议记录上签名。

值得一提的是,《公司法》关于有限责任公司监事会职权、任期的规定适用于股份有限公司监事会。同时,规模较小或者股东人数较少的股份有限公司,可以不设监事会,设 1 名监事,行使监事会的职权。股份有限公司也可以按照公司章程的规定在董事会中设置由董事组成的审计委员会,行使监事会的职权,不设监事会或者监事。

知识拓展

审计委员会

审计委员会成员为 3 名以上,过半数成员不得在公司担任除董事以外的其他职务,且不得与公司存在任何可能影响其独立客观判断的关系。公司董事会成员中的职工代表可以成为审计委员会成员。审计委员会作出决议,应当经审计委员会成员的过半数通过。审计委员会决议的表决,应当一人一票。审计委员会的议事方式和表决程序,除《公司法》有规定的外,由公司章程规定。

(四)上市公司组织机构的特别规定

上市公司是指其股票在证券交易所上市交易的股份有限公司。《公司法》对上市公司组织机构和活动作出了以下特别规定。

(1)增加股东会特别决议事项。上市公司在 1 年内购买、出售重大资产或者担保金额超过公司资产总额30%的,应当由股东会作出决议,并经出席会议的股东所持表决权的 2/3 以上通过。

(2)设立独立董事。所谓独立董事,是指不在公司担任除董事以外的其他职务,并与其受聘的公司及其主要股东不存在可能妨碍其进行独立客观判断关系的董事。独立董事的具体管理办法由国务院证券监督管理机构规定。

(3)设置审计委员会。董事会对聘用、解聘承办公司审计业务的会计师事务所,聘任、解聘财务负责人,披露财务会计报告,国务院证券监督管理机构规定的其他事项作出决议前,应当经审计委员会全体成员过半数通过。

(4)设立董事会秘书。董事会秘书负责公司股东会和董事会会议的筹备、文件保管以及公司股东资料的管理,办理信息披露事务等事宜。

(5)关联董事报告和表决权回避制度。上市公司董事与董事会会议决议事项所涉及的企业或者个人有关联关系的,该董事应当及时向董事会书面报告。有关联关系的董事不得对该项决议行使表决权,也不得代理其他董事行使表决权。该董事会会议由过半数的无关联关系董事出席即可举行,董事会会议所作决议须经无关联关系董事过半数通过。出席董事会会议的无关联关系董事人数不足 3 人的,应当将该事项提交上市公司股东会审议。

实案广角

股权纠纷案例

(6)控股子公司的特殊规定。上市公司控股子公司不得取得该上市公司的股份。控股子公司因公司合并、质权行使等原因持有上市公司股份的,不得行使所持股份对应的表决权,并应当及时处分相关上市公司股份。

三、股份有限公司的股份发行与转让

1. 股份与股票

股份是股份有限公司资本的最基本组成单位，是划分股东权利义务的最基本构成单位，也是股票的价值内涵。《公司法》规定，公司的资本划分为股份。公司的全部股份，根据公司章程的规定择一采用面额股或者无面额股。采用面额股的，每一股的金额相等。公司可以根据公司章程的规定将已发行的面额股全部转换为无面额股或者将无面额股全部转换为面额股。采用无面额股的，应当将发行股份所得款项的 1/2 以上计入注册资本。

股票是股份有限公司成立后签发的证明股东所持股份的凭证。公司的股份采取股票的形式。公司发行的股票，应当为记名股票。股票采用纸面形式或者国务院证券监督管理机构规定的其他形式。

2. 股份发行

股份的发行，实行公平、公正的原则，同类别的每一股份应当具有同等权利。同次发行的同类别股份，每股的发行条件和价格应当相同。认购人所认购的股份，每股应当支付相同价额。同时《公司法》通过"列举+概括"的立法模式规定了股份有限公司可发行的类别股种类，即公司可以按照公司章程的规定发行下列与普通股权利不同的类别股：优先或者劣后分配利润或者剩余财产的股份；每一股的表决权数多于或者少于普通股的股份；转让须经公司同意等转让受限的股份；国务院规定的其他类别股。

作为股份形式的股票，面额股股票的发行价格可以按票面金额，也可以超过票面金额，但不得低于票面金额。股份有限公司成立后，即向股东正式交付股票。公司成立前不得向股东交付股票。

3. 股份的转让及其限制

股份转让实行自由转让的原则，即股份有限公司的股东持有的股份可以向其他股东转让，也可以向股东以外的人转让。但为了保护公司、股东、债权人等相关利益主体的利益，《公司法》对股份转让作了以下必要的限制。

（1）公司章程对股份转让有限制的，按照公司章程的规定进行。

（2）股份转让场所的限制。股东转让其股份，应当在依法设立的证券交易场所进行或者按照国务院规定的其他方式进行。

（3）对特殊主体转让公司股份的限制。公司公开发行股份前已发行的股份，自公司股票在证券交易所上市交易之日起 1 年内不得转让。法律、行政法规或者国务院证券监督管理机构对上市公司的股东、实际控制人转让其所持有的本公司股份另有规定的，从其规定。公司董事、监事、高级管理人员应当向公司申报所持有的本公司的股份及其变动情况，在就任时确定的任职期间每年转让的股份不得超过其所持有本公司股份总数的 25%；所持本公司股份自公司股票上市交易之日起 1 年内不得转让。上述人员离职后半年内，不得转让其所持有的本公司股份。股份在法律、行政法规规定的限制转让期限内出质的，质权人不得在限制转让期限内行使质权。

（4）对收购本公司股份的限制。公司不得收购本公司股份，但是，有下列情形之一的除外：①减少公司注册资本；②与持有本公司股份的其他公司合并；③将股份用于员工持股计划或者股权激励；④股东因对股东会作出的公司合并、分立决议持异议，要求公司收购其股份；⑤将股

知识拓展

国家出资公司组织机构的特别规定

份用于转换公司发行的可转换为股票的公司债券；⑥上市公司为维护公司价值及股东权益所必需。公司因上述第①②项情形收购本公司股份的，应当经股东会决议；因第③⑤⑥项情形收购本公司股份的，可以依照公司章程的规定或者股东会的授权，经 2/3 以上董事出席的董事会会议决议。公司依法收购本公司股份后，属于第①项情形的，应当自收购之日起 10 日内注销；属于第②④项情形的，应当在 6 个月内转让或者注销；属于第③⑤⑥项情形的，公司合计持有的本公司股份数不得超过本公司已发行股份总数的 10%，并应当在 3 年内转让或者注销。

（5）公司不得接受本公司的股份作为质权的标的。

【案例2.13】一个股份有限公司的股东咨询该公司的法律顾问下列情形是否合法：①公司公开发行股份前已发行的股份，自公司股票在证券交易所上市交易之日起 5 年内不得转让；②无论任何情形下，公司不得收购本公司的股份；③公司董事、监事、经理所持有的本公司的股份在任职期间不得转让；④严禁公司接受本公司的股份作为质权的标的。

请问：若你是该公司的法律顾问，你该如何答复？

解析：①②③不合法，④合法。根据《公司法》的规定，公司公开发行股份前已发行的股份，自公司股票在证券交易所上市交易之日起 1 年内不得转让；一般情况下，公司不得收购本公司的股份，但有《公司法》第一百六十二条规定的六种情形之一的除外；公司董事、监事、高级管理人员在就任时确定的任职期间每年转让的股份不得超过其所持有本公司股份总数的 25%；公司不得接受本公司的股份作为质权的标的。

第五节 公司的合并、分立、增减资、解散和清算

一、公司的合并

公司合并是指两个或者两个以上的公司订立合并协议，依照《公司法》的规定，不经过清算程序而直接结合为一个公司的法律行为。

1. 公司合并的形式

根据合并后是否有公司法人资格继续存续，公司合并可分为下列两种形式：①吸收合并，这是指一个公司吸收其他公司后存续，被吸收的公司解散；②新设合并，这是指两个或两个以上的公司合并设立一个新的公司，合并各方解散。

此外，《公司法》还设立了简易合并和小规模合并制度。简易合并是指公司与其持股 90% 以上的公司合并的，被合并的公司无须经股东会决议，仅通过董事会决议即可完成合并。小规模合并是指当公司合并所需支付的价款不超过本公司净资产 10% 的，可以不经股东会决议，仅通过董事会决议即可完成合并。

2. 公司合并的程序

依照《公司法》的有关规定，公司合并的程序如下：①股东会作出特别决议。除简易合并和小规模合并外，有限责任公司的合并决议必须经股东会代表 2/3 以上表决权的股东通过，股份有限公司的合并决议必须经出席股东会会议的股东所持表决权的 2/3 以上通过。②签订合并协议。③编制资产负债表和财产清单。④通知债权人。公司应当自作出合并决议之日起 10 日内通知债权人，并于 30 日内在报纸上或者国家企业信用信息公示系统公告。为保护公司债权人利益，《公司法》同时规定，债权人自接到通知之日起 30 日内，未接到通知的自公告之日起 45 日内，可以要求公司清偿债务或者提供相应的担保。⑤办理合并登记手续。

3. 公司合并的法律后果

公司合并前各方的债权、债务，应当由合并后存续的公司或者新设的公司承继。

二、公司的分立

公司分立是指一个公司通过依法签订分立协议，不经过清算程序而分成两个或者两个以上公司的法律行为。

1. 公司分立的形式

根据公司分立后，被分立公司法人资格是否继续存续，公司分立可分为下列两种形式：①派生分立，也称存续分立，指公司以其部分资产另设一个或者数个新的公司，原公司存续；②新设分立，也称解散分立，指公司全部资产分别划归两个或者两个以上的新公司，原公司解散。

2. 公司分立的程序及其法律后果

公司分立，其财产作相应的分割。

公司分立应当编制资产负债表及财产清单。公司应当自作出分立决议之日起10日内通知债权人，并于30日内在报纸上或者国家企业信用信息公示系统公告。公司分立程序的其他程序与公司合并的程序基本相同。公司分立前的债务由分立后的公司承担连带责任，但公司在分立前与债权人就债务清偿达成的书面协议另有约定的除外。

【案例2.14】某股份有限公司经董事会全体一致同意作出决议，决定将该公司分立为两个完全独立的新公司，经编制资产负债表及财产清单后，订立了分立协议并进行财产分割，然后直接宣布新设的两个公司开始以独立的法律人格进行经营活动。

请问：上述公司分立的过程在程序上有何违法之处？为什么？

解析：（1）根据《公司法》的规定，股份有限公司合并、分立、解散或者变更公司形式的决议，必须由股东会作出，而且必须经出席会议的股东所持表决权的2/3以上通过。因而本案中该公司分立的决议不应由董事会作出。

（2）未履行债权人保护程序。根据《公司法》的规定，公司分立，应当编制资产负债表及财产清单。公司应当自作出分立决议之日起10日内通知债权人，并于30日内在报纸上或者国家企业信用信息公示系统公告。公司分立前的债务由分立后的公司承担连带责任。但是，公司在分立前与债权人就债务清偿达成的书面协议另有约定的除外。因此，本案中该公司在编制资产负债表及财产清单后，就直接订立分立协议，进行财产分割，未履行对债权人的保护程序，是违法的。

（3）根据《公司法》的规定，公司合并或者分立，登记事项发生变更的，应当依法向登记机关办理变更登记；公司解散的，应当依法办理公司注销登记；设立新公司的，应当依法办理公司设立登记。因此，本案中未履行对原公司的注销登记和对新成立公司的设立登记，属于违法行为。

三、公司的增资

公司增资是指公司为扩大经营规模、拓展业务、提高公司的资信等，依法增加注册资本的行为。增资有助于公司进一步充实资金储备、增强抗风险能力、扩大生产经营规模、提高公司信用等，实现对债权人利益的更好保护。公司增资的主要方式有增加票面价值、增加出资、发行新股或者债转股等。

根据《公司法》的规定，有限责任公司增加注册资本时，股东在同等条件下有权优先按照实缴的出资比例认缴出资，但全体股东约定不按照出资比例优先认缴出资的除外；股东认缴新增资本的出资，依照设立有限责任公司缴纳出资的有关规定执行。股份有限公司为增加注册资本发行新股时，股东不享有优先认购权，公司章程另有规定或者股东会决议决定股东享有优先认购权的除外；股东认购新股，依照设立股份有限公司缴纳股款的有关规定执行。

四、公司的减资

公司减资是指公司根据经营业务的实际情况，依法减少注册资本的行为。减资既涉及公司、股东、债权人等多方主体的利益，也影响到市场主体的投资热情和经济社会的发展活力。根据《公司法》的规定，公司减资主要有以下三种方式。

1. 一般减资

一般减资是公司根据股东会的决议，依法减少注册资本的行为。一般减资应当经代表 2/3 以上表决权的股东或经出席会议的股东所持表决权的 2/3 以上通过，同时履行较为烦琐的债权人保护程序。一般减资的程序包括：①公司编制资产负债表及财产清单。②股东会作出减资决议。国有独资公司应当由履行出资人职责的机构决定。③自作出减资决议（决定）之日起 10 日内通知债权人，并于 30 日内在报纸上或者国家企业信用信息公示系统公告。④债权人自接到通知之日起 30 日内，未接到通知的自公告之日起 45 日内，有权要求公司清偿债务或者提供相应的担保。⑤公司向登记机关依法申请变更登记。值得一提的是，《公司法》明确了"等比例减资为原则，非等比例减资为例外"的规则，即公司减少注册资本，应当按照股东出资或者持有股份的比例相应减少出资额或者股份，法律另有规定、有限责任公司全体股东另有约定或者股份有限公司章程另有规定的除外。

2. 简易减资

简易减资指公司使用任意公积金、法定公积金及资本公积金弥补亏损后，仍有亏损的，可以减少注册资本弥补亏损。采用简易减资方式的，公司不得向股东分配利润，也不得免除股东缴纳出资或者股款的义务。公司减少注册资本后，在法定公积金和任意公积金累计额达到公司注册资本 50% 前，不得分配利润。公司采用简易减资方式减资的，应当自股东会作出减少注册资本决议之日起 30 日内在报纸上或者国家企业信用信息公示系统公告，即可从事后续减资行为，无须编制资产负债表及财产清单，公司债权人也无权请求提供担保或提前清偿。

3. 失权减资

失权减资是股东未按照公司章程规定的出资日期缴纳出资，经对其催告程序后，该股东丧失其未缴纳出资的股权，公司因此相应减少注册资本。根据《公司法》的规定，公司成立后，董事会应当对股东的出资情况进行核查，发现股东未按期足额缴纳公司章程规定的出资的，应当由公司向该股东发出书面催缴书，催缴出资。催缴书可以载明缴纳出资的宽限期，宽限期自公司发出催缴书之日起，不得少于 60 日。宽限期届满，股东仍未履行出资义务的，公司经董事会决议可以向该股东发出失权通知，通知应当以书面形式发出。自通知发出之日起，该股东丧失其未缴纳出资的股权，公司据此可以相应减少注册资本并注销该股权。

此外，公司违法减少注册资本的，股东应当退还其收到的资金，减免股东出资的应当恢复原状；给公司造成损失的，股东及负有责任的董事、监事、高级管理人员应当承担赔偿责任。

实案广角
公司减资的法律后果

五、公司的解散

公司的解散是指公司因发生章程规定或法律规定的解散事由而停止新的经营业务活动的状态和过程。

根据《公司法》的规定，公司解散事由主要有以下几种：①公司章程规定的营业期限届满或者公司章程规定的其他解散事由出现。但在此种情形下，可以通过修改公司章程而使公司继续存在，并不意味着公司必须解散。②股东会决议解散。③因公司合并或者分立需要解散。④依法被吊销营业执照、责令关闭或者被撤销。⑤司法解散。即公司经营管理发生严重困难，继续存续会使股东利益受到重大损失，通过其他途径不能解决的，持有公司10%以上表决权的股东，可以请求人民法院解散公司。

公司出现上述解散事由的，应当在10日内将解散事由通过国家企业信用信息公示系统予以公示。

六、公司的清算

实案广角
破产清算案例

公司清算是指公司解散或被宣告破产后，依照一定程序了结公司事务，收回债权，清偿债务并分配财产，最终使公司法人资格终止消灭的程序。公司除因合并或分立而解散外，其他事由引起的解散，均应清算。

公司清算的程序主要包括以下步骤。

1. 成立清算组

清算组是清算中的公司的代表和执行机构。董事为公司清算义务人，应当在解散事由出现之日起15日内组成清算组进行清算。清算组由董事组成，但是公司章程另有规定或者股东会决议另选他人的除外。清算义务人未及时履行清算义务，给公司或者债权人造成损失的，应当承担赔偿责任。逾期不成立清算组进行清算或者成立清算组后不清算的，利害关系人可以申请人民法院指定有关人员组成清算组进行清算。人民法院应当受理该申请，并及时组织清算组进行清算。若公司因依法被吊销营业执照、责令关闭或者被撤销而解散的，作出吊销营业执照、责令关闭或者撤销决定的部门或者公司登记机关，可以申请人民法院指定有关人员组成清算组进行清算。

清算组在清算期间行使下列职权：①清理公司财产，分别编制资产负债表和财产清单；②通知、公告债权人；③处理与清算有关的公司未了结的业务；④清缴所欠税款以及清算过程中产生的税款；⑤清理债权、债务；⑥分配公司清偿债务后的剩余财产；⑦代表公司参与民事诉讼活动。

2. 通知、公告债权人并进行债权登记

清算组应当自成立之日起10日内通知债权人，并于60日内在报纸上或者国家企业信息公示系统公告。债权人应当自接到通知之日起30日内，未接到通知的自公告之日起45日内，向清算组申报其债权。债权人申报其债权，应当说明债权的有关事项，并提供证明材料。清算组应当对债权进行登记。在申报债权期间，清算组不得对债权人进行清偿。

3. 清理财产，并依法确认或申请破产清算

清算组在清理公司财产、编制资产负债表和财产清单后，应当制定清算方案，并报股东会或者人民法院确认。在清算期间，公司存续，但不得开展与清算无关的经营活动。公司财产在未支付清算费用、职工工资、社会保险费用和法定补偿金，缴纳所欠税款，清偿公司债务前，不得分配给股东。若清算组发现公司财产不足清偿债务的，应当依法向人民法院申请破产清算。人民法院受理破产申请后，清算组应当将清算事务移交给人民法院指定的破产管理人。

4. 分配财产

公司的清算方案经确认后，清算组即可依法按照清算方案来分配财产，按照《公司法》的有关规定，公司财产在分别支付清算费用、职工的工资、社会保险费用和法定补偿金，缴纳所

欠税款，清偿公司债务后的剩余财产，有限责任公司按照股东的出资比例分配，股份有限公司按照股东持有的股份比例分配。

5. 清算终结

公司清算结束后，清算组应当制作清算报告，报股东会或者人民法院确认，并报送公司登记机关申请注销公司登记。若公司在存续期间未产生债务，或者已清偿全部债务的，经全体股东承诺，可以按照规定通过简易程序注销公司登记。通过简易程序注销公司登记，应当通过国家企业信用信息公示系统予以公告，公告期限不少于 20 日。公告期限届满后，未有异议的，公司可以在 20 日内向公司登记机关申请注销公司登记。

注销登记申请经公司登记机关核准注销登记，公司终止。

课后练习与实训

一、判断题

1. 个人独资企业要缴纳个人所得税和企业所得税。　　　　　　　　　（　　　）
2. 合伙协议未约定合伙企业的亏损分担比例的，按照合伙人的出资比例分担。（　　　）
3. 分公司不具有法人资格。　　　　　　　　　　　　　　　　　　　（　　　）
4. 担任法定代表人的董事王某辞去董事职务后，可以继续担任法定代表人。（　　　）
5. 公司登记事项未经登记或者未经变更登记的，不得对抗善意相对人。　（　　　）

二、单项选择题

1. 个人独资企业解散后，原投资人对个人独资企业存续期间的债务仍应承担偿还责任，但债权人在（　　　）年内未向债务人提出偿债请求的，该责任消灭。

　　A. 1　　　　　　　　B. 2　　　　　　　　C. 5　　　　　　　　D. 10

2. 甲、乙、丙三人合伙开办一工厂，后甲因急事用钱，要将自己的 10 万元份额转让，乙和第三人丁均欲以同一价格购买。甲应该卖给谁？（　　　）

　　A. 两者任择其一　　B. 卖给丁　　　　　C. 卖给乙　　　　　D. 每人一半

3. 根据《合伙企业法》的规定，下列选项中，属于普通合伙人当然退伙的情形的是（　　　）。

　　A. 未履行出资义务　　　　　　　　　B. 个人丧失偿债能力

　　C. 合伙协议约定的退伙事由出现　　　D. 执行合伙事务时有不正当行为

4. 住所地在长春的甲公司在北京设立了一家分公司。分公司以自己的名义与乙公司签订了一份房屋租赁合同，租赁乙公司的楼房一层，年租金为 30 万元。现分公司因拖欠租金而与乙公司发生纠纷。下列判断哪一个是正确的？（　　　）

　　A. 合同有效，法律责任由合同的当事人独立承担

　　B. 该分公司不具有民事主体资格，又无甲公司的授权，租赁合同无效

　　C. 合同有效，依该合同产生的法律责任由甲公司承担

　　D. 合同有效，依该合同产生的法律责任由甲公司及其分公司承担连带责任

5. 股份有限公司下列哪一事项无须经出席会议的股东所持表决权的 2/3 以上通过？（　　　）

　　A. 增减注册资本　　　　　　　　　B. 修改章程

　　C. 合并、分立、解散或者变更公司形式　　　D. 批准利润分配方案和弥补亏损方案

三、多项选择题

1. 根据《合伙企业法》的规定，在普通合伙企业中，下列各项不能成为普通合伙人的有（　　　）。

A. 国有独资公司   B. 国有企业

C. 上市公司   D. 公益性的事业单位

2. 下列各项中，属于有限合伙人当然退伙的情形的有（   ）。

A. 作为有限合伙人的自然人死亡

B. 有限合伙人个人丧失偿债能力

C. 有限合伙人在合伙企业中的全部财产份额被人民法院强制执行

D. 作为有限合伙人的自然人在有限合伙企业存续期间丧失民事行为能力

3. 关于股份转让，正确的说法有（   ）。

A. 股东转让其股份必须在依法设立的证券交易场所进行或按照国务院规定的其他方式进行

B. 高级管理人员离职后半年内，不得转让其所持有的本公司股份

C. 公司董事所持本公司股份在任职期间不得转让

D. 公司监事所持本公司股份在任职期间不得转让

4. 除下列哪些情形外，公司不得收购本公司股份？（   ）

A. 减少公司注册资本

B. 与持有本公司股份的其他公司合并

C. 股东因对股东会作出的公司合并、分立决议持异议，要求公司收购其股份

D. 将股份用于转换公司发行的可转换为股票的公司债券

5. 下列哪些选项不符合公司减资的规定？（   ）

A. 减少注册资本弥补亏损的，公司不得向股东分配利润，但可以免除股东缴纳出资或者股款的义务

B. 公司只要减少注册资本，都应当编制资产负债表及财产清单

C. 公司减少注册资本应当按照股东出资或者持有股份的比例相应减少出资额或者股份

D. 公司减少注册资本应该在30日内通知债权人，并于90日内在报纸上公告

四、思考题

1. 简述个人独资企业的事务管理规则。

2. 普通合伙企业设立的条件有哪些？

3. 简述有限责任公司股东会和董事会各自的职权。

4. 简述有限责任公司股权对外转让的条件和程序。

5. 简述股份有限公司临时股东会召开的情形。

五、实训题

A 股份有限公司拟召开股东会年会，审议批准董事会报告、审议批准监事会报告、审议批准年度财务预算方案及决算方案、审议批准公司的利润分配方案。公司于 5 月 5 日在国务院证券监督管理部门指定的报纸上登载了由董事长署名的召开股东会年会的通知。通知内容包括：①本次年会定于 5 月 15 日在公司本部办公楼二层会议室内召开；②凡持有本公司股份 50 万股以上的股东可向本公司索要本通知，并持通知出席股东会年会；③持有本公司股份不足 50 万股的股东，可自行组合，每 50 万股选出一名代表，向本公司索要本通知，并持通知出席股东会年会；④持有本公司股份不足 50 万股的股东，5 月 10 日前不自行组合产生代表的，本公司将向其寄送"通讯表决票"，由其通讯表决。

请问：上述通知有哪些违法之处？为什么？

第三章

合同法律制度

【学习目标】

◆ 理解合同的概念、法律特征及种类。

◆ 理解合同的内容及形式、订立合同的主体资格，熟悉合同成立的时间与地点，掌握要约和承诺、格式条款和缔约过失责任的主要内容。

◆ 掌握要约合同生效的要件和生效时间、表见代理制度，掌握无效合同、可撤销合同及效力待定合同的法定情形及其处理。

◆ 掌握同时履行抗辩权、先履行抗辩权、不安抗辩权的行使条件，掌握代位权和撤销权的行使条件和行使方式。

◆ 掌握保证、抵押、质押、留置和定金的概念及设定。

◆ 理解合同的变更，掌握合同转让的形式和条件，掌握合同终止的原因及合同的法定解除情形。

◆ 理解违约责任的概念和归责原则，掌握免责事由和承担违约责任的方式。

【素养目标】

牢固树立契约精神是合同法律制度的灵魂和生命的观念，领悟契约精神的内涵与社会主义核心价值观的统一性，提升诚实守信、公正守法的意识，自觉践行社会主义核心价值体系。

【法律链接】

《民法典·合同》《民法典·物权》《最高人民法院关于适用〈中华人民共和国民法典〉合同编通则若干问题的解释》

第一节　合同法概述

案例导入

张某（男）向李某（女）求婚，但李某唯恐婚后会遇到家庭暴力，故要求张某书面保证婚后不对其动武，若使用暴力，则李某要求离婚，张某必须同意，另赔偿 100 万元。张某听后，表示同意，并签订了协议。婚后不久，因家庭琐事，张某对妻子李某使用了暴力。李某非常生气，指出张某违约，要求离婚，并赔偿 100 万元，但张某不同意。李某遂起诉到人民法院，请求人民法院根据《民法典·合同》的规定，支持其诉讼请求。

请问：张某和李某的纠纷是否适用《民法典·合同》的规定？

一、合同与合同法的概念

合同也称为契约或协议，有广义和狭义之分。广义的合同指所有法律部门中确立权利、义务内容的协议，包括民法上的民事合同、行政法上的行政合同和劳动法上的劳动合同等。狭义的合同指作为平等主体的当事人之间设立、变更、终止民事权利和义务关系的协议。《民法典·合同》规定："合同是民事主体之间设立、变更、终止民事法律关系的协议。婚姻、收养、监护等有关身份关系的协议，适用有关该身份关系的法律规定；没有规定的，可以根据其性质参照适用本编规定。"由此可见，《民法典》所指的合同主要是有关财产关系的合同。

合同法指调整平等主体的自然人、法人、其他组织之间在设立、变更、终止合同时所发生的社会关系的法律规范总称。合同法有狭义和广义之分。狭义的合同法仅指《民法典·合同》。广义的合同法除了狭义合同法所述内容外，还包括其他有关合同内容的法律规范，如《保险法》《商业银行法》《招标投标法》等中有关合同的规定。

据此，案例导入中张某和李某的纠纷主要是婚姻关系，应适用《民法典·婚姻家庭》的规定，不适用《民法典·合同》规定。

二、合同的法律特征

合同具有以下法律特征。

（1）合同是一种民事行为。合同以意思表示为要素，并按意思表示的内容产生相应的法律效果。由于合同是民事行为的一种，因此民法上关于民事行为的一般规定，如民事行为的生效要件、民事行为的无效和民事行为的撤销等，均适用于合同。

（2）合同是双方或多方当事人意思表示一致的协议。首先，合同是双方或多方的法律行为，即合同的订立主体必须是两个或两个以上，从而区别于单方法律行为；其次，合同的成立必须由各方当事人相互作出意思表示，即当事人是从自身的利益出发作出意思表示的，而且是相互作出的；最后，合同的成立是各方当事人意思表示一致的结果。

（3）合同以设立、变更、终止民事权利义务关系为目的。任何民事法律行为均有其特定的目的，合同的目的在于设立、变更、终止民事权利义务关系。

三、合同的分类

依据不同的标准可以对合同作不同的分类，实践中主要有以下几种分类。

1. 主合同和从合同

主合同和从合同是根据合同是否能够独立存在为标准划分的。

主合同是指不需要其他合同的存在即可独立存在的合同。从合同是指以其他合同的存在为存在前提的合同，它不能脱离主合同而独立存在。如借贷合同为主合同，为借贷合同所设立的抵押、质押等担保合同是从合同。借贷合同可以独立存在，它并不依附于抵押、质押等担保合同。

2. 双务合同和单务合同

双务合同和单务合同是以合同双方当事人是否互负义务为标准划分的。

双务合同是指双方当事人都享有权利和承担义务的合同。实践中大多数合同都是双务合同，如买卖合同、租赁合同、借贷合同、运输合同等。在交易中双务合同最为常见，因为当事人之间的对待给付具有交换性。

单务合同是指一方当事人只享有权利而不承担义务，另一方当事人只承担义务而不享有权利的合同，如赠与合同、民间的无息借款合同、无偿保管合同。

3. 有偿合同和无偿合同

有偿合同和无偿合同是以当事人取得权利有无支付对价为标准划分的。

有偿合同是指当事人一方享有合同规定的权益，必须向对方当事人支付相应对价的合同。有偿合同是交易关系，是双方财产的交换，是对价的交换。如买卖合同、运输合同、租赁合同等。

无偿合同是指当事人享有合同规定的权益，不需要支付相应对价的合同。无偿合同不是财产的交换，仅是一方付出财产或者付出劳务。如赠与合同、无偿保管合同、无偿借用合同等。

4. 诺成合同和实践合同

诺成合同和实践合同是根据合同的成立是否以交付标的物为要件来划分的。

诺成合同是指当事人意思表示达成一致即可成立的合同。实践中，大多数合同为诺成合同。

实践合同是指除当事人意思表示达成一致外，还必须交付标的物才能成立或生效的合同。实践合同仅限于法律规定的少数合同，如定金合同、自然人之间的借款合同、小件寄存合同等。

5. 要式合同和不要式合同

要式合同和不要式合同是根据合同的成立是否需要采用特定的形式或程序划分的。

要式合同是指必须根据法律规定的方式而成立的合同。例如必须采用书面、登记、公证等形式方可成立的合同。

不要式合同是指不以特定形式为成立要件的合同。除法律有特别规定外，合同均为不要式合同。对于不要式合同，可由当事人自由决定合同形式；但无论采取何种形式，均不影响合同的成立和生效。

第二节　合同的订立

案例导入

2月5日，甲公司以普通信件向乙公司发出要约，要约中表示以2 000元每吨的价格卖给乙公司某种型号的钢材100吨。可随即甲公司又发了一封快件给乙公司，表示原要约中的价格作废，现改为2 100元每吨，其他条件不变。普通信件于2月8日、快件于2月7日到达乙公司，但秘书忘了把快件交给董事长，乙公司董事长回信对普通信件发出的要约予以承诺。

请问：甲、乙公司之间的合同是否成立？为什么？

一、订立合同的主体资格

订立合同的当事人可以是自然人、法人或其他组织。当事人订立合同，应当具有相应的民事权利能力和民事行为能力。

二、合同订立的程序

合同订立的程序是指当事人相互作出意思表示并就合同条款协商达成一致意见使合同成立的过程。订立合同要经过要约、承诺这两个步骤。

（一）要约

要约是希望与他人订立合同的意思表示。发出要约的一方称为要约人，受领要约的一方称为受要约人。

1. 要约的构成要件

作为一种意思表示，要约除了具备意思表示的一般要件外，还有其特定的构成要件。具体包括以下几个方面。

（1）要约是由具有订约能力的特定人作出的意思表示。要约旨在与他人订立合同，所以要约人必须是订立合同的一方当事人，这就要求要约人是特定的人。要约还要求必须是向相对人作出的意思表示。

（2）要约必须具有订立合同的意图。要约是希望与他人订立合同的意思表示，要约中必须表明要约一经受要约人承诺，要约人即受该意思表示约束。

（3）要约的内容必须具体确定。要约一经受要约人承诺，合同即告成立，因此要约的内容应当具体、确定。所谓具体，是指要约包括足以成立合同的各项基本条款；所谓确定，是指要约条款是明确的，不是模棱两可、含糊不清的。

知识拓展

要约邀请

要约邀请是希望他人向自己发出要约的表示。拍卖公告、招标公告、招股说明书、债券募集办法、基金招募说明书、商业广告和宣传、寄送的价目表等均为要约邀请。商业广告和宣传的内容符合要约条件的，构成要约。

2. 要约的生效时间

要约到达受要约人时生效。要约的生效时间依要约的形式不同而有所不同。一般来说，口头要约自受要约人了解要约内容时发生法律效力。书面要约自要约到达受要约人时发生法律效力，这里的到达是指到达受要约人所能控制的地方，如要约的信件、电报送到受要约人公司的传达室。数据电文是一种书面形式。采用数据电文形式订立合同，收件人指定特定系统的，该数据电文进入该系统的时间视为到达时间；未指定特定系统的，该数据电文进入收件人任一系统的首次时间视为到达时间。

3. 要约的撤回和撤销

要约的撤回是指要约人在发出要约后，于要约到达受要约人之前取消其要约的行为。

根据《民法典》的规定，要约可以撤回。撤回要约的通知应当在要约到达受要约人之前或者与要约同时到达受要约人。在此情形下，被撤回的要约实际上是尚未生效的要约。本节案例导入中合同未成立，原因是原要约被新要约撤回。

要约的撤销是指在要约发生法律效力后，要约人取消要约从而使要约归于消灭的行为。要约的撤销不同于要约的撤回（前者发生于生效后，后者发生于生效前）。要约可以撤销。撤销要约的通知应当在受要约人发出承诺通知之前到达受要约人。但有下列情形之一的，要约不得撤销：①要约人确定了承诺期限或者以其他方式明示要约不可撤销；②受要约人有理由认为要约是不可撤销的，并且已经为履行合同做了合理准备工作。

4. 要约的失效

要约失效是指要约丧失法律效力。要约会因下列情形之一而失去效力：①要约被拒绝；②要约人依法撤销要约；③承诺期限届满，受要约人未作出承诺；④受要约人对要约的内容作出实质性变更。

【案例 3.1】 张某在与李某闲谈的时候，说欲以 5 000 元的价格将钢琴卖给好朋友赵某。第二天，李某恰逢赵某，便将此事告知。赵某遂携款 5 000 元前去张某家购买钢琴，张某予以拒绝。

请问： 张某是否有权拒绝？

解析：张某有权拒绝。要约须要约人向相对人表示才能生效，这种表示，需要传达给相对人，是否传达给相对人取决于要约人的意志。张某并未向赵某发出要约，又未委托李某传达要约，因此张某有权予以拒绝。

（二）承诺

承诺是受要约人同意要约的意思表示。承诺是一种意思表示，其表示方式与要约的表示方式相同。

1. 承诺的构成要件

一般来说，承诺的构成须具备下列条件。

（1）承诺必须由受要约人向要约人作出。受要约人是由要约人选定的，是要约人准备订立合同的对方当事人。同时，要约也使受要约人取得了承诺的资格。因此，只有受要约人才有权作出承诺，无论受要约人是特定的人还是不特定的人。

（2）承诺的内容应当与要约的内容一致。受要约人对要约内容作出实质性变更的，为新要约。有关合同的标的、数量、质量、价款或者报酬、履行期限、履行地点和方式、违约责任和解决争议方法等的变更，是对要约内容的实质性变更。承诺对要约的内容作出非实质性变更的，除要约人及时表示反对或者要约表明承诺不得对要约的内容作出任何变更外，该承诺有效，合同的内容以承诺的内容为准。

（3）承诺必须在合理的期限内向要约人发出。承诺应当在要约确定的期限内到达要约人。要约没有确定承诺期限的，如果要约以对话方式作出，则受要约人应当即时作出承诺；如果要约以非对话的方式作出，则承诺应当在合理期限内到达要约人。

知识拓展
承诺期限的起算规则

要约以信件或者电报作出的，承诺期限自信件载明的日期或者电报交发之日开始计算。信件未载明日期的，自投寄该信件的邮戳日期开始计算。要约以电话、传真、电子邮件等快速通信方式作出的，承诺期限自要约到达受要约人时开始计算。

2. 承诺的方式

承诺的方式是指受要约人将其承诺的意思表示传达给要约人的方式。承诺应当以通知的方式作出，但根据交易习惯或者要约表明可以通过行为作出的除外。其中通知的方式依要约要求可以是口头或书面形式。

3. 承诺的效力

除法律另有规定或者当事人另有约定外，承诺生效时合同成立，当事人于此时受合同约束，享有合同权利并承担合同义务。这意味着原则上承诺生效的时间为合同成立的时间。承诺生效时间的确定有以下两种情形。①以通知方式作出的承诺，包括两种情形：一是承诺以对话方式作出的，如受要约人通过面对面交谈、电话等方式向要约人作出承诺的，则承诺至要约人知道其内容时生效；二是承诺以非对话方式作出的，如受要约人采用信函、传真等向要约人作出承诺的，则采用"到达主义"，即承诺到达要约人时生效。②承诺不需要通知的，根据交易习惯或者要约的要求作出承诺的行为时生效。

知识拓展
采用数据电文形式作出承诺的生效时间

采用数据电文形式作出承诺的，要约人指定特定系统接收数据电文的，该数据电文进入该特定系统时承诺生效；未指定特定系统的，要约人知道或者应当知道该数据电文进入其系统时承诺生效。要约人与受要约人对采用数据电文形式的承诺的生效时间另有约定的，按照其约定。

4. 承诺的撤回

承诺的撤回是指受要约人在其作出的承诺生效之前将其撤回的行为。承诺可以撤回，撤回承诺的通知应当在承诺通知到达要约人之前或者与承诺通知同时到达要约人。

三、合同成立的时间与地点

合同成立的时间与地点在合同法中意义重大。合同成立的时间关系到合同当事人的权利义务和责任的发生，而合同成立的地点则关系到案件的诉讼管辖。

（1）合同成立的时间。一般合同于承诺生效时成立。当事人采用合同书的形式订立合同的，自当事人均签名、盖章或者按指印时合同成立。在签名、盖章或者按指印之前，当事人一方已经履行主要义务，对方接受时，该合同成立。法律、行政法规规定或者当事人约定合同应当采用书面形式订立，当事人未采用书面形式但是一方已经履行主要义务，对方接受时，该合同成立。当事人采用信件、数据电文等形式订立合同要求签订确认书的，签订确认书时合同成立。当事人一方通过互联网等信息网络发布的商品或者服务信息符合要约条件的，对方选择该商品或者服务并提交订单成功时合同成立，但是当事人另有约定的除外。

（2）合同成立的地点。一般合同承诺生效的地点为合同成立的地点。采用数据电文形式订立合同的，收件人的主营业地为合同成立的地点；没有主营业地的，其住所地为合同成立的地点。当事人另有约定的，按照其约定。当事人采用合同书形式订立合同的，最后签名、盖章或者按指印的地点为合同成立的地点，但是当事人另有约定的除外。

四、合同的内容和形式

1. 合同的内容

合同的内容是指合同当事人订立合同的各项具体意思表示，具体表现为合同的各项条款。根据《民法典》的规定，合同内容由当事人约定，一般包括以下条款。

（1）当事人的姓名或者名称和住所。当事人是合同权利和合同义务的承受者，订立合同时必须明确合同双方当事人。合同主体不明确，则合同权利的享有者、合同义务的承担者就都无法确定。

（2）标的。标的是指合同当事人权利和义务共同指向的对象。标的可以是物，包括实物和货币，如买卖合同的标的是出卖物，借款合同的标的是货币；标的也可以是行为，包括某项工程或者劳务，如建设工程合同的标的是工程；标的还可以是智力成果，如技术转让合同的标的是技术成果。

（3）数量。数量是指衡量当事人权利义务大小的尺度，该尺度是以数字和计量单位来表示的。当事人对数量的约定必须合法、准确。

（4）质量。质量是指检验标的内在素质和外观形态优劣的标志，包括规格、性质、款式、标准等。当事人对质量的约定必须详细具体。

（5）价款或报酬。价款是取得标的物应当支付的代价，如买卖合同中的价金、租赁合同中的租金等。报酬是获得服务应当支付的代价，如保管合同中的保管费、建设工程合同中的工程费等。这是有偿合同的一项重要内容。

（6）履行期限、地点和方式。履行期限、地点和方式即当事人履行合同和接受履行的时间、地点和方式。履行期限可分为即时履行、定时履行、分期履行等，它是判定当事人是否违约的重要依据。履行地点是确定验收地点的依据，它是确定运费由谁负担、风险由谁承担的依据，有时又是确定标的物所有权是否转移、何时转移的依据。因此，履行地点的约定具有重要意义。履行方式是当事人履行合同与接受履行的具体方式和要求，包括交货方式、验收方式、付款方式等。

（7）违约责任。违约责任是指当事人不履行或不完全履行合同约定义务时应当承担的法律后果。当事人可以在合同中约定违约金或者损失赔偿金的计算方法等。

（8）解决争议的方法。解决争议的方法是指合同当事人解决合同纠纷的方法。这些方法包括和解、调解、仲裁、诉讼等。

2. 合同中的格式条款

格式条款是指一方当事人为了重复使用而预先拟订，并在订立合同时未与对方协商的条款。格式条款的适用可以简化缔约程序，加快缔约速度，减少缔约成本。但是，由于格式条款由一方当事人预先拟订，且不容对方协商修改，因此双方的地位实际上并不平等。制定格式条款的一方总会倾向于免除自己的责任、增加对方的义务。因此，根据《民法典》的规定，采用格式条款订立合同的，提供格式条款的一方应当遵循公平原则确定当事人之间的权利和义务，并采取合理的方式提示对方注意免除或者减轻其责任等与对方有重大利害关系的条款，按照对方的要求，对该条款予以说明。提供格式条款的一方未履行提示或者说明义务，致使对方没有注意或者理解与其有重大利害关系的条款的，对方可以主张该条款不成为合同的内容。

有下列情形之一的，该格式条款无效。①具有《民法典·总则》第六章第三节所规定的无效情形，主要包括无民事行为能力人实施的民事法律行为；以虚假的意思表示实施的民事法律行为；违反法律、行政法规的强制性规定的民事法律行为；违背公序良俗的民事法律行为；行为人与相对人恶意串通，损害他人合法权益的民事法律行为；等等。②具有《民法典》第五百零六条规定的无效情形。即合同中的下列免责条款无效：造成对方人身损害的；因故意或者重大过失造成对方财产损失的。③提供格式条款一方不合理地免除或者减轻其责任、加重对方责任、限制对方主要权利。④提供格式条款一方排除对方主要权利。

3. 合同的形式

合同的形式是指订立合同的当事人双方达成的协议的表现形式，是合同内容的外部表现。合同形式可以分为口头形式、书面形式和其他形式。

（1）口头形式，是指合同当事人以直接对话的方式相互表示意思而订立合同。口头形式的优点是简便、迅速；缺点是发生纠纷时取证困难，不易分清是非和责任。

（2）书面形式，是指以文字表达合同内容的形式。合同书以及任何记载当事人权利义务内容的文件，都是合同书面形式的具体表现。根据《民法典》的规定，书面形式指合同书、信件、电报、电传、传真等可以有形地表现所载内容的形式。以电子数据交换、电子邮件等方式能够有形地表现所载内容，并可以随时调取查用的数据电文，视为书面形式。书面形式的优点是有据可查，不易发生纠纷；即使发生了纠纷，也便于查明是非、分清责任。

（3）其他形式，是指除口头和书面之外的合同形式。如顾客将货币投入自动售货机，即成立买卖合同。

五、缔约过失责任

缔约过失责任是指在合同订立过程中，一方因违背诚实信用原则所应尽的义务而致另一方信赖利益损失，依法应承担的民事责任。

当事人承担缔约过失责任主要包括以下情形：①假借订立合同，恶意进行磋商；②故意隐瞒与订立合同有关的重要事实或者提供虚假情况；③缔约过程中泄露或不正当地使用商业秘密或者其他应当保密的信息；④有其他违背诚实信用原则的行为。

缔约过失责任的形式是损害赔偿。缔约过失损害赔偿的范围是相对人因缔约过失而遭受的信赖利益损失。一般情况下，此种损失主要表现为一种费用的支出不能得到补偿，但信赖利益的损失不应包括因合同成立和生效所获得的各种利益（如利润损失），这种损失属于违约损害赔偿的范围，而不属于缔约过失责任范围。

【案例 3.2】甲公司在与乙公司协商购买某种零件时提出，由于该零件的工艺要求高，只有乙公司先行制造出符合要求的样品后，才能考虑批量购买。然而，当乙公司的样品完工后，甲公司却因经营战略发生重大调整而通知乙公司：本公司已不需要此种零件，终止谈判。

请问：甲公司是否应赔偿乙公司的损失？

解析：甲公司不应赔偿乙公司的损失。本案中，甲、乙公司双方处于缔约过程中，双方均不能保证一定会签署合同，甲公司终止谈判并非违背诚实信用原则，乙公司也应当预见存在对方终止谈判的风险。甲公司的行为不构成缔约过失，因此不应赔偿乙公司的损失。

第三节　合同的效力

案例导入

甲和乙订立了一份合同，约定：由甲向乙提供 100 克违禁药品，价款 5 000 元，10 天后甲到乙住所提货，货款当面交清。

请问：甲和乙之间的合同是否有效？

合同的效力实际是指合同是否为有效合同。有效合同对当事人具有法律约束力，国家法律予以保护；无效合同不具有法律约束力。

一、合同的生效

合同的生效不同于合同的成立。合同的成立是指当事人经过要约和承诺，意思表示一致而达成协议。合同的生效是指依法成立的合同已经在当事人之间发生了法律效力。合同成立是合同生效的前提条件，合同生效是合同成立的可能结果。已成立的合同是否具有法律效力，取决于是否具备合同生效的要件。

1. 合同生效的要件

具备以下条件，合同生效。

（1）当事人缔约时具有相应的缔约能力。所谓缔约能力是指合同主体据以独立订立合同并独立承担合同义务的主体资格。

（2）意思表示真实。当事人双方的意思表示一致，合同即可成立。但只有当事人意思表示是真实的，合同才有效。

（3）不违反法律、行政法规的强制性规定，不违背公序良俗。即合同的内容、目的不得违反法律、行政法规的强制性规定，不违背公序良俗。

2. 合同的生效时间

通常情况下，合同自成立时生效，即合同成立的时间就是合同生效的时间。但以下两种特殊情况例外。

（1）法律、行政法规规定应当办理批准、登记手续生效的，合同自批准、登记时生效。

（2）当事人对合同的效力约定附加条件或者有期限的，则合同自条件成就或者期限届满时生效。当事人对合同的效力可以约定附加条件或者期限。附条件合同是指当事人约定一定条件的成就作为合同效力发生或者终止的根据，包括附加生效条件的合同和附加解除条件的合同。附加生效条件的合同，自条件成就时生效；附加解除条件的合同，自条件成就时失效。当事人为自己的利益不正当地阻止条件成就的，视为条件已成就；不正当地促成条件成就的，视为条件未成就。附期限的合同是指当事人在合同中约定以一定期限的届至作为合同效力发生或者终止根据的合同，包括附加生效期限的合同和附加终止期限的合同。附加生效期限的合同，自期限届至时生效；附加终止期限的合同，自期限届满时失效。

【案例3.3】甲与乙于今年6月1日订立房屋租赁合同。

请问：（1）假设甲与乙在合同中约定，若明年甲出国定居，则甲将房屋租给乙居住。那么该合同的性质应如何认定？

（2）假设甲与乙在合同中约定，如果甲的父亲去世，则甲将房屋租给乙居住。那么该合同的性质又应如何认定？

解析：（1）该合同为附加生效条件的合同。首先，明年甲是否出国定居为不确定的事实，故应为附条件合同；其次，约定甲出国定居时，甲将房屋租给乙居住，即约定条件成立时，合同生效。

（2）该合同为附加生效期限的合同。首先，甲的父亲去世为将来必然发生的事实，故应为附期限的合同；其次，约定甲的父亲去世，则甲将房屋租给乙居住，即约定期限届至时，合同生效。

二、无效合同

无效合同是相对于有效合同而言的，它是指合同虽然成立，但因其在内容或形式上违反了法律、行政法规的强制性规定和社会公共利益，国家不予承认和保护的，不发生法律效力的合同。无效合同的无效是一种自始、绝对、当然的无效。合同部分无效的，不影响其他部分效力。

1. 合同无效的种类

有以下情形之一，合同无效：①无民事行为能力人订立的合同。②行为人与相对人恶意串通，损害他人合法权益订立的合同。③违背公序良俗的合同。④行为人与相对人以虚假的意思表示订立的合同。以虚假的意思表示隐藏的合同的效力，依照有关法律规定处理。⑤违反法律、行政法规的强制性规定的合同，但是该强制性规定不导致该合同无效的除外。

可见，本节案例导入中甲与乙约定的合同内容是买卖违禁药品，违反了法律的强制性规定，因此该合同无效。

2. 免责条款的无效

合同的免责条款是指当事人约定免除或限制其未来责任的合同条款。免责条款是当事人协商同意的合同的组成部分。无效的免责条款是指没有法律约束力的免责条款。《民法典》规定合同中的下列免责条款无效：①造成对方人身损害的；②因故意或者重大过失造成对方财产损失的。这两种行为都构成侵权行为，即使没有合同关系，也应承担责任。

三、可撤销合同

可撤销合同是指合同欠缺一定生效要件，其有效与否取决于有撤销权的一方当事人是否行使撤销权的合同。根据《民法典》的规定，下列合同可以请求人民法院或者仲裁机构予以撤销。

（1）基于重大误解而订立的合同，行为人有权请求予以撤销。

（2）一方以欺诈手段，使对方在违背真实意思的情况下订立的合同，受欺诈方有权请求予以撤销。

（3）第三人实施欺诈行为，使一方在违背真实意思的情况下订立的合同，对方知道或者应当知道该欺诈行为的，受欺诈方有权请求予以撤销。

（4）一方或者第三人以胁迫手段，使对方在违背真实意思的情况下订立的合同，受胁迫方有权请求予以撤销。

（5）一方利用对方处于危困状态、缺乏判断能力等情形，致使合同成立时显失公平的，受损害方有权请求予以撤销。

可撤销合同，在撤销权行使之前，对当事人仍然有效力。而在当事人行使撤销权，人民法院或者仲裁机构裁决撤销合同后，该合同才无效，所以可撤销合同属于相对无效的合同。有下列情形之一的，撤销权消灭：①当事人自知道或者应当知道撤销事由之日起1年内、重大误解的当事人自知道或者应当知道撤销事由之日起90日内没有行使撤销权；②当事人受胁迫，自胁迫行为终止之日起1年内没有行使撤销权；③当事人知道撤销事由后明确表示或者以自己的行为表明放弃撤销权。

当事人自民事法律行为发生之日起5年内没有行使撤销权的，撤销权消灭。

【案例 3.4】 甲从首饰店购买了 2 枚钻石戒指，标签标明该钻石为天然钻石，可买回去检测后被告知为人造钻石。而后，甲多次与首饰店交涉，历时 1 年半，未果。

请问： 甲欲以欺诈为由诉请人民法院撤销该买卖合同，其主张能否得到支持？

解析： 人民法院不予支持。本案中首饰店以人造钻石欺诈甲为天然钻石，致使甲与首饰店订立了钻石戒指买卖合同，该合同应为可撤销合同。但甲在得知真相 1 年半后才欲行使撤销权，其已超过行使撤销权的 1 年期限，因而甲的撤销权消灭。

四、效力待定合同

效力待定合同是指已经成立的合同因欠缺一定的生效要件，其是否生效尚未确定，只有经过权利人的追认才发生当事人预期法律效力的合同。

（一）效力待定合同的种类

效力待定合同有以下三种。

1. 限制民事行为能力人订立的合同

限制民事行为能力人订立的合同，经法定代理人同意或者追认后，该合同有效。但如果是纯获利益的合同或者是与限制民事行为能力人年龄、智力、精神健康状况相适应而订立的合同，则无须法定代理人追认，合同有效。

相对人可以催告法定代理人自收到通知之日起 30 日内予以追认。法定代理人未作表示的，视为拒绝追认。订立的合同被追认前，善意相对人有撤销的权利。撤销应当以通知的方式作出。

2. 无权代理人订立的合同

无权代理人订立的合同是指行为人没有代理权、超越代理权或者代理权终止后仍然以被代理人名义订立的合同。该合同未经被代理人追认的，对被代理人不发生效力。相对人可以催告被代理人自收到通知之日起 30 日内予以追认。被代理人未作表示的，视为拒绝追认。

行为人实施的行为被追认前，善意相对人有撤销的权利。撤销应当以通知的方式作出。行为人实施的行为未被追认的，善意相对人有权请求行为人履行债务或者就其受到的损害请求行为人赔偿，但是赔偿的范围不得超过被代理人追认时相对人所能获得的利益。相对人知道或者应当知道行为人无权代理的，相对人和行为人按照各自的过错承担责任。

3．无处分权的人订立的合同

无处分权的人订立的合同是指无处分权的人以自己的名义处分他人的财产而与第三人订立的合同。处分他人的财产通常包括赠与、继承、转让、设定抵押或质押等。处分他人财产，经权利人追认或者无处分权的人订立合同后取得处分权的，该合同有效。未经追认的行为，合同无效，由行为人承担民事责任。

（二）不属于效力待定合同的特殊情况

下列情况不属于效力待定合同。

（1）表见代理中订立的合同，行为人没有代理权、超越代理权或者代理权终止后，仍然以代理人名义订立合同的，相对人有理由相信行为人有代理权的，代理行为有效。

（2）法人代表人或负责人超越权限订立的合同。法人组织的法定代表人或者非法人组织的负责人超越权限订立的合同，除相对人知道或者应当知道其超越权限外，该代表行为有效。

【案例 3.5】李某是甲食品有限公司的推销员，因违反财务纪律被甲食品有限公司解聘。甲食品有限公司要求李某交回其所持有的已加盖公司公章的空白合同书和介绍信。李某谎称这些材料已经遗失。后李某持甲食品有限公司的空白合同书和介绍信，以甲食品有限公司的名义与乙副食品商场签订了一份销售合同。

请问：（1）假设签订合同时，乙副食品商场已经知道李某被甲食品有限公司解聘，那么该合同的效力如何？为什么？

（2）假设签订合同时，乙副食品商场不知道李某已被甲食品有限公司解聘，那么该合同的效力如何？

解析：（1）该合同为效力待定合同，因为乙副食品商场已经知道李某被甲食品有限公司解聘，李某无权代理甲食品有限公司对外签订合同。对于无权代理人李某以被代理人甲食品有限公司的名义订立的合同，相对人乙副食品商场可以催告被代理人在 1 个月内予以追认。若未经被代理人追认，则该合同是无效的，对被代理人不发生效力。

（2）该合同为有效合同。李某的行为构成表见代理。李某虽已被甲食品有限公司解聘，但乙副食品商场不知实情，李某持甲食品有限公司的空白合同书和介绍信，足以让善意相对人乙副食品商场有理由相信李某有权代理甲食品有限公司与其签订合同，故合同对甲食品有限公司发生效力。

五、合同被确认为无效或被撤销后的法律后果

无效合同或者被撤销的合同自始没有法律约束力。合同被确认无效或被撤销，具有溯及既往的效力，即合同自成立之日起就是无效的，而不是从确认合同无效或被撤销之时起无效。合同部分无效，不影响其他部分效力的，其他部分仍然有效。合同无效或者被撤销后，因该合同取得的财产，应当予以返还；不能返还或者没有必要返还的，应当折价补偿。有过错的一方应当赔偿对方因此所遭受的损失。双方都有过错的，应当各自承担相应的责任。此外，在合同被确认无效或被撤销以后，当事人除应承担相应的民事责任以外，还可能因其违法行为而应承担行政责任甚至刑事责任。如当事人恶意串通，损害国家、集体或者第三人利益的，因此取得的财产应当收归国家所有或者返还集体、第三人。当事人还可能被吊销营业执照、被责令停产整顿等。

第四节　合同的履行

案例导入

某学校与服装厂签订了定做1 000套学生服的合同。双方约定在学校开学前5日钱货两清。然而，服装厂如期完成定做任务后，学校却以资金困难为由，请求服装厂先提供服装，待开学向学生收取服装费后再结清货款。

请问：服装厂是否可以拒绝学校的请求？为什么？

合同的履行是指合同当事人双方按照合同的约定内容，各自完成合同约定的义务。合同履行的前提是合同有效存在，不是依法有效存在的合同，不会对合同当事人产生法律上的约束力，就谈不上合同的履行问题。

一、合同履行的原则

合同履行的原则是指合同当事人履行合同时应当遵守的基本准则。合同履行的原则主要包括全面履行、诚实信用、绿色环保等三项。

全面履行原则是指合同当事人按合同约定的标的、数量、价款或报酬、地点、期限、方式，全面履行自己的义务。

诚实信用原则是指合同当事人在履行合同时应当诚实、恪守承诺，根据合同的性质、目的和交易习惯履行通知、协助和保密等义务。

绿色环保原则是指合同当事人在履行合同过程中应当避免浪费资源、污染环境和破坏生态，从而构建人与自然的新型关系。

二、双务合同履行中的抗辩权

抗辩权是指双务合同中对抗对方请求或者否认对方权利主张的权利。《民法典》分别规定了同时履行抗辩权、先履行抗辩权、不安抗辩权等三种抗辩权。

1. 同时履行抗辩权

同时履行抗辩权指在双务合同中，双方当事人未约定哪一方先为履行的，一方当事人在对方未为对待给付时，可以拒绝履行自己的义务的权利。《民法典》第五百二十五条明确规定，当事人互负债务，没有先后履行顺序的，应当同时履行。一方在对方履行之前有权拒绝其履行请求。一方在对方履行债务不符合约定时，有权拒绝其相应的履行请求。

同时履行抗辩权的行使条件如下：①必须发生在同一双务有偿合同中，双方互负给付义务；②必须没有履行时间的先后顺序，当事人应为同时履行；③双方债务必须均已届清偿期；④对方当事人必须未履行债务或未提出履行债务；⑤对方当事人的对待给付必须是可能履行的。因此，本节案例导入中服装厂可以行使同时履行抗辩权，拒绝学校的请求。

2. 先履行抗辩权

先履行抗辩权是指在双务合同中约定有履行的先后顺序的，负有先履行义务的一方当事人未依照合同约定履行债务，后履行义务的一方当事人可以因此拒绝对方当事人履行请求权的一种抗辩权。根据《民法典》第五百二十六条的规定，当事人互负债务，有先后履行顺序，应当先履行债务一方未履行的，后履行一方有权拒绝其履行请求。先履行一方履行债务不符合约定的，后履行一方有权拒绝其相应的履行请求。

先履行抗辩权的行使条件如下：①当事人必须基于同一双务合同互负债务；②当事人义务的履行必须存在先后顺序；③先履行一方必须不履行合同义务或者履行合同义务不适当；④先履行方应先履行的债务必须是可能履行的。

3. 不安抗辩权

不安抗辩权是指当事人互负债务，且履行有先后顺序的，先履行方有确切证据证明后履行方丧失履行债务能力时，有中止履行合同义务的权利。不安抗辩权的行使条件如下。

（1）必须基于同一双务合同而互负债务，这两个债务之间存在对价关系。

（2）当事人义务的履行必须存在先后顺序。不安抗辩权仅先履行方有权行使，而先履行抗辩权仅后履行方有权行使。

（3）先履行义务的一方当事人必须有确切证据证明对方当事人丧失或可能丧失履行合同义务的能力。根据《民法典》的规定，后履行方丧失或可能丧失履行合同义务的能力的情形包括：①经营状况严重恶化；②转移财产、抽逃资金，以逃避债务；③丧失商业信誉；④有丧失或者可能丧失履行债务能力的其他情形。

当事人没有确切证据中止履行合同的，应当承担违约责任。同时当事人中止履行合同的，应当及时通知对方。对方提供适当担保时，应当恢复履行。中止履行后，对方在合理期限内未恢复履行能力并且未提供适当担保的，视为以自己的行为表明不履行合同主要债务，中止履行的一方可以解除合同，并可以请求对方承担违约责任。

三、合同的保全

合同的保全是指为防止因债务人的财产不当减少而给债权人的债权带来危害，而对合同关系之外的第三人所采取的保护债权的措施。合同的保全包括债权人的代位权和撤销权。

（一）代位权

代位权是指当债务人怠于行使自己的债权或者与该债权有关的从权利而危及债权人债权的实现时，债权人为了保全其债权可以向人民法院请求以自己的名义代替债务人直接向第三人主张权利的权利。

1. 代位权的行使条件

债权人行使代位权应当符合以下条件。

（1）债务人对第三人享有权利。即债务人对第三人享有到期的债权或者与该债权有关的从权利，债务人将来存在的权利、非财产权、具有专属性的权利、不得让与的权利，均不能作为代位权的标的。如抚养费、赡养费或者扶养费请求权；人身损害赔偿请求权；劳动报酬请求权，但是超过债务人及其所扶养家属的生活必需费用的部分除外；请求支付基本养老保险金、失业保险金、最低生活保障金等保障当事人基本生活的权利；等等。

（2）债务人怠于行使其债权或者与该债权有关的从权利。所谓怠于行使是指债务人可以行使、应行使而不积极行使。《最高人民法院关于适用〈中华人民共和国民法典〉合同编通则若干问题的解释》明确规定，债务人不履行其对债权人的到期债务，又不以诉讼或者仲裁方式向相对人主张其享有的债权或者与该债权有关的从权利，致使债权人的到期债权未能实现的，即可认定债务人怠于行使其债权或者与该债权有关的从权利。

（3）债务人履行债务迟延。若债务人的债务履行期未届至，或者虽到履行期但履行期限未届满，则债务人是否能履行债务尚不确定，债权人当然不能任意代位行使债务人的权利。

知识拓展

债权人出于保存目的行使代位权

（4）债权人有保全债权的必要。若债务人虽有怠于行使权利的行为但不会给债权的实现带来危险，则没有必要行使代位权。

【案例3.6】甲欠乙25万元并已届清偿期，丙欠甲50万元也已届清偿期，甲在其债权到期后，一直不行使对丙的债权，致使其无力清偿对乙的债务。

请问：乙应当采用何种措施维护其债权的实现？

解析：乙可代位行使甲的权利，督促丙履行其对甲的债务。

2. 代位权的行使方式

债权人代位权的行使主体是债权人自身，即应由债权人以自己的名义行使代位权。若有多个债权人，多个债权人可以作为共同原告提起诉讼。同时，因为代位权是债权人以自己名义向债务人的相对人行使权利，而不是直接向债务人行使权利，所以代位权诉讼中应当以债务人的相对人为被告，债务人在代位权诉讼中以第三人的身份参与。债权人行使代位权可能会产生律师代理费、差旅费、诉讼费等必要费用，这些费用应当由债务人承担。债权人代位权的行使方式，应依诉讼的方式为之，而不能采用债权人直接行使的方式。

知识拓展

代位权对债权人的效力

《民法典》第五百三十七条规定："人民法院认定代位权成立的，由债务人的相对人向债权人履行义务，债权人接受履行后，债权人与债务人、债务人与相对人之间相应的权利义务终止。债务人对相对人的债权或者与该债权有关的从权利被采取保全、执行措施，或者债务人破产的，依照相关法律的规定处理。"该条规定一定程度上平衡了效率和公平的关系。这也就意味着，当债务人尚未进入破产、强制执行等程序时，赋予行使代位权的债权人优先受偿权。即人民法院认定代位权成立的，由债务人的相对人向债权人履行义务，债权人接受履行后，债权人与债务人、债务人与相对人之间相应的权利义务终止。但是，当其他债权人也已经采取了相关的主张权利的措施，如已经查封扣押了债务人的财产，甚至已经起诉债务人获得胜诉判决，并进入强制执行阶段了，则代位权人不应当享有优先受偿的权利，而是依照相关法律的规定处理。《民法典》第五百三十七条后半段的规定，即采取了此种观点。

另外，应特别注意的是，债权人行使代位权之后未获得全部清偿的，仍有权向债务人主张债权。

（二）撤销权

撤销权是指当债务人实施减少其财产的行为从而危及债权人债权的实现时，债权人可以请求人民法院撤销该行为以维持债务人的责任财产的权利。

1. 撤销权的行使条件

撤销权的行使条件，因有偿处分财产与无偿处分财产而有所差别。

债务人无偿处分财产时，债权人行使撤销权需要具备两个条件：一是债务人有无偿处分财产的行为；二是债务人的行为影响债权人债权的实现。其中无偿处分财产的行为主要包括以下几种情形：①债务人放弃债权；②债务人放弃债权担保；③债务人无偿转让财产；④债务人以其他方式无偿处分财产权益；⑤债务人恶意延长其到期债权的履行期限。

债务人有偿处分财产时，债权人行使撤销权需要具备三个条件：一是债务人实施了有偿不当处分财产的行为，即主要是指债务人以明显不合理的低价转让财产、以明显不合理的高价受让他人财产或者为他人的债务提供担保。其中"明显不合理"的低价或者高价，人民法院应当按照交易当地一般经营者的判断，并参考交易时交易地的市场交易价或者物价部门指导价予以认定。转让价格未达到交易时交易地的市场交易价或者指导价 70% 的，一般可以认定为"明显不合理的低价"；受让价格高于交易时交易地的市场交易价或者指导价 30% 的，一般可以认定为"明显不合理的高价"。债务人与相对人存在亲属关系、关联关系的，不受上述的 70%、30% 的限制。二是债务人的行为影响债权人债权的实现。三是债务人的相对人主观上是恶意的。

2. 撤销权的行使方式

债权人的撤销权行使，须由债权人以自己的名义通过诉讼方式为之。债权人行使撤销权的范围应以债权人的债权额为限，因为撤销权行使的目的是保全债权。此外，《民法典》也明确规定了撤销权行使的时间，即撤销权自债权人知道或者应当知道撤销事由之日起 1 年内行使。自债务人的行为发生之日起 5 年内没有行使撤销权的，该撤销权消灭。

知识拓展

撤销权行使的效力

债权人撤销权行使的效力可及于债务人、相对人及债权人。①对债务人的效力，即债务人的行为一经被撤销，视为自始无效，并产生无效行为的后果。已经履行的行为发生返还财产、赔偿损失等责任，没有履行的则不再履行。②对相对人的效力，即债务人的行为被撤销，使得相对人受领债务人的财产的行为丧失了合法根据，故相对人对此负有返还不当得利的义务。通常应返还原物，若原物不能返还的，应当折价赔偿；相对人已向债务人支付对价的，可以要求债务人返还。债务人与其相对人之间的关系被撤销后，如果符合缔约过失责任的构成要件，则相对人有权请求债务人承担缔约过失责任。③对债权人的效力，即行使撤销权的债权人可以请求债务人的相对人将所得利益返还给债务人，归入债务人的责任财产之中。

第五节　合同的担保

案例导入

河北某县的马某找到亲戚陈某说："我想到银行贷款 20 万元，但银行要求提供担保，你能否帮忙？"碍于面子，陈某同意以自己坐落在县城某街某号的 3 间瓦房作为马某借款的担保，并与县农行签订了抵押担保的协议。签订协议后，陈某出省办事，未办理抵押登记。后马某不能按期清偿县农行借款，县农行欲就陈某的 3 间瓦房行使抵押权。

请问：县农行可否就陈某的 3 间瓦房行使抵押权？

合同的担保是指依据法律规定或者当事人的约定，为保证合同履行或者债权实现而采取的法律保障措施。我国合同担保的方式有保证、抵押、质押、留置和定金等五种。

一、保证

保证是指为保障债权的实现，保证人和债权人约定，当债务人不履行到期债务或者发生当事人约定的情形时，由保证人履行债务或者承担责任。保证是以保证人的信誉和责任能力担保合同的履行，并以货币或者实物作为保证人承担保证责任的形式。为债务人的债务履行提供担保的第三人称为保证人，但根据《民法典》的规定，下列主体不得担任保证人或在担任保证人时要受到一些限制：①机关法人不得为保证人，但是经国务院批准为使用外国政府或者国际经济组织贷款进行转贷的除外；②以公益为目的的非营利法人、非法人组织不得为保证人。

保证的方式有一般保证和连带责任保证等两种。一般保证是指保证人与债权人约定，当债务人不能履行合同时，由保证人承担保证责任。一般保证的保证人在主合同纠纷未经审判或者仲裁，并就债务人财产依法强制执行仍不能履行债务前，对债权人可以拒绝承担保证责任。当事人在保证合同中对保证方式没有约定或者约定不明确的，按照一般保证承担保证责任。连带责任保证是指债务人在主合同规定的债务履行期届满没有履行债务的，债权人可以要求债务人履行债务，也可以要求保证人在其保证范围内承担保证责任。

🤓 知识拓展

一般保证的保证人享有先诉抗辩权

先诉抗辩权是指一般保证的保证人在主合同纠纷未经审判或者仲裁，并就债务人财产依法强制执行仍不能履行债务前，可以拒绝向债权人承担保证责任的权利。当然，一般保证的保证人行使先诉抗辩权受到一定的限制。有下列情形之一的，一般保证的保证人不得行使先诉抗辩权：①债务人下落不明，且无财产可供执行；②人民法院已经受理债务人破产案件；③债权人有证据证明债务人的财产不足以履行全部债务或者丧失履行债务能力；④保证人书面表示放弃先诉抗辩权。

由于保证具有从属性，所以当主债发生主体或内容变更时，对保证人承担的保证责任也会带来影响，主要有以下三种情形：①主债权转让对保证责任的影响。债权人转让全部或者部分债权，未通知保证人的，该转让对保证人不发生效力。保证人与债权人约定禁止债权转让，债权人未经保证人书面同意转让债权的，保证人对受让人不再承担保证责任。②主债务转让对保证责任的影响。债权人未经保证人书面同意，允许债务人转移全部或者部分债务，保证人对未经其同意转移的债务不再承担保证责任，但是债权人和保证人另有约定的除外。第三人加入债务的，保证人的保证责任不受影响。③主合同内容变更对保证责任的影响。债权人和债务人未经保证人书面同意，协商变更主债权债务合同内容，减轻债务的，保证人仍对变更后的债务承担保证责任；加重债务的，保证人对加重的部分不承担保证责任。债权人和债务人变更主债权债务合同的履行期限，未经保证人书面同意的，保证期间不受影响。

二、抵押

抵押是指为担保债务的履行，债务人或第三人不转移对财产的占有，将该财产作为债权的担保，当债务人不履行债务或者发生当事人约定的情形时，债权人有权就该财产优先受偿。在抵押法律关系中，提供财产担保的债务人或者第三人称为抵押人，接受财产担保的债权人称为抵押权人。债权人享有的当债务人不履行债务时就抵押物优先受偿的权利称为抵押权，作为担保的财产称为抵押物。

对于抵押物的范围，根据《民法典》的规定，债务人或者第三人有权处分的下列财产可以抵押：①建筑物和其他土地附着物；②建设用地使用权；③海域使用权；④生产设备、原材料、半成品、产品；⑤正在建造的建筑物、船舶、航空器；⑥交通运输工具；⑦法律、行政法规未禁止抵押的其他财产。同时，《民法典》也从反面明确了不得抵押的财产，包括：①土地所有权；②宅基地、自留地、自留山等集体所有土地的使用权，但是法律规定可以抵押的除外；③学校、幼儿园、医疗机构等为公益目的成立的非营利法人的教育设施、医疗卫生设施和其他公益设施；④所有权、使用权不明或者有争议的财产；⑤依法被查封、扣押、监管的财产；⑥法律、行政法规规定不得抵押的其他财产。

在抵押登记方面，根据《民法典》的规定，登记对于抵押权的效力分为以下两种情形。

（1）不动产抵押权的生效采取登记要件主义，即不动产抵押权的设立一定要登记，登记是不动产抵押权的生效要件。具体而言，以建筑物和其他土地附着物、建设用地使用权、海域使用权、正在建造的建筑物等办理抵押的，应当办理抵押登记。抵押权自登记时设立。本节案例导入中陈某出省办事，未就 3 间瓦房办理抵押登记，故抵押权没有设立，因而县农行不能就陈某的 3 间瓦房行使抵押权。

（2）动产抵押权的生效采取意思主义，即以动产抵押的，抵押权自抵押合同生效时设立；未经登记，不得对抗善意第三人。以动产抵押的，不得对抗正常经营活动中已经支付合理价款并取得抵押财产的买受人。

知识拓展

动产浮动抵押

动产浮动抵押是指抵押人以现在和将来所有的全部或者部分动产为其债务设定担保，在抵押权人行使抵押权之前，抵押人对抵押财产保留在正常经营过程中的处分权。《民法典》明确规定，企业、个体工商户、农业生产经营者可以将现有的以及将有的生产设备、原材料、半成品、产品抵押，债务人不履行到期债务或者发生当事人约定的实现抵押权的情形，债权人有权就抵押财产确定时的动产优先受偿。对于动产浮动抵押的，抵押财产自下列情形之一发生时确定：①债务履行期届满，债权未实现；②抵押人被宣告破产或者解散；③当事人约定的实现抵押权的情形；④严重影响债权实现的其他情形。

三、质押

质押是指债务人或者第三人将动产或权利交债权人占有，作为债务履行的担保，债务人不履行到期债务或者发生当事人约定的情形时，债权人有权就该动产或权利优先受偿。在质押法律关系中，提供动产或权利的第三人称为出质人，作为担保的动产或权利称为质物，债权人所享有的当债务人不履行债务时就质物优先受偿的权利称为质权，享有质权的债权人称为质权人。

质押的类型有动产质押和权利质押等两种。其中设立动产质押，当事人应当采取书面形式订立动产质押合同。动产质押合同为要式合同，双方在合同书上签字或者盖章，即成立并生效，法律另有规定或合同另有约定的除外。但质押合同的生效并不意味着质权的设立，因为质权自出质人交付质押财产时才能设立生效，即动产质权的生效采取交付要件主义。若出质人代质权人占有质物的，质权不生效；质权人将质物返还于出质人后，以其质权对抗第三人的，人民法院也不予支持。质押合同中对质押的财产约定不明，或者约定的出质财产与实际移交的财产不一致的，以实际交付占有的财产为准。

在权利质押中，可以质押的权利主要包括：①汇票、支票、本票；②债券、存款单；③仓单、提单；④可以转让的基金份额、股权；⑤可以转让的注册商标专用权、专利权、著作权等知识产权中的财产权；⑥现有的以及将有的应收账款；⑦法律、行政法规规定可以出质的其他财产权利。

权利质押也要签订书面合同，该质押合同也是自成立之时起生效，但权利质权的设立生效因不同权利而有所差异，具体如下：①以汇票、支票、本票、债券、存款单、仓单、提单出质的，质权自权利凭证交付质权人时设立。没有权利凭证的，质权人自办理出质登记时设立。法律另有规定的，依照其规定。②以基金份额、股权出质的，质权自办理出质登记时设立。③以注册商标专用权、专利权、著作权等知识产权中的财产权出质的，质权自办理出质登记时设立。④以应收账款出质的，质权自办理出质登记时设立。

【案例 3.7】甲与乙签订借款合同，并约定由乙将自己的钻戒出质给甲，但其后乙并未将钻戒如约交付给甲，而是把该钻戒卖给了丙。丙取得钻戒后，与甲因该钻戒权利归属发生纠纷。

请问：丙能否取得该钻戒的所有权？甲能否向丙要求返还该钻戒？

解析：根据《民法典》的规定，质权自出质人交付质押财产时设立。乙并未向甲交付钻戒，因此质权并未设立。而乙将钻戒卖给了丙，丙取得了钻戒所有权，甲不能要求丙返还该钻戒。

四、留置

留置权是指债务人不履行到期债务，债权人可以留置已经合法占有的债务人的动产，并有权就该动产优先受偿。上述债权人为留置权人，占有的动产为留置财产。

债权人留置的动产，应当与债权属于同一法律关系，但是企业之间留置的除外。留置财产为可分物的，留置财产的价值应当相当于债务的金额。留置权人负有妥善保管留置财产的义务；因保管不善致使留置财产毁损、灭失的，应当承担赔偿责任。此外，留置权人与债务人应当约定留置财产后的债务履行期限；没有约定或者约定不明确的，留置权人应当给债务人60日以上履行债务的期限，但是鲜活易腐等不易保管的动产除外。债务人逾期未履行的，留置权人可以与债务人协议以留置财产折价，也可以就拍卖、变卖留置财产所得的价款优先受偿。留置财产折价或者拍卖、变卖后，其价款超过债权数额的部分归债务人所有，不足部分由债务人清偿。

五、定金

定金是指合同当事人为了确保合同的履行，在合同订立时由当事人约定一方向对方给付一定数额的货币作为债权的担保。定金合同自实际交付定金时成立。定金的数额由当事人约定；但是，不得超过主合同标的额的20%，超过部分不产生定金的效力。实际交付的定金数额多于或者少于约定数额的，视为变更约定的定金数额。

债务人履行债务的，定金应当抵作价款或者收回。给付定金的一方不履行债务或者履行债务不符合约定，致使不能实现合同目的的，无权请求返还定金；收受定金的一方不履行债务或者履行债务不符合约定，致使不能实现合同目的的，应当双倍返还定金。

【案例3.8】甲公司与乙公司签订了一份买卖钢材的合同，总价值13万元，并约定甲公司于12月前交付货物，乙公司向甲公司支付了2.5万元的定金。合同签订后，钢材价格急剧上涨，受利益驱动，虽经乙公司多次催促，直至合同履行期满甲公司仍未交货。于是，乙公司要求甲公司返还定金。

请问：（1）甲公司和乙公司约定的定金是否有效？

（2）乙公司可以请求甲公司返还多少金额？

解析：（1）甲、乙两公司约定的定金2.5万元合法有效。根据《民法典》的规定，当事人可以约定一方向对方给付定金作为债权的担保，定金的数额由当事人约定，但不得超过主合同标的额的20%。本案中，甲、乙两公司在签订买卖钢材的合同中约定以定金作为担保，且约定定金的金额为2.5万元，未超过主合同标的13万元的20%，故合法有效。

（2）乙公司可以请求甲公司返还5万元定金。根据《民法典》的规定，收受定金的一方不履行约定义务的，应当双倍返还定金。

第六节　合同的变更、转让和终止

案例导入

甲公司与乙公司签订合同，由甲公司供应木材，乙公司将用该批木材加工家具。后来，由于收购木材出现困难，甲公司决定将合同所规定的义务转让给丙公司。

请问：甲公司的决定是否有效？

一、合同的变更

合同的变更有广义和狭义之分。广义的合同变更包括合同主体的变更和合同内容的变更。狭义的合同变更仅指合同内容的变更。根据《民法典》的规定，合同的变更仅指合同内容的变更，合同主体的变更为合同的转让，因此，我国合同的变更为狭义的合同变更。合同的变更是指已生效的合同在未履行或者未履行完毕之前，由于主、客观情况的变化，经双方当事人同意，而使合同的内容发生变化。合同变更并生效后，当事人应当按照变更后的合同履行。原合同未变更部分仍有效。

知识拓展

合同变更的条件

合同变更应具备如下四个条件：①原已存在有效的合同关系；②合同内容发生变化；③合同的变更应以当事人的约定，法律的规定或人民法院、仲裁机构的裁决为依据；④当事人应遵守法定形式。

二、合同的转让

合同的转让是指在不改变合同内容的情况下，当事人将合同的权利、义务全部或者部分转让给第三人的法律行为。合同的转让包括债权转让、债务转让和债权债务概括转让。

（一）债权转让

债权转让是指不改变合同内容，合同债权人将合同权利全部或者部分转让给第三人。债权人可以将合同的权利全部或者部分转让给第三人。法律、行政法规规定合同权利的转让应当办理批准、登记手续的，应当办理批准、登记手续。

1. 债权转让的条件

债权转让须具备以下条件才能生效：①存在有效的合同债权；②当事人之间就债权转让达成合意；③所转让的债权应具有可让与性；④当事人应通知债务人。

2. 债权转让的限制

下列三种情形的债权不得转让：①根据合同性质不得转让；②按照当事人约定不得转让；③依照法律规定不得转让。

3. 债权转让的效力

债权人转让权利，无须征得债务人的同意，但应当通知债务人。未经通知的，该转让不发生转让的效力，并且转让权利的通知是不得撤销的，除非经受让人同意。债权转让将发生以下法律后果。

（1）主权利及从权利转移。若从权利专属于债权人自身，则不转移于受让人；同时受让人取得从权利不因该从权利未办理转移登记手续或者未转移占有而受到影响。

（2）抗辩权的转移。债务人接到转让通知后，其对让与人的抗辩权，可以向受让人主张。

（3）抵销权的转移。有下列情形之一的，债务人可以向受让人主张抵销：①债务人接到债权转让通知时，债务人对让与人享有债权，且债务人的债权先于转让的债权到期或者同时到期；②债务人的债权与转让的债权是基于同一合同产生。

（二）债务转让

债务转让又称债务承担，是指不改变合同内容，合同债务人通过协议将合同义务全部或者部分转让给第三人的情形。

（1）债务转让的成立条件。根据《民法典》的规定，债务转让关系成立，除需具备合同依法成立的有效条件外，还需具备以下法律要求要件：①须有当事人之间关于债务转让的合意。②须经债权人同意。债务人或者第三人可以催告债权人在合理期限内予以同意，债权人未作表示的，视为不同意。③须有合法有效的债务存在。④转让的债务须具有可转移性。因此，本节案例导入中，甲公司必须经乙公司同意后才能将合同所规定的义务转让给丙公司，否则是无效的。

（2）债务转让的效力。债务转让的效力主要有以下三种：①债务全部转移的，承担人取代原债务人的地位而为新债务人；债务人的债务部分转移给第三人的，第三人加入借款合同关系，与原债务人共同承担债务。②新债务人可援用原债务人基于合同权利义务关系所享有的抗辩权。③非专属于原债务人的从债务一并转移于承担人承担。

（三）债权债务概括转让

债权债务概括转让是指合同当事人一方经对方同意，将合同的权利和义务一并转让给第三人。《民法典》第五百五十五条规定："当事人一方经对方同意，可以将自己在合同中的权利和义务一并转让给第三人。"

同时，根据《民法典》的规定，涉及合同权利转让的部分可准用债权让与的有关规定，涉及合同义务转移的部分则可准用债务承担的有关规定。债权让与和债务承担产生的法律效力也同样适用于债权债务的概括转让。

三、合同的终止

合同的终止是指因发生法律规定或当事人约定的情况，使合同所确定的当事人之间的权利义务关系归于消灭的情形。合同终止的原因有如下几种。

1. 债务已按照约定履行

当事人已经按照合同的约定履行了债务，即完成了债务的清偿。清偿是引起合同权利义务终止最主要和最常见的原因。

2. 合同解除

合同解除是指合同有效成立以后，尚未履行或者尚未履行完毕之前，当事人双方通过协议或者一方行使解除权的方式使债权债务关系提前归于消灭的行为。合同解除可分为约定解除和法定解除。

约定解除是指当事人通过行使约定的解除权或者双方协商决定而解除合同。法定解除是指合同成立并生效后，当事人基于法律规定的事由行使解除权而解除合同。根据《民法典》的规定，有下列情形之一的，当事人可以解除合同：①因不可抗力致使不能实现合同目的；②在履行期限届满前，当事人一方明确表示或者以自己的行为表明不履行主要债务；③当事人一方迟延履行主要债务，经催告后在合理期限内仍未履行；④当事人一方迟延履行债务或者有其他违约行为致使不能实现合同目的；⑤法律规定的其他情形。

此外，当事人一方依法主张解除合同的，应当通知对方。合同自通知到达对方时解除；通知载明债务人在一定期限内不履行债务则合同自动解除，债务人在该期限内未履行债务的，合同自通知载明的期限届满时解除。对方对解除合同有异议的，任何一方当事人均可以请求人民法院或者仲裁机构确认解除行为的效力。当事人一方未通知对方，直接以提起诉讼或者申请仲裁的方式依法主张解除合同，人民法院或者仲裁机构确认该主张的，合同自起诉状副本或者仲裁申请书副本送达对方时解除。

3. 债务相互抵销

债务相互抵销是指合同当事人互负债务，各以其债权充当债务清偿，使双方的债务在等额范围内归于消灭的情形。债务抵销可以分为法定抵销和约定抵销。

法定抵销是指在具备法律所规定的条件时，依当事人一方的意思表示所为的抵销。根据《民法典》的规定，当事人互负债务，该债务的标的物种类、品质相同的，任何一方可以将自己的债务与对方的到期债务抵销；但是，根据债务性质、按照当事人约定或者依照法律规定不得抵销的除外。当事人主张抵销的，应当通知对方。通知自到达对方时生效。抵销不得附条件或者附期限。此即为我国法定抵销的明确规定。约定抵销是指根据当事人双方意思表示一致所为的抵销。根据《民法典》的规定，当事人互负债务，标的物种类、品质不相同的，经协商一致，也可以抵销。此规定指的就是约定抵销。

4. 提存

提存是指债务人履行其到期债务时，债权人无正当理由拒绝受领，或者因债权人下落不明等原因无法向债权人履行债务时，可依法将其债务的标的物送交有关部门，以代替履行的制度。根据《民法典》的规定，有下列情形之一，难以履行债务的，债务人可以将标的物提存：①债权人无正当理由拒绝受领；②债权人下落不明；③债权人死亡未确定继承人、遗产管理人，或者丧失民事行为能力未确定监护人；④法律规定的其他情形。

此外，标的物提存后，毁损、灭失的风险由债权人承担。提存期间，标的物的孳息归债权人所有。提存费用由债权人负担。债权人领取提存物的权利，自提存之日起 5 年内不行使而消灭，提存物扣除提存费用后归国家所有。但是，债权人未履行对债务人的到期债务，或者债权人向提存部门书面表示放弃领取提存物权利的，债务人负担提存费用后有权取回提存物。

5. 免除

免除是指债权人以消灭债务人的债务为目的而放弃债权的意思表示。债权人免除债务人债务的，虽无须债务人明确同意，即可发生免除效力，但若债务人在合理期限内拒绝的，免除效力自始不发生。

6. 混同

混同是指因债权、债务同归于一人而导致合同权利义务归于消灭的情形。混同不需要当事人的意思表示，只要债权、债务同归于一人的事实出现就可以造成合同权利义务的终止。混同使合同关系绝对消灭，并且主债务消灭，从债务也消灭。但是，在涉及第三人的利益时，即使债权人和债务人发生了混同，合同的权利义务也不消灭。如票据的债权人与债务人混同时，债务也不当然消灭。

7. 合同权利义务终止的其他原因

除了上述原因外，法律规定或者当事人约定终止的其他情形出现时，合同也终止。如作为合同主体的自然人死亡而其债务无人承担等。

合同的权利义务终止后，当事人应当遵循诚实信用原则，根据交易习惯履行通知、协助、保密等义务。

第七节　违约责任

案例导入

甲贸易公司与乙海运公司订立租船合同：在约定期间内，乙海运公司派船到山东龙口港装运水泥 1 万吨至广州黄埔港，运费每吨人民币 85 元。约定甲贸易公司支付乙海运公司定金 15 万元，并约定违约的一方支付对方合同价款 5% 的违约金。甲贸易公司实际支付了定金 10 万元。后来乙海运公司未在约定期间内派船，向甲贸易公司提出解除合同，并将定金返还，但甲贸易公司不同意，并多次催告履行。

请问：甲贸易公司如何追究乙海运公司的违约责任以最大限度地保护自己的权益？

违约责任是指当事人一方不履行合同义务或者履行合同义务不符合约定时应当承担的法律责任。违约责任是合同的核心内容。违约责任制度的设立对于合同的正确履行、弥补因违约给对方造成的损失、稳定社会经济秩序有着极为重要的意义。

一、违约责任的归责原则

归责原则是确定行为人的民事责任的根据和准则。违约责任的归责原则有两项，即过错责任原则和严格责任原则。过错责任原则以过错的存在作为追究违约责任的要件。严格责任原则又称无过错责任原则，是指违约发生后，确认违约责任主要考虑违约的结果是否由违约方的行为造成，而不考虑违约方的违约是因为故意还是过失。根据《民法典》的有关规定，可以看出我国违约责任的归责原则采用的是严格责任原则，即违约一方只要有违约的行为，而不管是其主观故意还是过失，都要承担违约责任。当然，严格责任原则也有例外。根据《民法典》的规定，有些合同只有因违约方有过错而给对方造成损害的，违约方才承担损害赔偿责任。如根据《民法典》第八百二十四条第一款的规定，在运输过程中旅客随身携带物品毁损、灭失，承运人有过错的，应当承担赔偿责任。因此，承运人有过错的，才承担责任，无过错的，不承担责任。

二、违约责任的免除

违约责任的免除是指合同履行过程中，由于出现了法定的或者约定的免责事由而导致合同不能履行或者不能完全履行时，将部分或全部免去债务人的责任。根据《民法典》的规定，免责事由有以下两种。

1. 法定的免责事由

法定的免责事由是指由法律明文规定的，对于当事人的不履行合同免除其承担违约责任的事由。法定的免责事由主要有以下几种。

（1）不可抗力。不可抗力是指不能预见、不能避免且不能克服的客观情况。一般来说，不可抗力包括自然灾害、政府行为和社会事件。根据《民法典》的规定，当事人一方因不可抗力不能履行合同的，根据不可抗力的影响，部分或者全部免除责任，但法律另有规定的除外。因不可抗力不能履行合同的，应当及时通知对方，以减轻可能给对方造成的损失。

（2）债权人的过错。由于债权人的过错导致债务人不能履行合同的，债务人不承担违约责任。如根据《民法典》的规定，承运人对运输过程中货物的毁损、灭失承担赔偿责任，但是承运人证明货物的毁损、灭失是收货人的过错造成的，不承担赔偿责任。

（3）货物本身的自然性质或者合理损耗。如根据《民法典》的规定，承运人对运输过程中货物的毁损、灭失承担损害赔偿责任，但承运人证明货物的毁损、灭失是因货物的自然性质或者合理损耗造成的，不承担赔偿责任。

2. 约定的免责事由

约定的免责事由是指合同双方当事人在合同中约定的旨在排除或限制其未履行责任的条款。根据合同自愿原则，当事人可以对违约责任承担的范围、方式以及免除条件作出约定，但该约定不得违背法律，不得损害社会公共利益和公序良俗。如根据《民法典》的规定，合同中关于造成对方人身损害的和因故意或重大过失造成对方财产损失的免责条款无效。

实案广角
合同纠纷案例

三、承担违约责任的方式

根据《民法典》的规定，承担违约责任的方式有多种，较常见的有以下几种。

1. 支付违约金

违约金是指合同当事人在合同中约定的，一方当事人不履行合同义务或者履行合同义务不符合约定时应当向对方支付的一定数额的货币。根据《民法典》的规定，当事人可以约定一方违约时应当根据违约情况向对方支付一定数额的违约金，也可以约定因违约产生的损失赔偿额的计算方法。约定的违约金低于造成的损失的，当事人可以请求人民法院或者仲裁机构予以增加；约定的违约金过分高于造成的损失的，当事人可以请求人民法院或者仲裁机构予以适当减少。

2. 赔偿损失

赔偿损失是指合同一方当事人对因违约而给对方当事人造成的财产损失予以赔偿的一种责任形式。它是最常见、最主要的一种承担违约责任的方式。赔偿损失的范围包括直接损失和间接损失。直接损失是指因违约行为而造成对方当事人财物的减少、毁损、灭失或者支出的增加。间接损失是指因违约而造成对方可得利益的减少。

根据《民法典》的规定，当事人一方违约后，对方应当采取适当措施防止损失的扩大；没有采取适当措施致使损失扩大的，不得就扩大的损失请求赔偿。当事人因防止损失扩大而支出的合理费用，由违约方负担。

3. 继续履行

继续履行是指当债务人不履行合同义务时，债权人可以请求人民法院或者仲裁机构强制债务人实际履行合同义务。继续履行虽然是一种承担违约责任的方式，但其实际是为了实现合同的目的，所以对违约方来说不具有惩罚性。

根据《民法典》的规定，当事人一方不履行非金钱债务或者履行非金钱债务不符合约定的，对方可以请求履行，但有下列情形之一的除外：①法律上或者事实上不能履行；②债务的标的不适于强制履行或者履行费用过高；③债权人在合理期限内未请求履行。

当事人就迟延履行约定违约金的，违约方支付违约金后，还应当履行债务。

实案广角
政策有变，购房定金能不能退

4. 采取补救措施

采取补救措施是指当事人履行合同义务质量不符合约定的，受损害方可以根据标的的性质以及损失的大小，合理选择要求对方承担修理、重作、更换、退货、减少价款或者报酬等违约责任。受损害方在要求违约方采取合理的补救措施后，仍有其他损失的，还有权要求违约方赔偿损失。

5. 定金的处理

定金是合同担保的一种方式，又是承担违约责任的一种形式。根据《民法典》的规定，当事人既约定违约金，又约定定金的，一方违约时，对方可以选择适用违约金或者定金条款。定金不足以弥补一方违约造成的损失的，对方可以请求赔偿超过定金数额的损失。

本节案例导入中甲贸易公司选择适用定金条款更有利于保护自己的权益。因为根据定金条款，双方虽约定15万元，但甲贸易公司实际交付定金10万元，合同约定的定金应为10万元。收受定金的乙海运公司违约，应双倍返还定金，即甲贸易公司可以获得20万元（其中10万元为甲贸易公司交付的）。而根据违约金条款，违约金为合同价款的5%，即4.25万元（85万元×5%），因而甲贸易公司只能获得14.25万元（10万元+4.25万元）。

课后练习与实训

一、判断题

1. 合同是当事人之间设立、变更、终止民事关系的意思表示一致的协议。　　（　　）
2. 无民事行为能力人不能作为购买人订立买卖合同，但可以作为受赠人订立赠与合同。
　　（　　）
3. 双务合同为有偿合同，有偿合同也为双务合同。　　（　　）
4. "你结婚那天我送你一枚戒指"，这是附期限的合同。　　（　　）
5. 当事人对可撤销合同所享有的撤销权应适用诉讼时效的规定。　　（　　）

二、单项选择题

1. 债务人将标的物提存后，标的物毁损、灭失的风险由谁承担？（　　）
   A. 债务人　　　　　　　　　　　　B. 债权人
   C. 提存部门　　　　　　　　　　　D. 债务人和债权人共同承担
2. 下列选项中，属于单务合同的是（　　）。
   A. 赠与合同　　　B. 买卖合同　　　C. 租赁合同　　　D. 银行贷款合同
3. 债权人行使代位权、撤销权的必要费用由（　　）负担。
   A. 债权人　　　　　　　　　　　　B. 债务人
   C. 债权人和债务人共同　　　　　　D. 债权人或债务人
4. 下列选项中，属于无效合同的是（　　）。
   A. 无权处分合同　　　　　　　　　B. 乘人之危合同
   C. 显失公平合同　　　　　　　　　D. 违背公序良俗的合同
5. 某商店橱窗内展示的衣服上标明"正在出售"，并且标示了价格，则"正在出售"的标示视为（　　）。
   A. 要约　　　　　　　　　　　　　B. 承诺
   C. 要约邀请　　　　　　　　　　　D. 既是要约又是承诺

三、多项选择题

1. 下列承诺行为中，不发生承诺效力的有（　　）。
   A. 承诺对要约的内容作出实质性变更
   B. 撤回承诺的通知与承诺同时到达要约人

C. 撤回承诺的通知因送达的原因晚于承诺到达，要约人未及时将该情况通知承诺人

D. 超出承诺期限发出承诺

2. 下列哪些格式条款无效？（　　　）

A. 提供格式条款一方不合理地免除或者减轻其责任、加重对方责任、限制对方主要权利

B. 提供格式条款一方排除对方主要权利

C. 造成对方人身损害的免责条款

D. 因故意或者重大过失造成对方财产损失的免责条款

3. 在可撤销合同中，撤销权消灭的情形包括哪些？（　　　）

A. 非重大误解的当事人自知道或者应当知道撤销事由之日起1年内没有行使撤销权

B. 重大误解的当事人自知道或者应当知道撤销事由之日起90日内没有行使撤销权

C. 当事人受胁迫，自胁迫行为终止之日起1年内没有行使撤销权

D. 当事人知道撤销事由后明确表示或者以自己的行为表明放弃撤销权

4. 违约责任主要包括（　　　）等构成要件。

A. 违约行为　　　　　　　　　　B. 当事人的过错与违约行为间有因果关系

C. 当事人有过错　　　　　　　　D. 不存在法定和约定的免责事由

5. 合同终止的原因有（　　　）。

A. 免除　　　　B. 抵销　　　　C. 提存　　　　D. 混同

四、思考题

1. 简述承诺的要件。

2. 简述合同被确认无效或被撤销的法律后果。

3. 简述债权人行使代位权的条件。

4. 在什么情况下当事人可以解除合同？

5. 合同当事人承担违约责任的方式有哪些？

五、实训题

崔某在国内买了套商品房，因其长期在国外打工，所以将该房交由其父管理。后因该房增值，崔父擅自将该房出售给欧某，并已交付房屋，约定1个月后办理过户手续，逾期支付违约金。崔某在得知卖房之事后，表示坚决反对，并根据法律提起诉讼要求欧某归还房屋，人民法院判决欧某退还房屋。欧某因此损失了部分房屋装修、搬家等费用，还因未及时购得房而遇到房产涨价导致了损失，欧某遂根据《民法典》将崔父起诉至人民法院。

请问：（1）如何评价崔父与欧某之间的房屋买卖合同的效力？

（2）崔父是否要对不能依约办理登记过户承担违约责任？

（3）崔父应对哪些损失负赔偿责任？

第四章

市场规制法律制度

【学习目标】

◆ 了解消费者的概念和特征，掌握消费者的权利以及消费争议的解决途径，了解经营者的义务。

◆ 理解产品和产品质量，掌握产品质量损害赔偿责任的求偿对象及诉讼时效。

◆ 掌握不正当竞争行为的表现形式，了解对不正当竞争行为的监督检查。

◆ 掌握滥用市场支配地位的认定及表现形式，了解行政性垄断的类型及表现形式。

【素养目标】

自觉维护市场公平竞争秩序，提高市场消费安全和保护弱势群体的意识，努力营造良好的消费环境和交易环境，促进和谐社会建设。

【法律链接】

《消费者权益保护法》《消费者权益保护法实施条例》《产品质量法》《反不正当竞争法》《反垄断法》

第一节　消费者权益保护法

案例导入

小邱在某电商网店购买了一台电子秤，收货后发现与自己想象的不是一种，但小邱在打开时不小心将包装盒弄破了。小邱咨询客服是否可以七天无理由退货，却被告知退回货品需配件齐全，外包装不能破损，否则拒收。

请问： 商家的说法正确吗？为什么？

消费者权益保护法是调整国家、经营者和消费者等三者之间在保护消费者权益过程中发生的社会关系的法律规范的总称。它是经济法的重要组成部分。1993 年第八届全国人民代表大会常务委员会第四次会议通过了《消费者权益保护法》（以下简称《消法》），并经过 2009 年、2013 年两次修正，进一步强化了公平、规范、契约正义和对消费者权益的保护。2024 年 2 月国务院通过了《消费者权益保护法实施条例》（以下简称《消法条例》），自 2024 年 7 月 1 日起施行。该条例进一步加大了消费者权益保护力度，对免费不免责、霸王条款、直播带货、自动续费、预付式消费

知识拓展

《消法条例》亮点解读

等消费热点难点问题作出了明确和具体的规定，对维护消费者合法权益、规范经营者经营行为、营造放心消费环境、促进经济发展等都具有重要意义。

《消法》在以下范围适用。

第一，"消费者在购买、使用商品或者接受服务的过程中，其权益受本法保护"，这是从消费法律关系中的一方主体——消费者的消费角度来讲的。

第二，"经营者为消费者提供其生产、销售的商品或者提供服务，应当遵守本法"，这是从消费法律关系当中的另一方主体——经营者角度来讲的。

第三，"农民购买、使用直接用于农业生产的生产资料，参照本法执行"，这是《消法》的特殊的适用范围。

【案例 4.1】某村十余户农民从甲供销公司购得乙农药厂生产的"立杀净"杀虫药，按说明喷洒于农作物上，但虫害有增无减，以致错过灭虫时机，当年农作物歉收，损失 4 万余元。经查，该杀虫药系乙农药厂未按标准生产的劣质农药。

请问：本案适用《消法》吗？

解析：适用。农民购买、使用直接用于农业生产的生产资料，参照《消法》执行。

一、消费者的概念与特征

《消法》第二条规定："消费者为生活消费需要购买、使用商品或者接受服务，其权益受本法保护；本法未作规定的，受其他有关法律、法规保护。"据此，我们可以将消费者定义为为满足生活需要而购买、使用商品或接受服务的，由国家专门法律确认其主体地位和保护其消费权益的个人。

从法律角度来看，消费者有以下几个特征。

（1）消费者的消费性质属于生活消费。生活消费是指在人们生存和发展过程中的生活资料的消耗，它与人们的日常生活密切相关。

（2）消费者消费的客体包括商品和服务。商品，指的是与生活消费有关的并通过流通过程推出的那部分，不管其是否经过加工制作，也不管其是否为动产或不动产。服务，指的是与生活消费有关的有偿提供的可供消费者利用的任何种类的服务。但法律禁止购买、使用的商品和禁止接受的服务，不属于《消法》规定的商品和服务。

（3）消费的客观行为必须是为满足生活需要而购买、使用商品或接受服务的行为。消费者不完全限于直接的交易人，也包括最终的消费者或使用者。如商品的购买者可以同时是该商品的使用者，也可以由购买者购买商品，然后供他人使用。服务也是如此。

（4）消费者的主体范围是公民个人。生活消费主要是公民个人（含家庭）的消费，而且公民个人的生活消费也是保护的重点。

实践中，有些单位通过订立买卖（或服务）合同而接受一定的商品或服务，那么这些单位属于《消法》规定的消费者吗？单位不是消费者。就生活消费而言，单位本身不能直接使用某种商品或直接接受某种服务，也就是不能从事某种生活消费。单位在购买某种商品或接受某种服务以后，还是需要将这些商品或服务转化为个人的消费。从这个意义上说，单位可以作为商品的买受人、服务合同的订立者，但不能作为最终的消费者。社会组织和单位的"人格"是法律拟制的，它们自身不能直接进行生活消费。这些组织和单位拥有的消费行为，总要以实物或服务的形式，有偿或无偿地转归个人消费，享受消费权益的主体仍然是个人。所以，消费者只对自然人个人而言，不包括社会组织和单位。

【课堂讨论】《消法》实施多年后，小额商品问题大体已经解决。但随着社会发展，新型案件不断涌现，商品房和汽车等大额商品纠纷呈现井喷状。实践中，由于法律没有明确的规定，房地产监管部门与人民法院对商品房是否属于《消法》调整的"商品"存在模糊认识，"同案不同判"的现象时有出现。

对于商品房是否应该属于《消法》调整的"商品"，请谈谈你的看法。

二、消费者的权利

消费者的权利是指法律所规定的，消费者在消费领域中所享有的权利。消费者的权利是消费者利益在法律上的体现，是国家对消费者进行保护的前提和基础。消费者权利可以表现为消费者有权自己做出一定的行为，也可以表现为消费者有权要求他人做出一定的行为。

《消法》根据我国经济和文化的发展水平，规定消费者享有以下权利。

（1）保障安全权，是消费者最基本的权利，它是消费者在购买、使用商品和接受服务时所享有的保障其人身、财产安全不受损害的权利。由于消费者取得商品和服务是用于生活消费的，因此商品和服务必须绝对安全可靠，必须绝对保证商品和服务的质量不会损害消费者的生命与健康，财产不受损害。消费者有权要求经营者提供的商品和服务符合保障人身、财产安全的要求。

知识拓展
预付消费需谨慎

（2）知悉真情权，即消费者享有知悉其购买、使用的商品或者接受的服务的真实情况的权利。这是消费者作出消费决定的前提。消费者有权根据商品或者服务的不同情况，要求经营者提供商品的价格、产地、生产者、用途、性能、规格、等级、主要成分、生产日期、有效期限、检验合格证明、使用方法说明书、售后服务，或者服务的内容、规格、费用等有关情况。

（3）自主选择权，是指消费者享有的自主选择商品或者服务的权利。消费者选择不受任何人的强制。该权利包括以下几方面：①消费者有权自主选择提供商品或者服务的经营者；②消费者有权自主选择商品品种或者服务方式；③消费者有权自主决定购买或者不购买任何一种商品、接受或者不接受任何一项服务；④消费者在自主选择商品或者服务时，有权进行比较、鉴别和挑选。

（4）公平交易权，是消费者依法享有公平交易的权利。交易是市场经济的核心，公平交易是市场经济持续发展的保障。该项权利主要体现在两个方面：①消费者在购买商品或者接受服务时，有权获得质量保障、价格合理、计量正确等公平交易条件；②消费者有权拒绝经营者的强制交易行为。

（5）依法求偿权，是指消费者在因购买、使用商品或者接受服务受到人身、财产损害时，依法享有的要求并获得赔偿的权利。只要商品和服务的提供者在客观上造成消费者人身、财产上的损害，不管主观上是否有过错，受害者均有权要求赔偿和其他救助，并有权在交涉不成时向有关部门投诉和向人民法院起诉。

（6）依法结社权，是指消费者享有的依法成立维护自身合法权益的社会组织的权利。消费者作为弱者，有时仅靠个人力量难以维护自己的权益，通过依法结社，消费者可以从分散、弱小走向集中和强大，并通过集体的力量来改变自己的弱者地位。

（7）知识获取权，是指消费者享有获得有关消费和消费者权益保护方面的知识的权利。它是从知悉真情权中引申出来的一项消费者权利。此外，消费者本人也应当努力掌握所需商品或者服务的知识和使用技能，正确使用商品和接受服务，提高自我保护意识。

（8）受尊重权，是指消费者在购买、使用商品或接受服务时享有人格尊严、民族风俗习惯得到尊重、个人信息依法得到保护的权利。尊重消费者的人格尊严和民族习俗，是社会文明进步的表现，也是尊重和保障人权的重要内容。

（9）监督批评权，是指消费者对商品和服务以及保护消费者权益工作进行监督，对违法行为进行检举、控告的权利。也就是说，消费者有权检举、控告侵害消费者权益的行为和国家机关及其工作人员在保护消费者权益工作中的违法失职行为，有权对保护消费者权益工作提出批评、建议。

三、经营者的义务

经营者是为消费者提供其生产、销售的商品或者提供服务的市场主体，是与消费者直接进行交易的另一方，因此，明确经营者的义务对于保护消费者权益至关重要。

《消法》从保护消费者合法权益的需要出发，针对消费者的权利相应规定了经营者应履行如下义务。

1. 依法律法规的规定或约定履行义务，诚信经营

（1）经营者向消费者提供商品或者服务，应当依照《消法》和其他有关法律法规的规定履行义务。

（2）经营者和消费者有约定的，应当按照约定履行义务，但双方的约定不得违背法律法规的规定。

（3）经营者向消费者提供商品或者服务，应当恪守社会公德，诚信经营，保障消费者的合法权益；不得设定不公平、不合理的交易条件，不得强制交易。

2. 听取意见和接受监督

经营者应当听取消费者对其提供的商品或者服务的意见，接受消费者的监督。这不仅可以提高商品和服务质量，减轻消费者所受到的损害，还可以减少和及时地解决纠纷。

3. 保障人身和财产安全

为了实现消费者的安全保障权，经营者应当保证其提供的商品或者服务（包括以奖励、赠送、试用等形式向消费者免费提供的商品或者服务）符合保障人身、财产安全的要求，经营者不得以"免费提供"或者"赠品"为由免责。对可能危及人身、财产安全的商品和服务（包括免费商品或服务），经营者应当向消费者作出真实的说明和明确的警示，并说明和标明正确使用商品或者接受服务的方法以及防止危害发生的方法。免费提供的商品或者服务存在瑕疵但不违反法律强制性规定且不影响正常使用性能的，经营者应当在提供商品或者服务前如实告知消费者。

宾馆、商场、餐馆、银行、机场、车站、港口、影剧院等经营场所的经营者，应当对消费者尽到安全保障义务。消费者在经营场所遇到危险或者受到侵害时，经营者应当给予及时、必要的救助。

经营者发现其提供的商品或者服务存在缺陷，有危及人身、财产安全危险的，应当立即向有关行政部门报告和告知消费者，并采取停止销售、警示、召回、无害化处理、销毁、停止生产或者服务等措施。采取召回措施的，经营者应当承担消费者因商品被召回支出的必要费用。

4. 不作虚假宣传

为了保障消费者的知悉真情权的实现，经营者向消费者提供有关商品或者服务的质量、性能、用途、有效期限等信息，应当真实、全面，不得作虚假或者引人误解的宣传。经营者不得通过虚假或者引人误解的宣传，虚构或者夸大商品或者服务的治疗、保健、养生等功效，诱导老年人等消费者购买明显不符合其实际需求的商品或者服务。

实案广角
"假一赔十"遇上"知假买假"法官怎么判？

经营者对消费者就其提供的商品或者服务的质量和使用方法等问题提出的询问，应当作出真实、明确的答复。同时，经营者提供商品或者服务应当明码标价。此外，经营者不得在消费者不知情的情况下，对同一商品或者服务在同等交易条件下设置不同的价格或者收费标准。

知识拓展

"大数据杀熟"的规制

"大数据杀熟"指的是商家通过大数据分析并暗中操作报价平台，向定向客户展示的价格要比其他客户的价格更高的情况。如明明是一样的商品，商家却"看人下菜碟"，有些老客户手机 App 上显示的价格比别人贵，新用户看到的却更便宜。《消法条例》第九条规定"经营者不得在消费者不知情的情况下，对同一商品或者服务在同等交易条件下设置不同的价格或者收费标准"。所谓"同等交易条件"，是指商家向全体消费者提供相同的商品或服务时，应当诚实守信，应当向全体消费者公示相同的交易价格。消费者如果遭遇"大数据杀熟"，应及时固定"杀熟"证据，主要包括价格差异记录，如截图并保留或录屏显示不同账户、不同时间段的价格差异，以证明平台就同一商品或服务对不同用户的定价差异。同时保存相关的交易记录、订单详情、支付凭证等图文资料，证明自己因平台差异行为多支付了相关费用。消费者可以据此积极向相关部门投诉、反映，或提起诉讼索求赔偿。

5. 经营者应当标明其真实名称和标记

经营者应当在其经营场所的显著位置标明其真实名称和标记。经营者通过网络、电视、电话、邮购等方式提供商品或者服务的，应当在其首页、视频画面、语音、商品目录等处以显著方式标明或者说明其真实名称和标记。由其他经营者实际提供商品或者服务的，还应当向消费者提供该经营者的名称、经营地址、联系方式等信息。

经营者租赁他人柜台或者场地提供商品或者服务，或者通过宣讲、抽奖、集中式体验等方式提供商品或者服务的，应当以显著方式标明其真实名称和标记。即使租赁期满，依据法律规定，消费者仍然有权要求其承担责任。

6. 出具相应的凭证和单据

为了保障消费者的依法求偿权等权利的实现，经营者提供商品或者服务，应当按照国家有关规定或者商业惯例向消费者出具发票等购货凭证或者服务单据；消费者索要发票等购货凭证或者服务单据的，经营者必须出具。

在发生纠纷时，发票等购货凭证或者服务单据是一种重要的证据，有利于解决消费纠纷，对于保护消费者与经营者的合法权益都具有重要作用。

7. 提供符合要求的商品或服务

为了使消费者通过公平交易得到符合其要求的商品或服务，经营者应当保证在正常使用商品或者接受服务的情况下其提供的商品或者服务应当具有的质量、性能、用途和有效期限；但消费者在购买该商品或者接受该服务前已经知道其存在瑕疵，且存在该瑕疵不违反法律强制性规定的除外。

此外，经营者以广告、产品说明、实物样品或者其他方式表明商品或者服务的质量状况的，应当保证其提供的商品或者服务的实际质量与表明的质量状况相符。

8. 承担举证责任的义务

经营者提供的机动车、计算机、电视机、电冰箱、空调器、洗衣机等耐用商品或者装饰装修等服务，消费者自接受商品或者服务之日起 6 个月内发现瑕疵，发生争议的，由经营者承担有关瑕疵的举证责任。

知识拓展

举证责任倒置

所谓举证责任倒置，是指基于法律规定，将通常情形下本应由提出主张的一方当事人（一般是原告）就某种事由不负举证责任，而由他方当事人（一般是被告）就某种事实存在或不存在承担举证责任，如果该方当事人不能就此举证证明，则推定原告的事实主张成立的一种举证责任分配制度。在证据规则中，"谁主张谁举证"是举证责任分配的一般原则，而举证责任的倒置则是这一原则的例外。

【案例4.2】张先生从某商场购买了一台冰箱，可使用两个月后，冰箱出现了不制冷的状况。而后，张先生找到商场，但商场认为冰箱系人为损坏，不同意帮张先生免费修理。张先生欲将商场起诉至人民法院，但他拿不出证据证明所购冰箱存在质量问题。

请问：张先生拿不出证据证明所购冰箱存在质量问题，怎么办？

解析：依前述内容，经营者提供的电冰箱等耐用商品，消费者发现瑕疵而发生争议的，由经营者承担有关瑕疵的举证责任。故本案应由商场承担举证责任。

9. 承担退货、更换、修理等售后服务义务

经营者提供的商品或者服务不符合质量要求的，消费者可以依照国家规定、当事人约定退货，或者要求经营者履行更换、修理等义务。没有国家规定和当事人约定的，消费者可以自收到商品之日起 7 日内退货；7 日后符合法定解除合同条件的，消费者可以及时退货，不符合法定解除合同条件的，可以要求经营者履行更换、修理等义务。依照上述规定进行退货、更换、修理的，经营者应当承担运输等必要费用。

经营者采用网络、电视、电话、邮购等方式销售商品，消费者有权自收到商品之日起 7 日内退货，且无须说明理由，但下列商品除外：①消费者定做的；②鲜活易腐的；③在线下载或者消费者拆封的音像制品、计算机软件等数字化商品；④交付的报纸、期刊。除上述所列商品外，其他根据商品性质并经消费者在购买时确认不宜退货的商品，不适用无理由退货。

经营者通过网络、电视、电话、邮购等方式销售商品的，应当遵守前述规定，不得擅自扩大不适用无理由退货的商品范围；另外，经营者应当以显著方式对不适用无理由退货的商品进行标注，提示消费者在购买时进行确认，不得将不适用无理由退货作为消费者默认同意的选项，未经消费者确认，经营者不得拒绝无理由退货。也就是说，标注、提示确认和明示确认应当同时构成可排除适用的前提。

消费者无理由退货应当遵循诚实信用原则，退货的商品应当完好，不得利用无理由退货规则损害经营者和其他消费者的合法权益。但消费者基于查验需要打开商品包装，或者为确认商品的品质和功能进行合理调试而不影响商品原有品质、功能和外观的，经营者应当予以退货。

经营者应当自收到退回商品之日起 7 日内返还消费者支付的商品价款。退回商品的运费由消费者承担；经营者和消费者另有约定的，按照约定。本节案例导入中，商家说法不正确。消费者基于查验需要打开商品包装不影响商品原有品质、功能和外观的，经营者应当予以退货。显然小邱购买的电子秤拆封后只是外包装破损，并没有影响其使用功能，后悔权理应得到支持。

10. 不得从事不公平、不合理的交易

为了保证消费者的公平交易权等权利的实现，经营者在经营活动中使用格式条款的，应当以显著方式提醒消费者注意商品或者服务的数量和质量、价款或者费用、履行期限和方式、安全注意事项和风险警示、售后服务、民事责任等与消费者有重大利害关系的内容，并按照消费者的要求予以说明。

经营者不得以格式条款、通知、声明、店堂告示等方式，作出排除或者限制消费者权利、减轻或者免除经营者责任、加重消费者责任等对消费者不公平、不合理的规定，不得利用格式条款并借助技术手段强制交易。格式条款、通知、声明、店堂告示等含有上述所列内容的，其内容无效。

经营者采取自动展期、自动续费等方式提供服务的，应当在消费者接受服务前和自动展期、自动续费等日期前，以显著方式提请消费者注意。经营者通过搭配、组合等方式提供商品或者服务的，也应当以显著方式提请消费者注意。

11. 尊重消费者的人格尊严

经营者不得对消费者进行侮辱、诽谤，不得搜查消费者的身体及其携带的物品，不得以暴力、胁迫、限制人身自由等方式或者利用技术手段，强制或者变相强制消费者购买商品或者接受服务，或者排除、限制消费者选择其他经营者提供的商品或者服务。

12. 提供商品或者服务的相应信息

采用网络、电视、电话、邮购等方式提供商品或者服务的经营者，以及提供证券、保险、银行等金融服务的经营者，应当向消费者提供经营地址、联系方式、商品或者服务的数量和质量、价款或者费用、履行期限和方式、安全注意事项和风险警示、售后服务、民事责任等信息。

13. 依法收集和使用消费者个人信息

经营者收集、使用消费者个人信息，应当遵循合法、正当、必要的原则，明示收集、使用信息的目的、方式和范围，并经消费者同意。经营者收集、使用消费者个人信息，应当公开其收集、使用规则，不得违反法律法规的规定和双方的约定。《消法条例》特别强调经营者不得过度收集消费者个人信息，不得采用一次概括授权、默认授权等方式，强制或者变相强制消费者同意收集、使用与经营活动无直接关系的个人信息。

经营者及其工作人员对收集的消费者个人信息必须严格保密，不得泄露、出售或者非法向他人提供。经营者应当采取技术措施和其他必要措施，确保信息安全，防止消费者个人信息泄露、丢失。在发生或者可能发生信息泄露、丢失的情况时，应当立即采取补救措施。

未经消费者同意或者请求，或者消费者明确表示拒绝的，经营者不得向其发送商业性信息或者拨打商业性电话。

【案例4.3】某电商网店经营者在社交媒体上称，某地一中学高二3班学生因参加学校运动会集体购买了服装，但运动会结束后该班学生将购买的服装进行了集体退货，导致商家面临二次销售困境，并造成了超过7 000元的经济损失。

请问：该班级学生的做法正确吗？说明理由。

解析：不正确。该班级学生违背了诚实信用原则。考虑到消费者因信息不对称等原因常常身处相对"弱势"地位以及网购陷阱等乱象，我国法律对消费者给予一定的权利和保护有其必要性及合理性。但消费者在行使这些权利时应当遵循诚实信用原则，不得利用无理由退货规则损害经营者和其他消费者的合法权益。

四、消费争议

消费争议又称消费纠纷，是指在消费领域中，消费者与经营者之间因消费者权利义务而发生的争执。

（一）消费争议的解决途径

依据《消法》的规定，消费者和经营者发生消费者权益争议的，可以通过下列途径解决。

（1）与经营者协商和解。在发生消费争议后，消费者与经营者可以通过协商的方式解决。

这种方式直接、简便，能够及时解决纠纷，但不具有强制性。当事人在协商过程中应尊重事实，依据法律提出处理意见，任何一方都不应提出不合理的要求。

（2）请求消费者协会或者依法成立的其他调解组织调解。消费者与经营者在发生消费争议后或者经双方协商仍不能解决争议时，可以请求消费者协会或者依法成立的其他调解组织调解解决。

对侵害众多消费者合法权益的行为，中国消费者协会以及在省、自治区、直辖市设立的消费者协会，可以向人民法院提起诉讼。

（3）向有关行政部门投诉。这里的行政部门主要包括各级人民政府的市场监管、卫生健康等行政管理机关。在发生消费争议后，当事人可向有关行政部门投诉，由有关行政部门出面对双方的纠纷进行处理。有关部门自收到投诉之日起 7 个工作日内，予以处理并告知消费者。对不符合规定的投诉决定不予受理的，应当告知消费者不予受理的理由和其他解决争议的途径。有关行政部门受理投诉后，消费者和经营者同意调解的，有关行政部门应当依据职责及时调解，并在受理之日起 60 日内调解完毕；调解不成的应当终止调解。调解过程中需要鉴定、检测的，鉴定、检测时间不计算在 60 日内。

（4）根据与经营者达成的仲裁协议提请仲裁机构仲裁。消费者与经营者事先订有仲裁协议或发生争议后达成仲裁协议的，可向双方约定的仲裁机构申请仲裁。当事人达成仲裁协议的，不得向人民法院起诉。

（5）向人民法院提起诉讼。当事人之间没有达成仲裁协议或仲裁协议无效的消费争议，无论是否经过协商、投诉、申诉，当事人均可直接向人民法院提起民事诉讼。

（二）求偿对象

消费者购买商品或者接受服务可能发生在不同的场合，经营者的状况也可能多种多样，为了能够准确地确定责任承担者，《消法》针对不同情况作了如下规定。

1. 生产者、销售者、服务者

（1）消费者在购买、使用商品时，其合法权益受到损害的，可以向销售者要求赔偿。销售者赔偿后，属于生产者的责任或者向销售者提供商品的其他销售者的责任的，销售者有权向生产者或者其他销售者追偿。

（2）消费者或者其他受害人因商品缺陷造成人身、财产损害的，可以向销售者要求赔偿，也可以向生产者要求赔偿。属于生产者责任的，销售者赔偿后，有权向生产者追偿。属于销售者责任的，生产者赔偿后，有权向销售者追偿。

（3）消费者在接受服务时，其合法权益受到损害的，可以向服务者要求赔偿。

（4）消费者在展销会、租赁柜台购买商品或者接受服务，其合法权益受到损害的，可以向销售者或者服务者要求赔偿。展销会结束或者柜台租赁期满后，也可以向展销会的举办者、柜台的出租者要求赔偿。展销会的举办者、柜台的出租者赔偿后，有权向销售者或者服务者追偿。

2. 变更后的企业

消费者在购买、使用商品或者接受服务时，其合法权益受到损害，因原企业分立、合并的，可以向变更后承受其权利义务的企业要求赔偿。

3. 营业执照的使用人或持有人

使用他人营业执照的违法经营者提供商品或者服务，损害消费者合法权益的，消费者可以向其要求赔偿，也可以向营业执照的持有人要求赔偿。

4. 利用虚假广告的经营者和广告的经营者、发布者

消费者因经营者利用虚假广告或者其他虚假宣传方式提供商品或者服务，其合法权益受到

损害的，可以向经营者要求赔偿。广告经营者、发布者不能提供经营者的真实名称、地址和有效联系方式的，应当承担赔偿责任。

广告经营者、发布者设计、制作、发布关系消费者生命健康商品或者服务的虚假广告，造成消费者损害的，应当与提供该商品或者服务的经营者承担连带责任。

社会团体或者其他组织、个人在关系消费者生命健康商品或者服务的虚假广告或者其他虚假宣传中向消费者推荐商品或者服务，造成消费者损害的，应当与提供该商品或者服务的经营者承担连带责任。

5. 网络交易平台提供者

消费者通过网络交易平台购买商品或者接受服务，其合法权益受到损害的，可以向销售者或者服务者要求赔偿。网络交易平台提供者不能提供销售者或者服务者的真实名称、地址和有效联系方式的，消费者也可以向网络交易平台提供者要求赔偿。网络交易平台提供者赔偿后，有权向销售者或者服务者追偿。

网络交易平台提供者明知或者应知销售者或者服务者利用其平台侵害消费者合法权益，未采取必要措施的，与该销售者或者服务者承担连带责任。

五、经营者的民事责任

1. 人身伤害的民事责任

经营者提供商品或者服务，造成消费者或者其他受害人人身伤害的，应当赔偿医疗费、护理费、交通费等为治疗和康复支出的合理费用，以及因误工减少的收入。造成残疾的，还应当赔偿残疾生活辅助具费和残疾赔偿金。造成死亡的，还应当赔偿丧葬费和死亡赔偿金。

经营者有侮辱诽谤、搜查身体、侵犯人身自由等侵害消费者或者其他受害人人身权益的行为，造成严重精神损害的，受害人可以要求精神损害赔偿。

经营者明知商品或者服务存在缺陷，仍然向消费者提供，造成消费者或者其他受害人死亡或者健康严重损害的，受害人有权要求经营者依照上述规定赔偿。

经营者侵害消费者的人格尊严、侵犯消费者人身自由或者侵害消费者个人信息依法得到保护的权利的，应当停止侵害、恢复名誉、消除影响、赔礼道歉，并赔偿损失。

2. 财产损害的民事责任

经营者提供商品或者服务，造成消费者财产损害的，应当依照法律规定或者当事人约定承担修理、重作、更换、退货、补足商品数量、退还货款和服务费用或者赔偿损失等民事责任。

3. 以预收款方式提供商品或者服务的民事责任

经营者以预收款方式提供商品或者服务的，应当按照约定提供。未按照约定提供的，应当按照消费者的要求履行约定或者退回预付款，并应当承担预付款的利息、消费者必须支付的合理费用。

依法经有关行政部门认定为不合格的商品，消费者要求退货的，经营者应当负责退货。

4. 惩罚性赔偿责任

经营者提供商品或者服务有欺诈行为的，应当按照消费者的要求增加赔偿其受到的损失，增加赔偿的金额为消费者购买商品的价款或者接受服务的费用的3倍；增加赔偿的金额不足500元的，为500元。法律另有规定的，依照其规定。为避免扰乱市场经济秩序，《消法条例》明确规定商品或者服务的标签标识、说明书、宣传材料等存在不影响商品或者服务质量且不会对消费者造成误导的瑕疵，不适用惩罚性赔偿规定。通过夹带、调包、造假、篡改商品生产日期、捏造事实等方式骗取经营者的赔偿或者对经营者进行敲诈勒索的，则依照《治安管理处罚法》

等有关法律法规处理；构成犯罪的，依法追究刑事责任。

　　经营者明知商品或者服务存在缺陷，仍然向消费者提供，造成消费者或者其他受害人死亡或者健康严重损害的，受害人有权要求所受损失2倍以下的惩罚性赔偿。

　　【案例 4.4】 某靓美设计中心，在营业执照上的经营范围仅写明进行个人形象设计和化妆品销售的情况下，却在马路上、商场里大量招揽顾客宣称可做"去皱纹"等美容项目。该中心在为A女士以4.5万元高价做眼角"去皱纹"后，A女士出现全脸肿胀、脸部严重下垂的情况。A女士向市消协投诉要求该中心赔偿损失，经调查，市消协认定该中心涉嫌超范围经营和欺诈。

　　请问： A女士应得到多少赔偿？

　　解析：《消法》规定，经营者提供商品或者服务有欺诈行为的，应当按照消费者的要求增加赔偿其受到的损失，增加赔偿的金额为消费者购买商品的价款或者接受服务的费用的3倍。本案中，该中心应全部退还消费者支付的4.5万元美容款，还应增加赔偿所付价款的3倍，即13.5万元。

课堂研讨案例

　　惩罚性赔偿是源于英美法系国家的一项民事损害赔偿制度。我国1993年颁布的《消法》首次引入惩罚性赔偿。2013年，修正后的《消法》进一步延续和强化了惩罚性赔偿制度。请在课外以"惩罚性赔偿、经济与法、中央电视台"为关键词，通过网络搜索并观看中央电视台2013年2月6日和7日的《经济与法》栏目《惩罚性赔偿》两期节目。

　　请问：（1）惩罚性赔偿的意义是什么？

　　（2）该案对我国有借鉴意义吗？请举例说明。

第二节　产品质量法

案例导入

　　国庆节期间，余小姐在某商场开展的"让利促销，回报顾客"活动中以打折价购买了一台液晶电视。11月30日，在正常使用中电视突然爆炸，导致余小姐脸部灼伤，花去3 000元医疗费。为此，余小姐多次找商场索赔，但商场认为，该电视是打折产品，由此造成的损害商场不承担任何责任。

　　请问：余小姐是否有权要求商场赔偿？

一、产品与产品质量法

　　产品质量法是调整在生产、流通以及监督过程中，因产品质量发生的各种经济关系的法律关系的总称。在我国，产品质量法有广义和狭义之分。广义的产品质量法是指以产品质量为对象，由不同立法机关制定并具有不同层次效力的法律。狭义的产品质量法特指1993年第七届全国人民代表大会常务委员会通过并于2000年、2009年、2018年修正的《产品质量法》。

　　《产品质量法》调整的对象有两方面：一是产品质量责任关系——这属于生产者、销售者与消费者之间进行商品交易而发生的经济关系；二是产品质量监督管理关系——这属于行政机关执行产品质量管理职能而发生的经济关系。下列物品不适用《产品质量法》：①未经加工的天然物品，如原煤、原油、水等；②初级农产品；③虽经加工、制作，但不用于销售的产品；④建筑工程；⑤专门用于军事的物品；⑥人体的器官及其组织体等。

课堂研讨案例

　　对于出版物、计算机软件等特殊产品，是否也构成产品责任法上的"产品"，各国立法中多无明确规定，但在实践中不乏这样的判例。美国著名的"弗路尔公司诉杰帕逊公司案"，涉及因一张机场仪表线路图，没有标示出一座本地区内最高的小山，结果导致飞机失事造成伤亡的案件。法院判决该机场仪表线路图属于美国《侵权法重述》第四百零二条所指出的"缺陷产品"，其出版商应对因信赖该机场仪表线路图而发生的损害承担严格责任。

请问： 美国法院的观点是否具有说服力？

根据《产品质量法》的规定，产品是指经过加工、制作，用于销售的动产，不包括不动产。产品质量是指产品所具有的符合人们需要的各种特性，包括产品的适用性、安全性、可维修性、可靠性、经济性、卫生性等方面的内容。

《产品质量法》明确规定，国务院市场监督管理部门主管全国产品质量监督工作，国务院有关部门在各自的职责范围内负责产品质量监督工作；县级以上地方市场监督管理部门主管本行政区域内的产品质量监督工作，县级以上地方人民政府有关部门在各自的职责范围内负责产品质量监督工作。

二、生产者、销售者的产品质量责任和义务

1. 生产者的产品质量责任和义务

生产者的产品质量责任和义务主要包括以下几项。

（1）产品质量应当符合要求。生产者应当对其生产的产品质量负责。产品质量应当符合下列要求：①不存在危及人身、财产安全的不合理的危险，有保障人体健康和人身、财产安全的国家标准、行业标准的，应当符合该标准；②具备产品应当具备的使用性能，但对产品存在使用性能的瑕疵作出说明的除外；③符合在产品或者其包装上注明采用的产品标准，符合以产品说明、实物样品等方式表明的质量状况。

（2）产品或者其包装标识符合法定要求。产品或者其包装上的标识必须真实，并符合下列要求：①有产品质量检验合格证明。②有中文标明的产品名称、生产厂厂名和厂址。③根据产品的特点和使用要求，需要标明产品规格、等级、所含主要成分的名称和含量的，用中文相应予以标明；需要事先让消费者知晓的，应当在外包装上标明，或者预先向消费者提供有关资料。④限期使用的产品，应当在显著位置清晰地标明生产日期和安全使用期或者失效日期。⑤使用不当，容易造成产品本身损坏或者可能危及人身、财产安全的产品，应当有警示标志或者中文警示说明。裸装的食品和其他根据产品的特点难以附加标识的裸装产品，可以不附加产品标识。

（3）特殊产品的包装应符合要求。易碎、易燃、易爆、有毒、有腐蚀性、有放射性等危险物品以及储运中不能倒置和其他有特殊要求的产品，其包装质量必须符合相应要求，依照国家有关规定作出警示标志或中文警示说明，标明储运注意事项。

（4）不得违反禁止性规定。生产者生产的产品不得违反法律的禁止性规定，主要包括以下几个方面：①生产者不得生产国家明令淘汰的产品；②生产者不得伪造产地，不得伪造或冒用他人的厂名、厂址；③生产者不得伪造或者冒用认证标志等质量标志；④生产者生产产品，不得掺杂、掺假，不得以假充真、以次充好，不得以不合格产品冒充合格产品。

2. 销售者的产品质量责任和义务

《产品质量法》规定了销售者的产品质量责任和义务，主要包括以下几个方面。

（1）执行进货检查验收制度。销售者应当建立并执行进货检查验收制度，验明产品合格证明和其他标识，以防止假冒伪劣产品进入流通领域，保证从源头上遏制假冒伪劣产品流入市场。该制度为判断和区分生产者和销售者的产品质量责任提供了依据。

（2）采取措施保障产品质量。生产者生产的产品通过销售者销售给消费者，一般要经过一

段时间才会到达消费者手中。在这段时间里销售者应该尽可能地采取措施保障产品的质量，防止产品在经销期间失效、变质。

（3）执行产品质量标识制度。销售者销售的产品的标识应当符合生产者生产的产品或其包装上标识的要求。销售者应严把产品标识关，保证标识符合进货时验收的状态，不得更改、覆盖、涂抹产品标识，以保证产品标识的真实性。

（4）不得违反禁止性的规定。禁止性的规定包括以下几项：①销售者不得销售国家明令淘汰并停止销售的产品和失效、变质的产品；②销售者不得伪造产地，不得伪造或冒用他人的厂名、厂址；③销售者不得伪造或者冒用认证标志等质量标志；④销售者销售产品，不得掺杂、掺假，不得以假充真、以次充好，不得以不合格产品冒充合格产品。

【课堂讨论】某企业生产的皮鞋，其包装上写有产品名称和鞋的型号、颜色，依照《产品质量法》对产品或其包装上标识的要求，还应写明哪些事项？

三、产品质量损害赔偿责任

（一）产品质量损害赔偿责任的概念与构成要件

产品质量损害赔偿责任是指产品的生产者和销售者因违反法律法规规定的质量标准以及合同约定的质量要求，给用户和消费者造成损失依法应当承担的民事赔偿责任。依《产品质量法》的规定，产品质量损害赔偿责任可分为一般产品质量的赔偿责任和缺陷产品的赔偿责任，即产品瑕疵损害责任和产品缺陷损害责任。

产品瑕疵是指产品不具备应有的使用性能，不符合明示采用的产品质量标准，或不符合产品说明、实物样品等方式表明的质量状况。

产品缺陷是指产品存在危及人身、他人财产安全的不合理的危险；产品有保障人体健康和人身、财产安全的国家标准、行业标准的，是指不符合该标准。

产品瑕疵与产品缺陷是两个既有联系又有区别的概念，二者的区别主要表现在以下几方面：①含义不同。产品瑕疵较产品缺陷的含义更广泛，包括产品的适用性、安全性、可靠性、可维修性等各种特征和特性方面的质量问题；而产品缺陷则主要是产品在安全性、可靠性等特性方面存在可能危及人体健康和人身、财产安全的不合理危险。②责任性质不同。产品瑕疵损害责任是合同责任，产品缺陷损害责任是特殊的民事侵权责任。③承担责任的条件不同。产品只要有瑕疵，不论是否造成损害后果，都要承担违约责任。而产品仅存在缺陷，尚未造成损害后果的，则不能构成产品缺陷损害责任。

构成产品缺陷损害责任的条件有以下几点：①产品存在缺陷。②产品缺陷造成了损害。只有产品缺陷给受害人造成了实际损失时，才构成产品缺陷损害责任。③产品缺陷和损害事实之间有因果关系。

【案例 4.5】一日，李女士在家中做饭时高压锅突然爆炸，李女士被炸飞的锅盖击中头部，经抢救无效死亡。后据质量检测专家鉴定，高压锅发生爆炸的直接原因是设计不尽合理，使用时造成排气孔堵塞而发生爆炸。

请问：本案中，涉及的是产品瑕疵损害责任还是产品缺陷损害责任？

解析：产品缺陷损害责任。高压锅存在设计不尽合理的缺陷，存在危及人身、他人财产安全的不合理危险。

（二）销售者应当承担的损害赔偿责任

售出的产品有下列情形之一的，销售者应当负责修理、更换、退货；给购买产品的消费者造成损失的，销售者应当赔偿损失：①不具备产品应当具备的使用性能而事先未作说明的；②不符合在产品或者其包装上注明采用的产品标准的；③不符合以产品说明、实物样品等方式表明的质量状况的。

销售者依照上述规定负责修理、更换、退货、赔偿损失后，属于生产者的责任或者属于向销售者提供产品的其他销售者（以下简称供货者）的责任的，销售者有权向生产者、供货者追偿。

生产者之间，销售者之间，生产者与销售者之间订立的买卖合同、承揽合同有不同约定的，合同当事人按照合同约定执行。

由于销售者的过错使产品存在缺陷，造成人身、他人财产损害的，销售者应当承担赔偿责任。销售者不能指明缺陷产品的生产者，也不能指明缺陷产品的供货者的，销售者应当承担赔偿责任。本节案例导入中，商场是否要对缺陷产品造成他人损害承担赔偿责任，是以商场是否存在过错作为衡量标准的。该商场没有采取有效措施保证彩电的质量，存在过错，应当担责。商场以打折产品作为自己免责的理由，不符合法律规定。

（三）生产者应当承担的损害赔偿责任

因产品存在缺陷造成人身、缺陷产品以外的其他财产（以下简称他人财产）损害的，生产者应当承担赔偿责任。生产者能够证明有下列情形之一的，不承担赔偿责任：①未将产品投入流通的；②产品投入流通时，引起损害的缺陷尚不存在的；③将产品投入流通时的科学技术水平尚不能发现缺陷的存在的。

"未将产品投入流通"是指生产者生产的产品虽然经过了加工制作，但是根本没有投入销售。投入流通是指产品从生产厂家出厂进入流通环节，将产品交付给使用者的过程，包括任何形式的出售、出租、租赁以及抵押、出质、典当等。产品处于生产阶段或者已经生产完毕但没有出厂而是在仓储中，不认为已经投入流通。未投入流通的产品，即使有缺陷并造成了他人损害，生产者也不承担责任。例如工人在生产线或者成品库中夹带出厂的产品，即使有缺陷而造成损害，也不得请求生产者承担损害赔偿责任。"产品投入流通时，引起损害的缺陷尚不存在"，也是产品责任的免责事由，生产者不承担赔偿责任；如果产品在销售环节也不存在缺陷，则销售者也不承担赔偿责任。

（四）求偿的对象、范围、程序、时效

1. 求偿对象

（1）生产者、销售者。因产品存在缺陷造成他人损害的，被侵权人既可以向产品的生产者要求赔偿，也可以向产品的销售者要求赔偿。产品缺陷由生产者造成的，销售者赔偿后，有权向生产者追偿。因销售者的过错使产品存在缺陷的，生产者赔偿后，有权向销售者追偿。本节案例导入中，对因产品质量问题引起的损害，要求予以赔偿，是消费者应有的权利。因此，余小姐有权要求作为销售者的商场赔偿。

因产品缺陷危及他人人身、财产安全的，被侵权人有权请求生产者、销售者承担停止侵害、排除妨碍、消除危险等侵权责任。

（2）运输者、仓储者。因运输者、仓储者等第三人的过错使产品存在缺陷，造成他人损害的，产品的生产者、销售者赔偿后，有权向第三人追偿。

2. 求偿范围

因产品存在缺陷造成被侵权人人身损害的，侵权人应当赔偿医疗费、护理费、交通费、营养费、住院伙食补助费等为治疗和康复支出的合理费用，以及因误工减少的收入；造成残疾的，还应当赔偿辅助器具费和残疾赔偿金；造成死亡的，还应当赔偿丧葬费和死亡赔偿金。

产品投入流通后发现存在缺陷的，生产者、销售者应当及时采取停止销售、警示、召回等补救措施；未及时采取补救措施或者补救措施不力造成损害扩大的，对扩大的损害也应当承担侵权责任。依规定采取召回措施的，生产者、销售者应当负担被侵权人因此支出的必要费用。

明知产品存在缺陷仍然生产、销售，或者没有依据相关规定采取有效补救措施，造成他人死亡或者健康严重损害的，被侵权人有权请求相应的惩罚性赔偿。

3. 求偿程序

因产品质量发生民事纠纷时，当事人可以通过协商或者调解解决。当事人不愿通过协商、调解解决或者协商、调解不成的，可以根据当事人各方的协议向仲裁机构申请仲裁；当事人各方没有达成仲裁协议或者仲裁协议无效的，可以直接向人民法院起诉。

4. 求偿时效

根据《产品质量法》的规定，因产品存在缺陷造成损害要求赔偿的诉讼时效期间为 2 年，自当事人知道或者应当知道其权益受到损害时起计算。这主要是从缺陷产品的特殊性方面来考虑的。

因产品存在缺陷造成损害要求赔偿的请求权，在造成损害的缺陷产品交付最初消费者满 10 年后丧失；但是，尚未超过明示的安全使用期的除外。

第三节　反不正当竞争法

案例导入

甲、乙两旅行社在国内都具有一定知名度。前年，两家旅行社均接待海外游客 20 万人次，经济效益不相上下。去年上半年，甲旅行社以高薪为条件，诱使乙旅行社海外部 15 名员工全部辞职，同时将乙旅行社的业务资料和海外业务单位名单都带入甲旅行社，为此甲旅行社成立了海外旅行二部。今年上半年，甲旅行社的海外游客骤然上升，效益大增，而乙旅行社业务受到极大影响，造成了较大的经济损失。

请问：甲旅行社的行为是否构成不正当竞争？

反不正当竞争法是调整在制止不正当竞争过程中发生的社会关系的法律规范的总称。《反不正当竞争法》于 1993 年制定，并经过 2017 年的修订、2019 年的修正，为鼓励和保护公平竞争，制止不正当竞争行为，保护经营者和消费者的合法权益，促进社会主义市场经济健康发展奠定了扎实的基础。

一、不正当竞争行为及其表现形式

不正当竞争行为是指经营者在生产经营活动中，违反《反不正当竞争法》的规定，扰乱市场竞争秩序，损害其他经营者或者消费者的合法权益的行为。构成不正当竞争行为应当具备以下要件：第一，实施主体主要是经营者及具有特殊地位的非经营者（政府及其所属部门）；第二，主观上故意并实施了不正当的竞争行为；第三，损害了其他经营者或者消费者的合法权益和扰乱了市场竞争秩序。这里的经营者是指从事商品生产、经营或者提供服务的自然人、法人和非法人组织。

不正当竞争行为有以下几种表现形式。

1. 市场混淆行为

市场混淆行为是经营者对其所销售的商品和提供的服务采用假冒或模仿之类的不正当手段，引人误认为是他人商品或者与他人存在特定联系的行为。它主要有以下几种：①擅自使用与他人有一定影响的商品名称、包装、装潢等相同或者近似的标识；②擅自使用他人有一定影响的企业名称（包括简称、字号等）、社会组织名称（包括简称等）、姓名（包括笔名、艺名、译名等）；③擅自使用他人有一定影响的域名主体部分、网站名称、网页等；④其他足以引人误认为是他人商品或者与他人存在特定联系的混淆行为。

2. 虚假宣传行为

虚假宣传行为是指在商业活动中，经营者利用广告或者其他方法对商品或者服务作出与实际内容不相符的虚假信息，导致或足以导致消费者产生误解的行为。经营者应当做到以下几点。

第一，经营者不得对其商品的性能、功能、质量、销售状况、用户评价、曾获荣誉等作虚假或者引人误解的商业宣传，欺骗、误导消费者。

第二，经营者不得通过组织虚假交易等方式，帮助其他经营者进行虚假或者引人误解的商业宣传。

3. 商业贿赂行为

商业贿赂行为是指经营者为争取交易机会，给予交易对方相关人员和能够影响交易的其他相关人员财物或其他好处的行为。

经营者不得采用财物或者其他手段贿赂下列单位或者个人，以谋取交易机会或者竞争优势：①交易相对方的工作人员；②受交易相对方委托办理相关事务的单位或者个人；③利用职权或者影响力影响交易的单位或者个人。

经营者的工作人员进行贿赂的，应当认定为经营者的行为；但是，经营者有证据证明该工作人员的行为与为经营者谋取交易机会或者竞争优势无关的除外。

商业贿赂主要有以下几种表现形式。

（1）折扣。折扣一般是付给对方单位的。经营者在交易活动中，可以以明示方式向交易相对方支付折扣，交易双方都应当对折扣如实入账，否则即构成商业贿赂。

（2）佣金。佣金是指在市场交易活动中，具有独立地位的中间人因为为他人提供服务、介绍、撮合交易或代买、代卖商品而得到的报酬。佣金可以由买方给付，也可以由卖方给付，还可以由双方给付。经营者向中间人支付佣金的，交易双方都应当对佣金如实入账，否则也会构成商业贿赂。

4. 侵犯商业秘密行为

商业秘密是指不为公众所知悉、具有商业价值并经权利人采取相应保密措施的技术信息、经营信息等商业信息。

《反不正当竞争法》规定，禁止以下几种侵犯商业秘密的行为：①以盗窃、贿赂、欺诈、胁迫、电子入侵或者其他不正当手段获取权利人的商业秘密；②披露、使用或者允许他人使用以前项手段获取的权利人的商业秘密；③违反保密义务或者违反权利人有关保守商业秘密的要求，披露、使用或者允许他人使用其所掌握的商业秘密；④教唆、引诱、帮助他人违反保密义务或者违反权利人有关保守商业秘密的要求，获取、披露、使用或者允许他人使用权利人的商业秘密。

第三人明知或者应知商业秘密权利人的员工、前员工或者其他单位、个人实施上述所列违法行为，仍获取、披露、使用或者允许他人使用该商业秘密的，视为侵犯商业秘密。这是指第三人明知或应知转让人获得该商业秘密为不当取得，或未经授权取得后披露、使用或者准许他人使用，仍予以受让或泄露的行为。显然，这里的第三人有侵权的主观恶意。据此，本节案例导入中，甲旅行社利用高薪利诱乙旅行社职员泄露乙旅行社的经营信息，致使乙旅行社业务骤减，造成一定经济损失，已构成不正当竞争，属于侵犯商业秘密的行为。

5. 不正当有奖销售行为

不正当有奖销售是指经营者在销售商品或提供服务时，以提供奖励（包括金钱、实物、附加服务等）为名，实际上采取欺骗或者其他不当手段损害消费者的利益，或者损害其他经营者合法权益的行为。

不正当有奖销售行为的形式主要有：①所设奖的种类、兑奖条件、奖金金额或者奖品等有奖销售信息不明确，影响兑奖；②采用谎称有奖或者故意让内定人员中奖的欺骗方式进行有奖销售；③抽奖式的有奖销售，最高奖的金额超过 5 万元。

【课堂讨论】为什么我国体育彩票和福利彩票最高奖的金额远远超过 5 万元而不禁止？

6. 商业诋毁行为

经营者不得编造、传播虚假信息或者误导性信息，损害竞争对手的商业信誉、商品声誉。

7. 互联网领域不正当竞争行为

经营者不得利用技术手段，通过影响用户选择或者其他方式，实施下列妨碍、破坏其他经营者合法提供的网络产品或者服务正常运行的行为：①未经其他经营者同意，在其合法提供的网络产品或者服务中，插入链接、强制进行目标跳转；②误导、欺骗、强迫用户修改、关闭、卸载其他经营者合法提供的网络产品或者服务；③恶意对其他经营者合法提供的网络产品或者服务实施不兼容；④其他妨碍、破坏其他经营者合法提供的网络产品或者服务正常运行的行为。

【案例 4.6】某啤酒厂在其产品的瓶颈上挂一标签，上印有"获 1900 年柏林国际啤酒博览会金奖"字样和一个带外文的徽章。实际上此奖项和徽章均属子虚乌有。

请问：对这一行为应当如何认定？

解析：该行为构成虚假宣传行为。

二、对不正当竞争行为的监督检查

1. 专门机关的监督检查

在我国，县级以上人民政府市场监督管理部门及法律、行政法规规定的其他部门是对不正当竞争行为进行监督检查的部门。监督检查部门对涉嫌不正当竞争行为进行调查，可以采取下列措施：①进入涉嫌不正当竞争行为的经营场所进行检查；②询问被调查的经营者、利害关系人及其他有关单位、个人，要求其说明有关情况或者提供与被调查行为有关的其他资料；③查询、复制与涉嫌不正当竞争行为有关的协议、账簿、单据、文件、记录、业务函电和其他资料；④查封、扣押与涉嫌不正当竞争行为有关的财物；⑤查询涉嫌不正当竞争行为的经营者的银行账户。

2. 社会监督

社会监督即非国家机关的社会组织和个人进行的监督。社会监督的主体包括经营者、消费者、新闻媒体及行业协会等社会团体，它们可以采取建议、公开批评、举报、舆论监督等方式行使监督权。国家鼓励、支持和保护一切组织和个人对不正当竞争行为进行社会监督。

第四节　反垄断法

🐭 **案例导入**

某区政府召集麦穗啤酒集团的 1 名厂家代表和青云啤酒有限责任公司的 3 名经销商，对该区夜市的啤酒销售权进行招标，最后麦穗啤酒集团以 3 万元竞价成交。随后，该区政府与麦穗啤酒集团签订了《麦穗啤酒经销合同》，双方约定麦穗啤酒集团为该区夜市瓶装及生啤的唯一经销商，该区政府全权负责及保护麦穗啤酒集团产品的展示与经销。另外，合同中还明确了除麦穗啤酒集团以外的任何啤酒产品不得进入夜市，其他啤酒厂家以及经销商不得进入夜市进行促销活动。合同签订后，区政府即通知夜市内的所有经营户，只能经销麦穗啤酒集团的啤酒，不得销售其他品牌的啤酒，否则将采取相应措施。

请问：该区政府的行为是否触犯了《反垄断法》？其行为如何定性？

从经济学角度看，垄断是指唯一的卖者在一个或多个市场，通过一个或多个阶段，独自面对竞争性的消费者。从法学角度看，垄断是市场竞争主体为了排挤其他竞争对手，获取超额利润，以单独或联合的方式，以及有关行政部门为了本地区或本部门的利益而滥用行政权力，阻碍、限制或支配他人的生产经营活动，在一定范围内妨碍了正常的市场竞争，损害他人或社会利益的行为。垄断既包括经济性垄断也包含行政性垄断。

反垄断法是指通过规范垄断和限制竞争行为来调整经营者相互竞争关系的法律规范的总和。《反垄断法》于2007年制定通过，并经过2022年修正完善。《反垄断法》的立法目的是为了预防和制止垄断行为，保护市场公平竞争，鼓励创新，提高经济运行效率，维护消费者利益和社会公共利益，促进社会主义市场经济健康发展。该法包括总则，垄断协议，滥用市场支配地位，经营者集中，滥用行政权力排除、限制竞争，对涉嫌垄断行为的调查，法律责任和附则等部分。

《反垄断法》的调整对象为：①中华人民共和国境内经济活动中的垄断行为；②境外的垄断行为，对境内市场竞争产生排除、限制影响的。

一、垄断协议

垄断协议是指排除、限制竞争的协议、决定或者其他协同行为。垄断协议可分为横向垄断协议与纵向垄断协议。

1. 横向垄断协议

横向垄断协议是指具有竞争关系的经营者之间达成的垄断协议。例如，在生产或者销售过程中处于同一阶段的生产商之间、零售商之间或者批发商之间达成的协议。《反垄断法》明确规定，禁止具有竞争关系的经营者达成下列垄断协议。

（1）固定或者变更商品价格。即经营者之间通过协议、决议或者协同行为，固定或者变更商品价格的行为，这是最为严重的反竞争行为。

（2）限制商品的生产数量或者销售数量。经营者为达到共同的反竞争的目的，于是减少产品或服务的供应量，这必然导致供求不平衡，引起商品价格上升，损害消费者的利益。

（3）分割销售市场或者原材料采购市场。经营者破坏市场流通原则，通过垄断协议将市场上的销售和采购人为地划分成各自的领地。

（4）限制购买新技术、新设备或者限制开发新技术、新产品。经营者通过垄断协议限制对新技术、新设备的购买，或者限制对新技术、新产品的开发，这是减少竞争、破坏竞争机制的行为，同样属于典型的垄断协议。

（5）联合抵制交易。它又称集体拒绝交易，即协议各方联合起来不与其他竞争对手（供应商或销售商）进行交易。

（6）国务院反垄断执法机构认定的其他垄断协议。

2. 纵向垄断协议

纵向垄断协议是指在同一产业中两个或两个以上处于不同经济层次、没有直接竞争关系但是有买卖关系的经营者，通过明示或者默示的方式达成的排除、限制竞争的协议。一般来说，处于前一阶段的经营者被称为"上游经营者"，而处于后一阶段的经营者则被称为"下游经营者"。

《反垄断法》明确规定，禁止经营者与交易相对人达成下列垄断协议。

（1）固定向第三人转售商品的价格。固定转售价格是指上游经营者在向其他经营者提供商品和服务时，强制性地以停止供应为要挟，固定该经营者向第三人转售商品或服务的价格，以达到排除或限制竞争的目的。

（2）限定向第三人转售商品的最低价格。限制转售价格是指上游经营者（如生产商或批发商）在向其他经营者（如批发商或零售商）提供商品和服务时，强制性地以停止供应为要挟，限定该经营者向第三人转售商品或服务的价格，或者限定其他交易条件，以达到排除或限制竞争的目的。

（3）国务院反垄断执法机构认定的其他垄断协议。

对（1）和（2）规定的协议，经营者能够证明其不具有排除、限制竞争效果的，不予禁止。经营者能够证明其在相关市场的市场份额低于国务院反垄断执法机构规定的标准，并符合国务院反垄断执法机构规定的其他条件的，不予禁止。

3. 垄断协议的豁免

在实践中，经营者达成的某些协议虽然具有限制竞争的后果，但整体上有利于技术进步、经济发展和社会公共利益。因此，各国反垄断法又大都规定在一定情况下，对经营者达成的某些协议还是予以豁免。

《反垄断法》也明确规定，经营者能够证明所达成的协议属于下列情形之一的，不属于垄断协议：①为改进技术、研究开发新产品的；②为提高产品质量、降低成本、增进效率，统一产品规格、标准或者实行专业化分工的；③为提高中小经营者经营效率，增强中小经营者竞争力的；④为实现节约能源、保护环境、救灾救助等社会公共利益的；⑤因经济不景气，为缓解销售量严重下降或者生产明显过剩的；⑥为保障对外贸易和对外经济合作中的正当利益的；⑦法律和国务院规定的其他情形。其中，属于第①项至第⑤项情形的，经营者还应当证明所达成的协议不会严重限制相关市场的竞争，并且能够使消费者分享由此产生的利益。

【案例4.7】去年12月，某市的十几家瓷砖厂经过磋商，达成一项协议，决定今年瓷砖的产量在去年的基础上削减30%，并确定了一个最低价格，要求各厂家不得提高产量，压价销售。

请问：该厂家的行为是否违反了《反垄断法》？

解析：违反了《反垄断法》，属于横向垄断协议中的价格垄断协议。

二、滥用市场支配地位

市场支配地位，是指经营者在相关市场内具有能够控制商品价格、数量或者其他交易条件，或者能够阻碍、影响其他经营者进入相关市场能力的市场地位。滥用市场支配地位亦称滥用市场优势地位，是指企业获得一定的市场支配地位以后滥用这种地位，与市场的其他主体进行不公平的交易或者排除竞争对手的行为。

在一个有效竞争的市场中，任何人都不可能对价格进行独立的决策，而当某个企业控制价格等交易条件时，市场竞争机制就可能被损害。因此，确定企业是否拥有市场支配地位是确定滥用行为的前提条件。

1. 市场支配地位的认定

经营者是否具有市场支配地位，《反垄断法》对此提供了一个基本的原则性标准，即认定经营者具有市场支配地位，应当依据下列因素：①该经营者在相关市场的市场份额，以及相关市场的竞争状况；②该经营者控制销售市场或者原材料采购市场的能力；③该经营者的财力和技术条件；④其他经营者对该经营者在交易上的依赖程度；⑤其他经营者进入相关市场的难易程度；⑥与认定该经营者市场支配地位有关的其他因素。

根据《反垄断法》的规定，有下列情形之一的，可以推定经营者具有市场支配地位：①一

个经营者在相关市场的市场份额达到 1/2 的；②两个经营者在相关市场的市场份额合计达到 2/3 的；③三个经营者在相关市场的市场份额合计达到 3/4 的。有第②项、第③项规定的情形，其中有的经营者市场份额不足 1/10 的，不应当推定该经营者具有市场支配地位。被推定具有市场支配地位的经营者，有证据证明不具有市场支配地位的，不应当认定其具有市场支配地位。

2. 滥用市场支配地位的表现形式

滥用市场支配地位主要有下列表现形式：①以不公平的高价销售商品或者以不公平的低价购买商品；②没有正当理由，以低于成本的价格销售商品；③没有正当理由，拒绝与交易相对人进行交易；④没有正当理由，限定交易相对人只能与其进行交易或者只能与其指定的经营者进行交易；⑤没有正当理由搭售商品，或者在交易时附加其他不合理的交易条件；⑥没有正当理由，对条件相同的交易相对人在交易价格等交易条件上实行差别待遇；⑦国务院反垄断执法机构认定的其他滥用市场支配地位的行为。

同时，《反垄断法》规定，具有市场支配地位的经营者不得利用数据和算法、技术以及平台规则等从事上述规定的滥用市场支配地位的行为。

三、经营者集中

经营者集中是指经营者之间合并或者取得对其他经营者的控制权、影响力。如果经营者结合后对竞争的秩序产生了负面效果，如经济力量过度集中，使损害竞争的垄断结构出现，就应受到《反垄断法》的调整。

1. 经营者集中的类型

经营者集中的类型主要有以下几个：①经营者合并；②经营者通过取得股权或者资产的方式取得对其他经营者的控制权；③经营者通过合同等方式取得对其他经营者的控制权或者能够对其他经营者施加决定性影响。

《反垄断法》规定，经营者集中具有或者可能具有排除、限制竞争效果的，国务院反垄断执法机构应作出禁止经营者集中的决定。反垄断执法机构考虑一个并购是否具有排除、限制竞争效果时，应考虑以下因素：参与集中的经营者在相关市场的市场份额及其对市场的控制力；相关市场的市场集中度；经营者集中对市场进入、技术进步的影响；经营者集中对消费者和其他有关经营者的影响；经营者集中对国民经济发展的影响；国务院反垄断执法机构认为应当考虑的影响市场竞争的其他因素。

2. 经营者集中的申报

经营者集中一般是市场经济条件下市场主体的合同自由行为，经营者可以通过公平竞争、自愿联合，依法实施集中，扩大经营规模，提高市场的竞争能力。但由于经营者集中有可能导致排除和限制竞争，所以各国政府都对经营者集中进行政府管制。我国采取事前申报的强制申报制度。

根据《反垄断法》的规定，经营者集中达到国务院规定的申报标准的，应事先进行申报，未申报的不得实施集中。经营者向国务院反垄断执法机构申报集中，并提交相关文件、资料。同时，《反垄断法》规定，具有市场支配地位的经营者不得利用数据和算法、技术以及平台规则等从事上述规定的滥用市场支配地位的行为。

但有些企业并购活动实际上是企业集团的内部交易，对市场竞争不会产生重要影响，因此经营者集中有下列情形之一的，可以不向国务院反垄断执法机构申报：①参与集中的一个经营者拥有其他每个经营者 50% 以上有表决权的股份或者资产的；②参与集中的每个经营者 50% 以上有表决权的股份或者资产被同一个未参与集中的经营者拥有的。

3. 经营者集中的豁免

经营者集中具有或者可能具有排除、限制竞争效果的，国务院反垄断执法机构应当作出禁止性决定时，如果经营者能够证明这一集中对竞争产生的有利影响明显大于不利影响，或者符合社会公共利益的，则国务院反垄断执法机构可以作出对经营者集中不予禁止的决定。这个规定明显是对具有限制竞争影响的经营者集中的豁免。

【课堂讨论】请同学列举一些各自了解到的关于垄断的例子。

四、行政性垄断

行政性垄断是行政机关和法律法规授权的具有管理公共事务职能的组织滥用行政权力，排除或者限制竞争的行为。

（一）行政性垄断的本质

行政性垄断首先也是一种经济垄断，即经济上的、经济领域的、以经济为内容和目的的垄断，而不是以行政权力为目的的垄断。只是这种经济上的垄断实现的原因是行使权力的结果，而不是或主要不是企业所能直接做到的。行政性垄断的实质，是行政权力超出其权限范围而运用于市场关系中，从而实现的行为主体利益的最大化。它是一种追求利益的行为，因此，行政性垄断的本质同样是经济垄断，行政权的介入是垄断力的来源。在既定的相关市场上，行政权力的来源是唯一的，因而行政性垄断主体具有支配性的地位。在限制竞争的效果上，行政性垄断与经济垄断的表现没有区别，即同样是在既定的相关市场上形成的一种垄断状态。

（二）行政性垄断的类型及表现形式

1. 行政性垄断的类型

行政性垄断可以分为以下几类。

（1）地区垄断。这是政府及其职能部门通过违法行政建立市场壁垒的行为。

（2）部门垄断。这是行业管理者为了保护本行业的利益而违法运用行政权力限制竞争的行为。

（3）行政性强制行为。这是指政府不适当干预企业的经营自主权，强制企业购买、出售某种商品或与其他企业合并等违反市场竞争原则的行为。如以拒绝给予行政许可等方式强制他人购买其指定的商品。

2. 行政性垄断的表现形式

根据《反垄断法》的规定，行政性垄断有以下几种表现形式。

（1）行政性强制交易行为。行政机关和法律法规授权的具有管理公共事务职能的组织滥用行政权力，限定或者变相限定单位或者个人经营、购买、使用其指定的经营者提供的商品。本节案例导入中，区政府通知夜市内的所有经营户只能经销麦穗啤酒集团的啤酒，不得销售其他品牌啤酒的行为，违反了《反垄断法》，滥用行政权力，属于行政性强制交易行为。

（2）地区封锁行为。行政机关和法律法规授权的具有管理公共事务职能的组织滥用行政权力，实施下列行为，妨碍商品在地区之间的自由流通：①对外地商品设定歧视性收费项目、实行歧视性收费标准，或者规定歧视性价格；②对外地商品规定与本地同类商品不同的技术要求、检验标准，或者对外地商品采取重复检验、重复认证等歧视性技术措施，限制外地商品进入本地市场；③采取专门针对外地商品的行政许可，限制外地商品进入本地市场；④设置关卡或者采取其他手段，阻碍外地商品进入或者本地商品运出；⑤妨碍商品在地区之间自由流通的其他行为。

（3）排斥或者限制经营者参加招投标。行政机关和法律法规授权的具有管理公共事务职能的组织滥用行政权力，以设定歧视性资质要求、评审标准或者不依法发布信息等方式，排斥或者限制经营者参加招投标以及其他经营活动。

（4）排斥或者限制外地经营者在本地投资。行政机关和法律法规授权的具有管理公共事务职能的组织滥用行政权力，采取与本地经营者不平等待遇等方式，排斥、限制、强制或者变相强制外地经营者在本地投资或者设立分支机构。

（5）强制经营者从事经济性垄断行为。行政机关和法律法规授权的具有管理公共事务职能的组织滥用行政权力，强制或者变相强制经营者从事《反垄断法》规定的垄断行为。如强制经营者达成垄断协议，强制具有市场支配地位的经营者滥用市场支配地位，强制经营者集中。

（6）妨碍经营者进入相关市场或者实行不平等待遇。行政机关和法律法规授权的具有管理公共事务职能的组织滥用行政权力，通过与经营者签订合作协议、备忘录等方式，妨碍其他经营者进入相关市场或者对其他经营者实行不平等待遇，排除、限制竞争。

（7）制定含有排除、竞争内容的规定。行政机关和法律法规授权的具有管理公共事务职能的组织滥用行政权力，制定含有排除、限制竞争内容的规定。

【案例 4.8】 在某省教育厅主办的"工程建设基本技能赛项"省级比赛中，省教育厅规定只能使用本省企业提供的软件作为参赛软件。外省某科技公司认为该省教育厅的做法属于滥用行政权力排除竞争行为，向人民法院提起行政诉讼。

请问： 该省教育厅的行为属于行政垄断吗？

解析： 该省教育厅属行政机关管理公共事务的职能部门，在该竞赛活动中指定使用本省企业的产品，违反了《反垄断法》，滥用行政权力，属于排斥或者限制外地经营者参加招投标的行为。

课后练习与实训

一、判断题

1. 根据《反垄断法》的规定，实施垄断行为的主体只能是企业。 （   ）
2. 事先申报制度规定经营者要得到国务院反垄断执法机构的许可才能实施集中。 （   ）
3. 消费者索要发票等购货凭证或者服务单据的，经营者可以出具。 （   ）
4. 使用不知道是他人用盗窃等非法手段获取的商业秘密的，不视为侵犯商业秘密。 （   ）
5. 《产品质量法》所称的产品是指经过加工、制作的产品。 （   ）

二、单项选择题

1. 属于《产品质量法》规定的产品的是（   ）。
   A. 建设工程　　　　　　　　　　　B. 天然玉石
   C. 建设工程所用的钢材　　　　　　D. 土地

2. 发生消费争议后，当事人向有关行政部门投诉，有关部门自收到投诉之日起（   ）个工作日内予以处理并告知消费者。
   A. 5　　　　　　B. 7　　　　　　C. 10　　　　　　D. 15

3. 根据《反不正当竞争法》的规定，下列各项中，不属于不正当竞争的行为的是（   ）。
   A. 所设奖的种类、奖金金额等有奖销售信息不明确
   B. 故意让内定人员中奖
   C. 抽奖式的有奖销售的奖品为价值 5 000 元的实物

D. 抽奖式的有奖销售，最高奖的金额超过 5 万元

4. 根据《反垄断法》的规定，下列各项中，属于法律禁止的纵向垄断协议的是（ ）。

    A. 限制开发新技术、新产品　　　　　　　B. 限制商品的生产数量或者销售数量

    C. 限制购买新技术、新设备　　　　　　　D. 限定向第三人转售商品的最低价格

5. 消费者在购买商品或接受服务时享有获得质量保障、价格合理和计量正确等公平交易条件的权利。这种权利是指（ ）。

    A. 公平交易权　　　B. 知悉真情权　　　C. 自主选择权　　　D. 监督批评权

三、多项选择题

1. 根据《消法》的规定，消费者因商品缺陷造成人身、财产损害的，可以向（ ）要求赔偿。

    A. 销售者　　　　B. 服务者　　　　C. 生产者　　　　D. 广告经营者

2. 经营者侵害消费者的人格尊严的，应当（ ）并赔偿损失。

    A. 停止侵害　　　B. 恢复名誉　　　C. 消除影响　　　D. 赔礼道歉

3. 因产品存在缺陷造成人身、缺陷产品以外的其他财产损害的，生产者应当承担赔偿责任，但有（ ）情形的，生产者不承担赔偿责任。

    A. 未将产品投入流通的

    B. 产品投入流通时，引起上述损害的缺陷尚不存在

    C. 产品投入流通时尚未发现缺陷存在的

    D. 将产品投放流通时的科学技术水平不能克服该缺陷

4. 《反不正当竞争法》规定的经营者，是指从事商品生产、经营或者提供服务的（ ）。

    A. 自然人　　　　　　　　　　　　　　　B. 国家机关工作人员

    C. 非法人组织　　　　　　　　　　　　　D. 法人

5. 根据《反垄断法》的规定，下列各项中，属于法律禁止的横向垄断协议的有（ ）。

    A. 固定或者变更商品价格的协议

    B. 限制购买新技术、新设备或者限制开发新技术、新产品的协议

    C. 联合抵制交易的协议

    D. 固定向第三人转售商品的价格的协议

四、思考题

1. 我国消费者享有哪些权利？

2. 简述产品瑕疵与产品缺陷的区别。

3. 消费纠纷解决的途径有哪些？

4. 什么是商业秘密？侵犯商业秘密的行为有哪些？

5. 简述滥用市场支配地位垄断行为的类型。

五、实训题

陈先生在某酒店预订了婚宴，并留了电话。可是数日后，婚庆、旅游等公司的电话便接踵而至，陈先生不堪其扰。陈先生记得在婚礼操办过程中，唯一留了手机号码的就是在订酒席环节。于是他找到酒店，但酒店人员告诉他，打电话的婚庆公司都是酒店的合作方，这是酒店为方便新人而免费提供的一项增值服务，新人在这些公司可以享受到相应的折扣优惠。

请问：酒店的做法合法吗？

第五章

工业产权法律制度

【学习目标】

- ◆ 理解工业产权的定义与特征，了解工业产权法与工业产权的国际保护。
- ◆ 了解专利法律制度的概况，了解专利权的主体和客体，熟悉专利侵权的类型。
- ◆ 了解商标的分类，熟悉商标权人的权利和义务以及商标侵权的法律形式。
- ◆ 掌握驰名商标的保护和法律认定。

【素养目标】

深刻领会知识产权战略作为国家战略的重大意义，明确创新驱动发展、保护知识产权对我国国家富强、民族发展的重要战略性意义，激发创新创造热情，提升保护自己知识产权、尊重别人知识产权的意识，为创新型国家建设奉献力量。

【法律链接】

《专利法》《专利法实施细则》《商标法》《商标法实施条例》

第一节　工业产权法概述

案例导入

某德国公司与中国企业洽谈技术合作，合同约定使用一项德国专利（已获得批准并在有效期内），该项技术未在中国和其他国家申请专利。

请问：依照该专利生产的产品如果在中国销售，中国企业是否需要向德国公司支付专利许可使用费？

一、工业产权与工业产权法

1. 工业产权

工业产权是指人们依法对应用于商品生产和流通中的创造发明和显著标记等智力成果，在一定地区和期限内享有的专有权。按照《保护工业产权巴黎公约》的规定，工业产权包括专利（发明、实用新型、外观设计）、商标、服务标记、厂商名称、货源标记、原产地名称以及制止不正当竞争的权利。

工业产权是随着工业生产和商业贸易的发展而发展起来的，是知识产权的重要组成部分，它和著作权统称为知识产权。在我国，工业产权主要是指商标权和专利权。

工业产权作为一种无形财产，具有以下特征。

（1）专有性。工业产权具有排他性和独占性的特点。工业产权由依法取得该项工业产权的单位或者个人专有，非经专有权人同意，任何单位和个人不得使用该项工业产权，否则就构成侵权行为，承担相应的法律责任。

（2）地域性。一项工业产权经过一国的授予，其所有人的专有权只在该国境内有效，如果超出该国的地域，则不发生法律效力。因此，如果专有权的所有者想要就同一项工业产权在他国生效，则必须依法向该国所在机构申请专有权利。因此，案例导入中，中国企业不需要向德国公司支付专利许可使用费。专利权具有地域性，专利许可使用费是由一个国家专利法规定和保护的，该项德国专利没有在中国申请并获得批准，因此依照该专利生产的产品如在中国销售，不受中国法律保护。

（3）时间性。法律对工业产权的保护有一定期限，超出法律所保护的期限，工业产权即丧失其专有性。法律规定保护期限届满，工业产权的专有权即告结束，任何单位或者个人都可以使用而不会侵犯权利人的权利。

2．工业产权法

工业产权法是调整工业产权在申请、确认、保护和使用过程中发生的各种社会关系的法律规范的总称。我国主要的工业产权法律法规包括《专利法》《专利法实施细则》《商标法》《商标法实施条例》等。

二、工业产权的国际保护

随着知识产权侵权呈现国际化的特点，我国还签订了一系列保护工业产权的条约。1984 年 11 月 14 日，第六届全国人民代表大会常务委员会第八次会议决定我国加入《保护工业产权巴黎公约》，自 1985 年 3 月 19 日起该公约对我国生效；我国于 1989 年 7 月申请加入了《商标国际注册马德里协定》，同年 10 月 4 日成为该协定的正式成员；我国在 2001 年加入了世界贸易组织，并签署了《与贸易有关的知识产权协定》。这些都是和工业产权有密切联系的国际法律规定。

我国工业产权相关法律和我国加入的国际条约、签署的相关国际协定，对我国工业产权的发展和保护，促进正当竞争的形成，增强我国工业产权的整体实力，鼓励发明创造，保护专利、商标权利人合法权益等方面都起到了非常重要的作用。

知识拓展

《保护工业产权巴黎公约》的保护范围

在保护范围上，《保护工业产权巴黎公约》对专利、实用新型、外观设计、商标、服务标记、厂商名称、货源标记、原产地名称以及制止不正当竞争等进行保护；对工业产权保护实行国民待遇原则，并确立了优先权制度和强制许可原则；对驰名商标进行全方位保护。

第二节 专 利 法

案例导入

某集团高级工程师夏某执行单位指定的科研任务，完成了一项重大职务发明创造，2019 年 5 月被专利局授予了发明专利 A。2021 年 2 月夏某退休，而后受聘于另一家民营企业。2023 年 1 月，该民营企业完成并申请了发明专利 B，发明人为夏某，此后该民营企业开始投入大量资金生产该发明产品。2024 年 8 月，该民营企业的发明专利 B 初审公告，某集团得知后认为，该民营企业的发明专利 B 是夏某在该集团的本职工作的继续研究，其研究成果属于集团的职务发明。

请问：某集团是否对发明专利 B 拥有专利权？为什么？

专利制度是工业产权法律制度的重要组成部分，近几年，我国对《专利法》进行了修改，以适应不断发展变化的专利市场和专利环境，促进我国专利知识产权的发展。

专利（patent）最先源于英国，是指国王亲自签署的独占权利证书。在现代意义上，专利通常在以下三种含义上使用。第一，专利是专利权的简称。专利权是一种专有权，这种权利具有排他性。第二，专利是指受专利法保护的创造发明，包括发明、实用新型和外观设计专利。第三，专利指记载发明创造内容的专利文献。

专利权是法律赋予公民、法人或者其他组织对其获得专利的发明创造在一定期限内依法享有的专有权利。它是国家专利主管机关授予特定人生产经营其发明创造并禁止他人生产经营其发明创造的某种特权，是对发明创造的排他权。

专利法是指调整确认和保护发明创造专有权和因发明创造的实施而产生的各种社会关系的法律规范的总称。1984 年 3 月 12 日第六届全国人民代表大会常务委员会第四次会议通过了《专利法》。2020 年 10 月 17 日，《专利法》经第 4 次修正，并于 2021 年 6 月 1 日起施行。

一、专利权的主体和客体

（一）专利权的主体

专利权的主体是指依法获得专利权，并承担相应义务的单位和个人。我国专利权的主体包括以下几个。

1. 发明人或设计人

发明人或设计人是指对发明创造的实质性特点作出创造性贡献的人。在完成发明创造过程中，只负责组织工作的人、为物质技术条件的利用提供方便的人或者从事其他辅助工作的人，不是发明人或设计人（非发明人）。发明人或设计人只能是自然人，不能是法人或其他单位。而且，发明人或设计人的认定不受其民事行为能力的限制。

共同发明人或设计人是指两个或两个以上的对同一不可分割的发明或者设计分别作出创造性贡献的人。除另有协议的以外，申请专利的权利属于共同完成的单位或者个人；申请被批准后，申请的单位或者个人为专利权人。

委托发明人或设计人是指接受其他单位或者个人委托完成发明创造的人。受委托完成的发明创造，如果申请专利的权利在委托合同中没有约定或者约定不明确，则申请专利的权利属于完成专利的单位或者个人；如果双方在委托合同中已明确约定申请专利的权利归属，则依约定履行。

2. 职务发明专利主体

执行本单位的任务或者主要是利用本单位的物质技术条件所完成的发明创造为职务发明创造。职务发明创造申请专利的权利属于该单位，申请被批准后，该单位为专利权人。该单位可以依法处置其职务发明创造申请专利的权利和专利权，促进相关发明创造的实施和运用。

知识拓展

职务发明创造的分类

职务发明创造可分为两类。一类是执行本单位任务所完成的发明创造。包括下列三种情况：①发明人在本职工作中完成的发明创造；②履行本单位交付的与本职工作无关的任务时所完成的发明创造；③退职、退休或者调动工作后 1 年内作出的，与其在原单位承担的本职工作或者单位分配的任务有关的发明创造。另一类是主要利用本单位的物质条件（包括资金、设备、零部件、原材料或者不向外公开的技术资料等）完成的发明创造；如果仅是少量利用了本单位的物质技术条件，且这种物质技术条件的利用对发明创造的完成无关紧要，则不能因此认定是职务发明创造。

本节案例导入中，某集团的职务发明创造的主张不能成立。夏某没有再利用该集团的物质条件，并且职务发明的条件包括退职、退休或者调动工作后 1 年内作出的，与其在原单位承担的本职工作或者单位分配的任务有关的发明创造；但夏某离开该集团已超过 1 年的时间，故该发明不属于该集团的职务发明。

3. 合法继受人

合法继受人是指从原始专利申请人处取得专利申请权和专利权的单位或个人。一般情况下，专利申请权和专利权会因为继承或者转让等而取得。

4. 外国人

在中国没有经常居所或者营业所的外国人、外国企业或者外国其他组织可以在中国申请专利和办理其他专利事务，成为专利权的主体。

【案例 5.1】公司甲与发明人乙订立了一份技术开发协议，约定由乙为甲开发完成一项电冰箱温控装置技术，由甲为乙提供技术开发资金、设备、资料等，并支付报酬。在约定的时间内乙完成了合同约定的任务，并按约定将全部技术资料和权利交给了甲。此外，乙在完成开发任务的过程中还开发出了一项附属技术 T，并以自己的名义就技术 T 申请了专利。甲知道此事后，认为技术 T 的专利申请权应归甲所有。因此，甲、乙双方就技术 T 的专利申请权归属发生了争议。

请问：技术 T 的专利申请权应该归谁所有？该纠纷可通过哪些途径解决？

解析：技术 T 的专利申请权应当归乙所有。其理由是：技术 T 不是甲、乙所签订之技术开发协议约定的开发技术，故技术 T 是一项非职务发明技术。根据《专利法》的规定，技术 T 的专利申请权应当归完成该技术的发明人所有。该纠纷可以通过以下四种途径解决：①由甲、乙双方协商解决；②由甲、乙双方签订仲裁协议，通过仲裁解决；③请求专利管理机关处理；④向人民法院起诉，通过诉讼解决。

（二）专利权的客体

专利权的客体是指专利法保护的对象，即依法可以取得专利权的发明创造，包括发明、实用新型、外观设计等三种形式。

（1）发明。发明是指对产品、方法或者其改进所提出的新的技术方案，其可分为产品发明、方法发明两种类型。

（2）实用新型。实用新型是指对产品的形状、构造或者其结合所提出的适于实用的新的技术方案。申请实用新型专利的客体必须是产品，作为实用新型对象的产品还必须具有实用性，即能够在生产中运用，一旦实施，能够取得某种技术的、社会的或经济的效果。

（3）外观设计。外观设计是指对产品的整体或者局部的形状、图案或者其结合以及色彩与形状、图案的结合所作出的富有美感并适于工业应用的新设计。外观设计必须以产品为依托，离开了具体的产品就无所谓外观设计。另外，外观设计还必须适于工业应用，即可以通过工业手段大量复制。

二、授予专利权的条件

《专利法》规定，发明和实用新型专利应该具有新颖性、创造性和实用性的特点。

（1）新颖性。新颖性是指该发明或者实用新型不属于现有技术，也没有任何单位或者个人就同样的发明或者实用新型在申请日以前向国务院专利行政部门提出过申请，并记载在申请日以后（含申请日）公布的专利申请文件或者公告的专利文件中。从各国的立法可以看出，判断新颖性是以已经公开的现有技术为标准的。现有技术也称已有技术或技术水平，是指在申请日之前已经公知公用的技术的总和。

但是对于专利的新颖性也有例外的规定。根据《专利法》的规定，申请专利的发明创造在申请日以前 6 个月内有下列情形之一的，不丧失新颖性：①在国家出现紧急状态或者非常情况时，为公共利益目的首次公开的；②在中国政府主办或者承认的国际展览会上首次展出的；③在规定的学术会议或者技术会议上首次发表的；④他人未经申请人同意而泄露其内容的。

【课堂讨论】判断新颖性的原则和标准是什么？

【知识拓展】
申请专利要点

（2）创造性。创造性是指专利申请同申请提交日前的现有技术相比，该发明具有突出的实质性特点和显著的进步，该实用新型有实质性特点和进步。所谓"实质性特点"是指与现有技术相比，有本质上的差异，有质的飞跃和突破，而且申请的这种技术上的变化和突破对本领域的普通技术人员来说并非显而易见。所谓"同现有技术相比有进步"，是指该发明或实用新型比现有技术有技术优点或有明显的技术优点。

（3）实用性。实用性是指该发明或者实用新型能够制造或者使用，并且能够产生积极的效果。也就是说发明或者实用新型专利，应该能够在工业上反复制造使用，并带来积极的经济效益和社会效益。

对于外观设计专利，授予外观设计专利权的条件是要求应当同申请日以前在国内外出版物上公开发表过或者国内公开使用过的外观设计不相同和不近似，并不得与他人在先取得的合法权利相冲突。这是授予外观设计专利权的实质性条件。

【案例5.2】经过多年研究，李某配制出一种抗猪瘟的液态物质，并命名为"猪瘟净"。李某与某生物制品厂签订了一份技术开发合同。合同规定，由该制品厂提供全部资金和场所，李某提供技术和药物制品，共同开发"猪瘟净"系列防治猪瘟的药品。实验分三批进行，第一批实验结果有效率为 80%，但第二批和第三批的有效率只有 10%～20%。

请问：（1）"猪瘟净"能否获得发明专利？

（2）"猪瘟净"能否申请为实用新型？

解析：（1）不能获得发明专利。发明专利要求发明具有实用性，即该发明能够制造或者使用，并且能够产生积极效果，而"猪瘟净"的性能不稳定，缺乏显著而稳定的疗效，不具有实用性。

（2）不能申请为实用新型。实用新型必须针对有形产品，没有确定形状的产品是被排除在实用新型之外的。"猪瘟净"是一种液态物质，无固定形状可言，因而不能授予实用新型专利。

此外，根据《专利法》的规定，下列事项不授予专利权：①科学发现（由于科学发现本身不是专利法意义上的发明，因此法律不授予其专利权）。②智力活动的规则和方法。③疾病的诊断和治疗方法[对于诊断和治疗疾病而发明的各种仪器设备（药片）是可以被授予专利权的]。④动物和植物品种（但动植物的生产方法可以获得专利权；另外，对于植物新品种可以采用专利法以外的方式予以保护）。⑤原子核变换方法以及用原子核变换方法获得的物质。⑥对平面印刷品的图案、色彩或者二者的结合作出的主要起标识作用的设计。⑦对违反法律、社会公德或者妨碍社会公共利益的发明创造。⑧对违反法律、行政法规的规定获取或者利用遗传资源，并依赖该遗传资源完成的发明创造。

课堂研讨案例

有人申请一项发明专利，他主张发明的核心内容是：给轮船一个驱动力，使之启动，产生波浪。波浪通过该发明人发明的一种设备可以发电，产生的电能一方面可使轮船继续前进，另一方面又可供轮船上使用，如照明等。这样轮船可不停地行驶，电能也可源源不断地产生。

请问：这样的发明能否被批准为专利？为什么？

三、专利权人的权利和义务

专利权人的权利主要包括以下几项。

（1）独占实施权。即专利权人享有制造、使用、销售、许诺销售和进口其专利产品或者使用其专利方法的专有权利。

（2）实施许可权。专利权人有权许可他人实施其专利并收取相关使用费。专利实施许可分为独占实施许可、排他实施许可、普通实施许可和交叉许可几种。任何单位或者个人实施他人专利时，都应当与专利权人订立实施许可合同，向专利权人支付专利许可使用费。被许可人无权允许合同规定以外的任何单位或者个人实施该专利。

（3）转让权。专利权人可以将其专利有偿转让给他人。中国单位或者个人向外国人转让专利申请权或者专利权的，必须经国家有关主管部门批准。转让专利申请权或者专利权的，当事人必须订立书面合同，经专利局登记和公告后生效。

（4）标示权。专利权人享有在其专利产品或者该产品的包装上标明专利标记和专利号的权利。

专利权人的义务主要包括以下两项。

（1）缴纳年费的义务。专利权人应当自被授予专利权的当年开始缴纳年费。逾期不缴纳年费的，专利权即告终止。

（2）实施发明的义务。专利权人获得专利后，应该积极主动地实施专利技术，以促进科学技术的进步。

四、专利权的申请、审查和批准

发明创造人要使其发明创造受到专利保护，必须依照《专利法》的规定向国务院专利行政部门提出专利申请，国务院专利行政部门才能授予其专利权。

1. 专利申请的原则

专利申请的原则是专利申请人及专利行政部门在专利申请过程中必须坚持的准则。

（1）申请在先原则。当两个或两个以上的单位或者个人就同一发明创造分别提出专利申请时，专利权授予最先提出专利申请的申请人。如果两个以上的申请人同日分别就同样的发明创造申请专利，则应当在收到国务院专利行政部门的通知后自行协商，确定申请人。

（2）单一性原则。《专利法》是以专利权人对其发明创造专利享有独占权为基本原则的，也即"一发明一专利"原则。一份专利申请只能包含一项发明创造。

2. 专利申请需要提交的文件

申请发明或者实用新型专利应当提交以下文件。

（1）请求书。请求书是专利申请人向国务院专利行政部门提交的请求，是申请对其发明或实用新型授予专利权的书面文件。请求书应当写明发明或者实用新型的名称，发明人的姓名，申请人的姓名或者名称、地址以及其他事项。

（2）说明书。说明书是用来对发明或者实用新型进行阐述的书面文件，它应当对发明或者实用新型作出清楚、完整的说明，以所属技术领域的技术人员能够实现为准；必要的时候，应当有附图。

（3）摘要。摘要是发明或者实用新型说明书内容的提要，它应当简要说明发明或者实用新型的技术要点。

（4）权利要求书。权利要求书是申请人要求专利保护的权利范围的书面文件。权利要求书应当以说明书为依据，清楚、简要地限定要求专利保护的范围。

3. 专利的审查和批准

专利申请人向国务院专利行政部门提交专利申请文件后，国务院专利行政部门将依照法律的规定进行审查。对于审查批准的专利申请授予专利权，不符合法律规定的，驳回申请。

我国对发明专利、实用新型与外观设计专利分别规定了以下不同的审查程序。发明专利采用了延迟审查制，即申请人提出专利申请后，国务院专利行政部门先进行形式审查，并在一定期限内公开，申请人必须在一定期限内请求实质审查，最后进行授权。发明专利的审批要经过初步审查、早期公开、实质审查等程序，最后授予专利权。

对于实用新型和外观设计专利我国采用登记制。实用新型和外观设计经过初步审查，认为符合《专利法》规定的，即作出授权决定，发给专利证书，同时予以登记和公告。

五、专利权的保护期限、终止和无效宣告

1. 专利权的保护期限

专利权的保护期限是指专利权人在取得专利后，《专利法》授予发明人对其专利的使用期限。按照《专利法》的规定，发明专利权的期限为20年，实用新型专利权的期限为10年，外观设计专利权的期限为15年，均自申请日起计算。

自发明专利申请日起满4年，且自实质审查请求之日起满3年后授予发明专利权的，国务院专利行政部门应专利权人的请求，就发明专利在授权过程中的不合理延迟给予专利权期限补偿，但由申请人引起的不合理延迟除外。

2. 专利权的终止

专利权终止是指专利权因某种法律事实的发生而导致其效力消灭的情形。专利权的终止有以下两种情形。

（1）因保护期限届满而终止。专利保护期限届满，专利权自然终止。

（2）专利权在保护期限届满前终止。包括以下两种情形：①在专利权保护期限届满前，专利权人以书面形式向国务院专利行政部门声明放弃专利权。《专利法》规定，专利权人以书面声明放弃其专利权的，专利权在期限届满前终止。②在专利权的保护期限内，专利权人没有按照法律的规定缴纳年费。《专利法》规定，没有按照规定缴纳年费的，专利权在期限届满前终止。专利权在期限届满前终止的，由国务院专利行政部门在专利登记簿和专利公报上登记和公告。专利权终止日应为上一年度期满日。

3. 专利权的无效宣告

专利权的无效宣告是指自国务院专利行政部门公告授予专利权之日起，任何单位或个人认为该专利权的授予不符合《专利法》规定条件的，可以请求国务院专利行政部门宣告该专利权无效。国务院专利行政部门对宣告专利权无效的请求应当及时审查和作出决定，并通知请求人和专利权人。宣告专利权无效的决定，由国务院专利行政部门登记和公告。对国务院专利行政部门宣告专利权无效或者维持专利权的决定不服的，可以自收到通知之日起3个月内向人民法院起诉。人民法院应当通知无效宣告请求程序的对方当事人作为第三人参加诉讼。

六、专利实施的强制许可

所谓专利实施的强制许可是指并非出于专利权人自愿，而是国务院专利行政部门根据法律

规定，强制专利权人许可他人实施发明或实用新型专利的一种法律制度。《专利法》规定了三种强制许可方式：一般强制许可、特殊强制许可、交叉强制许可。

（1）一般强制许可，是指具备实施条件的单位以合理的条件请求发明或实用新型专利权人许可实施其专利，而未能在合理的时间内获得这种许可时，国务院专利行政部门根据该单位的申请，给予该发明专利或者实用新型专利的强制许可。

适用一般强制许可的情形主要包括以下几种：①专利权人自专利权被授予之日起满 3 年，且自提出专利申请之日起满 4 年，无正当理由未实施或者未充分实施其专利的；②专利权人行使专利权的行为被依法认定为垄断行为，为消除或者减少该行为对竞争产生的不利影响的。

（2）特殊强制许可，是指为了国家和社会公共利益，国务院专利行政部门有权对专利权人的专利给予强制许可使用。特殊强制许可主要包括：①国家出现紧急状态或者非常情况，或者为了公共利益目的的强制许可；②为了公共健康目的，针对药品类专利权的强制许可；③半导体技术的强制许可。

（3）交叉强制许可，是指一项取得专利权的发明或实用新型比前已经取得专利权的发明或实用新型具有显著经济意义的重大技术进步，其实施又依赖于前一发明或实用新型的实施的，国务院专利行政部门根据后一专利权人的申请，可以给予实施前一发明或实用新型的强制许可。在给予后一专利权人实施强制许可的情形下，国务院专利行政部门根据前一专利权人的申请，也可以给予实施后一发明或实用新型的强制许可。

给予实施强制许可的决定，应当根据强制许可的理由规定实施的范围和时间。强制许可的理由消除并不再发生时，国务院专利行政部门应当根据专利权人的请求，经审查后作出终止实施强制许可的决定。取得实施强制许可的单位或者个人应当付给专利权人合理的使用费。

专利权人对国务院专利行政部门关于实施强制许可的决定不服的，专利权人和取得实施强制许可的单位或者个人对国务院专利行政部门关于实施强制许可的使用费的裁决不服的，可以自收到通知之日起 3 个月内向人民法院起诉。

七、专利权的保护

专利的实施是有保护期限的。若超出了专利的保护期限，专利就会进入公有领域，不再为专利权人专有，因此必须在专利有效期间对专利进行相关的法律保护，以实现专利的价值，维护专利权人的权利。

1. 专利权保护的范围

发明或者实用新型专利权的保护范围以其权利要求的内容为准，说明书及附图可以用于解释权利要求的内容。外观设计专利权的保护范围以表示在图片或者照片中的该产品的外观设计为准，简要说明可以用于解释图片或者照片所表示的该产品的外观设计。

2. 专利侵权行为的类型

专利侵权是指未经专利权人许可，以生产经营为目的，实施了依法受保护的有效专利的违法行为。

专利侵权行为包括直接侵权行为和间接侵权行为。直接侵权行为主要包括：制造发明、实用新型、外观设计专利产品的行为；使用发明、实用新型专利产品的行为；许诺销售发明、实用新型专利产品的行为；销售发明、实用新型或外观设计专利产品的行为；进口发明、实用新型、外观设计专利产品的行为；使用专利方法以及使用、许诺销售、销售、进口依照

实案广角
专利侵权案例

该专利方法直接获得的产品的行为等。

间接侵权行为是指行为人本身的行为并不直接构成对专利权的侵害，但实施了诱导、怂恿、教唆、帮助他人侵害专利权的行为，如行为人未经专利权人许可擅自转让专利技术等。

【案例 5.3】东风机械厂于 2008 年 8 月 12 日取得"烧结机多辊布料器"实用新型专利权，2009 年 3 月，该专利专利权人变更为大冶机械厂。2009 年 1 月金都冶金机械厂未经许可，开始生产、销售烧结机多辊布料器产品，在其产品宣传材料中使用原告的专利号，并变造专利证书欺骗客户，获取了巨额利益。2011 年，东风机械厂、大冶机械厂认为金都冶金机械厂侵犯了其专利权，共同向人民法院提起诉讼。

请问：金都冶金机械厂是否构成了侵权？其行为的性质及法律后果如何？

解析：构成侵权。东风机械厂、大冶机械厂分别是"烧结机多辊布料器"实用新型专利的原专利权人和现专利权人，金都冶金机械厂侵犯了东风机械厂、大冶机械厂的专利权，金都冶金机械厂应停止侵权行为，赔偿经济损失。

3. 专利侵权行为的例外

除侵权行为的认定外，《专利法》还规定有下列情形之一的，不视为侵犯专利权。

（1）专利产品或者依照专利方法直接获得的产品，由专利权人或者经其许可的单位、个人售出后，使用、许诺销售、销售、进口该产品的。

（2）在专利申请日前已经制造相同产品、使用相同方法或者已经作好制造、使用的必要准备，并且仅在原有范围内继续制造、使用的。

（3）临时通过中国领陆、领水、领空的外国运输工具，依照其所属国同中国签订的协议或者共同参加的国际条约，或者依照互惠原则，为运输工具自身需要而在其装置和设备中使用有关专利的。

（4）专为科学研究和实验而使用有关专利的。

（5）为提供行政审批所需要的信息，制造、使用、进口专利药品或者专利医疗器械的，以及专门为其制造、进口专利药品或者专利医疗器械的。

4. 专利侵权纠纷的解决途径

未经专利权人许可，实施其专利，即侵犯其专利权，引起纠纷的，由当事人协商解决；不愿协商或者协商不成的，专利权人或者利害关系人可以向人民法院起诉，也可以请求管理专利工作的部门处理。管理专利工作的部门处理时，认定侵权行为成立的，可以责令侵权人立即停止侵权行为，当事人不服的，可以自收到处理通知之日起 15 日内依照《行政诉讼法》向人民法院起诉；侵权人期满不起诉又不停止侵权行为的，管理专利工作的部门可以申请人民法院强制执行。进行处理的管理专利工作的部门应当事人的请求，可以就侵犯专利权的赔偿数额进行调解；调解不成的，当事人可以依照《民事诉讼法》向人民法院起诉。

5. 侵犯专利权的法律责任

行为人应该对其实施的专利侵权行为承担相应的法律后果。专利侵权行为的法律责任主要有以下几个方面。

（1）假冒专利的，除依法承担民事责任外，由负责专利执法的部门责令改正并予公告，没收违法所得，可以处违法所得 5 倍以下的罚款；没有违法所得或者违法所得在 5 万元以下的，可以处 25 万元以下的罚款；构成犯罪的，依法追究刑事责任。

（2）违反《专利法》相关规定向外国申请专利，泄露国家秘密的，由所在单位或者上级主管机关给予行政处分；构成犯罪的，依法追究刑事责任。

（3）管理专利工作的部门不得参与向社会推荐专利产品等经营活动。管理专利工作的部门违反"不得参与向社会推荐专利产品等经营活动"规定的，由其上级机关或者监察机关责令改正，消除影响，有违法收入的予以没收；情节严重的，对直接负责的主管人员和其他直接责任人员依法给予处分。

（4）从事专利管理工作的国家机关工作人员以及其他有关国家机关工作人员玩忽职守、滥用职权、徇私舞弊，构成犯罪的，依法追究刑事责任；尚不构成犯罪的，依法给予处分。

第三节 商 标 法

案例导入

甲公司是一家专门生产功能型饮料的企业。某年该公司推出了一种新型饮料，该饮料以其口感清爽、容器奇特而深受广大消费者喜爱。为了防止其产品被他人随意仿冒，五年后甲公司以该饮料容器的立体造型作为饮料的商标，向商标局提出商标注册申请。

请问：甲公司的饮料瓶是否属于《商标法》所规定的商标？

商标法是确认商标专用权，规定商标注册、使用、转让、保护和管理的法律规范的总称。《商标法》于 1983 年实施，并经过 1993 年、2001 年和 2013 年、2019 年四次修正，主要内容包括商标注册的申请，商标注册的审查和核准，注册商标的续展、变更、转让和使用许可，注册商标的无效宣告，商标使用的管理，注册商标专用权的保护等。

一、商标概述

商标是将文字、图形、字母、数字、三维标志、颜色组合和声音等，以及上述要素的组合，用于商品或服务上，用以将商标所有者生产或经营的商品和服务与他人生产或经营的商品和服务区别开来的显著标记。

（一）商标的特征

商标是企业宣传自己商品，向社会传递经济信息的媒介。商标具有以下特征。

（1）商标具有显著性。商标应该能够起到区别商品和服务的作用。商标的可识别性是商标的最基本功能。如果商品生产者的商标不能和其他商品生产者的商品相区别，就起不到识别的效果。因此，为了彰显商品的特征，要求商标必须具有显著的特点。

（2）商标具有独占性。使用商标的目的是为了区别于他人的商品来源或服务项目，便于消费者识别。所以，注册商标所有人对其商标具有专用权、独占权，未经注册商标所有人许可，他人不得擅自使用；否则，即构成侵犯注册商标所有人的商标权，违反我国商标法律规定。

（3）商标具有价值性。商标必须依附于商品才能体现其价值性。商标的价值来源于商品的价值。商品是商标价值的直接体现。商标所有人在生产产品和提供服务的过程中，通过商品使商标具有了价值性。因此，商标可以有偿转让。

课堂研讨案例

某文具厂为一款毛笔，向商标局提出注册申请，商标图形为加空心装饰的 B 字。商标局审查后认为：以加空心装饰的 B 字作商标，尽管有所装饰，但仍然是一个 B 字，并未构成独具特色的图形，缺乏显著特征，决定对文具厂的申请予以驳回。

请问：商标局能否审定文具厂的 B 字商标？为什么？

（二）商标的分类

根据不同的分类标准，商标可以分为以下五类。

（1）平面商标、立体商标和声音商标。平面商标是指以文字、图形或者文字、图形组合而成的标志。平面商标是一种最基本的商标形态，如柯达、联想等。平面商标也可以是图形，现在大多数的商标都实行文字和图形的组合。立体商标是指将立体标志、商品整体外形或商品的实体包装物以立体形象呈现的商标，如麦当劳的"M"标志。声音商标是一种利用显著的声音标识来区别商品和服务的商标类型，如英特尔开机声音、美国米高梅电影公司在电影播放时出现的狮吼声等。

（2）注册商标和未注册商标。注册商标是商标申请人依照《商标法》的规定，经过主管机关审查批准注册的商标。注册商标是商标法保护的对象，其所有人享有商标专用权。未注册商标是商标申请人没有申请注册或者没有被核准注册的商标。未注册的商标可以自行在市场上使用，但其使用人不享有商标专用权，不能受到商标法的专有保护。

（3）商品商标和服务商标。商品商标是在商品上使用的用以区别其他有形商品的标记，如"旺旺""娃哈哈"等。服务商标是指提供服务的经营者为将自己提供的服务与他人提供的服务相区别而使用的标志。

（4）集体商标和证明商标。集体商标是指以工商业团体、协会或者其他组织名义注册，供该组织成员在商事活动中使用，以表明使用者在该组织中的成员资格的标志，如"沙县小吃""山西陈醋"等。证明商标是指由对某种商品或者服务具有监督能力的组织所控制，而由该组织以外的单位或者个人使用于其商品或者服务，用以证明该商品或者服务的原产地、原料、制造方法、质量或者其他特定品质的标志，如"纯羊毛标志"等。

（5）防御商标和联合商标。防御商标是指较为知名的商标所有人在该注册商标核定使用的商品与服务或类似商品与服务以外的其他不同类别的商品或服务上注册的若干相同商标，以防止他人在这些类别的商品或服务上注册使用相同的商标。原商标为主商标，其余为防御商标。联合商标一般是指同一商标所有人在同一种或类似商品上注册的若干近似商标。这些商标中首先注册的或者主要使用的为主商标，其余的则为联合商标，如"大白兔"同时注册了"小白兔""大花兔""大灰兔""白兔"等。

【案例5.4】2015年某县新开发的甲旅游景区欲对外开放，该景区中有一处景点被命名为"禁城"。而在1996年，故宫博物院已向商标局申请注册"故宫"及"紫禁城""禁城"，商标局于1997年核准其注册，并向故宫博物院颁发了商标注册证。自此，上述字眼作为服务商标依法属故宫博物院所专有。

请问：（1）"故宫"及"紫禁城""禁城"是什么商标？
（2）甲旅游景区是否还可以使用"禁城"两个字作为景点的名称？
（3）若某独资企业将"禁城"作为商标，是否可以在其生产的旅游产品上使用？为什么？

解析：（1）属于联合商标、文字商标、服务商标。
（2）不可以。故宫博物院及甲旅游景区同属旅游类，已注册商标不能使用在同类产品或服务上。
（3）可以。旅游景区与旅游产品不属于同一类产品，而注册商标只限制不能使用在同类产品或服务上，所以故宫博物院的已注册商标不对旅游产品进行限制。

（三）商标的构成要件

商标必须符合一定的构成要件，才能为《商标法》所认可。商标的构成要件如下。

1. 商标应具有显著性

我国商标使用的文字、图形或者其组合应具有显著特征，以便于识别。从外观上来说，要求构成商标的符号本身应该便于识别，能够引起消费者的注意。同时，商标的显著性应该体现在通过这种符号达到区别其他商品和服务、证明商品来源的目的。为此，《商标法》明确规定下列标志不得作为商标注册：①仅有本商品的通用名称、图形、型号的；②仅直接表示商品的质量、主要原料、功能、用途、重量、数量及其他特点的；③其他缺乏显著特征的。当然，上述所列标志经过使用取得显著特征，并便于识别的，可以作为商标注册。

【案例 5.5】甲食品厂以生产土豆片、锅巴等小食品为主。为了宣传自己的商品，甲食品厂决定提出"香脆"商标注册申请，使用商品为土豆片、锅巴。

请问：该商标注册申请能否被核准？为什么？

解析：不能获得核准。根据《商标法》的规定，仅直接表示商品的质量、主要原料、功能、用途、重量、数量及其他特点的标志，不得作为商标注册。而"香脆"二字直接说明了土豆片、锅巴的特点，故原则上不得作为商标注册。

2. 商标必须具有可视听性

《商标法》规定，商标可以包括文字、图形、字母、数字、三维标志、颜色组合和声音等，以及上述要素的组合。因此，类似"气味商标"在我国不能申请为注册商标。本节案例导入中，甲公司为其饮料容器的立体造型申请的立体商标，符合《商标法》对立体商标的保护要求，可以成为《商标法》保护的对象。

【课堂讨论】某美妆博主的口头禅"OMG，买它！买它！"能否注册声音商标？

3. 商标不能违反法律的禁止性规定

《商标法》明确规定下列标志不得作为商标使用：①同中华人民共和国的国家名称、国旗、国徽、国歌、军旗、军徽、军歌、勋章等相同或者近似的，以及同中央国家机关的名称、标志，所在地特定地点的名称或者标志性建筑物的名称、图形相同的；②同外国的国家名称、国旗、国徽、军旗等相同或者近似的，但经该国政府同意的除外；③同政府间国际组织的名称、旗帜、徽记等相同或者近似的，但经该组织同意或者不易误导公众的除外；④与表明实施控制、予以保证的官方标志、检验印记相同或者近似的，但经授权的除外；⑤同"红十字""红新月"的名称、标志相同或者近似的；⑥带有民族歧视性的；⑦带有欺骗性，容易使公众对商品的质量等特点或产地产生误认的；⑧有害于社会主义道德风尚或者有其他不良影响的。

县级以上行政区划的地名或者公众知晓的外国地名，不得作为商标。但是，地名具有其他含义或者作为集体商标、证明商标组成部分的除外；已经注册的使用地名的商标继续有效。

二、商标的注册申请

自然人、法人或者其他组织对其生产、制造、加工、拣选或经销的商品或者提供的服务需要取得商标专用权的，应当依法向商标局提出商标注册申请。

1. 商标注册的原则

商标注册的原则是商标注册申请人和商标行政管理部门对商标注册受理并最终确认商标权归属行为的依据和准则。

（1）自愿注册和强制注册相结合的原则。我国对商标申请采用自愿注册的原则，即当事人是否申请注册商标，取决于当事人自己的决定。在自愿注册原则下，商标注册人对其注册商标享有专用权，受法律保护。同时，我国规定了在极少数商品上使用的商标实行强制注册原则。例如，烟草制品和人用药品必须经过商标注册，未经注册，禁止生产和销售。

（2）申请在先原则。申请在先原则是指两个或者两个以上的商标注册申请人，在同一种商品或者类似商品上，以相同或者近似的商标申请注册的，申请在先的商标，其申请人可获得商标专

实案广角
抢注商标案例

用权，在后的商标注册申请予以驳回。如果是同一天申请，初步审定并公告使用在先的商标，驳回其他人的申请，不予公告。同日使用或均未使用的，申请人之间可以协商解决；协商不成的，由各申请人抽签决定。

（3）商标抢注禁止原则。为了避免商标抢注情况，《商标法》还规定，申请商标注册不得损害他人现有的在先权利，也不得以不正当手段抢先注册他人已经使用并有一定影响的商标。同时，不以使用为目的的恶意商标注册申请，应当予以驳回。

2. 商标注册申请优先权制度

所谓商标注册申请优先权，是指商标注册申请人在申请日期上的优先，即以前次申请商标注册的日期，作为后次申请商标注册的日期。《商标法》对优先权制度进行了规定，主要包括以下两种类型。

（1）商标注册申请人自其商标在外国第一次提出商标注册申请之日起 6 个月内，又在中国就相同商品以同一商标提出商标注册申请的，依照该外国同中国签订的协议或者共同参加的国际条约，或者按照相互承认优先权的原则，可以享有优先权。

（2）商标在中国政府主办的或者承认的国际展览会展出的商品上首次使用的，自该商品展出之日起 6 个月内，该商标的注册申请人可以享有优先权。

三、商标注册申请的审查与核准

商标注册申请的审查是商标主管机关对商标注册申请是否符合《商标法》的规定所进行的一系列活动。商标注册申请的审查主要包括以下两个方面。

（1）形式审查。形式审查是对商标注册申请的文件、手续是否符合法律规定的审查，主要就申请书的填写是否属实、准确、清晰和有关手续是否完备进行审查。

（2）实质审查。实质审查主要包括商标的显著性审查，商标是否违背《商标法》的禁用条款以及商标是否与已注册的相同或类似商品或服务上的商标相同或近似等。

申请注册的商标，经过审查之后，符合《商标法》的各项规定的，由商标局予以公告。凡不符合《商标法》规定的，由商标局驳回申请，不予公告。对初步审定的商标，自公告之日起 3 个月为异议期，在先权利人、利害关系人可以向商标局提出异议。公告后 3 个月无人提出异议或者有提出异议但裁定异议不成立的，予以核准注册，发给商标注册证，并予以公告。

四、商标权人的权利和义务

根据《商标法》的规定，商标权人享有相应的权利和承担相应的义务。

1. 商标权人的权利

（1）商标独占权。商标一经注册，对商标权人来说就享有独占的、专有的权利。任何人不经许可不能侵犯商标权人的商标权。

（2）许可使用权。商标使用许可是指商标权人通过法定程序允许他人使用其注册商标的行为。商标使用许可是商标所有权中一项非常重要的权利，通过商标使用许可，企业能够受益良多。商标许可包括独占许可、排他许可和普通许可。经许可使用他人注册商标的，必须在使用该注册商标的商品上标明被许可人的名称和商品产地，商标权人应当对被许可使用商标的商品质量进行监督，尽心维护自己商标的信誉。

（3）转让权。注册商标的转让是指商标权人按照法律规定的程序，将其所有的商标专用权转移给他人所有的法律行为。注册商标的转让应该签订注册商标转让协议，由转让方和受让方共同向商标主管机关提出申请，由商标主管机关进行核准，予以公告。未履行法定程序，注册人自行转让注册商标的，商标局有权责令其限期改正或者撤销其注册商标。注册商标的受让人应当保证使用该注册商标的商品质量。

（4）禁止权。商标禁止权是商标权人依法享有的禁止他人不经过自己的许可而使用注册商标和与之相近似的商标的权利。根据《商标法》的规定，注册商标权人有权禁止他人未经许可在同一种商品或者类似商品上使用与其注册商标相同或者近似的商标。商标禁止权的范围比商标专用权的范围广。

2. 商标权人的义务

商标权人的义务即商标权人在行使商标专用权的时候应当履行的责任。商标权人的义务如下。

（1）保障商品质量的义务。商标是商品的标志。商标权人应该对使用注册商标的商品保证其质量。

（2）使用注册商标的义务。商标权人应该对其申请注册的商标进行使用，不能无故闲置。对于注册商标成为其核定使用的商品的通用名称或者没有正当理由连续 3 年不使用的，任何单位或者个人可以向商标局申请撤销该注册商标。商标局应当自收到申请之日起 9 个月内作出决定。有特殊情况需要延长的，经市场监督管理部门批准，可以延长 3 个月。

（3）缴费的义务。申请商标注册，应该缴纳商标使用费。

五、注册商标的保护期限、续展和终止

1. 注册商标的保护期限

这是指商标注册人享有的商标专用权的有效期限。《商标法》规定注册商标的有效期为 10 年，自核准注册之日起计算。

2. 注册商标的续展

注册商标有效期满后需要继续使用的，商标注册人应当在期满前的 12 个月内申请办理续展手续；在此期间未能提出申请的，可以给予 6 个月的宽展期。每次续展注册的有效期为 10 年，自该商标上一届有效期满次日起计算。宽展期内仍未提出申请的，注销其注册商标。商标局对商标续展注册申请审查后，核发商标续展证明，不再另发商标注册证，原商标注册证与商标续展证明一起使用。

3. 商标权的终止

商标权终止是指因法定事由的发生，注册商标所有人丧失其商标专用权的情形。商标权的终止主要有以下两种情形。

（1）商标权的注销。即商标注册人自动放弃注册商标或者商标主管机关取消其注册商标的行为。主要有如下几种情形：①商标注册人未续展其注册商标或者虽已提出续展申请但被依法驳回的，商标专用权即行终止；②商标注册人自动放弃注册商标，向商标局办理注销手续的，商标专用权即行终止；③商标注册人不存在的，依法予以注销，商标专用权终止。

（2）商标权的撤销。主要包括：①商标注册人自行改变注册商标的文字或图形；②商标注册人自行改变注册人名义、地址和其他注册事项；③商标注册人自行转让注册商标；④注册商标成为其核定使用的商品的通用名称或者没有正当理由连续 3 年不使用的。

六、商标权的法律保护

商标注册人申请的注册商标专用权，以核准注册的商标和核定使用的商品为限，超出该范围就不受《商标法》的保护。

1. 商标侵权行为的认定

根据《商标法》第五十七条的规定，有下列行为之一的，均属侵犯注册商标专用权：①未经商标注册人的许可，在同一种商品上使用与其注册商标相同的商标的；②未经商标注册人的许可，在同一种商品上使用与其注册商标近似的商标，或者在类似商品上使用与其注册商标相同或者近似的商标，容易导致混淆的；③销售侵犯注册商标专用权的商品的；④伪造、擅自制造他人注册商标标识或者销售伪造、擅自制造的注册商标标识的；⑤未经商标注册人同意，更换其注册商标并将该更换商标的商品又投入市场的；⑥故意为侵犯他人商标专用权行为提供便利条件，帮助他人实施侵犯商标专用权行为的；⑦给他人的注册商标专用权造成其他损害的。

【案例5.6】 据2009年2月21日《京华时报》报道（刘杰），中国全聚德股份有限公司（以下简称全聚德公司）将秀水市场六楼的全聚德烤鸭店（以下简称秀水全聚德店）告上朝阳区人民法院，并索赔50万余元。全聚德公司起诉说，北京富兰克餐饮公司（以下简称富兰克公司）在报纸上刊登广告称，"北京全聚德餐饮公司秀水店开业在即"。很快，秀水全聚德店在秀水市场六楼正式营业，经营内容与全聚德公司几乎相同。而秀水全聚德店的外墙平面广告、餐馆门口及店内装潢、菜单、餐具、员工工牌等处，均含有"全聚德"文字或标识。其销售经理的名片上，更是注有"北京全聚德秀水店"的字样。全聚德公司将富兰克公司、秀水市场、市场产权人三方起诉至人民法院，要求富兰克公司等三方停止使用"全聚德"商标，并赔偿50万余元。

请问：（1）全聚德公司是否有禁止他人使用其注册商标的权利？

（2）若富兰克公司将"全聚德"商标改为"金聚德"商标，并用在烤鹅上，是否合法？为什么？

解析：（1）"全聚德"已是注册商标，商标所有人享有禁止他人使用其注册商标的权利。

（2）违法。注册商标的禁止权规定，商标所有人还享有禁止他人在类似商品上使用与其注册商标相同和近似商标的权利。"金聚德"与"全聚德"类似，烤鹅与烤鸭属于类似商品，所以富兰克公司不能将"金聚德"商标用在烧鹅上。

2. 对商标侵权行为的处理

对于因侵犯注册商标专用权行为引起纠纷的，由当事人协商解决。当事人不愿意协商或者协商不成的，商标注册人或者利害关系人可以向人民法院起诉，也可以请求市场监督管理部门处理。

市场监督管理部门处理时，认定侵权行为成立的，责令立即停止侵权行为，没收、销毁侵权商品和主要用于制造侵权商品、伪造注册商标标识的工具，违法经营额5万元以上的，可以处违法经营额5倍以下的罚款；没有违法经营额或者违法经营额不足5万元的，可以处25万元以下的罚款。对5年内实施两次以上商标侵权行为或者有其他严重情节的，应当从重处罚。销售不知道是侵犯注册商标专用权的商品，能证明该商品是自己合法取得并说明提供者的，由市场监督管理部门责令停止销售。

商标注册人或者利害关系人有证据证明他人正在实施或者即将实施侵犯其注册商标专用权的行为，如不及时制止将会使其合法权益受到难以弥补的损害的，可以依法在起诉前向人民法院申请采取责令停止有关行为和财产保全的措施。为制止侵权行为，在证据可能灭失或者以后难以取得的情况下，商标注册人或者利害关系人可以依法在起诉前向人民法院申请保全证据。

未经商标注册人许可，在同一种商品上使用与其注册商标相同的商标，或者伪造、擅自制造他人注册商标标识或者销售伪造、擅自制造的注册商标标识，或者销售明知是假冒注册商标的商品，构成犯罪的，除赔偿被侵权人的损失外，依法追究刑事责任。

3. 驰名商标的保护

驰名商标是指在市场上享有较高声誉并为相关公众所熟知的注册商标。由于驰名商标的商品品质过硬、信誉良好，在市场上具有较强的竞争力，因此，作为企业的无形资产，它对于商标权利人来说至关重要。

【课堂讨论】 驰名商标可以在商品上标注"驰名商标"字样并进行广告宣传吗？

在我国，认定驰名商标应当考虑下列因素：①相关公众对该商标的知晓程度；②该商标使用的持续时间；③该商标的任何宣传工作的持续时间、程度和地理范围；④该商标作为驰名商标受保护的记录；⑤该商标驰名的其他因素。

我国对驰名商标实行全方位的保护，具体如下：①就相同或者类似商品申请注册的商标是复制、模仿或者翻译他人未在中国注册的驰名商标，容易导致混淆的，不予注册并禁止使用；②就不相同或者不相类似商品申请注册的商标是复制、模仿或者翻译他人已经在中国注册的驰名商标，误导公众，致使该驰名商标注册人的利益可能受到损害的，不予注册并禁止使用。

【案例5.7】 服装生产商Q公司（以下简称Q公司）以商标侵权为由，将当地某涂料公司告上了法庭，要求被告停止侵权，赔偿损失。在Q公司看来，自己的商标是驰名商标，被告在油漆产品上使用了自己的商标，构成侵权。被告称Q公司是生产服装的，其注册商标在第25类（服装）商品上使用，而被告生产的油漆使用的商标，注册在第2类"颜料，清漆，漆"等商品上使用，因此不构成侵权。

请问： Q公司的主张是否合法？为什么？

解析： 合法。对于驰名商标，《商标法》规定，同类别的生产或服务商不能与驰名商标相同或相近似，即使是跨类别的生产或服务商，也不能与驰名商标相同或相近似。由于Q公司的商标是驰名商标，因此被告在油漆产品上使用这个商标也同样构成侵权。

课后练习与实训

一、判断题

1. 实用新型专利的保护期限为10年。 （　　）

2. 两个以上的专利申请人分别就同一发明创造在中国申请专利的，专利权授予最先发明人。 （　　）

3. 甲委托乙开发一种新产品，未明确约定该产品的专利申请权的归属。当该产品被开发完成后，在我国，该专利申请权应当归属乙。 （　　）

4. 商标只能用在商品上，不能用在服务方面。 （　　）

5. 商标专用权的保护期限为20年，期限届满可以续展。 （　　）

二、单项选择题

1. 依照《专利法》的规定，可以授予专利权的是（　　）。
   A. 科学发现
   B. 智力活动的规则和方法
   C. 疾病的诊断和治疗方法
   D. 动物和植物产品的生产方法

2. 申请注册的商标应当具有（　　），便于识别，并不得与他人在先取得的合法权利相冲突。
   A. 标记特征
   B. 显著特征
   C. 可视性特征
   D. 气味特征

3. 甲、乙两人分别独立地开发出相同主题的发明，但甲完成在先，乙完成在后。依据《专利法》的规定，（　　）。
   A. 甲享有专利申请权，乙没有
   B. 甲不享有专利申请权，乙有
   C. 甲、乙都享有专利申请权
   D. 甲不享有专利申请权，乙也没有

4. 某单位组织了一个课题组，由甲负责协调工作，乙负责设计，丙担任试制样机工作，共同开发完成了一种新产品，该产品发明的专利申请人是（　　）。

    A. 乙　　　　　　　B. 某单位　　　　　　C. 甲、乙、丙　　　D. 乙和某单位

5. 甲于 2023 年 3 月 1 日开始使用"风华"牌商标，乙于同年 4 月 1 日开始使用相同的商标。甲、乙均于 2025 年 5 月 1 日向商标局寄出注册"风华"商标的申请文件，但甲的申请文件于 5 月 8 日寄至，乙的申请文件于 5 月 5 日寄至。商标局应（　　）。

    A. 同时公告，因甲、乙申请日期相同　　　B. 自由裁定

    C. 公告乙的申请，因乙申请在先　　　　　D. 公告甲的申请，因甲使用在先

三、多项选择题

1. 《商标法》规定禁止作为商标使用的标志有（　　）。

    A. 与"红新月"相同的文字　　　　　　　B. 同外国军旗近似的图形

    C. 本商品的通用名称　　　　　　　　　　D. 夸张的图形

2. 依据《商标法》的规定，能作为商标构成要素的有（　　）。

    A. 数字　　　　　　B. 气味　　　　　　C. 三维标志　　　　D. 颜色

3. 王刚的一种产品被授予专利，下列行为不视为侵犯专利权的有（　　）。

    A. 甲厂在该专利申请日前已经制造相同产品，且在原有范围内继续制造该产品

    B. 乙厂使用不知道是未经王刚许可而制造并售出的该项专利产品

    C. 丙公司购进并使用了王刚制造的该种产品的样品

    D. 未经王刚同意，李某为进行科学实验制造了和该专利产品相似的产品

4. 《专利法》所称的执行本单位的任务所完成的职务发明创造是指（　　）。

    A. 在本职工作中作出的发明创造

    B. 履行本单位交付的本职工作之外的任务所作出的发明创造

    C. 退职、退休后 1 年内作出的，与其在原单位承担的本职工作或者分配的任务相关的发明创造

    D. 调动工作后 2 年内作出的，与其在原单位承担的本职工作或者分配的任务有关的发明创造

5. 甲公司与乙厂签订了商标使用许可合同，许可乙厂使用其"叮咚牌"饮料注册商标。对于乙厂生产销售"叮咚牌"饮料的质量事宜，甲公司的哪些做法是正确的？（　　）

    A. 甲公司不必过问，由乙厂自行负责

    B. 甲公司有义务进行监督

    C. 甲公司有权派人进行抽样检查

    D. 如果不合格，甲公司有权禁止乙继续使用该商标

四、思考题

1. 简述工业产权的特征。
2. 试述授予专利权的条件。
3. 专利权人的权利和义务有哪些？
4. 简述商标的构成要件。
5. 简述我国驰名商标的认定。

五、实训题

甲于 2020 年开始在第 20 类的家具上使用"温馨"商标，但一直未申请注册。2024 年 9 月 15 日，乙将其尚未使用的"温馨"商标向商标局提出注册申请，使用的商品也是第 20 类的家具。

请问：（1）乙的商标能否被核准注册？为什么？

（2）若乙的商标被核准注册，甲能否在家具上继续使用其"温馨"商标？为什么？

（3）如何协调商标的注册与使用之间的关系，才能更好地发挥商标的作用？

第六章

金融法律制度

【学习目标】

◆ 理解中国人民银行的法律地位与职责，掌握中国人民银行的货币政策与金融监督管理权，掌握人民币制度，了解中国人民银行的组织机构。

◆ 掌握商业银行的设立条件、存贷款业务规则，掌握商业银行接管法律制度，熟悉商业银行的业务范围，了解商业银行终止法律规范。

◆ 掌握证券发行法律、证券交易法律。

◆ 掌握保险法的基本原则、人身保险合同的特殊条款、财产保险合同的代位求偿权，熟悉保险业务关系人的义务。

◆ 掌握票据的法律特征、票据行为、票据权利取得条件，熟悉票据瑕疵、汇票与支票制度，了解票据的法律关系、本票制度。

【素养目标】

增强金融法治理念和意识，在职业生涯中严格遵纪守法，维护金融市场公平公正，同时树立底线思维及红线思维，坚决不触碰金融业法律底线，远离非法金融活动，并坚定维护金融监管改革与创新，做当代金融法治的践行者。

【法律链接】

《人民银行法》《商业银行法》《证券法》《保险法》《票据法》

第一节 中国人民银行法

案例导入

黄某到某一公交 IC 卡服务点，欲为其公交 IC 卡充值 50 元。然而，当她拿出一沓 5 角的零钱时，却被负责充值的工作人员拒绝。黄某甚是不解，问道："我这钱没什么问题，不缺不烂的，为什么不收？"而该工作人员始终坚持不收。最后他们闹得不欢而散，黄某的公交 IC 卡也没能充上值。后来，通过了解得知，该公交公司财务要求充值员"化零为整"后再上交充值款，这样就大大增加了充值员清点、兑换等工作量，从而导致充值员拒收零钱。

请问：公交 IC 卡服务点的做法是否合法？为什么？

《中国人民银行法》是我国首部金融基本法，其以法律形式明确了中国人民银行作为我国中央银行的地位，标志着中国人民银行走向了法制化、规范化的轨道。

一、中国人民银行的法律性质

中国人民银行（简称人民银行）是我国金融体制中居于核心地位的特殊国家金融机关。

一方面，人民银行是特殊的国家机关，其表现在：人民银行履行的监管、调控职能主要是通过金融业务活动实现的，其调控方式主要采用间接手段；人民银行办理存款、再贴现、票据清算等业务，有资本，也有收益，具有相对独立的法律地位。

另一方面，人民银行又是特殊的金融机构，其表现在：人民银行不以营利为目的；人民银行不经营普通银行业务，只对政府、金融机构办理业务；《人民银行法》对行长、副行长的设置、任免等规定较为严格，这与其他政府机关行政领导干部的任命程序相同。

二、中国人民银行的法律地位

人民银行的法律地位是指法律规定的人民银行在国家机构体系中的地位。基于人民银行的性质以及我国现行的政治体制结构，人民银行的法律地位是在国务院领导下具有相对独立性的国家金融行政监管机关。

一方面，人民银行具有行政隶属性。即人民银行是国务院的重要组成部门，在国务院领导下制定和执行货币政策，防范和化解金融风险，维护金融稳定。人民银行就年度货币供应量、利率、汇率和国务院规定的其他重要事项作出的决定，须报国务院批准后执行。人民银行的行长由国务院总理提名，副行长须由国务院总理任免。

另一方面，人民银行具有相对独立性。即人民银行履行职责，开展业务，不受地方政府、各级政府部门、社会团体和个人的干涉。财政不得向人民银行透支，人民银行不得直接认购政府债券，不得向各级政府贷款，不得包销政府债券。人民银行应当向全国人民代表大会常务委员会提出有关货币政策情况和金融业运行情况的工作报告。人民银行行长的人选，由全国人民代表大会决定；全国人民代表大会闭会期间，由全国人民代表大会常务委员会决定，由中华人民共和国主席任免。

📖 知识拓展

中央银行独立性的类型

由于各国对中央银行独立性理解的不同，以及各国经济、金融和政治体制的不同，决定了各国立法对中央银行地位的规定也不尽相同。概括起来主要有三种类型：①独立型，即中央银行直接对国会负责，政府不能对它直接发布命令，不得直接干预货币政策的制定和执行；②相对独立型，即立法上虽规定中央银行隶属于政府财政部门，但在实际业务操作中却保持着较大的独立性；③依附型，即该类中央银行不论是在组织管理的隶属关系上还是在货币政策的制定和执行上，都受政府严格控制。

三、中国人民银行的职责

人民银行具有发行的银行、银行的银行、政府的银行、金融监管的银行四项基本职能。这些职能具体体现在下列职责中：发布与履行其职责有关的命令和规章；依法制定和执行货币政策；发行人民币，管理人民币流通；监督管理银行间同业拆借市场和银行间债券市场；实施外汇管理，监督管理银行间外汇市场；监督管理黄金市场；持有、管理、经营国家外汇储备、黄金储备；经理国库；维护支付、清算系统的正常运行；指导、部署金融业反洗钱工作，负责反洗钱的资金监测；负责金融业的统计、调查、分析和预测；作为国家的中央银行，从事有关的国际金融活动；国务院规定的其他职责。

📖 知识拓展

外汇的种类

外汇是指以外币表示的可以用作国际清偿的支付手段和资产。外汇可以分为以下几种：

①外币现钞，包括纸币、铸币；②外币支付凭证或者支付工具，包括票据、银行存款凭证、银行卡等；③外币有价证券，包括债券、股票等；④特别提款权；⑤其他外汇资产。

四、中国人民银行的组织机构

人民银行是一个复杂的组织控制系统，它通过一定的组织形式与组织机构履行职责，发挥作用。这些组织机构是实现人民银行职能、职责的根本保障。

（1）领导机构。人民银行设行长一人，副行长若干人。人民银行实行行长负责制。行长负责制是指人民银行行长在银行中处于中心地位，起中心作用，对银行全面负责。人民银行的副行长在行长的领导下，按各自的分工协助行长工作，对行长负责。

（2）分支机构。人民银行根据履行职责的需要设立分支机构，作为人民银行的派出机构。人民银行对分支机构实行统一领导和管理。人民银行的分支机构根据人民银行的授权，维护本辖区的金融稳定，承办有关业务。

（3）咨询机构。人民银行设有货币政策委员会，作为制定货币政策的咨询议事机构。货币政策委员会的主要职责是在综合分析宏观经济形势的基础上，依据国家的宏观经济调控目标，讨论货币政策事项并提出建议，以确保其在国家宏观调控、货币政策制定和调整中所起的作用。

五、中国人民银行的货币政策

1. 货币政策目标

货币政策目标是指国家所制定和执行的货币政策所要达到的目的。我国货币政策的最终目标是"保持货币币值的稳定，并以此促进经济增长"。与传统的单一目标、双重目标和多重目标相比，我国货币政策目标是有层次和主次之分的单一目标。其中稳定币值是货币政策的第一个层次，居于主要、核心地位，是人民银行制定和执行货币政策的出发点和归宿点；而促进经济增长是货币政策目标的第二个层次，处于次要、辅助地位，体现了人民银行不是为稳定币值而稳定币值，而是为了促进经济增长而稳定币值。

2. 货币政策工具

货币政策工具是人民银行为了实现货币政策目标而采取的措施和手段。《人民银行法》以列举方式规定了下列六种货币政策工具。

（1）存款准备金制度。存款准备金制度是指人民银行规定吸收存款的金融机构从其存款中，按照一定比例计提后存放在人民银行的一种强制性储备制度。其中金融机构存放在人民银行的资金被称为存款准备金，目的是为保证金融机构的客户提取存款和资金清算需要。金融机构按规定向人民银行缴纳的存款准备金占其存款总额的比例就是存款准备金率。人民银行通过提高或者降低存款准备金率，能够实现收缩或者扩张信用规模，进而影响社会的资金供应量。

（2）中央银行基准利率。基准利率是指一国利率体系中起主导作用的基础利率，它的水平和变动决定了其他各种利率的水平和变化。目前，我国货币市场、债券市场、信贷市场等基本上都已形成了各自的指标性利率，存款类金融机构间的债券回购利率（DR）、国债收益率、贷款市场报价利率（LPR）等在相应金融市场中都发挥了重要的基准作用，为观测市场运行、指导金融产品定价提供了较好的参考。

（3）再贴现政策。再贴现是指金融机构为了取得资金，将未到期的已贴现商业汇票再以贴现方式向人民银行转让的票据行为。人民银行可以采取提高或降低再贴现率等方式，影响金融机构取得信贷资金的成本和可使用额，以达到减少或增加货币供给量，实现货币政策目标的目的。目前人民银行可以为在其开立存款准备金账户的银行业金融机构、财务公司和其他允许办理再贴现业务的金融机构办理再贴现。

（4）再贷款政策。再贷款是指人民银行对商业银行的贷款。再贷款的提供意味着人民银行注入市场的基础货币增加；反之，再贷款的回收则意味着基础货币的减少。目前，人民银行对商业银行的贷款为短期信用贷款，期限最长不得超过 1 年，只能用于解决商业银行的临时资金不足，不得用于放款和证券投资。

（5）公开市场业务。公开市场业务是人民银行在金融市场上买卖有价证券，以改变商业银行等金融机构的准备金，进而影响货币供给量和利率，实现货币政策目标的一种政策措施。目前，人民银行在公开市场上可以买卖国债、其他政府债券和金融债券及外汇。

（6）其他货币政策工具。其他货币政策工具是由国务院确定的补充性货币政策工具，主要包括常备借贷便利、中期借贷便利、抵押补充贷款、定向中期借贷便利、结构性货币政策工具等。

【案例 6.1】 据查，人民银行甲分行在今年 3 月向该市人民政府工业局发放贷款 250 万元人民币，期限 3 年；并为该市某国有企业提供担保，担保额 100 万元人民币，期限 2 年。4 月，人民银行甲分行向该市农业银行分行发放贷款 350 万元人民币，期限 2 年。

请问：人民银行甲分行的上述业务是否合法？为什么？

解析：不合法。因为人民银行不得向地方政府、各级政府部门提供贷款，不得向任何单位和个人提供担保。同时根据执行货币政策的需要，人民银行可以决定对商业银行贷款的数额、期限、利率和方式，但贷款的期限不得超过 1 年。为此，人民银行甲分行向该市人民政府工业局发放贷款、为该市某国有企业提供担保、向该市农业银行分行发放两年期限贷款均属违法。

六、中国人民银行的金融监督管理权

中国人民银行的金融监督管理权包括以下三项。

（1）直接检查监督权。为加强人民银行执行货币政策职能以及在宏观调控和防范、化解金融风险中的作用，人民银行有权对金融机构以及其他单位和个人的下列行为进行检查监督：执行有关存款准备金管理规定的行为，与人民银行特种贷款（指国务院决定的由人民银行向金融机构发放的用于特定目的的贷款）有关的行为，执行有关人民币管理规定的行为，执行有关银行间同业拆借市场、银行间债券市场管理规定的行为，执行有关外汇管理规定的行为，执行有关黄金管理规定的行为，代理人民银行经理国库的行为，执行有关清算管理规定的行为，执行有关反洗钱规定的行为。

（2）建议检查监督权。人民银行在履行其职责的过程中，有可能发现银行业金融机构业务活动中存在的问题，但我国银行业监督管理体制已经发生转变，银行业金融机构经营业务问题的监督由银行业监督管理机构负责。因此，为了执行货币政策和维护金融稳定，并且避免监管重复，人民银行可以建议银行业监督管理机构对银行业金融机构进行检查监督。银行业监督管理机构应当积极配合人民银行的工作，对其建议认真研究，并且应当自收到建议之日起 30 日内予以回复。

（3）全面检查监督权。考虑到银行业金融机构出现支付困难往往会对金融体系的稳定产生重大影响，如发生挤兑风潮，甚至有可能造成全局性的金融风险，使整个金融体系陷入瘫痪。为此，人民银行在银行业金融机构出现支付困难，可能引发金融风险时，为了维护金融稳定，经国务院批准，有权对银行业金融机构进行检查监督。

【案例 6.2】 人民银行某分行在履行其职责过程中，发现当地某商业银行存在违规贷款问题，于是要求当地银行业监督管理机构立即对该商业银行进行现场检查和罚款，并要求当地银行业监督管理机构在 15 天内向人民银行书面报告具体处理情况。后来鉴于当地银行业监督管理机构期限届满仍旧没有报告，人民银行分行立即对该商业银行进行了全面监督检查。

请问：人民银行分行的行为是否合法？为什么？

解析：不合法。因为人民银行某分行发现当地某商业银行存在违规贷款问题，只能建议银行业监督管理机构进行检查，而且不能缩短银行业监督管理机构回复期限；同时，该分行必须证明该商业银行出现支付困难，可能引发金融风险，而且还要经国务院批准后，才能行使全面监督检查权。

七、人民币

1. 人民币的法律地位

人民币是我国的法定货币，即国家以法律形式赋予强制性通用的货币。人民币的种类有主币和辅币两种。其中主币以元为单位计算，是我国计价、结算的唯一合法货币单位；辅币以角、分为单位计算，供小额交易和找零之用。人民币具有无限法偿能力，即以人民币支付我国境内的一切公共的和私人的债务，任何单位和个人不得拒收。因此，本节案例导入中，尽管 5 角的零钞是辅币，但也是国家的法定货币，在小额交易中不得拒收，因而公交公司 IC 卡服务点的行为是违法的。

此外，人民币还是我国唯一的合法货币，即在我国境内禁止外币流通，并且不得以外币计价结算，但国家另有规定的除外。

知识拓展
数字人民币简介

2. 人民币发行

人民银行是我国唯一的人民币发行机关，其根据法律授权负责统一印制、发行人民币。《人民银行法》在授权人民银行享有人民币的发行权的同时，还规定了人民银行在发行新版人民币时的义务，即人民银行应当将发行新版人民币的发行时间、面额、图案、式样、规格予以公告，其目的是让民众都认知新版人民币的具体式样，知道新版人民币发行的时间，以便使用、流通。

3. 人民币的法律保护

人民币是我国的主权货币，受法律保护。《人民银行法》明确禁止伪造、变造人民币；禁止出售、购买伪造、变造的人民币；禁止运输、持有、使用伪造、变造的人民币。若伪造、变造人民币，出售伪造、变造的人民币，或者明知是伪造、变造的人民币而运输，构成犯罪的，依法追究刑事责任；尚不构成犯罪的，由公安机关处 15 日以下拘留、1 万元以下罚款。

知识拓展
残缺污损人民币的兑换规则和程序

为了维护人民币的尊严，树立人民币的形象，确保人民币的威信和信誉，严禁任何单位和个人印制、发售代币票券，以代替人民币在市场上流通。同时，严禁任何人因任何原因故意毁损人民币。对正常使用情况下造成人民币残缺、污损的，应根据《中国人民银行残缺污损人民币兑换办法》规定兑换，并由人民银行负责收回、销毁。

此外，人民币的图样也受法律保护，《人民银行法》禁止在宣传品、出版物或者其他商品上非法使用人民币图样。非法使用人民币图样的，人民银行应当责令改正，并销毁非法使用的人民币图样，没收违法所得，并处 5 万元以下罚款。

【案例6.3】某文具店老板张某印制、出售"玩具人民币"，其只有百元人民币 1/4 大小，一面是空白的，另一面印着与真实人民币一模一样的图案，只是将"中国人民银行"的字样改成了"儿童玩具折纸"。这样的"玩具人民币"每包只要 5 角。而且某日，张某为了炫富，在大庭广众之下焚烧了 5 张真的百元人民币。

请问：张某的行为是否违法？为什么？

解析：违法。因为张某焚烧 5 张真的百元人民币的行为属于故意毁损人民币，生产销售"玩具人民币"属于非法使用人民币图样，所以上述行为都是违法的。

第二节　商业银行法

案例导入

张某是一家商业银行的行长。某年2月至8月，张某多次为其妻子、弟弟所投资的乙企业发放信用贷款，累计达5 000万元。同年6月，张某还批准向丙房地产开发公司发放了2亿元抵押贷款。据查，该行当月资本余额为18亿元人民币。

请问：张某的行为是否合法？为什么？

商业银行法是调整商业银行的组织及其业务经营的法律规范的总称。我国于1995年颁布了《商业银行法》，并于2015年8月进行了第二次修正。

商业银行是指依照《商业银行法》和《公司法》设立的吸收公众存款、发放贷款、办理结算等业务的企业法人。商业银行是金融业务范围最为广泛、实力最为雄厚的金融机构，在金融体系中居于主体地位。

商业银行具有以下三个特征：①商业银行是企业。商业银行与一般工商企业一样，以营利为目的，依法经营、照章纳税、自担风险、自负盈亏。②商业银行是法人单位。商业银行要依法设立，是具有自己的名称、经营条件、经营场所和独立财产的，能够以自己的名义从事经济活动，并独立承担责任的法律主体。③商业银行的主要业务是吸收公众存款、发放贷款、办理结算等，从而有别于一般工商企业，又不同于非银行金融机构。

一、商业银行的设立

1. 商业银行的设立条件

设立商业银行应当具备下列条件：①有符合《商业银行法》和《公司法》规定的章程。②有符合《商业银行法》规定的注册资本最低限额。设立全国性商业银行的注册资本最低限额为10亿元人民币，设立城市商业银行的注册资本最低限额为1亿元人民币，设立农村商业银行的注册资本最低限额为5 000万元人民币，并且注册资本应当是实缴资本。③有具备任职专业知识和业务工作经验的董事、高级管理人员。④有健全的组织机构和管理制度。⑤有符合要求的营业场所、安全防范措施和与业务有关的其他设施。此外，设立商业银行还应当符合其他审慎性条件。

2. 商业银行的设立程序

设立商业银行必须经过以下三个基本步骤。

（1）申请。设立商业银行的发起人提出申请，提交申请书、可行性研究报告以及国务院银行业监督管理机构规定提交的其他文件、资料。经初审合格后，申请人应当填写正式申请表，并提交章程草案，拟任职的董事、高级管理人员的资格证明，法定验资机构出具的验资证明，股东名册及其出资额、股份的证明材料，持有注册资本5%以上的股东的资信证明和有关资料，经营方针和计划，营业场所、安全防范措施和与业务有关的其他设施的资料，以及国务院银行业监督管理机构规定的其他文件、资料。

（2）审批。经国务院银行业监督管理机构对申请人的正式申请表及开业申请所提交的文件、资料审查后，认为符合设立商业银行条件的，批准其设立商业银行，由国务院银行业监督管理机构颁发经营许可证。未经国务院银行业监督管理机构批准，任何单位和个人不得从事吸收公众存款等商业银行业务，任何单位不得在名称中使用"银行"字样。

（3）登记并签发营业执照。商业银行也是企业，申请人应当凭经营许可证向市场监督管理部门办理工商登记。经市场监督管理部门核准登记后，签发企业法人营业执照。从营业执照签发之日起，商业银行正式取得法人主体资格，可以开始经营活动。

二、商业银行的经营原则和经营范围

1. 商业银行的经营原则

商业银行的经营原则是商业银行开展金融业务活动所必须遵循的基本指导思想，是保障商业银行规范、稳健运作的基本行为准则。

（1）"三性"原则。所谓"三性"原则，是指商业银行以安全性、流动性、效益性为经营原则。这是我国商业银行必须遵守的首要的、基本的经营原则。由于"三性"原则之间既互相对立，又互相统一，因而要寻求三者之间的平衡与协调。而要做到这一点，就要求商业银行的资产与负债保持适当的比例，实行资产负债比例管理和风险管理。

（2）"四自"原则。所谓"四自"原则，是指商业银行实行自主经营、自担风险、自负盈亏、自我约束的原则。作为独立的市场经营主体，商业银行有权自主地开展业务活动，享有营业利润，承担经营风险和损失，同时建立自我约束机制，建立、健全本行的业务管理和内部控制制度。

（3）平等、自愿、公平和诚实信用的原则。商业银行与客户进行的业务活动是民事法律行为，理应遵守民法的基本原则。具体而言，商业银行与客户的法律地位完全平等，不允许一方以大欺小、以强凌弱，双方完全受自己意志的支配，不受他人的左右和干涉。同时双方要诚实守信，不欺不诈，在享有民事权利和承担民事义务上要对等、合理，不能失当。

【课堂讨论】《民法典》第九条规定："民事主体从事民事活动，应当有利于节约资源、保护生态环境。"本条规定将"绿色"作为民事法律的重要原则，民事活动应当节约资源、保护生态环境。请思考本条款对商业银行经营发展有哪些重要影响。

（4）不得损害国家利益、社会公共利益的原则。作为金融体系的主体，商业银行是整个经济的中枢，其是否良性发展，不仅关系到银行自身能否盈利、能否存续发展，更关系到广大的工商企业和人民大众的生产、生活能否顺利进行，关系到整个国家的社会秩序、经济秩序能否稳定。为此，商业银行开展业务，应当遵守法律、行政法规的有关规定，不得为牟取私利或者局部利益而损害国家利益、社会公共利益。

（5）公平竞争原则。竞争是市场经济的基本特征之一，只有竞争才会出效益，才会使资源实现最佳配置。商业银行正是通过竞争不断促进银行业提高管理水平、提高信贷资产质量、增强服务意识的。但银行业的竞争，必须是有序竞争、正当竞争，而不能搞不正当竞争。因为不正当竞争会破坏商业银行的稳健运营，使金融秩序发生混乱，对经济发展产生破坏作用。

【案例6.4】甲商业银行为加快入账汇款业务的发展，在未经市场监督管理部门登记备案的情况下，擅自印制了5 000份《外出务工经商人员电子汇兑业务手册》，并在长途汽车客运站向外出务工人员散发。该手册中不负责任地将甲商业银行汇款与乙商业银行汇款从两个方面进行了比较。一是甲商业银行汇款比乙商业银行汇款更划算。在甲商业银行开立账户后，每笔汇款只收取10元手续费，而乙商业银行汇款需按汇款金额的1%收取手续费。二是甲商业银行汇款更方便。乙商业银行设立的营业网点仅一两个，而甲商业银行的营业网点随处可见，比乙商业银行办理业务更方便。而事实上，乙商业银行每笔汇款也只收取10元手续费，并且乙商业银行的网点是当地甲商业银行网点的数倍。从8月以后，甲商业银行的宣传导致乙商业银行汇款及储蓄业务大幅下降。

请问：甲商业银行宣传汇兑业务的行为是否合法？为什么？

解析：不合法，因为《商业银行法》明确规定，商业银行开展业务，应当遵守公平竞争的原则，不得从事不正当竞争。根据《反不正当竞争法》第十一条的规定，经营者不得编造、传播虚假信息或者误导性信息，损害

实案广角

银行卡被盗刷，银行是否需要承担责任

"克隆"银行卡案件中银行应承担的责任

竞争对手的商业信誉、商品声誉。本案中甲商业银行在宣传汇兑业务时严重违背了事实，诋毁了乙商业银行的商业信誉，属于不正当竞争行为。

（6）依法接受监管原则。商业银行依法接受国务院银行业监督管理机构的监督管理，但法律规定其有关业务接受其他监督管理部门或机构监督管理的，依照其规定。

2. 商业银行的经营范围

目前我国金融业采取的是分业经营体制，即银行业、证券业、信托业和保险业相分离，因而商业银行只能经营普通银行业务。《商业银行法》第三条规定，我国商业银行可以经营下列部分或者全部业务：吸收公众存款；发放短期、中期和长期贷款；办理国内外结算；办理票据承兑与贴现；发行金融债券；代理发行、代理兑付、承销政府债券；买卖政府债券、金融债券；从事同业拆借；买卖、代理买卖外汇；从事银行卡业务；提供信用证服务及担保；代理收付款项及代理保险业务；提供保管箱服务；经国务院银行业监督管理机构批准的其他业务。商业银行经营范围由商业银行章程规定，报国务院银行业监督管理机构批准。商业银行经中国人民银行批准，可以经营结汇、售汇业务。

基于我国金融业的发展现状和监管水平，同时考虑到我国金融业未来的发展方向，立法对商业银行业务既要严格限制，又应留下适当的发展空间。为此，《商业银行法》明确规定："商业银行在中华人民共和国境内不得从事信托投资和证券经营业务，不得向非自用不动产投资或者向非银行金融机构和企业投资，但国家另有规定的除外。"

【案例6.5】某年2月5日，甲股份制商业银行行长觉得本行已经具备了开展保管箱业务和外汇业务的条件，就主持召开董事会会议，会议表决通过该行办理保管箱业务和结汇、售汇业务，并自即日起实施。3月10日，甲商业银行投资1亿元，与乙公司共同投资成立了一家房地产开发公司，开发某经济特区的房地产项目，由甲商业银行一位副行长兼任该房地产开发公司的董事长。

请问：甲商业银行的上述行为是否合法？为什么？

解析：不合法。因为商业银行开办保管箱服务，必须经国务院银行业监督管理机构批准；经营结汇、售汇业务，则必须经中国人民银行批准；且商业银行不得向非自用不动产投资或者向非银行金融机构和企业投资。本案中甲商业银行未经相关监管机构审批就擅自在董事会通过后开办保管箱业务和结汇、售汇业务，这是违法的。甲商业银行投资1亿元，与乙公司共同投资设立一家房地产开发公司，这显然也是违法的。

三、商业银行的业务规则

1. 负债业务规则

商业银行的负债业务是商业银行形成资金来源的业务，是商业银行资产业务和中间业务的基础。由于存款业务是商业银行最重要的负债业务，因此，《商业银行法》除了在总则中确定"商业银行应当保障存款人的合法权益不受任何单位和个人的侵犯"外，更专设"对存款人的保护"一章加以明确规范。

存款是商业银行接受客户存入资金，并承诺客户随时或按约定时间支取本金和利息的一种合同关系。通过存款合同，商业银行成为债务人，存款人成为债权人，存折、存单等存款凭证是商业银行出具的借据。存款可以分为个人储蓄存款和单位存款两种。其中商业银行办理个人储蓄存款业务时，应当遵循存款自愿、取款自由、存款有息、为存款人保密的原则。对于个人储蓄存款，商业银行有权拒绝任何单位或者个人查询、冻结、扣划，但法律另有规定的除外。对于单位存款，商业银行有权拒绝任何单位或者个人查询，但法律、行政法规另有规定的除外；有权拒绝任何单位或个人冻结、扣划，但法律另有规定的除外。此外，商业银行应当按照人民银行规定的存款利率的上下限确定存款利率，并予以公告。而且商业银行应当保证存款本金和利息的支付，不得拖延、拒绝支付存款本金和利息。

知识拓展

商业银行冻结单位存款的合规操作

2024 年 2 月 1 日，甲人民法院到乙商业银行要求冻结 A 公司存款 10 万元，冻结期限为 6 个月，冻结的效力应自 2024 年 2 月 1 日冻结手续办结之时开始。因 A 公司账户仅有存款 4 万元，所以，乙商业银行予以冻结 4 万元。在乙商业银行予以办结冻结手续后至 2024 年 8 月 1 日冻结期限内，A 公司账户又进款 8 万元，那么乙商业银行应对其中的 6 万元予以冻结，以达到有权机关要求冻结的数额。2024 年 8 月 1 日前，若甲人民法院没有办理续冻手续，则 2024 年 8 月 2 日，乙商业银行应视甲人民法院自动解冻 A 公司存款。

商业银行进行同业拆借，应当遵守人民银行的规定。禁止利用拆入资金发放固定资产贷款或者用于投资。拆出资金限于交足存款准备金、留足备付金和归还人民银行到期贷款之后的闲置资金。拆入资金用于弥补票据结算、联行汇差头寸的不足和解决临时性周转资金的需要。

【案例 6.6】有媒体曾报道"A 银行和 B 银行存在泄露储户信息风险"，证实这两家银行办理无卡存款业务时，可以查询他人账户的余额，有的网点甚至将他人账户的余额打印在存款的清单上。A 银行只能在同城无卡汇款时查到他人余额，而 B 银行则可以"全国联网"查询他人账户的余额，而且无须所汇入账户户主本人的身份证号码。

请问：A、B 两银行行为是否违法？如果是，侵犯了储户哪种权利？

解析：违法。商业银行办理个人储蓄存款业务，应当遵循为存款人保密的原则，有权拒绝任何单位或者个人查询、冻结、扣划，所以上述两银行办理无卡存款业务时，可以查询他人账户余额的做法违反了对储户储蓄情况保密的原则，存在泄露储户信息的风险，侵犯了储户的财产隐私和财产安全的权益。

2. 资产业务规则

商业银行的资产业务是指商业银行运用其积聚的货币资金从事各种信用活动的业务，包括发放贷款、进行投资、租赁业务、买卖外汇、票据贴现等。其中最主要的资产业务是贷款业务，《商业银行法》也重点对商业银行开展贷款业务的基本规则作了规定。其具体内容如下。

（1）商业银行要根据国民经济和社会发展的需要，在国家产业政策指导下开展贷款业务。

（2）商业银行贷款，应当对借款人的借款用途、偿还能力、还款方式等情况进行严格审查。商业银行贷款，应当实行审贷分离、分级审批制度。

（3）商业银行贷款，借款人应当提供担保。商业银行应当对保证人的偿还能力，抵押物、质物的权属和价值以及实现抵押权、质权的可行性进行严格审查。经商业银行审查、评估，确认借款人资信良好，确能偿还贷款的，可以不提供担保。

（4）商业银行贷款，应当与借款人订立书面合同。合同应当约定贷款种类、借款用途、金额、利率、还款期限、还款方式、违约责任和双方认为需要约定的其他事项。

（5）商业银行应当按照人民银行规定的贷款利率的上下限，确定贷款利率。任何单位和个人不得强令商业银行发放贷款或者提供担保。商业银行有权拒绝任何单位和个人强令要求其发放贷款或者提供担保。

（6）商业银行贷款，应当遵守下列资产负债比例管理的规定：资本充足率不得低于 8%；流动性资产余额与流动性负债余额的比例不得低于 25%；对同一借款人的贷款余额与商业银行资本余额的比例不得超过 10%；国务院银行业监督管理机构对资产负债比例管理的其他规定。本节案例导入中，商业银行向丙房地产开发公司发放 2 亿元抵押贷款已经超过该商业银行资本余额的 10%（18 亿元×10% =1.8 亿元），因而是违法的。

（7）商业银行不得向关系人发放信用贷款，向关系人发放担保贷款的条件不得优于其他借款人同类贷款的条件。这里的关系人是指：商业银行的董事、监事、管理人员、信贷业务人员及其近亲属，前述所列人员投资或担任高级管理职务的公司、企业和其他经济组织。因此，本节案例导入中张某妻子、弟弟投资的乙企业就是张某所在商业银行的关系人，该行不得对乙企业发放信用贷款，因而张某批准该信用贷款是违法的。

（8）借款人应当按期归还贷款的本金和利息。借款人到期不归还担保贷款的，商业银行依法享有要求保证人归还贷款本金和利息或者就该担保物优先受偿的权利。商业银行因行使抵押权、质权而取得的不动产或者股权，应当自取得之日起 2 年内处分。借款人到期不归还信用贷款的，应当按照合同约定承担责任。

3. 其他业务规则

（1）结算业务。结算是对债权债务的清算和了结。结算业务是商业银行的中间业务，是连接资金和经济活动的桥梁。在办理结算时，商业银行应当恪守信用，履约付款，并且坚持"谁的钱进谁的账"和不垫款原则。《商业银行法》明确规定："商业银行办理票据承兑、汇兑、委托收款等结算业务，应当按照规定的期限兑现，收付入账，不得压单、压票或者违反规定退票。有关兑现、收付入账期限的规定应当公布。"

（2）银行账户管理业务。根据《商业银行法》的规定，企业事业单位可以自主选择一家商业银行的营业场所开立一个办理日常转账结算和现金收付的基本账户，不得开立两个以上基本账户。任何单位和个人不得将单位的资金以个人名义开立账户存储。

（3）营业时间的规定。商业银行的营业时间不固定、不公告，随意停止营业或缩短营业时间，势必给群众带来很大的不便。为此，《商业银行法》规定："商业银行的营业时间应当方便客户，并予以公告。商业银行应当在公告的营业时间内营业，不得擅自停止营业或者缩短营业时间。"

（4）业务手续费的规定。商业银行一般在提供银行中间业务时收取手续费，而且手续费必须按照规定标准收取，商业银行既不能擅自提高收费标准，也不能随意增加收费品种，扩大收费范围。为此，《商业银行法》规定："商业银行办理业务，提供服务，按照规定收取手续费。收费项目和标准由国务院银行业监督管理机构、中国人民银行根据职责分工，分别会同国务院价格主管部门制定。"

四、商业银行的接管制度

商业银行接管是指当一家商业银行满足法定条件时，国务院银行业监督管理机构可以依法接收该商业银行原管理层的权力，并享有法律赋予的其他权力，全面负责该商业银行的运营管理，以帮助该商业银行恢复正常，从而确保整个银行业的安全的制度。商业银行接管在本质上是一种行政行为，表现为一种金融行政管理关系。

1. 商业银行接管的目的、条件和法律后果

（1）接管的目的。对商业银行进行接管，目的是为了保护存款人的利益，恢复银行的正常经营能力。国务院银行业监督管理机构通过接管，介入这些危机商业银行的管理运营中，采取各种治理措施，尽力使这些商业银行渡过危机，恢复正常，从而保护存款人的利益。

（2）接管的条件。商业银行已经或者可能发生信用危机，严重影响存款人的利益时，国务院银行业监督管理机构可以对该银行实行接管。实际上，商业银行信用危机就是商业银行债权债务关系的稳定性遭到严重破坏，使其濒临破产的边缘。

（3）接管的法律后果。由于国务院银行业监督管理机构实施接管权时，只是全面介入被接管商业银行的日常运营管理中，被接管商业银行的名称、业务范围、从业资格、法人资格等都没有发生法律上的变化，被接管商业银行仍旧继续开门营业，因而被接管的商业银行的债权债务关系不因接管而变化。

2. 商业银行接管的程序

商业银行接管的程序主要包括以下几步。

（1）接管程序的启动。若商业银行已经符合被接管条件，而且国务院银行业监督管理机构认为有必要以接管方式救助该商业银行时，则其可以决定启动接管程序。

（2）公告接管决定。国务院银行业监督管理机构决定接管某家商业银行后，会以书面形式正式公告接管决定。接管决定应当载明被接管的商业银行名称、接管理由、接管组织、接管期限等事项。

（3）实施接管措施。自接管开始之日起，接管组织行使商业银行的经营管理权，有权采取一切促使被接管商业银行恢复正常的经营管理措施，如对被接管银行采取整顿措施等。而且经国务院银行业监督管理机构负责人批准，对直接负责的董事、高级管理人员和其他直接责任人员，可以采取下列措施：①其出境将对国家利益造成重大损失的，通知出境管理机关依法阻止其出境；②申请司法机关禁止其转移、转让财产或者对其财产设定其他权利。

（4）终止接管。根据《商业银行法》的规定，有下列情形之一的，接管终止：①接管决定规定的期限届满或者国务院银行业监督管理机构决定的接管延期届满。具体的接管期限由国务院银行业监督管理机构决定，但最长不能超过 2 年。②接管期限届满前，该商业银行已恢复正常经营能力。③接管期限届满前，该商业银行被合并或者被依法宣告破产。

【案例 6.7】甲商业银行因经营管理不善，造成巨额亏损，无法满足存款人的提款需求。国务院银行业监督管理机构得知后，决定对甲商业银行予以接管。在发布的接管公告中，除了列明甲商业银行名称、接管理由、接管组织外，还特别指出接管期限为 3 年，并保证 3 年期满若甲商业银行仍旧无法恢复正常，国务院银行业监督管理机构将替甲商业银行清偿所有债务，以保障存款人的利益。

请问：上述接管中哪些行为是违法的？

解析：①"接管期限为 3 年"是违法的。因为商业银行接管期限最长不得超过 2 年。②"国务院银行业监督管理机构将替甲商业银行清偿所有债务"也是违法的。因为被接管的商业银行的债权债务关系不因接管而变化，国务院银行业监督管理机构不因接管而承担被接管银行的债务。

五、商业银行的终止

商业银行的终止是指商业银行法人主体资格的丧失，即民事权利能力和民事行为能力的丧失。因此，商业银行的终止意味着其经营活动停止，实质上是商业银行退出市场。根据《商业银行法》的规定，商业银行的终止事由有以下三种情形。

1. 解散

商业银行解散是指由于出现法定事由或者公司章程规定的情况，商业银行停止对外的经营活动，清算未了结的债权债务，使其法人资格消灭的法律行为。商业银行往往因分立、合并或者出现公司章程规定的解散事由这三种情形而解散。商业银行解散应当向国务院银行业监督管理机构提出申请，并附解散的理由和支付存款的本金和利息等债务清偿计划。商业银行经国务院银行业监督管理机构批准后解散。商业银行解散的，应当依法成立清算组，进行清算，按照清偿计划及时偿还存款本金和利息等债务。国务院银行业监督管理机构监督清算过程。

2. 撤销

商业银行撤销是指由于商业银行违反了法律、行政法规的有关规定，被行政机关依法撤销。

例如，商业银行出租、出借经营许可证，情节严重或者逾期不改正的，国务院银行业监督管理机构有权依法吊销该商业银行的经营许可证。

商业银行因吊销经营许可证被撤销的，国务院银行业监督管理机构应当依法及时组织成立清算组，进行清算，按照清偿计划及时偿还存款本金和利息等债务。

3. 破产

商业银行不能支付到期债务，经国务院银行业监督管理机构同意，由人民法院依法宣告其破产。

商业银行被宣告破产的，由人民法院组织国务院银行业监督管理机构等有关部门和有关人员成立清算组，进行清算。商业银行破产清算时，在支付清算费用、所欠职工工资和劳动保险费用后，应当优先支付个人储蓄存款的本金和利息。

第三节 证 券 法

案例导入

一家从事证券自营业务、注册资本为 1.8 亿元人民币的乙证券公司以许诺日后给甲股份有限公司回扣为条件，与甲股份有限公司签订了包销协议，作为甲股份有限公司增发 6 000 万元新股的承销机构。其中包销协议明确约定：包销期限从某年 6 月 1 日至 10 月 1 日，且乙证券公司要先预留 1 000 万元新股。

请问：上述案例中哪些行为是违法的？

证券法是调整因证券发行、上市、交易、监督管理以及其他相关活动而发生的各种社会关系的法律规范的总称。我国于 1998 年通过了《证券法》，并在 2019 年 12 月对其进行了最新修订，以完善我国证券业立法。

一、证券机构

证券机构是指依法批准设立的，从事证券业务以及相关业务的法人组织。证券机构主要包括证券交易所、证券公司、证券登记结算机构、证券业协会等。

1. 证券交易所

证券交易所是指为证券集中交易提供场所和设施，组织和监督证券交易，实行自律管理的法人。证券交易所的设立和解散，由国务院决定。

证券交易所的主要功能是：①为组织公平的集中交易提供保障，实时公布证券交易即时行情，并按交易日制作证券市场行情表，予以公布；②依照法律、行政法规和国务院证券监督管理机构的规定，制定上市规则、交易规则、会员管理规则和其他有关业务规则，并报国务院证券监督管理机构批准；③按照业务规则的规定，决定上市交易股票的停牌或者复牌；④因不可抗力、意外事件、重大技术故障、重大人为差错等突发性事件而影响证券交易正常进行时，为维护证券交易正常秩序和市场公平，证券交易所可以按照业务规则采取技术性停牌、临时停市等处置措施；⑤对证券交易实行实时监控，并按照国务院证券监督管理机构的要求，对异常的交易情况提出报告。

2. 证券公司

证券公司是指依照《公司法》和《证券法》规定的设立条件，经国务院证券监督管理机构批准设立并从事证券经营业务的有限责任公司或者股份有限公司。

设立证券公司应当具备下列条件：①有符合法律、行政法规规定的公司章程；②主要股东及公司的实际控制人具有良好的财务状况和诚信记录，最近 3 年无重大违法违规记录；③有符合《证券法》规定的注册资本；④董事、监事、高级管理人员、从业人员符合《证券法》规定的条件；⑤有完善的风险管理与内部控制制度；⑥有合格的经营场所、业务设施和信息技术系统；⑦符合法律、行政法规和经国务院批准的国务院证券监督管理机构规定的其他条件。

经国务院证券监督管理机构核准，取得经营证券业务许可证，证券公司可以经营以下部分或全部证券业务：①证券经纪；②证券投资咨询；③与证券交易、证券投资活动有关的财务顾问；④证券承销与保荐；⑤证券融资融券；⑥证券做市交易；⑦证券自营；⑧其他证券业务。

证券公司经营上述第①项至第③项业务的，注册资本最低限额为人民币 5 000 万元；经营第④项至第⑧项业务之一的，注册资本最低限额为人民币 1 亿元；经营第④项至第⑧项业务中两项以上的，注册资本最低限额为人民币 5 亿元。证券公司的注册资本应当是实缴资本。本节案例导入中乙证券公司注册资本仅为 1.8 亿元，且其已经开展了自营业务，因而不能开展承销业务。

知识拓展

证券公司行为的限制性规定

为了规范证券公司的行为，我国《证券法》对证券公司的行为作出了限制性规定：证券公司必须将其证券经纪业务、证券承销业务、证券自营业务、证券做市业务和证券资产管理业务分开办理，不得混合操作；证券公司办理经纪业务，不得接受客户的全权委托而决定证券买卖、选择证券种类、决定买卖数量或者买卖价格；证券公司不得对客户证券买卖的收益或者赔偿证券买卖的损失作出承诺；证券公司的从业人员不得私下接受客户委托买卖证券。

3. 证券登记结算机构

证券登记结算机构是为证券交易提供集中登记、托管与结算服务，不以营利为目的的法人。设立证券登记结算机构必须经国务院证券监督管理机构批准。证券登记结算机构的职能包括：证券账户、结算账户的设立；证券的存管和过户；证券持有人名册登记；证券交易的清算和交收；受发行人的委托派发证券权益；办理与上述业务有关的查询、信息服务；等等。

4. 证券业协会

证券业协会是证券业的自律性组织，是社会团体法人。证券公司应当加入证券业协会。证券业协会的权力机构为全体会员组成的会员大会。证券业协会履行以下职责：教育和组织会员及其从业人员遵守证券法律、行政法规，组织开展证券行业诚信建设，督促证券行业履行社会责任；依法维护会员的合法权益，向证券监督管理机构反映会员的建议和要求；督促会员开展投资者教育和保护活动，维护投资者合法权益；制定和实施证券行业自律规则，监督、检查会员及其从业人员行为，对违反法律、行政法规、自律规则或者协会章程的，按照规定给予纪律处分或者实施其他自律管理措施等。

二、证券发行

证券发行是指证券发行者以筹集资金为目的，依法将证券出售给投资者的一种法律行为。

（一）证券发行的种类

证券发行可以分为公开发行和非公开发行。公开发行包括三种情形：①向不特定对象发行证券；②向特定对象发行证券累计超过 200 人，但依法实施员工持股计划的员工人数不计算在内；③法律、行政法规规定的其他发行行为。公开发行证券，必须符合法律、行政法规规定的条件，并依法报经国务院证券监督管理机构或者国务院授权的部门注册。未经依法注册，任何单位和个人不得公开发行证券。

非公开发行也称私募发行，是指向少数特定的投资者发行证券的方式。非公开发行证券，不得采用广告、公开劝诱和变相公开方式。

（二）证券发行的条件

《证券法》主要规定了股票和公司债券的发行条件。

1. 股票发行的条件

股票发行按时间的不同可分为设立发行和新股发行两种，这两种股票发行条件有所差异。

（1）设立发行的条件。设立发行股票是指发起人通过发行公司股票来募集经营资本，成立股份有限公司的行为。设立股份有限公司公开发行股票，应当符合《公司法》规定的条件和经国务院批准的国务院证券监督管理机构规定的其他条件，向国务院证券监督管理机构报送募股申请和公司章程、发起人协议、招股说明书等文件。

（2）新股发行的条件。公司首次公开发行新股，应当符合下列条件：①具备健全且运行良好的组织机构；②具有持续经营能力；③最近3年财务会计报告被出具无保留意见审计报告；④发行人及其控股股东、实际控制人最近3年不存在贪污、贿赂、侵占财产、挪用财产或者破坏社会主义市场经济秩序的刑事犯罪；⑤经国务院批准的国务院证券监督管理机构规定的其他条件。上市公司发行新股，应当符合经国务院批准的国务院证券监督管理机构规定的条件。此外，公司对公开发行股票所募集的资金，必须按照招股说明书或者其他公开发行募集文件所列资金用途使用；改变招股说明书所列资金用途的，必须经股东会作出决议。擅自改变用途而未作纠正的，或者未经股东会认可的，不得公开发行新股。

2. 公司债券发行的条件

我国公开发行公司债券应当符合下列条件：①具备健全且运行良好的组织机构；②最近3年平均可分配利润足以支付公司债券1年的利息；③国务院规定的其他条件。此外，公开发行公司债券筹集的资金，必须按照公司债券募集办法所列资金用途使用；改变资金用途，必须经债券持有人会议作出决议。公开发行公司债券筹集的资金，不得用于弥补亏损和非生产性支出。

有下列情形之一的，不得再次公开发行公司债券：①对已公开发行的公司债券或者其他债务有违约或者延迟支付本息的事实，仍处于继续状态；②违反《证券法》规定，改变公开发行公司债券所募资金的用途。

（三）证券发行的审核制度

在我国公开发行证券，必须符合法律、行政法规规定的条件，并依法报经国务院证券监督管理机构或者国务院授权的部门注册。未经依法注册，任何单位和个人不得公开发行证券。证券发行注册制的具体范围、实施步骤，由国务院规定。

国务院证券监督管理机构或者国务院授权的部门应当自受理证券发行申请文件之日起3个月内，依照法定条件和法定程序作出予以注册或者不予注册的决定，发行人根据要求补充、修改发行申请文件的时间不计算在内。不予注册的，应当说明理由。国务院证券监督管理机构或者国务院授权的部门对已作出的证券发行注册的决定，发现不符合法定条件或者法定程序，尚未发行证券的，应当予以撤销，停止发行。已经发行尚未上市的，撤销发行注册决定，发行人应当按照发行价并加算银行同期存款利息返还证券持有人；发行人的控股股东、实际控制人以及保荐人，应当与发行人承担连带责任，但是能够证明自己没有过错的除外。

知识拓展

审批制、核准制和注册制的概念

　　证券市场的发行审核制度主要有审批制、核准制和注册制等三种。审批制又称严格的实质审查制，是指证券主管机关在实质审查的基础上作出是否同意发行申请的最终决定的制度。核准制是指发行人在发行证券时，不仅要充分公开自身的真实状况，而且还必须符合有关法律法规和证券主管机关规定的必备条件，证券主管机关有权否决不符合规定条件的证券发行申请。注册制是指发行人在准备发行证券时，必须将依法公开的各种资料完整、准确地向证券主管机关呈报并申请注册的制度。

（四）证券发行的承销制度

　　证券发行的承销是指证券公司与证券发行人订立合同，由证券公司帮助证券发行主体发行证券的一种法律行为。证券承销分为代销和包销两种方式。证券代销是指证券公司代发行人发售证券，在承销期结束时，将未售出的证券全部退还给发行人的承销方式。其中股票发行采用代销方式，代销期限届满，向投资者出售的股票数量未达到拟公开发行股票数量70%的，为发行失败。发行人应当按照发行价并加算银行同期存款利息返还股票认购人。证券包销是指证券公司将发行人的证券按照协议全部购入，或者在承销期结束时将售后剩余证券全部自行购入的承销方式。

　　发行人向不特定对象发行的证券，法律、行政法规规定应当由证券公司承销的，发行人应当同证券公司签订承销协议。公开发行证券的发行人有权依法自主选择承销的证券公司。证券公司不得进行虚假的或者误导投资者的广告宣传或者其他宣传推介活动，不得以不正当竞争手段招揽承销业务。证券的代销、包销期限最长不得超过90日。证券公司在代销、包销期内，对所代销、包销的证券应当保证先行出售给认购人，证券公司不得为本公司预留所代销的证券和预先购入并留存所包销的证券。据此，本节案例导入中乙证券公司许诺日后给甲股份有限公司回扣、先预留新股1 000万元、包销期限约定4个月等都是违法的。

三、证券交易

　　证券交易是指证券持有人依照证券交易规则，在规定的场所将其证券转让给其他投资者的行为。证券交易制度主要包括证券上市、持续信息公开和禁止的交易行为三项内容。

（一）证券上市

　　证券上市是指已公开发行的股票、债券等有价证券按照法定条件和程序，在证券交易所公开挂牌交易的行为。

　　申请证券上市交易，应当向证券交易所提出申请，由证券交易所依法审核同意，并由双方签订上市协议。申请证券上市交易，应当符合证券交易所上市规则规定的上市条件。证券交易所上市规则规定的上市条件，应当对发行人的经营年限、财务状况、最低公开发行比例和公司治理、诚信记录等提出要求。

　　上市交易的证券，有证券交易所规定的终止上市情形的，由证券交易所按照业务规则终止其上市交易。证券交易所决定终止证券上市交易的，应当及时公告，并报国务院证券监督管理机构备案。

　　对证券交易所作出的不予上市交易、终止上市交易决定不服的，可以向证券交易所设立的复核机构申请复核。

（二）持续信息公开

　　持续信息公开制度是指发行人在证券发行后，应定期或不定期地公开与证券交易有关的一切重要信息的制度。发行人披露信息应当真实、准确、完整，简明清晰，通俗易懂，不得有虚假记载、误导性陈述或者重大遗漏。

1. 定期报告

定期报告是指公司债券上市交易的公司、股票在国务院批准的其他全国性证券交易场所交易的公司，根据法定时间向国务院证券监督管理机构、证券交易所报送和向社会公众公告的报告，包括年度报告和中期报告。年度报告在每一会计年度结束之日起 4 个月内报送并公告，其中的年度财务会计报告应当经符合《证券法》规定的会计师事务所审计。中期报告在每一会计年度的上半年结束之日起 2 个月内报送并公告。

2. 临时报告

临时报告是指公司发生了可能影响证券市场价格的重大事件，投资者尚未得知时，公司应当立即将有关该重大事件的情况向国务院证券监督管理机构和证券交易场所报送，并予公告，说明事件的起因、目前的状态和可能产生的法律后果。

临时报告的重大事件，对股票而言，包括：公司的经营方针和经营范围的重大变化；公司的重大投资行为，公司在一年内购买、出售重大资产超过公司资产总额 30%，或者公司营业用主要资产的抵押、质押、出售或者报废一次超过该资产的 30%；公司订立重要合同、提供重大担保或者从事关联交易，可能对公司的资产、负债、权益和经营成果产生重要影响；公司发生重大债务和未能清偿到期重大债务的违约情况；公司发生重大亏损或者重大损失；公司生产经营的外部条件发生的重大变化；公司的董事、1/3 以上监事或者经理发生变动，董事长或者经理无法履行职责；持有公司 5% 以上股份的股东或者实际控制人持有股份或者控制公司的情况发生较大变化，公司的实际控制人及其控制的其他企业从事与公司相同或者相似业务的情况发生较大变化；公司分配股利、增资的计划，公司股权结构的重要变化，公司减资、合并、分立、解散及申请破产的决定，或者依法进入破产程序、被责令关闭；涉及公司的重大诉讼、仲裁，股东会、董事会决议被依法撤销或者宣告无效；公司涉嫌犯罪被依法立案调查，公司的控股股东、实际控制人、董事、监事、高级管理人员涉嫌犯罪被依法采取强制措施；国务院证券监督管理机构规定的其他事项。

临时报告的重大事件，对公司债券而言，包括：公司股权结构或者生产经营状况发生重大变化；公司债券信用评级发生变化；公司重大资产抵押、质押、出售、转让、报废；公司发生未能清偿到期债务的情况；公司新增借款或者对外提供担保超过上年末净资产的 20%；公司放弃债权或者财产超过上年末净资产的 10%；公司发生超过上年末净资产 10% 的重大损失；公司分配股利，作出减资、合并、分立、解散及申请破产的决定，或者依法进入破产程序、被责令关闭；涉及公司的重大诉讼、仲裁；公司涉嫌犯罪被依法立案调查，公司的控股股东、实际控制人、董事、监事、高级管理人员涉嫌犯罪被依法采取强制措施；国务院证券监督管理机构规定的其他事项。

知识拓展

未履行信息披露义务的赔偿责任

信息披露义务人未按照规定披露信息，或者公告的证券发行文件、定期报告、临时报告及其他信息披露资料存在虚假记载、误导性陈述或者重大遗漏，致使投资者在证券交易中遭受损失的，信息披露义务人应当承担赔偿责任；发行人的控股股东、实际控制人、董事、监事、高级管理人员和其他直接责任人员以及保荐人、承销的证券公司及其直接责任人员，应当与发行人承担连带赔偿责任，但是能够证明自己没有过错的除外。

（三）禁止的交易行为

《证券法》禁止的证券交易行为主要包括内幕交易、操纵证券市场、虚假陈述、欺诈客户等。

1. 内幕交易

内幕交易是指证券交易内幕信息的知情人和非法获取内幕信息的人，利用内幕信息进行证券交易的活动。其中证券交易内幕信息的知情人包括：①发行人及其董事、监事、高级管理人员；②持有公司5%以上股份的股东及其董事、监事、高级管理人员，公司的实际控制人及其董事、监事、高级管理人员；③发行人控股或者实际控制的公司及其董事、监事、高级管理人员；④由于所任公司职务或者因与公司业务往来可以获取公司有关内幕信息的人员；⑤上市公司收购人或者重大资产交易方及其控股股东、实际控制人、董事、监事和高级管理人员；⑥因职务、工作可以获取内幕信息的证券交易场所、证券公司、证券登记结算机构、证券服务机构的有关人员；⑦因职责、工作可以获取内幕信息的证券监督管理机构工作人员；⑧因法定职责对证券的发行、交易或者对上市公司及其收购、重大资产交易进行管理可以获取内幕信息的有关主管部门、监管机构的工作人员；⑨国务院证券监督管理机构规定的可以获取内幕信息的其他人员。

实案广角

内幕交易案例

推荐登录证监会网站"新闻发布"栏目，查询相关内幕交易案例。

内幕信息是证券交易活动中，涉及公司的经营、财务或者对该公司证券的市场价格有重大影响的尚未公开的信息。根据《证券法》的规定，上述需要临时报告的重大事件，在公开前，均为内幕信息。

证券交易内幕信息的知情人和非法获取内幕信息的人，在内幕信息公开前，不得买卖该公司的证券，或者泄露该信息，或者建议他人买卖该证券。内幕交易行为给投资者造成损失的，行为人应当依法承担赔偿责任。

知识拓展

内幕交易的行政责任

证券交易内幕信息的知情人或者非法获取内幕信息的人违反《证券法》的规定从事内幕交易的，责令依法处理非法持有的证券，没收违法所得，并处以违法所得1倍以上10倍以下的罚款；没有违法所得或者违法所得不足50万元的，处以50万元以上500万元以下的罚款。单位从事内幕交易的，还应当对直接负责的主管人员和其他直接责任人员给予警告，并处以20万元以上200万元以下的罚款。国务院证券监督管理机构工作人员从事内幕交易的，从重处罚。

2. 操纵证券市场

操纵证券市场行为是指以获取利益或减少损失为目的，利用各种不正当的手段操纵市场价格，制造虚假繁荣，以引诱他人参与证券交易，扰乱证券市场秩序的行为。

禁止任何人以下列手段操纵证券市场：①单独或者通过合谋，集中资金优势、持股优势或者利用信息优势联合或者连续买卖，操纵证券交易价格或者证券交易量；②与他人串通，以事先约定的时间、价格和方式相互进行证券交易，影响证券交易价格或者证券交易量；③在自己实际控制的账户之间进行证券交易，影响证券交易价格或者证券交易量；④不以成交为目的，频繁或者大量申报并撤销申报；⑤利用虚假或者不确定的重大信息，诱导投资者进行证券交易；⑥对证券、发行人公开作出评价、预测或者投资建议，并进行反向证券交易；⑦利用在其他相关市场的活动操纵证券市场；⑧以其他手段操纵证券市场。

3. 虚假陈述

《证券法》明确规定，禁止任何单位和个人编造、传播虚假信息或者误导性信息，扰乱证券市场。禁止证券交易场所、证券公司、证券登记结算机构、证券服务机构及其从业人员，证券业协会、证券监督管理机构及其工作人员，在证券交易活动中作出虚假陈述或者信息误导。各种传播媒介传播证券市场信息必须真实、客观，禁止误导。传播媒介及其从事证券市场信息报道的工作人员不得从事与其工作职责发生利益冲突的证券买卖。

编造、传播虚假信息或者误导性信息，扰乱证券市场，给投资者造成损失的，应当依法承担赔偿责任。

4. 欺诈客户

欺诈客户是指证券公司及其从业人员在证券交易活动中违背客户的真实意愿，损害客户利益的行为。具体包括：①违背客户的委托为其买卖证券；②不在规定时间内向客户提供交易的确认文件；③未经客户的委托，擅自为客户买卖证券，或者假借客户的名义买卖证券；④为牟取佣金收入，诱使客户进行不必要的证券买卖；⑤其他违背客户真实意思表示，损害客户利益的行为。

欺诈客户行为给客户造成损失的，行为人应当依法承担赔偿责任。

第四节　保　险　法

案例导入

4 月 3 日，武汉某美容中心向北京某医疗仪器设备公司订购了 5 套激光脱毛设备和两套抽脂设备，合同规定 3 个月后到货。7 月 1 日，美容中心提前为这批设备投保了财产保险，为期 1 年。7 月 2 日，制造商在北京的仓库发生火灾，库中产品全部烧毁，美容中心订购的设备也未能幸免。接到北京的火灾电话后，美容中心向当地保险公司索赔。经过调查，保险公司认为制造商并没有交货，美容中心对保险标的不具有保险利益，遂拒绝赔付。

请问：保险公司是否应该赔偿美容中心的损失？

保险法是调整保险关系的法律规范的总称。狭义的保险法仅指保险法律制度中的基本法，即 1995 年通过，并经 2002 年、2009 年、2014 年、2015 年四次修订/正施行的《保险法》。

保险是指投保人根据合同约定，向保险人支付保险费，保险人对于合同约定的可能发生的事故因其发生所造成的财产损失承担赔偿保险金责任，或者当被保险人死亡、伤残、疾病或者达到合同约定的年龄、期限等条件时承担给付保险金责任的商业保险行为。

保险可以划分为以下几种：①人身保险与财产保险。人身保险是以人的寿命和身体为保险标的的保险，包括人寿保险、健康保险、意外伤害保险等。财产保险是以财产及其有关利益为保险标的的保险，包括财产损失保险、责任保险、信用保险等。②自愿保险与强制保险。自愿保险是在自愿原则下，投保人与保险人通过订立保险合同而建立的保险关系。强制保险是国家通过立法强制实施的保险，如机动车交通事故责任强制保险。

一、保险法的基本原则

保险法的基本原则是指贯穿于保险法的始终，在保险活动中应当遵守的根本性准则。

（1）保险利益原则。保险利益是指投保人或者被保险人对保险标的具有的法律上承认的利益。《保险法》规定，人身保险的投保人在保险合同订立时，对被保险人应当具有保险利益。在人身保险合同中，投保人对下列人员具有保险利益：本人；配偶、子女、父母；前述以外与投保人有抚养、赡养或扶养关系的家庭其他成员、近亲属；与投保人有劳动关系的劳动者。此外，被保险人同意投保人为其订立合同的，视为投保人对被保险人具有保险利益。订立合同时，投保人对被保险人不具有保险利益的，合同无效。财产保险的被保险人在保险事故发生时，对保险标的应当具有保险利益。保险事故发生时，被保险人对保险标的不具有保险利益的，不得向保险人请求赔偿保险金。本节案例导入中，在保险事故发生时，美容中心对保险标的还不具有现实的可保利益，所以保险公司不需要向美容中心进行赔偿。

【案例 6.8】 6 岁女孩琳琳的父母在国外工作，琳琳暂时由外公抚养。后琳琳外公为其买了一份定期保险，并指定自己为该保险受益人。半年后，琳琳意外死亡。父母和外公要求保险公司给付死亡保险金，遭到保险公司拒绝。

请问： 本案中，外公对琳琳具有保险利益吗？

解析： 根据《保险法》的规定，只有父母才可以为未成年子女投保以死亡为给付条件的保险，除此之外，均不得投保；保险公司也不得承保。

（2）最大诚信原则。最大诚信原则是指双方当事人在订立及履行保险合同的时候，应该诚实守信，以一个善良人的标准进行保险活动，最大限度地去行使自己的权利，履行自己的义务，而不能存在欺骗、隐瞒和有损保险合同实现的行为。最大诚信原则的内容主要通过保险合同双方的诚信义务来体现，具体包括投保人或被保险人如实告知的义务及保证义务，保险人的说明义务及弃权和禁止反言义务。

（3）损失补偿原则。损失补偿原则是指保险事故发生造成保险标的毁损致使被保险人遭受经济损失时，保险人才承担损失补偿的责任。损失补偿原则只适用于财产保险。在财产保险事故发生后，保险人承担损失补偿的责任以保险标的遭受的实际损失为限，而不能使被保险人获得多于实际损失的补偿，尤其是不能让被保险人通过保险获得额外的利益，因而超额财产保险被认为是没有法律效力的。

【课堂讨论】 某客户在多家保险公司为自己价值 10 万元的车辆合计购买了 20 万元的车损险，而后，车辆由于事故损毁，但没有达到全损，有 3 万元的残值。请问该客户最多可获赔多少保险金？

（4）近因原则。近因原则已成为判断保险人是否应承担保险责任的一个重要标准。所谓近因，不是指时间上或空间上与损失最接近的原因，而是指造成损失的最直接、最有效、起主导性作用的原因。在保险事故发生后，只有对保险标的造成损害起最主要的、具有决定性的原因才是近因。

【案例 6.9】 王女士购买意外伤害保险后不久，便被一辆中速行驶的轿车轻微碰擦了一下，其顿觉胸闷头晕，在送往医院途中病情加重，最后在医院不治身亡。医院的死亡证明书指出死亡原因是心肌梗死。王女士家人拿着有效保单及死亡证明等资料，向保险公司索赔，但保险公司认为导致死亡的事故为非保险事故，不属于意外伤害，因此不予理赔。

请问： 王女士死亡的近因是什么？

解析： 近因是指导致损失发生的最重要和最根本的原因。王女士被汽车轻微碰擦，如果发生在健康者身上，是不会导致死亡的，所以她身故的近因不是车辆碰擦，而是自身健康的原因即心脏病所致。虽然车辆碰擦是个意外，但不是导致王女士死亡的近因，因此保险公司不予赔偿。

二、保险业务的关系人

保险业务的关系人主要包括保险人、投保人、被保险人、受益人等。

1. 保险人

保险人又称承保人，是指与投保人订立保险合同，并承担赔偿或者给付保险金责任的保险公司。设立保险公司，其注册资本的最低限额为人民币 2 亿元，而且其注册资本必须为实缴货币资本，这从根本上保证了保险公司正常的设立经营。

保险人主要承担以下几项义务：①赔偿和给付保险金的义务；②说明义务，即保险合同在其订立之初，保险人有义务向投保人说明保险合同的条款，特别是对保险合同中约定的有关保险人责任免除条款的内容向投保人作出解释；③保密义务，即保险人要保守投保人、被保险人的一些个人隐私和商业秘密，不能随意地加以泄露。

2. 投保人

投保人是指对保险标的具有保险利益，向保险人申请订立保险合同，并负有交付保险费义务的人。

投保人主要承担以下几项义务：①保险费缴纳的义务；②如实告知义务，即投保人在订立保险合同时应当将自己与保险合同的订立有关的事实如实地进行客观陈述，不得隐瞒或者故意不回答，也不得编造虚假情况来欺骗保险人；③危险增加的通知义务，即在合同有效期内，保险标的的危险程度若是显著增加，投保人应当按照合同约定及时通知保险人，保险人可以按照合同约定增加保险费或者解除合同；④危险事故发生的通知义务；⑤防灾防损和施救义务。

3. 被保险人

被保险人是保险事故发生后遭受损失的人，同时也是在保险事故发生后享有保险金请求权的人。在财产保险合同中，被保险人是指当财产遭受损失时，享有保险金赔偿请求权的人。在人身保险中，被保险人是指以生命或身体为保险标的，并在死亡、伤残、疾病或者保险合同约定的事项发生时享有保险金给付的人。

4. 受益人

受益人又称保险金受领人，是指由投保人或被保险人在保险合同中指定的，在保险事故发生时，享有保险金请求权的人。受益人是保险合同的关系人。一般在人身保险合同中才有受益人。由于受益人是保险合同的关系人，因此受益人几乎只享有权益，而不需要承担保险义务。

📖 知识拓展

受益人规则

人身保险的受益人由被保险人或者投保人指定。投保人指定受益人时须经被保险人同意。投保人为与其有劳动关系的劳动者投保人身保险，不得指定被保险人及其近亲属以外的人为受益人。被保险人为无民事行为能力人或者限制民事行为能力人的，可以由其监护人指定受益人。

被保险人或者投保人可以指定一人或者数人为受益人。受益人为数人的，被保险人或者投保人可以确定受益顺序和受益份额；未确定受益份额的，受益人按照相等份额享有受益权。

被保险人或者投保人可以变更受益人并书面通知保险人，但投保人变更受益人时须经被保险人同意。保险人收到变更受益人的书面通知后，应当在保险单或者其他保险凭证上批注或者附贴批单。

被保险人死亡后，有下列情形之一的，保险金作为被保险人的遗产，由保险人依照《民法典》的规定履行给付保险金的义务：①没有指定受益人，或者受益人指定不明无法确定的；②受益人先于被保险人死亡，没有其他受益人的；③受益人依法丧失受益权或者放弃受益权，没有其他受益人的。受益人与被保险人在同一事件中死亡，且不能确定死亡先后顺序的，推定受益人死亡在先。

三、保险合同

保险合同是投保人与保险人约定保险权利义务关系的协议，具有有偿性、双务性、附和性、射幸性等特征。

（一）保险合同的成立与生效

保险合同的成立是指投保人与保险人就保险合同的内容达成一致的状态。投保人提出保险要求，经保险人同意承保，保险合同成立。保险人应当及时向投保人签发保险单或者其他保险凭证。

保险合同的生效是指依法成立的保险合同对当事人具有法律约束力的状态，依法成立的保险合同，自成立时生效。投保人和保险人可以对合同的效力约定附条件或者附期限。保险合同成立后，投保人按照约定交付保险费，保险人按照约定的时间开始承担保险责任。除《保险法》另有规定或者保险合同另有约定外，保险合同成立后，投保人可以解除合同，保险人不得解除合同。

【课堂讨论】保险费缴纳是不是保险合同成立的标志？

（二）人身保险合同的特殊条款与规则

人身保险合同是以人的寿命和身体为保险标的的保险合同，即投保人按照合同的约定向保险人支付保险费，保险人对被保险人在保险期内因保险事故导致的死亡、伤残、疾病，或者达到合同约定的年龄、期限等条件时，向被保险人或者受益人给付保险金的商业保险合同。《保险法》规定了人身保险合同的特殊条款，具体如下。

（1）年龄不实条款。投保人申报的被保险人年龄不真实，并且其真实年龄不符合合同约定的年龄限制的，保险人可以解除合同，并按照合同约定退还保险单的现金价值；投保人申报的被保险人年龄不真实，致使投保人支付的保险费少于应付保险费的，保险人有权更正并要求投保人补交保险费，或者在给付保险金时按照实付保险费与应付保险费的比例支付；投保人申报的被保险人年龄不真实，致使投保人支付的保险费多于应付保险费的，保险人应当将多收的保险费退还投保人。

【案例6.10】2022年11月12日，某单位为全体职工投保了简易人身险，每个职工50份（5年期），月交保险费30元。2024年5月，该单位职工李某因交通事故不幸死亡，他的家人带着单位开具的介绍信及相关的证明资料，到保险公司申领保险金。保险公司在查验这些单证时，发现被保险人李某投保时所填写的年龄与其户口簿上所登记的不一致，投保单上所填写的64岁显然是不真实的。实际上，投保时李某已67岁，超出了简易人身险条款规定的最高投保年龄（65岁）。于是，保险公司以单位投保时申报的被保险人的年龄已超出了保险合同约定的年龄限制为理由，拒付该笔保险金，并在扣除手续费后，向该单位退还了李某的保险费。

请问：本案中的保险合同能否解除？为什么？

解析：能。因为《保险法》第三十二条第一款规定：投保人申报的被保险人年龄不真实，并且其真实年龄不符合合同约定的年龄限制的，保险人可以解除合同，并按照合同约定退还保险单的现金价值。但是自合同成立之日起逾2年的，保险人不得解除合同。

（2）死亡保险合同的特殊条款。投保人不得为无民事行为能力人投保以死亡为给付保险金条件的人身保险，保险人也不得承保。父母为其未成年子女投保的人身保险，不受此限制。但是，因被保险人死亡给付的保险金总和不得超过国务院保险监督管理机构规定的限额。以死亡为给付保险金条件的合同，未经被保险人同意并认可保险金额的，合同无效。按照以死亡为给付保险金条件的合同所签发的保险单，未经被保险人书面同意，不得转让或者质押。父母为其未成年子女投保的人身保险，不受被保险人同意并认可保险金额规定的限制。

（3）宽限期条款。投保人可以按照合同约定向保险人一次支付全部保险费或者分期支付保险费。合同约定分期支付保险费的，投保人支付首期保险费后，除合同另有约定外，投保人自保险人催告之日起超过30日未支付当期保险费，或者超过约定的期限60日未支付当期保险费的，合同效力中止，或者由保险人按照合同约定的条件减少保险金额。被保险人在前述规定期限内发生保险事故的，保险人应当按照合同约定给付保险金，但可以扣减欠交的保险费。保险人对人寿保险的保险费，不得用诉讼方式要求投保人支付。

（4）保险合同效力的中止及恢复条款。保险合同效力中止期间，保险人不承担保险责任，但保险合同本身并没有失效。合同效力依照《保险法》的规定中止的，经保险人与投保人协商并达成协议，在投保人补交保险费后，合同效力恢复。但是，自合同效力中止之日起满 2 年双方未达成协议的，保险人有权解除合同。保险人依法解除合同的，应当按照合同约定退还保险单的现金价值。

（5）自杀条款。以被保险人死亡为给付保险金条件的合同，自合同成立或者合同效力恢复之日起 2 年内，被保险人自杀的，保险人不承担给付保险金的责任，但被保险人自杀时为无民事行为能力人的除外。如果保险人据此不承担给付保险金责任的，应当按照合同约定退还保险单的现金价值。

【案例 6.11】2022 年 2 月 1 日，张某为其正在上大学的儿子张东（19 岁）投保了一份人身保险，与保险公司签订了保险合同，合同中包含有在保险期限内被保险人意外伤害及死亡的赔付条款，指定张某本人为受益人。2024 年 5 月 1 日，被保险人张东因失恋而自杀。事后，张某向保险公司索赔，保险公司以被保险人张东自杀为由拒绝赔付。

请问：保险公司拒绝赔付的理由是否成立？为什么？

解析：保险公司拒绝赔付的理由不成立。以被保险人死亡为给付保险金条件的合同，自合同成立或者合同效力恢复之日起 2 年内，被保险人自杀的，保险人不承担给付保险金的责任，但被保险人自杀时为无民事行为能力人的除外。本案中张某为其子张东投保的人身保险，因保险合同成立之日至被保险人自杀已经超过 2 年，故保险公司应当承担给付保险金的责任。

（三）财产保险合同的特殊规则

财产保险合同是以财产及其有关利益为保险标的的保险合同，即投保人以支付保险费为条件而同保险人约定的，保险人在被保险人的财产及有关利益发生保险责任范围内的损失时，由保险人承担赔偿责任的保险合同。财产保险合同的特殊规则有以下几种。

1. 重复保险

重复保险是指投保人对同一保险标的、同一保险利益、同一保险事故分别与两个以上保险人订立保险合同，且保险金额总和超过保险价值的保险。保险金额总和超过保险价值是重复保险得以发生的前提。同时，重复保险的发生要求必须满足同一保险标的、同一保险利益、同一保险事故条件。如果投保人为两个保险标的投保，如为两辆汽车投保碰撞险，或者为同一保险标的的不同保险利益投保，或者保险事故发生的年月不同，那么就不构成重复保险。

在保险赔付中，对重复保险进行了限制，即重复保险的各保险人赔偿保险金的总和不得超过保险价值。除合同另有约定外，各保险人按照其保险金额与保险金额总和的比例承担赔偿保险金的责任。重复保险的投保人可以就保险金额总和超过保险价值的部分，请求各保险人按比例返还保险费。

【案例 6.12】李某有一幢房屋，价值 10 万元，向 A 财产保险公司投保了 10 万元财产险。李某同学在 B 保险公司工作，向李某推销业务，李某又为该幢房屋投保了 10 万元财产险。不久，李某的房屋毁于一场火灾。李某向前述两家保险公司同时要求理赔，要求赔偿共 20 万元，但两家保险公司知晓李某重复投保后，均拒绝完全赔偿，而只同意按比例赔偿。

请问：李某能从 A 和 B 两家保险公司获得多少赔偿？

解析：李某投保的行为属于重复保险。重复保险不得违背保险法的损失补偿原则。按照《保险法》规定，A 和 B 两家保险公司应当按照比例进行赔偿。因此，李某从 A 保险公司可获赔 5 万元，从 B 保险公司可获赔 5 万元。

2. 代位求偿权

代位求偿权是指当保险标的遭受保险事故而造成损失，依法应由第三者承担赔偿责任时，保险公司自支付保险赔偿金之日起，在赔偿金额的限度内，相应地取得向第三者请求赔偿的权利。保险代位求偿权制度是财产保险损失补偿原则的延伸，主要是防止被保险人在保险事故发生后，从保险赔偿中获得不当利益。

代位求偿权的成立要件主要包括以下几个：①被保险人因保险事故对第三者享有损失赔偿请求权；②保险人只有在向被保险人支付了保险金后才能行使对第三人享有的赔偿请求权；③代位求偿权仅仅适用于财产保险，不适用于人身保险；④保险人行使代位求偿权向第三人追偿的金额不得超过其向被保险人支付的保险金。

在保险事故发生后，被保险人不能损害保险人的代位求偿权。即在保险人未赔偿保险金之前，被保险人放弃对第三人的赔偿请求权的，保险人不承担赔偿保险金的责任；保险人向被保险人赔偿保险金后，被保险人未经保险人同意放弃对第三人的赔偿请求权的，该放弃行为无效。被保险人故意或者因重大过失致使保险人不能行使代位请求赔偿的权利的，保险人可以扣减或者要求返还相应的保险金。

值得一提的是，除被保险人的家庭成员或者其组成人员故意造成的保险事故外，保险人不得对被保险人的家庭成员或者其组成人员行使代位请求赔偿的权利。

【案例6.13】2021年8月，夏某以自己为被保险人为家庭财产投保了1年期的家庭财产险，保险金额为8万元。保险期限自2021年8月10日至2024年8月9日。2024年2月5日夏某外出，家中只留下9岁的儿子。夏某的儿子趁家中无人将打火机拿出来玩耍，导致大火。夏某儿子逃出门外，但其家庭财产遭受损失共计5万元。夏某向保险公司提出索赔，保险公司拒赔。

请问：根据案情，保险公司是否有权拒赔？为什么？

解析：无权。由于保险事故是被保险人以外的第三人造成的，按照《保险法》的规定，保险公司应该承担给付保险金的责任，然后保险公司可向第三人进行追偿。但是由于造成保险事故的第三人是夏某的近亲属，因此，除被保险人的家庭成员或者其组成人员故意造成的保险事故外，保险人不得对被保险人的家庭成员或者其组成人员行使代位请求赔偿的权利。所以，保险公司无权对夏某拒赔。

第五节　票　据　法

案例导入

A向B购买了一批价值1万元的货物，并签发了一张1万元票据交付给B。C以赝品冒充真品从B手中骗得该票据，而后C以该票据偿还欠D的8 000元借款并告知D实情，D因多得到2 000元就接受了。后来D将该票据赠与E，E用该票据支付欠F的1万元装修款。F过世后，该票据由H继承。

请问：上述哪些人无票据权利？

票据是出票人依据《票据法》签发的，约定由自己或委托他人在见票时或者在确定的日期，向持票人或收款人无条件支付一定金额的有价证券。其具体包括汇票、本票和支票三种。

一、票据法的基础理论

（一）票据的法律特征

一般而言，票据的法律特征主要包括以下几点。

（1）票据是文义证券，即票据所创设的一切权利义务，完全以票据上所记载的文义为准，而不得进行任意解释或者根据票据以外的任何其他文件确定。

（2）票据是设权证券，即票据权利是在票据做成的同时才产生的，没有票据，也就没有票据上的权利。

（3）票据是要式证券，即票据的制作必须依据票据法规定的格式进行；票据上记载的事项，也必须严格遵守票据法的规定。如果不按票据法的规定制作票据或记载事项，则会影响票据的效力甚至会造成票据无效。

（4）票据是无因证券，即票据如果具备票据法上的条件，票据权利就成立，而不需要考虑票据权利发生的原因或基础。即使这些原因或基础关系无效、被撤销，对票据关系也不产生影响。

（5）票据是完全有价证券，即票据权利与票据的占有不可分离，票据权利的产生、转让与交付都必须以票据的存在为必要。

【案例6.14】 甲交给乙一张经付款银行承兑的远期汇票，作为向乙订购水泥的预付款，乙在票据上背书后转让给丙以偿还原先欠丙的装修款，丙在到期日向承兑银行提示付款，恰遇当地人民法院公告该行倒闭破产，因而被退票。丙随即向甲追索，甲以乙所交水泥质量不合格为由予以拒绝，并称10天前已通知银行止付，止付通知及止付理由也同时通知了乙。在此情况下丙再向乙追索，乙以该汇票是甲开立为由推诿。为此，丙向人民法院起诉。

请问： 人民法院应如何判决？为什么？

解析： 人民法院应判定甲向丙清偿被拒付的汇票票款、自到期日或提示日起至清偿日止的利息以及丙进行追索所支付的相关必要费用。甲与乙的纠纷则另案处理。原因在于票据具有流通性、无因性、文义性、要式性。因此，只要丙是票据的合法持有人，就有权要求票据债务人支付票款，并且此项权利并不受其前手乙的权利缺陷（乙向甲交付的水泥质量不合格）的影响。因此，丙在遭到主债务人（承兑银行）退票后，即有权向其前手甲、乙进行追索。同样由于票据所具有的特性，甲不能以抗辩乙的理由抗辩丙。

（二）票据法上的法律关系

票据法上的法律关系可以分为票据关系和票据法上的非票据关系。票据关系是指当事人之间基于各种票据行为而发生的债权债务关系。尽管基于各种票据行为而发生的各个票据关系具有独立性，但在所有票据关系中义务主体却是动态的，具有相对不确定性。

票据法上的非票据关系是指根据票据法规定而产生的，而不是基于票据行为直接发生的法律关系。其主要包括以下三种：①利益返还关系，即持票人因超过票据权利时效或者因票据记载事项欠缺而丧失票据权利的，仍享有民事权利，可以请求出票人或承兑人返还其与未支付的票据金额相当的利益；②票据返还关系，即以非法手段或出于恶意而取得票据者不得享有票据权利，丧失票据或已经履行义务的人就享有票据返还的请求权；③损害赔偿，即当票据关系主体没有遵守法定规则时，应承担因此而造成的损害赔偿责任。如《票据法》规定，当承兑人或付款人在拒绝承兑或拒绝付款时没有出具拒绝证明，则该承兑人或付款人应承担由此产生的损害赔偿责任。

知识拓展

票据的基础关系

票据的基础关系是指票据关系所赖以产生的民事基础法律关系。一般分为以下三种：①票据原因关系。票据原因关系是指授受票据的直接当事人之间基于授受票据的理由而产生的法律关系。②票据资金关系。票据资金关系是指存在于汇票出票人与付款人之间、支票出票人与银行之间的基础关系。汇票和支票的出票人之所以可以委托付款，付款人之所以愿意承兑或付款，就是因为他们之间有一定的约定。③票据预约关系。票据预约关系是指授受票据的当事人之间有了原因关系之后，就签发、使用票据以及对票据所记载的内容进行预先约定而形成的法律关系。票据预约不仅存在于出票人与收款人之间，也存在于背书人与被背书人之间。

（三）票据行为

票据行为是指以发生票据上的债务为目的的法律行为，包括出票、背书、承兑以及保证等四种行为。票据行为除了具有要式性、无因性、文义性特征外，还具有独立性特征，即在同一票据上若有数个票据行为，则每一行为各依其在票据上所载的文义分别独立发生效力，一行为无效不影响其他行为的效力。例如，无民事行为能力人或限制民事行为能力人在票据上签章的，该签章无效，但不影响其他签章的效力。

知识拓展
票据行为的实质要件

票据行为的形式要件包括书面、签章、记载事项以及交付。其中票据行为必须以书面方式为之，否则无效。在票据签章的形式方面，自然人在票据上的签章，可以签名、盖章，也可以签名加盖章；法人和其他使用票据的单位在票据上的签章，必须加盖该法人或者该单位的盖章加其法定代表人或其授权的代理人的签章，二者缺一不可。同时，在票据上的签名，应当是该当事人的本名，不能只签姓不签名或者只签名不签姓，也不能使用别名、乳名、笔名等。

【案例6.15】为偿还乙公司的货款，甲公司向乙公司出具一张支票。该支票是用蓝色圆珠笔填写的，而且还没有填写出票日期、付款人名称、付款地和出票地四项内容。此外，该支票上只有甲公司法定代表人刘某的签名，没有加盖甲公司的公章。

请问：上述案例中存在哪些违法之处？

解析：本案违法之处如下：①支票签发必须使用碳素墨水或墨汁填写，不得用蓝色圆珠笔填写；②签发支票时，付款人名称和出票日期是必要记载事项，若未记载，则该支票无效；③法人在支票上的签章，必须加盖与该法人在银行预留签章一致的公章以及法定代表人或其授权的代理人的签章，二者缺一不可。本案没有加盖公司公章，属于违法行为。

（四）票据权利

票据权利是指持票人向票据债务人请求支付票据金额的权利，包括付款请求权和追索权。付款请求权是指持票人依法要求票据的主债务人按票据上所记载的金额付款的权利。这是《票据法》规定的最基本权利，又称为票据的第一次权利。追索权是指持票人行使付款请求权受到拒绝或有其他法定原因时，有向其前手请求支付票据金额的权利，也称第二次请求权。

1. 票据权利的取得

票据权利的取得必须以占有票据为必要，并取得票据上的所有权。持票人取得票据权利需同时具备以下三个条件：①持票人取得票据必须给付对价，即持票人应当给付票据双方当事人认可的相对应的代价，但因税收、继承、赠与可以依法无偿取得票据的，则不受给付对价的限制，但该持票人所享有的票据权利不得优于其前手；②持票人取得票据的手段必须合法，即以欺诈、偷盗、胁迫、抢夺、拾得、走私、贩毒、赌博、卖淫等手段取得票据的，均不得享有票据权利；③持票人取得票据时主观上应当具备善意，即持票人取得票据时对从票据外观无法察觉的瑕疵，事实上不知道也不可能知道的一种主观心理状态。据此，本节案例导入中C、D、E等三者均无票据权利，其原因就在于C采用欺诈方式取得票据，其手段不合法；D取得票据时主观上是恶意的；E因为无偿取得票据，其所享有的票据权利不得优于其前手D，而D无票据权利，所以E也无票据权利。

知识拓展
票据权利的取得方式

（1）原始取得。原始取得，即持票人不是从其前手处受让票据权利，而是最初取得票据权利。原始取得包括出票取得和善意取得。前者是指票据的出票人在做成票据，并将票据交付给持票人时，持票人取得票据权利。后者是指票据的受让人善意或无重大过失，从无权利人手中受让票据，从而取得票据权利的方式。

（2）继受取得。继受取得，即持票人从有权处分票据权利的前手那里，依背书交付或单纯交付的方式，受让票据权利。票据权利的继受取得可以分成《票据法》上的继受取得和非《票据法》上的继受取得。前者主要以背书转让、贴现、质押、保证、付款等方式继受取得票据权利，后者主要以继承、赠与、公司合并或分立、清算等方式继受取得票据权利。

2. 票据权利的消灭

票据权利的消灭是指票据权利因一定原因或法定事由的出现而不再存在。票据权利消灭的情形主要有以下几种：①票据时效期间届满。如持票人对票据的出票人和承兑人的权利，自票据到期日起 2 年；见票即付的汇票、本票，自出票日起 2 年；持票人对支票出票人的权利，自出票日起 6 个月；持票人对前手的追索权，自被拒绝承兑或者被拒绝付款之日起 6 个月；持票人对前手的再追索权，自清偿日或被提起诉讼之日起 3 个月。②票据保全手续欠缺，即持票人不能出示拒绝证明、退票理由书或未按照规定期限提供其他合法证明的，丧失对其前手的追索权。③履行付款义务。④被追索人清偿票据债务以及追索费用。⑤其他。如因票据毁灭、提存、抵消、混同、免除、人民法院除权判决等事由导致的票据权利消灭。

3. 票据权利的行使与保全

票据权利的行使是指票据权利人向票据债务人提示票据，请求履行票据债务的行为，如提示承兑、提示付款、行使追索权等。票据权利的保全是指票据权利人为防止票据权利丧失而进行的一切行为。

通常，票据权利的行使和保全的方式包括按期提示票据和做成拒绝证书两种。按期提示票据是指票据权利人向票据债务人出示票据，主张权利。它一方面是票据权利人主张付款权利，即票据权利的行使；另一方面，又是行使追索权所必须具备的要件之一，即票据权利的保全，持票人如未在《票据法》规定的期间内提示付款，则会发生丧失追索权的效果。因此，提示票据有行使和保全票据权利的双重作用。

做成拒绝证书是指持票人向承兑人或付款人请求承兑或付款而遭到拒绝时，请拒绝之人出具拒绝承兑或拒绝付款的书面证明。依照法定期限取得拒绝证书是持票人行使追索权的前提，因而其是票据权利保全的一种有效形式。

（五）票据瑕疵

票据瑕疵主要包括票据的伪造和票据的变造两类。

（1）票据的伪造，是指以行使票据权利为目的，假借他人或者虚构他人的名义在票据上签章的行为。具体而言，行为人在没有得到他人授权的情况下，采取模仿他人的签名、伪刻他人的印章或盗用他人的印章等方式在票据上签章，从而使他人蒙受损失，让自己从中渔利。由于票据伪造者和被伪造者都没有真正在票据上进行签章，因此二者都不负票据法上的责任，但伪造者必须承担刑事责任、行政责任和民事赔偿责任。票据上其他真正签章人仍应对票据的文义负责。

（2）票据的变造，是指无变更权的人对票据上除签章以外的有关记载事项进行变更的行为。比如，持票人将金额由 10 万元改为 100 万元，或者将记载的付款地由"福建"改为"江西"等。根据《票据法》的规定，票据上其他记载事项被变造的，在变造之前签章的人，对原记载事项负责；在变造之后签章的人，对变造之后的记载事项负责；不能辨别是在票据被变造之前或者之后签章的，视同在变造之前签章。此外，变造人还必须承担刑事责任和民事责任。

课堂研讨案例

A 银行接受 B 公司的委托签发了一张金额为 8 600 元人民币的本票,收款人为某计算机公司的经理李某。李某将票据背书转让给了王某。王某将票据金额改写为 86 000 元人民币后转让给了 C 商店,C 商店又将该票据背书转让给了某供销社。当该供销社向付款银行提示付款时,付款银行以票据上有瑕疵为由退票。

请问:(1)王某应承担哪些责任?

(2)如果最后的持票人向前手行使追索权,则除王某以外的各位前手应承担怎样的票据责任?法律依据是什么?

二、汇票

汇票是指出票人签发的,委托付款人在见票时或者在指定日期无条件支付确定的金额给收款人或者持票人的票据。根据出票人的不同,可以将汇票分为银行汇票和商业汇票两种。前者根据其用途又可以分为现金银行汇票和转账银行汇票,后者根据承兑人不同可以分为银行承兑汇票和商业承兑汇票。

(一)汇票的出票

汇票的出票是指出票人依照法定形式签发票据并将其交付给收款人的票据行为。出票是最基本、最主要的票据行为,没有出票也就没有背书、承兑、保证等附属票据行为。

汇票出票时绝对必要记载事项包括:标明"汇票"的字样、无条件支付的委托、确定的金额、付款人名称、收款人名称、出票日期、出票人签章。缺少上述任何一项,汇票都是无效的。

汇票出票时相对必要记载事项包括:①付款日期。汇票上未记载付款日期的,为见票即付。②付款地。若汇票没有记载付款地,则应以付款人的营业场所、住所或者经常居住地为付款地。③出票地。若汇票没有记载出票地,则应以出票人的营业场所、住所或经常居住地为出票地。

此外,出票人签发汇票时,若在票面上记载"免除担保承兑和免除担保付款",则该项记载无效,但汇票的效力并不因此受到影响。

【案例 6.16】甲公司因购买乙公司货物而签发了一张汇票给乙公司,汇票上记载了以下内容:"汇票"字样、无条件支付的委托、收款人名称、出票日期。但汇票没有填写付款人名称和付款日期,也没有加盖甲公司公章,而且金额一栏填写的是"50 万元左右"。

请问:上述甲公司哪些出票行为是违法的?

解析:①没有填写付款人名称,因为付款人名称是绝对必要记载事项;②没有加盖甲公司公章,因为出票人签章也是绝对必要记载事项;③金额填写的是"50 万元左右",因为汇票出票时必须记载确定的金额。

(二)汇票的背书

汇票的背书是指持票人以转让汇票权利或者将一定汇票权利授予他人行使为目的,在汇票背面或粘单上记载有关事项并签章的票据行为。汇票的背书可以分为转让背书和非转让背书两种。

1. 转让背书

转让背书是指持票人以转让汇票权利为目的的背书。通常意义上的背书就是指转让背书。转让背书的必要记载事项包括背书人的签章、背书的日期和被背书人的名称三项。背书人的签章属于绝对必要记载事项,而背书的日期和被背书人的名称属于相对必要记载事项。背书未记载日期的,视为在汇票到期日前背书;背书未记载被背书人名称的,视为授权持票人自己补记。

背书行为具有无条件性和不可分性,即背书不得附条件,否则所附条件不具有汇票上的效力；同时，将汇票金额的一部分转让的背书或者将汇票金额分别转让给两人以上的背书无效。

此外，转让背书会产生以下三方面的效力：①权利转移的效力。背书成立后，汇票上的一切权利就由背书人转移给被背书人，被背书人就成为汇票权利人，享有付款请求权和追索权。②权利担保效力。背书人以背书转让汇票后，即承担保证其后手所持汇票承兑和付款的责任。在汇票得不到承兑或付款时，背书人应当向持票人承担清偿责任。③权利证明效力。这是指持票人所持汇票上的背书只要具有形式上的连续性，即可证明持票人享有汇票上的一切权利。

图例解析

票据背书连续的实例

背书的连续是指在票据的转让中，转让汇票的背书人与受让汇票的被背书人在汇票上的签章依前后次序衔接（见图6.1），即连续背书的第一背书人应当是票据上记载的收款人，自第二次背书起，每一次背书的背书人必须是上一次背书的被背书人，最后的持票人必须是最后一次背书的被背书人。图6.1中，收款人A公司将汇票背书给甲公司，形成第一次背书关系；第二次背书中的背书人也就是第一次背书中的被背书人，即甲公司；第三次背书中的背书人也就是第二次背书中的被背书人乙公司，从而表明这张背书是连续的。

被背书人：甲公司		被背书人：乙公司		被背书人：丙公司	
（A公司财务专用章）	张三印章	（甲公司财务专用章）	李四印章	（乙公司财务专用章）	王五印章

图6.1　连续背书示例

2. 非转让背书

非转让背书是指持票人以将一定的票据权利授予他人行使为目的的背书，其属于特殊意义的背书。非转让背书主要包括委托收款背书和质押背书两种。前者是以委托他人代替自己行使票据权利，收取票据金额为目的的背书。该背书不仅要有背书人的签章，而且还要有"委托收款"的字样。后者是以设定质权，提供债权担保为目的而进行的背书。该背书必须记载"质押"或"设质"等字样，若出质人只在汇票上记载"出质"字样但并未签章，或者出质人另行签订质押合同或条款而未在汇票上记载"质押"字样，则不构成汇票质押。

【案例6.17】A公司为支付所欠B公司货款，于5月5日开出一张50万元的商业承兑汇票给B公司。B公司用此汇票进行背书转让给C公司，以购买一批原材料，背书时注明了"货到后此汇票方生效"。C公司将该汇票的30万元金额背书给D公司，支付其欠D公司的货款，将剩余的20万元背书给E公司，支付其欠E公司的广告费用。

请问：（1）B公司背书行为是否有效？为什么？

（2）C公司分别背书行为是否有效？为什么？

解析：（1）B公司在将汇票背书转让给C公司时注明了"货到后此汇票方生效"，这是对背书附加了条件，因而所附的条件不具有汇票上的效力，但背书行为仍然有效。

（2）C公司将该汇票的30万元金额背书给D公司，将剩余20万元背书给E公司，属于将汇票金额分别转让给两人以上的背书，违背了汇票背书行为的不可分性，这种背书行为是无效的。

（三）汇票的承兑

承兑是指远期汇票的付款人在票据的正面记载有关事项并签章，而后将票据交付请求承兑人承诺在汇票到期日无条件支付汇票金额的票据行为。

汇票承兑时应遵循以下程序：①提示承兑。持票人应在汇票载明的付款人的营业场所和营业时间内提示承兑，若付款人无营业场所，则应在其住所进行。同时，对于定日付款和出票后定期付款的汇票，持票人应在汇票到期日前向付款人提示承兑；对于见票后定期付款的汇票，则持票人应在出票日后 1 个月内向付款人提示承兑。如果持票人不按规定期限向付款人提示承兑，则丧失对其前手的追索权。②承兑或拒绝承兑。付款人对向其提示承兑的汇票，应当自收到提示承兑的汇票之日起 3 日内承兑或拒绝承兑；若付款人在 3 日期限届满后未作出表示，则视为拒绝承兑。如果付款人对汇票加以承兑，则其必须在汇票正面记载"承兑"字样和承兑日期并签章；同时不得附有条件，因为若承兑附有条件，则视为拒绝承兑。

付款人承兑汇票后，就成为汇票上的第一债务人，即使承兑人和出票人之间并不存在事实上的资金关系，承兑人也不能以此为由对抗持票人。而且，即使持票人未按期提示付款，持票人仍有权对承兑人主张权利。此外，承兑人还必须承担最终的追索责任。

（四）汇票的保证

汇票保证是票据债务人以外的第三人为担保特定汇票债务人履行债务，以负担同一内容的汇票债务为目的，在汇票上记载有关事项并签章，然后将票据交还给请求保证之人的一种附属票据行为。

保证人必须在汇票或粘单上记载下列事项：表明"保证"的字样、保证人签章、保证人的名称和住所、被保证人的名称、保证日期。其中前两项属于绝对必要记载事项，后三项属于相对必要记载事项。因为如果缺少保证人的名称和住所，则保证人的名称可由其签章认定，保证人住所可以推定为保证人的营业场所或住所；如果缺少被保证人的名称，则已承兑的汇票，承兑人为被保证人，未承兑的汇票则以出票人为被保证人；如果缺少保证日期，则以出票日为保证日期。此外，保证不得附有条件；附有条件的，不影响对汇票的保证责任。

（五）汇票的付款

付款是汇票的付款人向持票人支付汇票金额，以消灭票据权利义务的行为。由于付款不以付款人在汇票上为意思表示以及签章，因而付款仅仅是一种准法律行为，而不是票据行为。

汇票付款程序有以下三步：①提示付款。持票人应当按照下列期限提示付款：见票即付的汇票，自出票日起 1 个月内向付款人提示付款；定日付款、出票后定期付款或者见票后定期付款的汇票，自到期日起 10 日内向承兑人提示付款。②实际付款。付款人或代理付款人必须在持票人请求付款的当日足额付款，不允许其延期付款、部分付款。③交回票据。付款人付款后，持票人应当在汇票上记载"收讫"字样并签章，而后将汇票交给付款人，以此证明付款人已经依法履行完付款义务。持票人委托银行收款的，托收银行将代收的汇票金额转账收入持票人的账户，则视同签收。

付款人按照汇票记载的文义，即时足额支付汇票金额后，汇票法律关系全部归于消灭，付款人和全体汇票债务人的票据责任因此而解除。

三、本票

本票是由出票人签发的，承诺自己在见票时无条件支付确定的金额给收款人或者持票人的票据。本票的基本当事人只有两方，即出票人和收款人。本票是自付证券，无须承兑。我国只承认记名本票、银行本票、见票即付本票。

本票的出票是指出票人表示自己承担支付本票金额债务的票据行为。本票出票时必须记载的事项有：表明"本票"的字样、无条件支付的承诺、确定的金额、收款人名称、出票日期、出票人签章。本票上未记载上述规定事项之一的，本票无效。此外，付款地和出票地是本票的相对必要记载事项。若本票上未记载付款地，则出票人的营业场所为付款地；若本票上未记载出票地，则出票人的营业场所为出票地。

本票出票后，对于出票人而言，其必须承担对本票持票人的付款责任。出票人是本票上的主债务人，本票一届到期日，出票人必须对持票人付款，对此不得附加任何条件，而且出票人的付款义务不因持票人对其权利的行使或保全手续的欠缺而免除，但一经出票人付款，全部本票关系都归于消灭。因此，本票出票人的付款责任是第一性、无条件、绝对、最终的责任。对于收款人而言，本票出票后，其就取得本票上的权利。这有别于汇票，因为汇票须经过承兑人才能使持票人所享有的付款请求权从期待权变为现实的权利。

【**案例 6.18**】甲市的 A 向某农行申请了一张本票，准备拿到乙市去做生意。该本票上记载的内容只有：出票日期为 2022 年 3 月 5 日，金额 5 000 元，"本票"字样，无条件支付的承诺，出票地为甲市某农行所在地。A 将此本票背书转让给了乙市的 B，B 又转让给了同市的 C。

请问：该本票的出票行为有效吗？为什么？

解析：无效，因为为该本票欠缺出票人签章和收款人名称这两个绝对必要记载事项。

四、支票

支票是出票人签发的，委托办理支票存款业务的银行或其他金融机构在见票时无条件支付确定的金额给收款人或持票人的票据。支票付款人仅限于银行或其他金融机构，除此之外的所有的公司和个人都不能担当支票的付款人。支票是见票即付的票据，不像汇票、本票有远期和即期之分。我国的支票可以分成记名、无记名和指示支票，也可以分成普通支票、现金支票和转账支票，而且还承认变式支票。

1. 支票的出票制度

支票的出票则是指出票人委托银行或其他金融机构无条件向持票人支付一定金额的票据行为。支票签发时必须记载的事项有：表明"支票"的字样，无条件支付的委托，确定的金额，付款人名称，出票日期，出票人签章。支票上未记载上述规定事项之一的，则支票无效。付款地和出票地则属于支票上的相对必要记载事项。未记载付款地的，则以付款人的营业场所为付款地；未记载出票地的，则以出票人的营业场所、住所或者经常居住地为出票地。

2. 支票的资金关系和空头支票

一般而言，支票的出票人与付款人之间必须存在资金关系。在银行开立支票存款账户，是出票人签发支票的前提。申请人申请开立支票存款账户，必须使用其本名，并提交证明其身份的合法证件。开立支票存款账户和领用支票，应当有可靠的资信，并存入一定的资金。开立支票存款账户，申请人应当预留其本名的签名式样和印鉴。

《票据法》规定，禁止签发空头支票。空头支票是出票人签发的金额超过付款时在付款人处实有存款金额的支票。由于空头支票会影响支票的信用，扰乱金融秩序，因而各国都对空头支票持否定态度。《票据管理实施办法》明确规定，签发空头支票，不以骗取财物为目的的，由中国人民银行处以票面金额 5% 但不低于 1 000 元的罚款；持票人有权要求出票人赔偿支票金额 2% 的赔偿金。

3. 支票的付款

支票的付款是指付款人根据持票人的请求向其交付支票金额，以消灭支票关系的行为。支票的持票人应当自出票日起 10 日内提示付款；异地使用的支票，其提示付款的期限由中国人民银行另行规定。如果出票人在付款人处的存款足以支付支票金额，则付款人应当在当日足额付款。因为支票限于见票即付，所以不得另行记载付款日期。另行记载付款日期的，该记载无效。持票人超过提示付款期限的，付款人可以不予付款。

【案例6.19】甲公司向乙公司订购一批家具，授权本公司员工李某携带一张记载有本单位签章、出票日期为某年2月6日、票面金额为10万元的转账支票前往乙公司采购。同年2月7日，李某代表甲公司与乙公司签订家具买卖合同后，将该支票交付给了乙公司，交付时声明该支票未记载收款人名称，由乙公司自己填写。乙公司收到支票后在收款人一栏填写了自己的名称。

请问：（1）甲公司交付给乙公司的支票未记载收款人名称，是否导致该支票无效？为什么？

（2）如果乙公司于该年2月16日前向甲公司开户银行提示付款，而甲公司在开户银行的账户上已无资金，那么，此时甲公司的行为属于何种性质？应受到何种处罚？

解析：（1）甲公司支付给乙公司的支票上未记载收款人名称，不会导致该支票无效。根据《票据法》的规定，支票的金额、收款人名称可以由出票人授权补记，所以，虽然甲公司支付给乙公司的支票上未记载收款人名称，但该支票也是有效的。

（2）甲公司的行为属于签发空头支票的行为。根据《票据管理实施办法》的规定，中国人民银行应对甲公司处以票面金额5%但不低于1 000元的罚款；同时持票人有权要求甲公司赔偿支票金额2%的赔偿金。

课后练习与实训

一、判断题

1. 我国货币政策委员会是货币政策的决策机构。 （   ）

2. 商业银行破产清算时，在支付清算费用、所欠职工工资和劳动保险费用后，应当优先支付个人储蓄存款的本金和利息。 （   ）

3. 甲、乙、丙、丁合谋，集中资金优势、持股优势联合买卖或者连续买卖证券，影响证券交易价格，从中牟取利益的行为是欺诈客户的行为。 （   ）

4. 按照《保险法》的规定，财产保险合同保险金额低于保险价值的，除合同另有约定外，保险人按照保险金额与保险价值的比例承担赔偿责任。 （   ）

5. 当事人之间因合同关系而取得票据的，若合同关系无效，则所取得的票据也应归于无效。 （   ）

二、单项选择题

1. 中国人民银行行长由（   ）任免。
   A. 国务院总理
   B. 全国人民代表大会
   C. 全国人民代表大会常务委员会
   D. 中华人民共和国主席

2. 对个人储蓄存款，商业银行有权拒绝任何单位或者个人查询、冻结、扣划，但（   ）另有规定的除外。
   A. 法律法规
   B. 法律
   C. 行政法规
   D. 法规规章

3. 依照《证券法》的规定，以下对证券公开发行的叙述中，错误的是（   ）。
   A. 向不特定对象发行证券，属于公开发行
   B. 向累计超过200人的特定对象发行证券，属于公开发行
   C. 发行人公开发行的证券，必须由证券公司承销
   D. 未经依法注册，任何单位和个人不得公开发行证券

4. 以死亡为给付保险金条件的合同，被保险人在合同成立之日起一定时间内自杀的，保险

人不承担给付保险金的责任，只退还保险单的现金价值。该时间为（　　）。

  A. 6个月   B. 1年   C. 2年   D. 3年

  5. 背书人甲将一张100万元的汇票分别背书转让给乙和丙各50万元，下列有关该背书效力的表述中，正确的是（　　）。

  A. 背书无效

  B. 背书有效

  C. 背书转让给乙50万元有效，转让给丙50万元无效

  D. 背书转让给丙50万元有效，转让给乙50万元无效

三、多项选择题

  1. 中国人民银行就下列哪些事项作出决定后，必须报国务院批准才能执行？（　　）

  A. 年度货币供应量 B. 利率   C. 汇率   D. 买卖债券和外汇

  2. 商业银行办理个人储蓄存款业务应当遵循的原则包括（　　）。

  A. 存款自愿   B. 取款自由   C. 存款有息   D. 为存款人保密

  3. 下列哪些行为属于内幕交易行为？（　　）

  A. 内幕信息知情人员利用内幕信息买卖证券

  B. 内幕信息知情人员根据内幕信息建议他人买卖证券

  C. 内幕信息知情人员向他人泄露内幕信息，使他人利用该信息进行内幕交易

  D. 非内幕信息知情人员根据其获得的内幕信息买卖证券或建议他人买卖证券

  4. 甲为其一块名贵金表在保险公司办理了足额财产保险。某日，甲将该金表放在办公桌上，被同事乙不慎摔坏。下列表述正确的有（　　）。

  A. 甲既可以选择向乙索赔，也可以选择要求保险公司赔偿

  B. 若保险公司向甲支付赔偿保险金，则甲不得再向乙索赔

  C. 若乙向甲支付了全部赔偿款，则甲仍有权要求保险公司支付赔偿金

  D. 若甲放弃了对乙的索赔权，则保险公司不承担赔偿保险金责任

  5. 因（　　）可以依法无偿取得票据，不受给付对价的限制。

  A. 税收   B. 继承   C. 赠与   D. 支付货款

四、思考题

  1. 试述中国人民银行的法律地位。

  2. 试述商业银行接管法律制度。

  3. 公开发行新股的条件有哪些？

  4. 如何理解保险合同的保险利益原则？

  5. 简述票据权利取得要件。

五、实训题

  犯罪嫌疑人在××县某商业银行网点ATM机插卡口和键盘上方安装了复制银行卡号与窃取密码的设备。之后，当受害人在ATM机取款时银行卡信息及密码就会被窃取，犯罪嫌疑人则利用窃取到的银行卡信息复制银行卡盗取存款，前后共有7位受害人钱款被盗，金额累计人民币22.8万元。不久，该盗窃案被该县公安局侦破。7位受害人在与该商业银行就存款丢失赔偿事项协调无果后，向人民法院起诉，要求该商业银行支付所丢失存款及利息。××县人民法院受理后认为，储户与商业银行之间的储蓄存款关系为债权债务关系，是契约合同民事法律关系。犯罪嫌疑人窃取储户存款侵害的是商业银行的财产所有权，是商业银行与犯罪嫌疑人之间的侵权刑事法律关系，不属于同一法律关系，所以该商业银行有承担支付7位受害人丢失存款的义务。经承办法官的辨法析理和悉心调解，该商业银行向受害人支付了全部款项。受害人对调解结果相当满意，自愿撤回了起诉。

  请问：如何评析上述案件？

第七章

劳动法律制度

【学习目标】

◆ 了解劳动关系、劳动法律关系和劳务关系的概念，熟悉事实劳动关系的认定。

◆ 了解劳动合同的种类，熟悉劳动合同的必备条款和协商条款，了解劳动合同的效力和终止条件，熟悉劳动合同的解除条件。

◆ 掌握我国关于最低工资保障制度和工资支付保障的相关规定，了解工作时间的一般规定，熟悉加班加点工资的计算标准。

◆ 了解社会保险的法律特征，了解我国社会保险的种类，熟悉各种社会保险待遇的计发。

◆ 了解解决劳动争议的基本途径，掌握劳动争议调解、仲裁和诉讼的具体规定。

【素养目标】

尊重和保护每一位劳动者的劳动成果和劳动权益，形成关爱劳动者、支持劳动事业的社会氛围，倡导热爱自己的劳动岗位，弘扬劳动精神；理解和尊重企业的合法权益，促进劳资双方和谐共处。

【法律链接】

《劳动法》《劳动合同法》《社会保险法》《劳动争议调解仲裁法》

第一节　劳动法概述

案例导入

个体经营者王某长期雇佣孙某、张某和蔡某为其从事货物运输经营活动，王某为 3 人缴纳了工伤保险费。某年 11 月，王某承接了一项运输砼预制板的业务。11 月 12 日开始运输后，王某认为 3 人无法完成预定的运输任务，雇工张某便介绍自己的邻居李某一起参加运输，王某同意，并与李某约定完成这次运输任务后即不再雇佣李某，费用一次性结算。李某在卸车过程中，不慎被砼预制板砸死。次年 1 月 9 日，李某家属向该市人力资源和社会保障局提交申请，要求对李某死亡作出工伤事故认定。

请问：王某与李某之间的关系是劳动关系还是劳务关系？

劳动法是调整劳动关系以及与劳动关系有密切联系的社会关系的法律规范的总称。

一、劳动法的调整对象

劳动法的调整对象包括两个方面：一是劳动关系，这是劳动法调整的最重要、最基本的关系；二是与劳动关系密切联系的其他社会关系。

1. 劳动关系

劳动关系是劳动者在运用劳动能力，实现劳动过程中与用人单位发生的社会关系。劳动关系具有以下特点。

（1）劳动关系的主体特定性，一方是劳动者，另一方是用人单位。劳动者是具有劳动能力，以从事劳动获取合法劳动报酬作为其生活资料来源的公民，包括在法定劳动年龄内具有劳动能力的我国公民、外国人、无国籍人。劳动者只能是年满16周岁至法定退休年龄的自然人。用人单位是劳动力使用者，是指使用和管理劳动者并付给其劳动报酬的单位，包括企业、个体经济组织、国家机关、事业组织和社会团体等组织。

（2）劳动关系是在劳动过程中发生的关系。劳动者提供劳动能力，包括体力劳动能力和智力劳动能力，用人单位提供劳动过程中所需要的生产条件和工作条件，双方在直接的劳动过程中发生劳动关系。

（3）劳动关系主体在维护各自经济利益的过程中，双方的地位是平等的。

（4）劳动关系的主体双方存在着管理和被管理的关系。劳动关系建立后，劳动者要依法服从用人单位的管理，遵守经营者制定的规章、制度，在身份、经济与人格上从属于用人单位。

2. 与劳动关系密切联系的其他社会关系

劳动法除了调整劳动关系外，还调整与劳动关系密切联系的其他社会关系。这些关系就其本身来讲不是劳动关系，但它们从不同的角度与劳动关系发生着直接或间接的联系，因此也应由劳动法调整。具体包括：①国家进行劳动力管理中的关系；②社会保险中的某些关系；③工会组织与企业在执行劳动法、工会法过程中发生的关系；④处理劳动争议过程中发生的一些关系；⑤其他有关管理机构在监督劳动法执行过程中发生的一些关系。

二、劳动关系与相关概念

1. 劳动关系与劳动法律关系

劳动关系与劳动法律关系既有联系又有区别。就二者的联系而言，人们总是依据客观存在的劳动关系制定劳动法律规范，从而形成劳动法律关系；劳动关系发展变化了，要求劳动法律规范作相应调整，于是劳动法律关系也会随之变化，劳动关系是劳动法律关系存在的基础。就二者的区别而言，劳动关系作为一种属于经济基础范畴的物质关系，它是在劳动过程中发生并且以劳动为基本内容的；而劳动法律关系作为一种属于上层建筑的思想关系，它的形成以劳动法律规范为前提，并且以劳动者和用人单位的法定权利和义务为基本内容。

2. 劳动关系与劳务关系

劳务关系是指劳动者与用人单位根据口头或书面约定，由劳动者向用人单位提供一次性的或者是特定的劳动服务，用人单位依约向劳动者支付劳务报酬的一种有偿服务的法律关系。

劳动关系与劳务关系的显著区别是：劳动关系双方往往存在着身份上的从属关系，即劳动者受用人单位管理，用人单位则必须提供社会保险等待遇；而劳务关系本质上是一种雇佣关系，不是劳动关系，双方是平等的民事主体，不存在从属性，提供劳务方不是对方的成员，与对方没有人格上、组织上的从属关系，也不受对方管理，可自行安排劳动。本节案例导入中，王某与李某之间是劳务关系而非劳动关系。李某并非王某个体经济组织的成员，平时不接受王某的管理，双方约定的报酬方式也是一次性的，与工资报酬关系的持续性支付不同。李某在为王某提供劳务时死亡，应依《民法典》处理，即应按民事纠纷处理。

劳务关系由《民法典》调整，提供劳务者不能享有《劳动法》赋予劳动者的各项权利，如社会保险权利、解除劳动合同经济补偿金的权利等。

🐾 课堂研讨案例

刘某是重庆某大学大三学生。一放暑假，他就返回浙江老家，参加社会实践，为毕业后进入社会积累工作经验。7月初，在朋友的介绍下，他在宁波市一家私营企业找了份工作，主要为公司打印资料、整理文档，偶尔帮车间工人搬运货物等。与老板口头约定，每月报酬1 800元。前几天，刘某拿到自己的第一份收入时，他并不开心，因为原本说好的每月1 800元薪水，在工作将近40天后，缩水为1 600元。他很无奈："像我这样临时工作两个月，老板是不会和我签合同的。真是有理没处说，只能自认倒霉。"

请问：大学生暑假找零工，与用人单位的关系是劳动关系还是劳务关系？

3．事实劳动关系

所谓事实劳动关系是指劳动者与用人单位之间形成从属性劳动，但不符合劳动合同成立的法定要件的劳动力使用和被使用的关系。事实劳动关系是《劳动法》执行过程中的一个特有现象，它具有以下四个方面的特征。

（1）合法性。事实劳动关系依照现行法律的规定属于有效的劳动关系。

（2）隐匿性。事实劳动关系的存在不容易引起人们的重视和关注，只有在事实劳动关系引发劳动争议时才引起人们的注意。

（3）复杂性。事实劳动关系产生的原因多种多样，涉及面广，涉及人数众多。

（4）特殊性。事实劳动关系与非法劳动关系在主体、内容、保护手段等方面存在本质区别。

我国有关劳动法律法规及规章等都规定事实劳动关系同样受到保护。其实事实劳动关系与劳动关系相比，只是欠缺了有效的书面合同这一形式要件，并不影响劳动关系的成立。事实劳动关系中的劳动者同样享有一般劳动者的合法权利，用人单位应当为劳动者缴纳社会保险金，用人单位克扣工资、解雇劳动者应当进行经济补偿。从立法沿革来看，法律上赋予事实劳动关系合法地位，更多的是维护劳动者的合法权益，进而维护整个社会的稳定。

三、我国劳动法律对人的适用范围

《劳动合同法》第二条明确规定："中华人民共和国境内的企业、个体经济组织、民办非企业单位等组织（以下称用人单位）与劳动者建立劳动关系，订立、履行、变更、解除或者终止劳动合同，适用本法。国家机关、事业单位、社会团体和与其建立劳动关系的劳动者，订立、履行、变更、解除或者终止劳动合同，依照本法执行。"此条与《劳动法》的第二条类似，只是增加了"民办非企业单位"的用人单位资格。依照此条规定，我国劳动法律对人的适用范围如下：①与企业、个体经济组织、民办非企业单位形成劳动关系的劳动者；②除公务员和参照公务员管理的工作人员外，与国家机关、事业单位、社会团体建立劳动关系的劳动者；③与实行企业化管理的事业组织建立劳动关系的劳动者；④与用人单位形成劳动关系的农业户口劳动者。

我国劳动法律不适用下列人员：国家和地方公务员；比照实行公务员制度的事业单位和社会团体的工作人员；农村劳动者（进城务工经商的农民、企业农场工人除外）；现役军人；家庭保姆（家庭雇佣劳务关系）。

📖 **知识拓展**

雇主与保姆之间是劳动关系还是劳务关系

课堂研讨案例

小皓本是一名手机维修工程师，2023年7月13日，到宁波某公司上班，从事手机维修工作。小皓通过公司的手机App接单，为公司客户提供上门维修手机服务。当客户在手机App下单后，公司客服负责接单，然后根据派单时师傅身处的位置安排工单。

但是2024年10月，公司让小皓签订《工程师兼职劳务协议》，随后双方无法达成一致，公司在2024年11月20日以微信和短信的方式向小皓发出《解除合作通知函》，于是小皓将公司告上了法庭。

请问：此案中小皓与公司之间是否存在劳动关系？

第二节 劳动合同

案例导入

李先生在某外资公司从事销售工作。由于一直不能完成公司规定的销售定额，因此公司给他调换了工作岗位。但李先生仍然不能胜任新的工作岗位。于是公司以李先生不能胜任工作，经过调整工作岗位后仍不能胜任为理由，作出了与其解除劳动合同的决定。李先生办完离职手续，来到人事部，向公司索要解除劳动合同的经济补偿金，没想到人事经理答复他："你不能胜任工作，公司又给了你一次机会，你还不能胜任，公司已经做到仁至义尽了。这种情况下解除劳动合同与严重违纪解除劳动合同是同样待遇，都不应享受经济补偿金。"

请问：李先生因不能胜任工作被解除劳动合同，是否应享受经济补偿金？

劳动合同，也称劳动契约、劳动协议，它是指劳动者同企业、事业单位、机关单位等用人单位为确立劳动关系，明确双方权利、义务和责任所签的协议。

一、劳动合同的种类

按不同标准，劳动合同可分为以下几类。

1. 固定期限劳动合同、无固定期限劳动合同、单项劳动合同

固定期限劳动合同、无固定期限劳动合同、单项劳动合同是以劳动合同期限为标准划分的。

（1）固定期限劳动合同指用人单位与劳动者约定合同终止时间的劳动合同。用人单位与劳动者协商一致，可以订立固定期限劳动合同。

（2）无固定期限劳动合同是指用人单位与劳动者约定无确定终止时间的劳动合同。《劳动合同法》规定，用人单位与劳动者协商一致，可以订立无固定期限劳动合同，而且有下列情形之一，劳动者提出或者同意续订、订立劳动合同的，除劳动者提出订立固定期限劳动合同外，应当订立无固定期限劳动合同：①劳动者在该用人单位连续工作满10年的；②用人单位初次实行劳动合同制度或者国有企业改制重新订立劳动合同时，劳动者在该用人单位连续工作满10年且距法定退休年龄不足10年的；③连续订立二次固定期限劳动合同，且劳动者没有本法第三十九条和第四十条第一项、第二项规定的情形，续订劳动合同的。

此外，用人单位自用工之日起满1年不与劳动者订立书面劳动合同的，视为用人单位与劳动者已订立无固定期限劳动合同。

（3）单项劳动合同，即没有固定期限，以完成一定工作任务为期限的劳动合同，是指用人单位与劳动者约定以某项工作的完成为合同期限的劳动合同。

2. 全日制用工劳动合同、非全日制用工劳动合同、劳务派遣合同

全日制用工劳动合同、非全日制用工劳动合同、劳务派遣合同是以用工方式为标准划分的。

（1）全日制用工劳动合同是指用人单位与劳动者签订的每日工作时间不超过 8 小时，每周工作时间累计不超过 40 小时的劳动合同。

（2）非全日制用工劳动合同是指用人单位与劳动者以小时计酬为主，劳动者在同一用人单位一般平均每日工作时间不超过 4 小时，且每周工作时间累计不超过 24 小时的劳动合同。非全日制用工双方当事人不得约定试用期。

（3）劳务派遣合同是劳务派遣单位（用人单位）与劳动者订立的派遣劳动者到用工单位工作，由劳务派遣单位支付劳动者报酬的劳动合同。

二、劳动合同的条款

（一）劳动合同的必备条款

劳动合同的必备条款是指法律规定的劳动合同必须具备的内容，主要包括：①用人单位的名称、住所和法定代表人或者主要负责人；②劳动者的姓名、住址和居民身份证或者其他有效身份证件号码；③劳动合同期限；④工作内容和工作地点；⑤工作时间和休息休假；⑥劳动报酬；⑦社会保险；⑧劳动保护、劳动条件和职业危害防护；⑨法律法规规定应当纳入劳动合同的其他事项。

（二）劳动合同的协商条款

劳动合同的协商条款是指劳动者和用人单位在必备条款之外，根据双方的具体情况，经过协商认为需要约定的条款。它对于劳动合同的成立或者履行不产生根本性的影响，它是法定的必备条款的补充，但是它的内容不得违反国家的相关法律法规和政策规定。《劳动合同法》规定："劳动合同除前款规定的必备条款外，用人单位与劳动者可以约定试用期、培训、保守秘密、补充保险和福利待遇等其他事项。"

1. 试用期条款

劳动合同的试用期是指用人单位和劳动者在劳动合同中约定的相互考察了解的时期。根据相关法律规定，劳动合同期限在 3 个月以上的，可以约定试用期。也就是说，固定期限劳动合同能够约定试用期的劳动合同期限最低起点是 3 个月。劳动合同期限 3 个月以上不满 1 年的，试用期不得超过 1 个月；劳动合同期限 1 年以上不满 3 年的，试用期不得超过 2 个月；3 年以上固定期限和无固定期限的劳动合同，试用期不得超过 6 个月。一般对初次就业或再就业的职工可以约定试用期，并且同一用人单位与同一劳动者只能约定一次试用期。试用期的工资不得低于本单位相同岗位最低档工资或者劳动合同约定工资的 80%，并不得低于用人单位所在地的最低工资标准。

在实践中，我们应当注意试用期与见习期、学徒期、实习期的区别。见习期是国家对应届毕业生进行业务适应及考核的一种制度，适用于用人单位招收除博士生、硕士生以外的具有中等以上学历的应届毕业生。学徒期是建立劳动关系之后的一种岗上培训期限。实习期是未毕业的大中专毕业生以学生身份到用人单位勤工俭学或进行社会实践的时间。试用期和学徒期包括在劳动合同的期限内，试用期和学徒期、见习期可以并用。

2. 保密条款和竞业限制

保密条款是指双方当事人在劳动合同中约定劳动者对用人单位商业秘密负有保密义务的条款。

竞业限制是指用人单位和知悉本单位商业秘密或者其他对本单位经营有重大影响的劳动者在终止或解除劳动合同后的一定期限内，不得到生产同类产品或经营同类业务且具有竞争关系

的其他用人单位兼职或任职，也不得自己生产与原单位有竞争关系的同类产品或经营同类业务。

课堂研讨案例

小何是一名全日制高校大学生，明年6月毕业。由于就业市场竞争激烈，学校鼓励学生在最后一学年找工作。当年11月，通过大型招聘会，小何受到了一家大型外企的青睐，公司希望他提前参与工作。可是公司的招聘负责人告诉小何，暂时还不能签劳动合同，要等他毕业后才能签。小何常听一些学长说到在求职时由于没有及时签订劳动合同而使自身权益受到侵害的例子，因此感到非常疑惑：如果公司不与自己签订劳动合同，那毕业前工作的这段时间，公司是否会给自己购买医疗保险等社会保险呢？请就此案例发表讨论意见。

三、劳动合同的效力

劳动合同是劳动者与用人单位确立劳动关系，明确双方权利和义务的协议。订立和变更劳动合同，应当遵循平等自愿、协商一致的原则，不得违反法律、行政法规的规定。依法订立的劳动合同，其生效时间始于合同签订之日，该劳动合同需要鉴证或公证的，其生效时间始于鉴证或公证之日。

下列三类劳动合同无效或者部分无效：①以欺诈、胁迫的手段或者乘人之危，使对方在违背真实意思的情况下订立或者变更劳动合同的；②用人单位免除自己的法定责任、排除劳动者权利的；③违反法律、行政法规强制性规定的。

无效的劳动合同，从订立的时候起就没有法律约束力。无效又分为全部无效和部分无效。

确认劳动合同部分无效的，如果不影响其余部分的效力，其余部分仍然有效。此外，劳动合同还可能由于主体不合法、缺少必备条款、形式不合法、订立程序不完备等因素而无效。劳动合同的无效，只能由劳动争议仲裁委员会或者人民法院确认。综合《劳动法》的有关规定，对于无效劳动合同应该采取以下办法处理：①停止履行。劳动合同一经确认无效，即应立刻停止履行。②赔偿损失。由于用人单位的原因订立的无效劳动合同，对劳动者造成损害的，用人单位应承担赔偿责任。③停业整顿，吊销营业执照或罚款。这是部分用人单位因订立违法的劳动合同应当承担的行政责任。④刑罚。订立无效劳动合同中有犯罪行为的，由司法机关追究刑事责任。

课堂研讨案例

赵某是某公司的销售代理，该公司与其签订的劳动合同中规定：赵某可以从产品销售利润中按60%提成，其本人的病、伤、残、亡等公司均不负责。在一次外出公干中，由于交通事故，赵某不幸致残。于是，赵某和该公司发生了争议，赵某向当地劳动争议仲裁委员会申请仲裁，要求解决其伤残保险待遇问题。请对该案例进行分析。

四、劳动合同的解除及终止

实案广角

劳动合同解除

（一）劳动合同的解除

劳动合同的解除，是指当事人双方提前终止劳动合同的法律效力，解除双方的权利义务关系。

1. 劳动者解除劳动合同的情形

劳动者解除劳动合同有以下几种情形。

（1）用人单位与劳动者协商一致，可以解除劳动合同。

（2）劳动者提前30日以书面形式通知用人单位，可以解除劳动合同。

劳动者在试用期内提前 3 日通知用人单位，可以解除劳动合同。

（3）用人单位有下列情形之一的，劳动者可以解除劳动合同：①未按照劳动合同约定提供劳动保护或者劳动条件的；②未及时足额支付劳动报酬的；③未依法为劳动者缴纳社会保险费的；④用人单位的规章制度违反法律法规的规定，损害劳动者权益的；⑤以欺诈、胁迫的手段或者乘人之危，使劳动者在违背真实意思的情况下订立或者变更劳动合同的；⑥法律、行政法规规定劳动者可以解除劳动合同的其他情形。

用人单位以暴力、威胁或者非法限制人身自由的手段强迫劳动者劳动的，或者违章指挥、强令冒险作业危及劳动者人身安全的，劳动者可以立即解除劳动合同，而不需事先告知用人单位。

上述（3）中，用人单位需要向劳动者支付经济补偿。而（1）中双方协商一致解除劳动合同，但是由用人单位提出解除合同的，用人单位应支付经济补偿。

2．用人单位解除劳动合同的情形

用人单位解除劳动合同有以下几种情形。

（1）用人单位与劳动者协商一致，可以解除劳动合同。

（2）劳动者有下列情形之一的，用人单位可以解除劳动合同：①在试用期间被证明不符合录用条件的；②严重违反用人单位的规章制度的；③严重失职，营私舞弊，给用人单位造成重大损害的；④劳动者同时与其他用人单位建立劳动关系，对完成本单位的工作任务造成严重影响，或者经用人单位提出，拒不改正的；⑤以欺诈、胁迫的手段或者乘人之危，使用人单位在违背真实意思的情况下订立或者变更劳动合同的；⑥被依法追究刑事责任的。

实案广角

用人单位能否解除拒绝超时加班员工的劳动合同

（3）用人单位提前 30 日以书面形式通知劳动者本人或者额外支付劳动者 1 个月工资后，可以解除劳动合同的情形有：①劳动者患病或者非因工负伤，在规定的医疗期满后不能从事原工作，也不能从事由用人单位另行安排的工作的；②劳动者不能胜任工作，经过培训或者调整工作岗位，仍不能胜任工作的；③劳动合同订立时所依据的客观情况发生重大变化，致使劳动合同无法履行，经用人单位与劳动者协商，未能就变更劳动合同内容达成协议的。同时，用人单位依法应支付劳动者经济补偿。本节案例导入中，公司依法应支付经济补偿金；同时，由于公司没有提前 30 日以书面形式通知劳动者本人，应额外支付李某 1 个月工资。

实案广角

劳动合同到期后未及时续签引发的纠纷

（4）用人单位因裁员而解除劳动合同的。有下列情形之一，需要裁减人员 20 人以上或者裁减人数不足 20 人但占企业职工总数 10% 以上的，用人单位提前 30 日向工会或者全体职工说明情况，听取工会或者职工的意见后，裁减人员方案经向劳动行政部门报告，可以裁减人员：①依照企业破产法规定进行重整的；②生产经营发生严重困难的；③企业转产、重大技术革新或者经营方式调整，经变更劳动合同后，仍需裁减人员的；④其他因劳动合同订立时所依据的客观经济情况发生重大变化，致使劳动合同无法履行的。同时，在这些情形下裁员的，用人单位依法应当支付劳动者经济补偿。

值得注意的是，用人单位不得依据以上（3）、（4）项解除劳动合同的情形有：①从事接触职业病危害作业的劳动者未进行离岗前职业健康检查，或者疑似职业病病人在诊断或者医学观察期间的；②在本单位患职业病或者因工负伤并被确认丧失或者部分丧失劳动能力的；③患病或者非因工负伤，在规定的医疗期内的；④女职工在孕期、产期、哺乳期的；⑤在本单位连续工作满 15 年，且距法定退休年龄不足 5 年的；⑥法律、行政法规规定的其他情形。

【案例 7.1】赵女士是某百货公司的售货员，6月3日上午，赵女士利用当班售货之机，偷偷将10元售货款塞到鞋里，被同班员工当场抓获。赵女士对所犯错误追悔莫及，多次口头和书面向公司领导作深刻检查，请求给予改过机会。但该公司根据其内部所制定的关于"凡发现员工在柜台内偷拿商品或货款，不管数额多少，不管手段如何，不管过去表现怎样，不管认错态度好坏，一经发现，即予辞退"的规定，于6月12日将赵女士辞退。赵女士不服，于6月20日申请仲裁。

请问：赵女士能否被辞退？

解析：该百货公司对赵女士的辞退决定是不合法的。企业辞退违纪职工必须符合三个条件：①必须有违纪事实；②其违纪事实必须达到"严重违反公司规章制度"的程度；③公司的规章应经过民主程序、内容合法并向员工予以公示。这三个条件必须同时兼备，缺一不可，否则就不能辞退违纪职工。

（二）劳动合同的终止

劳动合同的终止是指劳动合同确立的当事人双方相互之间权利和义务的结束。劳动合同终止后，其法律效力自然失效。劳动合同当事人任何一方都不得随意终止劳动合同，只有在法律明确规定的情况下，当事人才能终止劳动合同。

具体而言，劳动合同一般在以下情况下终止：①劳动合同期满的；②劳动者开始依法享受基本养老保险待遇的；③劳动者死亡，或者被人民法院宣告死亡或者宣告失踪的；④用人单位被依法宣告破产的；⑤用人单位被吊销营业执照、责令关闭、撤销或者用人单位决定提前解散的；⑥法律、行政法规规定的其他情形。其中，第①种情形下，劳动合同期满时，用人单位同意续订劳动合同，且维持或者提高劳动合同约定条件，劳动者不同意续订的，劳动合同终止，用人单位不支付经济补偿；如果用人单位同意续订劳动合同，但降低劳动合同约定条件，劳动者不同意续订的，劳动合同终止，用人单位应当支付经济补偿；如果用人单位不同意续订，无论劳动者是否同意续订，劳动合同都终止，用人单位应当支付经济补偿。第④、⑤种情形下用人单位应当向劳动者支付经济补偿。

经济补偿按劳动者在本单位工作的年限，每满一年支付1个月工资的标准向劳动者支付。6个月以上不满一年的，按一年计算；不满6个月的，向劳动者支付半个月工资的经济补偿。

劳动者月工资高于用人单位所在直辖市、设区的市级人民政府公布的本地区上年度职工月平均工资三倍的，向其支付经济补偿的标准按职工月平均工资三倍的数额支付，向其支付经济补偿的年限最高不超过12年。

【案例 7.2】56岁的张先生在一家单位已经任职17年，他的劳动合同于1月31日到期。由于他工龄太长，所以单位无论如何也不愿意再与他续签劳动合同了。于是单位在1月1日正式通知他劳动合同到期后，终止双方之间的劳动合同。张先生认为自己已经在这家单位工作17年了，而且马上就要退休，现在单位提出终止劳动合同，是不应该而且也没有人情味的一种做法。

请问：单位是否有权终止与张先生的劳动合同？张先生应该怎样保护自己的权利？

解析：一般情况下，在劳动合同到期时，单位也好，个人也好，都是有权单方终止合同关系的。但是针对工龄比较长且将要达到法定退休年龄的老职工，《劳动合同法》第四十二条规定："劳动者有下列情形之一的，用人单位不得依照本法第四十条、第四十一条的规定解除劳动合同：……（五）在本单位连续工作满十五年，且距法定退休年龄不足五年的……"《劳动合同法》第四十五条规定："劳动合同期满，有本法第四十二条规定情形之一的，劳动合同应当续延至相应的情形消失时终止。"以上是《劳动合同法》对于老职工作出的特殊保护。

本案中，由于张先生在该单位已经工作了17年，而且他现在已经56岁，距法定退休年龄不足5年，所以单位是无权终止与他的劳动合同的。

课堂研讨案例

刘先生是某公司技术部门的一名员工，与公司签订了无固定期限劳动合同。近年来，公司因市场竞争激烈而逐渐陷入经营困难的状况。为摆脱困境，公司经董事会决议，决定采取减人增效的办法。经与公司工会协商，公司职代会通过了一项协商解除劳动合同的方案，其中规定：公司提出与员工协商解除劳动合同，员工在方案公布后一周内书面同意与公司协商解除劳动合同的，公司在法定经济补偿金之外再给予额外奖励金。

方案公布一周后，刘先生才向公司递交了协商解除劳动合同的意见书，并要求公司按规定支付法定经济补偿金和额外奖励金。公司表示刘先生提交协商解除劳动合同意见书时超过了公司规定的期限，公司可以同意与刘先生协商解除劳动合同，但不同意支付经济补偿金和额外奖励金，双方于是发生争议。

请问： 刘先生与公司协商解除劳动合同时，是否可以要求公司支付经济补偿金和额外奖励金？

第三节　工资、工作时间和休息休假制度

案例导入

2024年国庆节期间，某公司因接待外宾参观，安排产品调试车间8名职工加班一天。第二天，公司又安排他们休息。11月初领工资时，8名职工都没有领到加班工资，于是他们向公司提出疑问。公司称国庆节加班是工作需要，而且第二天已经安排了补休，不再发加班工资。8名职工不服，向当地劳动争议仲裁委员会提出仲裁，请求补发其国庆节加班工资。

请问： 该公司应当补发加班工资吗？若应该，应按什么标准补发？

一、工资制度

劳动报酬权是劳动权利的核心，它不仅是劳动者及其家属的生活保障，也是社会对其劳动的承认和评价。

1. 最低工资保障制度

国家实行最低工资保障制度，用人单位支付劳动者的工资不得低于当地最低工资标准。需要注意的是，最低工资标准适用的前提是劳动者提供了正常的劳动，也就是在法定的工作时间内履行了正常的劳动义务。劳动者因探亲、结婚、直系亲属死亡等按照规定休假期间，以及依法参加国家和社会活动期间（如参加选举等），视为提供了正常劳动。劳动者因本人原因造成在法定工作时间内未提供正常劳动的，不适用最低工资保障制度。

2. 工资支付保障

工资应当以货币形式按月支付给劳动者本人，用人单位不得克扣或者无故拖欠劳动者的工资。《工资支付暂行规定》对用人单位可以代扣劳动者工资的情形作了以下规定：①用人单位代扣代缴的个人所得税；②用人单位代扣代缴的应由劳动者个人负担的各项社会保险费用；③人民法院判决、裁定中要求代扣的抚养费、赡养费；④法律法规规定的可以从劳动者工资中扣除的其他费用。另外，对于因劳动者本人原因造成用人单位经济损失的，用人单位可以按照劳动合同的约定要求其赔偿经济损失。

经济损失的赔偿，用人单位可以从劳动者本人的工资中扣除，但每月扣除的部分不得超过劳动者当月工资的20%。若扣除后剩余工资部分低于当地月最低工资标准，则按最低工资标准支付。在发生以上情形时，用人单位必须给劳动者留下必要的生活费用。

二、工作时间制度

（一）工作时间的法律规定

1. 标准工时制

《劳动法》规定，劳动者每日工作时间不超过 8 小时，平均每周工作时间不超过 44 小时。《国务院关于职工工作时间的规定》则规定，职工每日工作 8 小时，每周工作 40 小时。对于实行计件工作的劳动者，用人单位应根据标准工时制合理确定其劳动定额和计件报酬标准。

2. 非标准工时制

企业因生产特点不能实行标准工时制的，经劳动行政部门批准，可以实行其他工作和休息办法。其中，中央直属企业、企业化管理的事业单位实行不定时工作制和综合计算工时工作制等其他工作和休息办法的，须经国务院行业主管部门审核，报国务院劳动行政部门批准。地方企业实行不定时工作制和综合计算工时工作制等其他工作和休息办法的审批办法，由省、自治区、直辖市人民政府劳动行政部门制定，报国务院劳动行政部门备案。

（1）不定时工作制。根据《关于企业实行不定时工作制和综合计算工时工作制的审批办法》的规定，企业对符合下列条件之一的职工，可以实行不定时工作制：①企业中的高级管理人员、外勤人员、推销人员、部分值班人员及其他因工作无法按标准工作时间衡量的职工；②企业中的长途运输人员、出租汽车司机和铁路、港口、仓库的部分装卸人员以及因工作性质特殊，需机动作业的职工；③其他因生产特点、工作特殊需要或职责范围的关系，适合实行不定时工作制的职工。经批准实行不定时工作制的职工，不受《劳动法》规定的延长工作时间的标准的限制，但用人单位应采用弹性工作时间等适当的工作和休息方式，确保职工的休息休假权利和生产工作任务的完成。

（2）综合计算工时工作制。综合计算工时工作制是针对因工作性质特殊，需连续作业或受季节及自然条件限制的企业的部分职工，采用以周、月、季、年等为周期，综合计算工作时间的一种工时制度，但其平均日工作时间和平均周工作时间应与法定标准工作时间基本相同。根据《关于企业实行不定时工作制和综合计算工时工作制的审批办法》的规定，可以实行综合计算工时工作制的企业职工主要包括：①交通、铁路、邮电、水运、航空、渔业等行业中因工作性质特殊，需连续作业的职工；②地质及资源勘探、建筑、制盐、制糖、旅游等受季节和自然条件限制的行业的部分职工。

知识拓展 "被自愿"加班算加班吗

（二）延长工作时间（加班加点）的法律规定

用人单位由于生产经营的需要，经与工会、劳动者协商后可以延长工作时间（即通常所说的"加班加点"）。但用人单位延长劳动者的工作时间是有限制的：一般每日延长不得超过 1 小时；因特殊原因需要延长工作时间的，在保障劳动者身体健康的条件下每日延长不得超过 3 小时，但每月不得超过 36 小时。

在下列情形下，工作时间的延长是不受限制的：①发生自然灾害、事故或因其他原因，威胁劳动者生命健康和财产安全，需要紧急处理的；②生产设备、交通运输线路、公共设施发生故障，影响生产和公众利益，必须及时抢修的；③法律法规规定的其他情形。

知识拓展 加班费的计算

虽然法律规定了劳动者的休息休假权，但在一些用人单位，劳动者加班加点的情况时常发生。由于劳动者在延长工作时间期间的劳动付出

的额外性，所以《劳动法》规定，用人单位应当支付劳动者高于正常工作时间工资的工资报酬。支付标准如下：①安排劳动者延长工作时间的，支付不低于工资的 150% 的工资报酬；②安排劳动者在休息日工作又不能安排补休的，支付不低于工资的 200% 的工资报酬；③安排劳动者在法定休假日工作的，支付不低于工资的 300% 的工资报酬。

据此，本节案例导入中，以补休代替法定休假日加班工资的行为是不符合法律规定的。该公司应按照不低于劳动合同约定的工资的 300% 支付 8 名职工加班工资。

三、休息休假制度

为了保证劳动者的休息休假权落到实处，《劳动法》具体规定了劳动者休息休假时间的长度和种类。

（1）工作日内的间歇时间。这是指劳动者在每个工作日应有的休息和用膳时间，即午休时间。间歇时间一般不少于半个小时；实行单班制或双班制的企业，间歇时间应规定在工作开始后 4 小时；对怀孕 7 个月以上的女职工应给予工间休息时间。

（2）两个工作日间的休息时间。两个工作日间的休息时间一般为 15～16 小时，无特殊情况应保障职工连续使用，不得间断。

（3）每周公休假日。国家机关、企业事业单位实行统一的工作和休息时间，每周的星期六和星期日为休息日。对于因生产工作需要等不能在公休假日休息的，可让职工在一周内的其他时间轮流休息。

（4）法定节假日。法定节假日包括元旦、春节、劳动节、国庆节以及法律法规规定的其他休假节日。根据国务院发布的《全国年节及纪念日放假办法》，我国全体公民放假的节日有：元旦（放假 1 天）、春节（农历除夕和正月初一至初三放假 4 天）、清明节（放假 1 天）、劳动节（放假 2 天）、端午节（放假 1 天）、中秋节（放假 1 天）、国庆节（10 月 1 日至 3 日放假 3 天）。

（5）年休假。《劳动法》规定，劳动者连续工作一年以上的，享受带薪年休假。《职工带薪年休假条例》规定：职工累计工作已满 1 年不满 10 年的，年休假 5 天；已满 10 年不满 20 年的，年休假 10 天；已满 20 年的，年休假 15 天。国家法定休假日、休息日不计入年休假的假期。

课堂研讨案例

职工吴某是 A 公司某技术部门负责人。2024 年 6 月前后，A 公司制作了职工年休假时间安排表，要求各部门组织职工填报何时休假，以便在不耽误工作的情况下适当错开休假时间。吴某因手头工作很多，组织本部门填报后自己始终确定不了休假时间，于是就先把其他职工的休假时间报上去，自己的未报。2025 年 3 月，A 公司因故解除了与吴某的劳动合同。双方为此发生争议，吴某申请仲裁，请求事项中有一项就是要求裁决 A 公司支付 2024 年未休年休假工资报酬。A 公司认为公司已经考虑到职工休假权利，并且也主动安排职工休假，是吴某自己没有休假，因此公司没有过错，不应当承担未休年休假工资报酬。

请问：吴某的未休年休假工资报酬支付请求会得到支持吗？

（6）探亲假。凡在国家机关、人民团体和国有企业事业单位工作满 1 年的职工，与配偶或与父母不住在一起，又不能在公休假日团聚的，可以享受探亲待遇，但职工与父亲或母亲一方能在公休假日团聚的，不享受探望父母的待遇。主要规定有：①探望配偶的，每年给一方探亲假一次，假期 30 天；②未婚职工探望父母，原则上每年给假一次，假期 20 天，如果因为工作需要，单位不能给假，或职工自愿两年探亲一次的，可以两年给假一次，假期为 45 天；③已婚职工探望父母的，每 4 年给假一次，假期为 20 天。

（7）事假。企业职工因个人或家庭原因需要请假的可以请事假，事假为无薪假，以天或小时为计算单位。关于事假的待遇，国家没有明确的规定，企业可以和劳动者签订劳动合同约定关于事假的相关事项，也可以同时在企业的规章制度中进行规定。

（8）病假。企业职工因患病或非因工负伤，需要停止工作医疗时，根据本人实际参加工作年限和在本单位工作年限，给予3个月到24个月的医疗期。职工病假期间遇有国家法定节日（如元旦、春节、劳动节、国庆节等）和公休假日（星期六、星期日）时，应算作病假时间。职工患病，在医疗期内停工治疗期间，每月领取的病假工资不得低于当地最低工资标准的80%。

📖 知识拓展

探亲假的路费报销

（1）探亲路费能否报销。根据《国务院关于职工探亲待遇的规定》，职工探望配偶和未婚职工探望父母的往返路费，由所在单位负担。已婚职工探望父母的往返路费，在本人月标准工资30%以内的，由本人自理，超过部分由所在单位负担。可见，只有职工探望配偶、未婚职工探望父母所休探亲假的往返路费完全由企业买单，而对于已婚职工探望父母的，企业只需要支付员工月标准工资30%以上的部分。

（2）顺带旅游费能否报销。休探亲假要注意往返地点的一致性，否则报销会出现困难。如小王请了20天的探亲假，他的工作地点是北京，父母居住地是武汉，可是他想顺便去一趟长沙，于是他回家是从北京坐火车到长沙，玩够之后再从长沙回武汉，在家逗留十几天后从武汉回北京。他到人事处报销返程路费时遇到了困难。虽然他只打算报销武汉到北京段的车费，但是由于去程车票上写的是"北京—长沙"，因此报销未能成功。

第四节　社 会 保 险

🦉 案例导入

钱某是一家建筑公司的车工。7月，天气持续高温，因工作需要公司经常组织加班。7月18日下午，钱某在上班期间突发脑出血，经抢救无效于次日凌晨死亡。事情发生后，该公司认为钱某是因病正常死亡，与工伤无关，且公司已对其家属进行了一定的补偿，已经履行完了自己的责任，故公司既未向劳动保障部门提出工伤报告，也未提出工伤认定申请。钱某家属对此甚为不满，特向律师咨询。

请问：钱某工作时发病死亡是否属于工伤？

社会保险是国家组织社会各种力量，共同分担社会风险，为劳动者因年老、失业、疾病、生育、伤残、死亡而丧失劳动能力，或因中断劳动，本人或家庭失去工资收入，没有生活来源时，提供物质帮助和生活保障的一种社会保障制度。

一、社会保险的法律特征

社会保险具有如下法律特征。

（1）强制性。社会保险是通过国家立法，在政府主持和管理下，保障因各种原因退出生产领域的劳动者的基本生活而采取的社会保障措施，是国家赋予劳动者的一项基本权利。

（2）保障性。实行社会保险的根本目的就是保障劳动者的基本生活，使其在失去收入后仍能维持基本生活，从而保证社会的安定。

（3）福利性。社会保险是国家实行的一种公共社会福利事业，它不能赚钱或盈利，并以国家财力作福利保证。

（4）普遍性。社会保险实施范围宽广，其覆盖范围包括所有工薪劳动者和退出生产、工作岗位的离退休人员及供养亲属。

二、社会保险的种类

社会保险主要包括养老保险、医疗保险、工伤保险、失业保险和生育保险等五类。

1. 养老保险

养老保险是劳动者在年老退出劳动岗位以后，由政府提供物质帮助，保障其基本生活需要的一项社会福利制度。政府建立养老保险基金，并以税收优惠的形式负担部分费用，用人单位和职工分别按单位工资总额、个人工资收入的一定比例（一般来说，用人单位为 20% 左右，劳动者个人为 8%），按月向社会保险经办机构缴费。用人单位缴纳的基本养老保险费则全部记入统筹账户，职工个人缴纳的基本养老保险费全部记入个人账户。劳动者在达到法定退休年龄和缴费年限时，可按月领取养老金和享受其他的养老待遇。

《社会保险费征缴暂行条例》规定，国有企业、城镇集体企业、外商投资企业、城镇私营企业和其他城镇企业及其职工，实行企业化管理的事业单位及其职工，必须参加基本养老保险。

基本养老保险个人账户亦称个人基金账户，用于记录参加基本养老保险社会统筹的职工个人缴纳的基本养老保险费和单位为其缴费中划转记入的基本养老保险费，以及上述两部分的利息金额。个人账户是职工在符合国家规定的退休条件并办理了退休手续后，领取基本养老金的主要依据之一。

按照《国务院关于建立统一的企业职工基本养老保险制度的决定》的有关规定，基本养老保险个人账户按本人缴费工资 11% 的数额建立，个人缴费全部记入个人账户，其余部分从企业缴费中划入。个人账户储存额按银行公布的同期存款利率计算利息。个人账户储存额只用于职工养老，不得提前支取，职工调动时，个人账户全部随同转移。职工或退休人员死亡后，其个人账户中的个人缴费部分可以由其法定继承人或指定受益人继承。个人跨统筹地区就业的，其基本养老保险关系随本人转移，缴费年限累计计算。

2. 医疗保险

医疗保险是社会保险制度的重要组成部分。医疗保险是指由国家立法，通过强制性社会保险原则和方法筹集建立医疗保险基金，当参加医疗保险的人员因疾病需要获得必需的医疗服务时，由经办医疗保险的社会保险机构按规定提供医疗费用补偿的一种社会保险制度。

基本医疗保险覆盖城镇所有用人单位，包括企业（国有企业、集体企业、外商投资企业、私营企业等）、机关、事业单位、社会团体、民办非企业单位及其职工。乡镇企业及其职工、无雇工的个体工商户、未在用人单位参加职工基本医疗保险的非全日制从业人员以及其他灵活就业人员均可以参加基本医疗保险，由个人按照国家规定缴纳基本医疗保险费。

用人单位以上年度职工工资总额为基数，按 6% 缴纳；职工个人以上年度工资收入为基数，按 2% 缴纳。退休人员正式办理退休手续的下月起，个人不再缴纳基本医疗保险费。

城镇职工基本医疗保险个人账户由两部分组成：一是职工个人缴纳的基本医疗保险费的全部；二是参保单位缴纳的基本医疗保险费划入个人账户的部分。

【案例 7.3】谭某在合肥市参加了医疗保险，回老家安徽蚌埠市过年期间因病住院花去医疗费 3 450 元，谭某的医疗费可以报销吗？

解析：谭某的医疗费是可以报销的。有关规定指出，参保人员因公出差、探亲、旅游等原因，在本市行政区域以外的县级以上医疗机构住院抢救发生的符合基本医疗保险支付范围的医疗费用，出院后由单位或个人到社保机构按规定结算；城镇个体工商户和自由职业人员直接到社保机构结算。统筹基金起付标准按本市同级医院的标准执行。谭某这种情况可以报销医疗费。

实案广角

工作时间突发疾病死亡，是否属于工伤

3. 工伤保险

工伤保险是社会保险的一个组成部分。它通过社会统筹，建立工伤保险基金，对保险范围内的劳动者因在生产经营活动中所发生的或在规定的某些情况下，遭受意外伤害、职业病以及因这两种情况造成死亡，劳动者暂时或永久丧失劳动能力时，劳动者或其遗属能够从国家、社会得到的必要物质补偿，以保证劳动者或其遗属的基本生活，以及为受工伤劳动者提供必要的医疗救治和康复服务。

工伤保险适用于行政区域内的所有企业、企业化管理的事业单位及其职工，工伤保险费全部由用人单位来缴纳，劳动者不用缴纳。

4. 失业保险

失业保险是指国家通过立法强制实行的，由社会集中建立基金，对因失业而暂时中断生活来源的劳动者提供物质帮助的制度。它是社会保障体系的重要组成部分，是社会保险的主要项目之一。它具有几个主要特点：一是普遍性，二是强制性，三是互济性。

城镇各类企业及其职工、事业单位及其职工、社会团体及其职工、民办非企业单位及其职工、国家机关和与之建立劳动合同关系的职工，都必须参加失业保险并按规定缴纳失业保险费。

城镇企业、事业单位、社会团体和民办非企业单位按照本单位工资总额的2%缴纳失业保险费，其职工按照本人工资的1%缴纳失业保险费。国家机关按照与之建立劳动合同关系的职工工资总额的2%缴纳失业保险费，其职工按照本人工资的1%缴纳失业保险费。无固定工资额的缴费单位，以统筹地区上年度社会平均工资为基数缴纳失业保险费。单位招用的农牧民合同制工人本人不缴纳失业保险费。

5. 生育保险

生育保险是指妇女劳动者因怀孕、分娩导致不能工作，收入暂时中断，国家和社会给予必要物质帮助的社会保险制度。建立生育保险的目的，是为了保证生育状态的劳动妇女的身体健康，减轻其因繁衍后代而产生的经济困难，同时也是为了保证劳动力再生产的延续。生育保险不单单是指对女职工生育子女所花费的生育手术费、住院费等费用的补偿，还应当包括通过建立社会生育基金的方式，对女职工在规定的生育假期内因未从事劳动而不能获得工资收入的补偿。

行政区域内所有用人单位（包括各类机关、社会团体、企业、事业单位、民办非企业单位）及其职工都要参加生育保险。《企业职工生育保险试行办法》规定，生育保险费的提取比例由当地人民政府根据计划内生育人数、生育津贴、生育费用确定，并可根据费用支出情况适时调整，但最高不得超过工资总额的1%。

下列费用可以从生育保险基金中支出：女职工产假期间的生育津贴，女职工生育发生的医疗费用，职工计划生育手术费用，国家规定的与生育保险有关的其他费用。

虽然生育保险和医疗保险已合并实施，但它仍旧是一个独立的险种，仅是简化了参保登记、基金征缴和管理、医疗服务管理等事项。

知识拓展

我国女职工生育休假时间

我国女职工生育休假时间主要由两部分组成。一是产假。劳动法规定女职工享受不少于90

天的产假，2012 年出台的《女职工劳动保护特别规定》在考虑我国国情并参照国际劳工组织公约规定的产假标准 14 周的基础上，将产假由原来的 90 天调整为 98 天。二是生育奖励假。目前，大多数地方在《人口与计划生育法》的授权下，给予符合计划生育政策生育的女职工 30～60 天的奖励假期，并给予其丈夫 7～30 天的护理假。劳动法规定的产假是基于对女职工生育的特殊劳动保护，其与人口与计划生育法律法规规定的延长生育假和男性护理假等奖励假性质不同，主要目的是为了使女性生育分娩后生理机能逐渐恢复到怀孕前的健康状态，以及恢复分娩时的体能消耗，产假时间长短主要由恢复身体所需时间确定。

三、社会保险待遇的计发

（一）基本养老保险待遇的计发

参加基本养老保险的个人，达到法定退休年龄时累计缴费满 15 年的，按月领取基本养老金。

参加基本养老保险的个人，达到法定退休年龄时累计缴费不足 15 年的，可以缴费至满 15 年，按月领取基本养老金；也可以转入新型农村社会养老保险或者城镇居民社会养老保险，按照国务院规定享受相应的养老保险待遇。

参加基本养老保险的个人，因病或者非因工死亡的，其遗属可以领取丧葬补助金和抚恤金；在未达到法定退休年龄时因病或者非因工致残完全丧失劳动能力的，可以领取病残津贴。所需资金从基本养老保险基金中支付。

（二）医疗保险待遇的计发

医疗保险待遇具体包括两方面内容：①医疗费用，具体包括职工门诊、住院所需的诊疗费、手术费、住院费、普通药费等，而门诊挂号费、出诊费、住院的膳食费和就医路费以及服用营养、滋补药品的费用等由个人负担；②医疗期间生活待遇。

《社会保险法》第三十条规定，下列医疗费用不纳入基本医疗保险基金支付范围：①应当从工伤保险基金中支付的；②应当由第三人负担的；③应当由公共卫生负担的；④在境外就医的。

医疗费用依法应当由第三人负担，第三人不支付或者无法确定第三人的，由基本医疗保险基金先行支付。基本医疗保险基金先行支付后，有权向第三人追偿。

（三）工伤保险待遇的计发

1. 享受工伤保险待遇的情形

享受工伤保险待遇的情形有：①工作时间在本单位从事日常生产、工作；②从事单位临时指派的工作；③经单位同意，从事与本单位工作有关的科学研究及试验、发明创造或技术改造；④在紧急情况下，未经单位领导指定而从事有益于本单位的工作，或进行抢险救灾、救人等维护国家、社会和人民群众利益的行为；⑤在本单位从事专业性工作而引起职业病（符合卫生管理部门公布的有关职业病规定）达到评残等级；⑥在上下班时间及必经路线上，发生非本人主要责任的交通事故，或遭受不可抗拒的意外伤害；⑦因工外出期间，发生非本人主要责任的事故或其他意外伤害，以及因意外事故失踪；⑧驾驶员工作期间发生交通意外事故；⑨在执行本单位安排的生产工作任务中因突发疾病而造成死亡或完全丧失劳动能力；⑩经劳动能力鉴定机构鉴定确认为因工致残旧伤复发，经市（地级市）以上社会保险部门确认，符合国家有关规定的，可比照因工伤残或因工死亡享受工伤保险待遇。因此，本节案例导入中，钱某应属于工伤，应当享受工伤保险待遇。

2. 不享受工伤保险待遇的情形

具有下列情形之一的，不享受工伤保险待遇：故意犯罪的，醉酒或者吸毒的，自残或者自杀的。

职工因工死亡，其直系亲属可以领取丧葬补助金、供养亲属抚恤金和一次性工亡补助金。工伤职工治疗工伤或职业病所需的挂号费、住院费、医疗费、就医路费全额报销；住院伙食补助费依照当地因公出差伙食补助标准的 2/3 报销。经批准转往外地治疗的，所需交通食宿费用按照本企业职工因公出差标准报销。工伤职工治疗非工伤范围内的疾病，其医疗费用按照医疗保险的规定执行。

【案例 7.4】 吴某是某医院职工，在工作期间与本院职工郑某因私事发生口角，双方互殴，致使吴某受伤，住院治疗。住院期间医院减发了吴某工资。吴某出院后，要求医院支付其住院期间的工资及津贴，并报销医疗费用。医院不同意，认为吴某在工作期间斗殴是违反劳动纪律的行为，致伤住院的一切经济损失应由个人承担。吴某认为自己是在工作地点和工作期间受到的伤害，应认定为工伤，遂向劳动争议仲裁委员会申请仲裁。

请问：（1）劳动争议仲裁委员会是否应支持吴某的请求？

（2）吴某在医疗期间应享受哪些待遇？

解析：（1）劳动争议仲裁委员会不应支持吴某的请求，因为吴某虽是在工作期间和工作地点致伤，但属因私事斗殴引起。我国《工伤保险条例》明确规定，在工作时间和工作场所内，只有因工作原因受到伤害的，才能认定为工伤。因此吴某不能享受工伤待遇，医院不按工伤报销吴某的医疗费，减发其工资的决定是正确的。

（2）吴某在医疗期间可以享受病假工资待遇。

（四）失业保险待遇的计发

《社会保险法》第四十五条规定，失业人员符合下列条件的，从失业保险基金中领取失业保险金：①失业前用人单位和本人已经缴纳失业保险费满一年的；②非因本人意愿中断就业的；③已经进行失业登记，并有求职要求的。

《社会保险法》第五十一条规定，失业人员在领取失业保险金期间有下列情形之一的，停止领取失业保险金，并同时停止享受其他失业保险待遇：①重新就业的；②应征服兵役的；③移居境外的；④享受基本养老保险待遇的；⑤无正当理由，拒不接受当地人民政府指定部门或者机构介绍的适当工作或者提供的培训的。

🐻 课堂研讨案例

上海有员工王某因听朋友说上海户口的员工要是辞职了没工作，在职时只要是交了失业保险的，辞职后是可以去社保局领取失业保险金的。王某觉得自己正好是上海户口，现在又没工作，而且之前也一直都在交失业保险，于是就跑到当地社保局去咨询如何领取失业保险金。

请问： 王某能领到失业保险金吗？

（五）生育保险待遇的计发

享受生育保险待遇的条件：符合国家和省、自治区、直辖市计划生育政策规定，其单位参加了城镇职工生育保险，并按时足额缴纳了生育保险费。

生育保险待遇有以下三方面：①女职工生育，依法享受产假或休假。《女职工劳动保护特别规定》第七条规定，女职工产假为 98 天，其中产前可以休假 15 天；难产的，增加产假 15 天；生育多胞胎的，每多生育一个婴儿，增加产假 15 天。女职工怀孕未满 4 个月流产的，享受 15 天产假；怀孕满 4 个月流产的，享受 42 天产假。②职工享受的生育津贴。③职工享受的医疗服务。

📖 知识拓展

陪产假

陪产假是依法登记结婚的夫妻，在女方享受产假期间，男方依法享有看护、照料对方的假期。2025 年，全国 31 个省份均明确了男方陪产假的具体天数，最短 7 天，最长 30 天，多数省份为 15 天。陪产假按自然日计算，包含周末和法定节假日。例如，若陪产假为 15 天，期间遇到国庆节，假期不顺延，总天数仍为 15 天。在工资待遇方面，多数地区规定陪产假期间工资按正常出勤发放。例如，广东、北京、上海等地明确"工资照发，不影响福利待遇"。在生育津贴方面，若单位已缴纳生育保险，男方可领取生育津贴（计算公式为：单位上年度月平均工资÷30×陪产假天数）。若津贴低于原工资，单位需补足差额。

第五节　劳动争议的处理

案例导入

孙某与甲公司建立了劳动关系，劳动合同中双方约定，由甲公司为孙某提供 1 万元的培训费，服务期为 5 年，违约金为 1 万元，劳动合同期限为 3 年。劳动合同履行 2 年后，由于孙某工作失误导致公司出现经济损失，于是甲公司解除了与孙某的劳动合同，并要求孙某支付违约金 1 万元。孙某不服，向人民法院提起了诉讼。

请问：人民法院会受理孙某的诉讼吗？

一、劳动争议概述

劳动争议是指劳动关系双方当事人因实现劳动权利和履行劳动义务而发生的纠纷。

（1）劳动争议的范围。《劳动争议调解仲裁法》第二条规定，"中华人民共和国境内的用人单位与劳动者发生的下列劳动争议，适用本法"：因确认劳动关系发生的争议；因订立、履行、变更、解除和终止劳动合同发生的争议；因除名、辞退和辞职、离职发生的争议；因工作时间、休息休假、社会保险、福利、培训以及劳动保护发生的争议；因劳动报酬、工伤医疗费、经济补偿或者赔偿金等发生的争议；法律法规规定的其他劳动争议。

（2）解决劳动争议的途径。劳动争议发生后，当事人双方应通过合法的渠道和方式予以解决，我国的法律法规、规章对此作了明确规定。用人单位与劳动者发生劳动争议，当事人可以依法申请调解、仲裁，提起诉讼，也可以协调解决。劳动争议发生后，当事人可以向本单位劳动争议调解委员会申请调解；调解不成，当事人一方要求仲裁的，可以向劳动争议仲裁委员会申请仲裁。当事人一方也可以直接向劳动争议仲裁委员会申请仲裁，对仲裁裁决不服的，可以向人民法院提起诉讼。本节案例导入中，孙某可以向本单位劳动争议调解委员会申请调解；如调解不成，可以向劳动争议仲裁委员会申请仲裁；对仲裁裁决不服的，可向人民法院提起诉讼。

二、劳动争议调解

劳动争议调解是指在调解组织（包括劳动争议调解委员会、人民调解组织及乡镇、街道设立的具有劳动争议调解职能的组织等）主持下对本单位与劳动者之间发生的劳动争议，在查明事实、分清是非、明确责任的基础上，依照国家劳动法律法规，以及依法制定的单位规章制度和劳动合同，通过民主协商的方式，推动双方互谅互让，达成协议，消除纷争的一种活动。

1. 调解程序

根据《企业劳动争议调解委员会组织及工作规则》第三章关于调解程序的规定，企业劳动争议调解委员会调解劳动争议，要经过当事人申请、调解委员会受理、调解委员会调解以及制作调解协议书等步骤。

（1）当事人申请。《企业劳动争议调解委员会组织及工作规则》第十四条规定："当事人申请调解，应当自知道或应当知道其权利被侵害之日起 30 日内，以口头或书面形式向调解委员会提出申请，并填写《劳动争议调解申请书》。"《劳动争议调解仲裁法》第十二条规定："当事人申请劳动争议调解可以书面申请，也可以口头申请。口头申请的，调解组织应当当场记录申请人的基本情况、申请调解的争议事项、理由和时间。"

（2）调解委员会受理。调解委员会接到调解申请后，应征询对方当事人的意见，对方当事人不愿调解的，应做好记录，在 3 日内以书面形式通知申请人。调解委员会应在 4 日内作出受理或不受理申请的决定，对不受理的，应向申请人说明理由。对调解委员会无法决定是否受理的案件，由调解委员会主任决定是否受理。

（3）调解委员会调解。企业可以设立劳动争议调解委员会，由它负责调解本企业发生的劳动争议。调解委员会由职工代表和企业代表组成。调解劳动争议，应当充分听取双方当事人对事实和理由的陈述，耐心疏导，帮助其达成协议。

（4）制作调解协议书。经调解达成协议的，应当制作调解协议书。调解协议书由双方当事人签名或者盖章，经调解员签名并加盖调解组织印章后生效。

2. 调解不成的解决办法

《劳动争议调解仲裁法》规定："自劳动争议调解组织收到调解申请之日起十五日内未达成调解协议的，当事人可以依法申请仲裁。"即法律规定的调解的法定期间为 15 天，调解委员会调解劳动争议，应当自当事人申请调解之日起 15 日内结束；到期未结束的，视为调解不成。

根据《最高人民法院关于审理劳动争议案件适用法律若干问题的解释（二）》和《劳动争议调解仲裁法》的规定，因当事人一方向对方当事人主张权利，或者向有关部门请求权利救济，这将导致诉讼时效的中断。因此，劳动争议调解不成的，当事人可以在调解委员会结案之日起的时效内提起仲裁。

课堂研讨案例

某国有企业设立了劳动争议调解委员会，由 5 名调解员组成，其中 2 名是企业方代表，并且由该企业人事处副处长担任调解委员会主任。某月 5 日，职工张某因工作表现不佳被企业扣发了部分工资，张某不服，因此与企业发生争议。企业提出，必须先在本企业设立的劳动争议调解委员会调解。张某不同意调解，劳动争议调解委员会在企业提交申请后宣布维持企业的处理决定。而张某在争议发生后一个月内诉至人民法院。

请问：（1）该企业劳动争议调解委员会的组成是否合法？为什么？

（2）该企业劳动争议调解委员会的做法是否合法？为什么？

（3）人民法院是否应该受理张某的诉讼请求？为什么？

三、劳动争议仲裁

劳动争议仲裁是指劳动争议仲裁委员会根据当事人的申请，依法对劳动争议在事实上作出判断，在权利义务上作出裁决的一种法律制度。劳动争议仲裁的程序如下所述。

1. 申诉

劳动争议当事人可以自知道或者应当知道其权利被侵害之日起 1 年内向劳动争议仲裁委员会申请仲裁。因当事人一方向对方当事人主张权利，或者向有关部门请求权利救济，或者对方当事人同意履行义务而中断，从中断时起，仲裁时效期间重新计算。因不可抗力或者有其他正当理由，当事人不能在 1 年内申请仲裁的，仲裁时效中止。从中止时效的原因消除之日起，仲裁时效期间继续计算。劳动关系存续期间因拖欠劳动报酬发生争议的，劳动者申请仲裁不受 1 年时效期间的限制。但是，劳动关系终止的，应当自劳动关系终止之日起 1 年内提出。

申请人申请仲裁应当提交书面仲裁申请，并按照被申请人人数提交副本。仲裁申请书应当载明下列事项：①劳动者的姓名、性别、年龄、职业、工作单位和住所，用人单位的名称、住所和法定代表人或者主要负责人的姓名、职务；②仲裁请求和所根据的事实、理由；③证据和证据来源，证人姓名和住所。

书写仲裁申请确有困难的，可口头申请，由劳动争议仲裁委员会记入笔录，并告知对方当事人。

2. 立案

劳动争议仲裁委员会自收到仲裁申请之日起 5 日内，认为符合受理条件的，应当受理，并通知申请人；认为不符合受理条件的，应书面通知申请人不予受理，并说明理由。对劳动争议仲裁委员会不予受理或者逾期未作出决定的，申请人可以就该劳动争议事项向人民法院提起诉讼。

3. 开庭审理

劳动争议仲裁委员会应在受理仲裁申请之日起 5 日内将仲裁庭的组成情况书面通知当事人。

仲裁庭应当在开庭 5 日前，将开庭日期、地点书面通知双方当事人。当事人有正当理由的，可以在开庭 3 日前请求延期开庭。是否延期，由劳动争议仲裁委员会决定。

申请人收到书面通知，无正当理由拒不到庭或者未经仲裁庭同意中途退庭的，可视为撤回仲裁申请。被申请人收到书面通知，无正当理由拒不到庭或者未经仲裁庭同意中途退庭的，可缺席裁决。

当事人在仲裁过程中有权进行质证和辩论。质证和辩论终结时，首席仲裁员或者独任仲裁员应当征询当事人的最后意见。

4. 裁决

仲裁庭裁决劳动争议案件，应当自劳动争议仲裁委员会受理仲裁申请之日起 45 日内结束。案情复杂需要延期的，经劳动争议仲裁委员会主任批准，可以延期并书面通知当事人，但是延长期限不得超过 15 日。逾期未作出仲裁裁决的，当事人可以就该劳动争议事项向人民法院提起诉讼。

劳动者对仲裁裁决不服的，可以自收到仲裁裁决书之日起 15 日内向人民法院提起诉讼。期满不起诉的，裁决书发生法律效力。劳动争议仲裁不收费。劳动争议仲裁委员会的经费由财政予以保障。

📖 知识拓展

补缴社会保险费不属于劳动仲裁受理范围

《劳动法》第一百条规定，用人单位无故不缴纳社会保险费的，由劳动行政部门责令其限期缴纳，逾期不缴的，可以加收滞纳金。《社会保险费征缴暂行条例》第十三条规定，缴费单位未按规定缴纳和代扣代缴社会保险费的，由劳动保障行政部门或者税务机关责令限期缴纳；逾期仍不缴纳的，除补缴欠缴数额外，从欠缴之日起，按日加收 2‰ 的滞纳金。滞纳金并入社会保险基金。《社会保险法》第六十三条第一款规定，用人单位未按时足额缴纳社会保险费的，由社会保险费征收机构责令其限期缴纳或者补足。《劳动保障监察条例》第十一条（七）规定，用人单位参加各项社会保险和缴纳社会保险费的情况属于劳动保障行政部门实施劳动保障监察的职责。根据以上劳动法律法规规定，补缴社会保险费是劳动保障行政部门的行政行为，而不是仲裁准司法行为，不属于劳动仲裁受理范围。

四、劳动争议诉讼

劳动争议诉讼或称劳动诉讼，是指人民法院对当事人不服劳动争议仲裁机构的裁决或决定而起诉的劳动争议案件，依照法定程序进行审理和判决，并对当事人具有强制执行力的一种劳动争议处理方式。

（1）当事人起诉。劳动争议当事人必须在收到劳动仲裁裁决书之日起15日内向人民法院起诉。需要注意的是，如当事人对仲裁裁决不服，不能把仲裁委员会作为被告，因仲裁委员会不是民事主体，而是公断机构。劳动争议案件诉至人民法院后，诉讼当事人仍是劳动争议案件原来的当事人。

（2）人民法院审理。人民法院审理劳动争议案件和审理一般经济纠纷一样，适用《民事诉讼法》的规定。其主要程序有一审程序、二审程序、审判监督程序等。

【案例7.5】甲公司与李某签订了一份2年期劳动合同。双方在劳动合同中约定：试用期为3个月，试用期间李某的工资按约定工资（月薪2 600元）的60%执行。如在劳动合同履行期间甲公司发生经营方式调整，则劳动合同即行终止，甲公司无须向李某支付经济补偿。

请问：（1）甲公司与李某在劳动合同中约定的事项有哪些不合法之处？

（2）假定双方在合同中同时约定：如双方发生劳动争议只能向甲公司所在地的人民法院提起诉讼。该约定是否合法？为什么？

解析：（1）劳动合同期限1年以上不满3年的，试用期不得超过2个月；试用期工资不应少于约定工资的80%；违反劳动合同不得约定终止条件的规定。

（2）不合法，劳动仲裁是必经程序。

课后练习与实训

一、判断题

1. 禁止用人单位招用未满十六周岁的未成年工。　　　　　　　　　　　（　　）
2. 在试用期内，劳动者和用人单位随时都可以解除劳动合同。　　　　　（　　）
3. 出租车司机和电力抢修工均实行不定时工作制。　　　　　　　　　　（　　）
4. 王敏生了三胞胎，她可以享受120天的产假。　　　　　　　　　　　（　　）
5. 企业因生产特点不能实行标准工时制的，经劳动行政部门批准，可以实行不定时工作制或综合计算工时工作制。　　　　　　　　　　　　　　　　　　　　　　（　　）

二、单项选择题

1. 下列社会关系属于劳动法调整范围的是（　　）。
   A. 法官与人民法院之间发生的关系　　B. 保姆与雇主之间发生的关系
   C. 国有企业职工与单位之间发生的关系　　D. 教师与学校之间发生的关系
2. 用人单位可以解除劳动合同的情形是（　　）。
   A. 在本单位患职业病或者因工负伤并被确认丧失或者部分丧失劳动能力的
   B. 女职工在孕期、产期、哺乳期的
   C. 患病或者非因工负伤，在规定的医疗期内的
   D. 在本单位连续工作满10年，且距法定退休年龄不足5年的
3. 下列关于休息休假的表述错误的是（　　）。
   A. 我国全民放假的法定节假日总共有13天
   B. 工作已满10年不满20年的劳动者，可享受10天的年休假
   C. 已婚职工探望父母的，每4年可享受一次为期20天的探亲假
   D. 已婚职工探望父母所休探亲假的往返路费由企业埋单
4. 下列哪种情形可以享受工伤保险待遇？（　　）
   A. 自残或者自杀的　　　　　　　　　B. 醉酒导致伤亡的
   C. 因违反操作规程致伤亡的　　　　　D. 因犯罪或者违反治安管理条例伤亡的
5. 下列关于劳动仲裁的表述错误的是（　　）。
   A. 劳动争议仲裁不收费，劳动争议仲裁委员会的经费由财政予以保障

B. 仲裁裁决书由仲裁员签名，加盖劳动争议仲裁委员会印章。对裁决持不同意见的仲裁员，可以不签名

C. 被申请人收到仲裁申请书副本后，应当在 10 日内向劳动争议仲裁委员会提交答辩书

D. 劳动者对仲裁裁决不服的，可以自收到仲裁裁决书之日起 10 日内向人民法院提起诉讼。期满不起诉的，仲裁裁决书发生法律效力

三、多项选择题

1. 劳动关系与劳动法律关系的区别主要有（　　）。
   A. 两者的前提不同　　　　　　　　B. 两者所属范畴不同
   C. 两者的对象不同　　　　　　　　D. 两者的内容不同

2. 下列关于试用期的表述正确的有（　　）。
   A. 劳动合同期限 1 年以上 3 年以下的，试用期不得超过 1 个月
   B. 劳动合同期限在 3 个月以上的，应当约定试用期
   C. 3 年以上固定期限和无固定期限的劳动合同试用期不得超过 6 个月
   D. 试用期的工资，不得低于本单位相同岗位最低档工资或者劳动合同约定工资的 80%，并不得低于用人单位所在地的最低工资标准

3. 下列关于加班加点工资报酬的表述正确的有（　　）。
   A. 安排劳动者延长工作时间的，支付不低于工资 150% 的工资报酬
   B. 安排劳动者在休息日工作又不能安排补休的，支付不低于工资 200% 的报酬
   C. 安排劳动者在法定节假日工作的，支付不低于工资 300% 的工资报酬
   D. 安排劳动者在休息日工作的，支付不低于工资 200% 的报酬

4. 失业人员在领取失业保险金期间有下列情形之一的，停止领取失业保险金，并同时停止享受其他失业保险待遇。（　　）
   A. 重新就业的　　B. 应征服兵役的　　C. 移居境外的　　D. 拒绝就业培训的

5. 劳动争议调解委员会由下列哪些人员组成？（　　）
   A. 职工代表　　B. 企业代表　　C. 劳动行政部门代表　D. 企业工会代表

四、思考题

1. 简述劳动关系的特征及其与劳务关系的区别。
2. 简述《劳动法》关于试用期的规定。
3. 简述劳动者解除劳动合同的情形。
4. 简述我国关于延长工作时间的法律规定。
5. 简述社会保险的法律特征。

五、实训题

甲某（男）于 2023 年 6 月与深圳某酒店签订了为期 5 年的劳动合同。合同明确规定其责任是负责酒店大堂的接待等全部工作，试用期 8 个月，月工资 7 000 元。8 个月试用期后该酒店表示满意，合同正式履行，工资为合同中约定的 10 000 元。

2024 年 4 月，因酒店餐饮部门负责人调离，酒店主管又认为大堂经理以女性担任为宜，于是在未与甲某协商的情况下，便安排甲某将大堂工作移交，接手餐饮部的工作。对此，甲某表示不同意，认为原合同规定是来做大堂部经理工作。酒店认为甲某与酒店已签了劳动合同，甲某已成为本酒店的职员，就应当服从酒店的安排，仍坚持由甲某去做餐饮部工作。甲某坚决不同意，并仍到大堂部上班。

请问：（1）甲某与该酒店签订的劳动合同有什么错误？请指出。
（2）该酒店安排甲某去餐饮部工作的做法是否正确？为什么？
（3）如果该酒店欲以此理由解雇甲某，是否符合法律规定？为什么？
（4）甲某如被酒店解雇，可采取什么方法维护自己的合法权益？
（5）甲某如被酒店解雇，工会可从哪些方面帮助甲某维护其合法权益？

第八章

税收法律制度

【学习目标】

◆ 掌握税收的概念与特征、税法的概念与调整对象，了解税法的构成要素。
◆ 掌握流转税类、所得税类的法律制度，了解财产税类的规定。
◆ 掌握税收征收管理制度，熟悉税务管理的规定，了解税款征收、税务检查，违反税法的法律责任及处理。

【素养目标】

培养税法意识，严格遵守税收法律法规，自觉履行依法纳税义务，维护税收秩序，为国家的财政收入和经济发展作出贡献。

【法律链接】

《税收征收管理法》《增值税法》《消费税法》《关税法》《企业所得税法》《个人所得税法》《契税法》《印花税法》《车船税法》《船舶吨税法》

第一节 税法概述

案例导入

张某注册了一家主营设计服务的小型个人独资企业，将其命名为"创艺设计工作室"，注册资本为人民币 5 万元。随着业务的逐渐扩展，张某的工作室雇佣了 8 名员工，共同为客户提供专业的设计服务。但在经营过程中，张某认为自己的企业规模较小，不是纳税主体，无须纳税。

请问：张某的主张是否正确？为什么？

一、税收的特征

税收是国家为满足社会公共需要，凭借政治权力，按照法律规定的标准和程序，强制、无偿地取得财政收入的一种经济活动。税收构成了国家参与国民收入分配和再分配的特殊环节，是确保国家财政收入的主要源泉，也是国家实施宏观经济调控的重要手段。

税收的特征是指税收作为一种特殊的分配关系和经济活动所区别于其他财政收入形式或经济活动的属性。税收的特征主要包括以下三个方面。

（1）无偿性。税收是国家向纳税人无偿征收的，即国家征税既不需

> **知识拓展**
> 历史上的胡须税

要事先支付对价，也不需要事后直接返还给原纳税人。税收的无偿性是税收区别于其他财政收入形式（如规费、国债等）的关键特征。

（2）强制性。税收的征收是国家凭借政治权力进行的，具有法律上的强制性。国家通过颁布税法，规定纳税义务人、征税对象、税率、纳税环节、纳税期限等税收要素，纳税人必须依法纳税，否则将受到法律的制裁。税收的强制性确保税收的及时、足额征收。

（3）固定性。税收的征收是按照国家规定的标准进行的，包括征税对象、税率、纳税环节、纳税期限等都是事先由法律或法规规定的，具有相对的稳定性。税收的固定性使得税收成为一种可靠的财政收入来源，同时也为纳税人提供了明确的纳税义务和纳税程序。

📖 知识拓展

税与费的区别

税与费的区别主要有以下三个方面：①主体不同。税收的主体是国家，税收管理的主体是代表国家的税务机关、海关或财政部门。费的收取主体多是行政事业单位、行业主管部门等。②补偿性不同。税收具有无偿性，纳税人缴纳的税款与国家提供的公共产品和服务之间不具有对称性。费通常具有补偿性，主要用于成本补偿的需要，特定的费与特定的服务往往具有对称性。③稳定性不同。税收具有稳定性，税法一经制定就对全国具有统一效力，并相对稳定。费则具有灵活性，费的收取一般由不同部门、不同地区根据实际情况灵活确定。

二、税法的调整对象

税法是调整在税收活动中发生的社会关系的法律规范的总称，是经济法的重要部门法。税法有广义和狭义之分。广义的税法是各种税收法律规范的总和，主要包括税收实体法、税收程序法等。其中，税收实体法主要规定各种税种的征收对象、征收范围、税目、税率、纳税地点等具体要素，以及征纳双方的权利和义务；税收程序法主要规定税收征收管理的程序、方法、制度，以确保税收征收的合法性和规范性。狭义的税法特指国家最高权力机关正式制定的税收法律，通常具有更高的法律效力和更广泛的适用范围，是税收征收和缴纳的主要法律依据。

税收的调整对象主要是指税收关系，即在税收活动中发生的社会关系，包括税收征纳关系和税收体制关系。税收征纳关系是指税务机关与纳税人之间因征税、纳税而产生的社会关系，其中包括在税收征纳过程中所发生的纳税人认定关系、税款缴纳关系、票证管理关系等。这种关系直接体现了国家税收职能的实现过程，是税收关系中最基本、最主要的部分，是税法调整的核心。税收体制关系是指国家相关机关因税收方面的权限划分而发生的社会关系，其本质上是一种权力分配关系。

三、税法的构成要素

税法的构成要素是指各种单行税法具有的共同的基本要素的总称，一般包括纳税主体、征税对象、计税依据、税种、税目、税率、纳税环节、纳税期限、纳税地点、税收优惠和违章处理等。其中纳税主体、征税对象、税率是税法的基本要素。

1. 纳税主体

纳税主体是指税收法律关系中依法履行纳税义务，进行税款缴纳行为的一方当事人。纳税主体有广义和狭义之分。广义的纳税主体，是指在税收征纳活动中所履行的主要义务在性质上属于纳税义务的有关主体，包括纳税人、扣缴义务人、纳税担保人、税务代理人等。狭义的纳税主体仅指纳税人，是指税法规定的直接负有纳税义务的单位和个人，是最主要、最广泛的纳税主体。本节的案例导入中，个人独资企业是纳税主体，需要缴纳个人所得税，因而张某的观点是错误的。

2. 征税对象

征税对象又称征税客体，是指税法规定对什么征税，即税收法律关系中权利义务所指向的对象。这是区别不同税种的重要标志。征税对象按其性质的不同，通常可划分为流转额、所得额、财产、特定行为等四大类，其中流转额包括商品流转额和非商品流转额；所得额包括总收益额和纯收益额；财产是法律规定的特定范围的财产，如房产、车辆等；特定行为是法律规定的特定性质的行为，如购买车辆等。

3. 税种和税目

税种是税收体系中的具体税收种类，是基本的税收单元。我国现行的税种主要有增值税、消费税、企业所得税、个人所得税、关税、资源税、印花税、城镇土地使用税、土地增值税、车船税、船舶吨税、车辆购置税、耕地占用税、契税、烟叶税、环保税等。

税目是税法中对征税对象分类规定的具体征税项目。税目反映了具体的征税范围，是对征税对象在质上的具体化，如消费税中的烟、酒及酒精、化妆品等。

4. 税率

税率是指应纳税额与征税对象数额之间的比例，是计算应纳税额的尺度，体现了征税的深度。由于税率的高低直接关系到国家财政收入的多少和纳税人负担的轻重，反映了国家与纳税人之间的经济利益关系，因而税率是税收制度的核心要素。

税率主要有比例税率、累进税率和定额税率等三种基本形式。

（1）比例税率。比例税率是指对同一征税对象，不论其数额大小，均按同一比例征税。比例税率计算简便，对同一征税对象适用一个比例税率，有利于鼓励竞争，也符合税收效率原则。比例税率是最广泛使用和最常见的税率形式，一般适用于流转税，如增值税、消费税等。比例税率具体可分为单一比例税率、差别比例税率、幅度比例税率三种。单一比例税率是指一种税只设一个比例税率，所有的纳税人都按同一税率纳税。差别比例税率是指根据不同的征税对象或纳税人，规定不同的比例税率，主要包括产品差别比例税率、行业差别比例税率、地区差别比例税率等多种形式。幅度比例税率是指在税法规定的统一比例幅度内，由地方政府根据本地具体情况确定具体的适用税率。

（2）累进税率。累进税率是指根据征税对象数量或金额的多少，分等规定递增的多级税率。税目数额越大，税率越高；数额越小，税率越低。累进税率一般适用于所得税，如个人所得税、企业所得税等。累进税率根据累进依据和累进方式的不同，还可以进一步细分为全额累进税率、超额累进税率、全率累进税率、超率累进税率等。全额累进税率是对同一征税对象的全部数额都按与之相应的最高等级的税率计征。超额累进税率是将征税对象按其数额划分若干等级，每一等级分别适用该等级的税率计算税额，各等级税额之和是应纳税额。全率累进税率是按征税对象相对比例划分征税级距，就纳税人的征税对象全部数额按与之相适应的级距税率计征的一种累进税率。超率累进税率是选取课税对象的某一百分比指标为计税起点，将其按百分比高低划分为若干个等级部分，并分别规定每一个等级的税率，当课税对象的百分比增加到需要提高一级税率时，仅就超过百分比的部分按高一级税率课税。

（3）定额税率。定额税率又称固定税额或定额税，是指按单位征税对象（如面积、体积、重量等）直接规定其应纳税额，而不是规定应纳税款的比例。定额税率一般适用于从量计征的税种，如车船税、城镇土地使用税等。

5. 纳税环节、纳税期限和纳税地点

纳税环节是指税法规定的征税对象在从生产到消费的流转过程中应当缴纳税款的环节。任何税种都要确定纳税环节，有的比较明确、固定，有的则需要在许多流转环节中选择确定。

纳税期限是指税法规定的纳税主体向税务机关缴纳税款的具体时间。纳税人需要严格遵守税法规定的纳税期限，确保按时足额缴纳税款。

纳税地点是指缴纳税款的场所。纳税地点的设定通常与纳税主体的住所地、营业地或特定行为发生地相关。纳税地点关系到税务机关实施税源控管，防止税收流失，也关系到纳税人缴纳税款的便利性。

6. 税收优惠

税收优惠是指税法对某些特定的纳税人或征税对象给予的一种免除或减轻税收负担的规定。税收优惠方式主要包括免税、减税、加计扣除、加速折旧、减计收入、税额抵免等。

7. 违章处理

违章处理是指对有违反税法行为的纳税人采取的惩罚措施，包括责令限期纠正、加收滞纳金、罚款、吊销税务登记证、税收保全及强制执行等。

第二节　我国现行税法体系

案例导入

A 企业于 2024 年被认定为国家重点扶持的高新技术企业，且符合享受相关优惠的条件。2024年度 A 企业应纳税所得额为 1 000 万元，在年度汇算清缴时，财务人员按 25% 的普通税率计算应纳税额，即 250 万元。

请问：A 企业企业所得税计算是否正确？

税法体系是指一国全部的现行税收法律规范分类组合成为税收法律子系统而形成的有机整体。我国现行税法体系是在原有税制基础上，历经多次改革和完善逐步形成的。1994 年的工商税制改革，确立了以流转税和所得税为主体的税收体系，从而奠定了我国现行税法体系的基本框架。目前，税法体系包括流转税、所得税、财产和行为税等税种，各类税种相互协调、互为补充，共同构成了我国现行税法体系的完整格局。

一、流转税类

流转税类是指以商品流转额和非商品流转额为征税对象的一类税收，其特点是征税范围广泛，既包括商品的生产、批发、零售、进口等各个环节，也包括非商品交易如劳务、服务等领域的营业额。流转税类主要包括增值税、消费税、关税。

（一）增值税

1. 增值税的特征

增值税是对商品生产、流通、劳务服务中多个环节的新增价值或商品的附加值征收的一种流转税。在商品或劳务的流转过程中，每一个环节的增值部分都需要缴纳增值税，但已缴纳的税款可以在后续环节中抵扣。

增值税实行价外税制度，税款并不包含在商品或劳务的价格之内，而是作为价格之外的一个附加部分。

增值税的特征主要体现在以下几个方面。

（1）多环节征税、税基面广。增值税从商品的生产一直持续到批发、零售等经济活动的各个环节，涵盖了商品或服务的整个流转过程。无论是工业生产、商业销售还是劳务服务，只要存在增值收入，就需要缴纳增值税。

（2）实行税款抵扣制度。纳税人可以将其投入的原材料、劳务等所含的税款进行抵扣，实际上是对商品或劳务在流转过程中新增的价值部分征税，避免重复征税的问题。税款抵扣制度需要凭发票进行，增值税专用发票是纳税人享受税款抵扣的合法凭证。

（3）税负转嫁性。纳税人在商品或服务的流转过程中，通过调整价格等方式，将应纳税额部分或全部转移给购买者或下一环节的经营者承担，通常表现为销售者在商品或服务的售价中加入增值税额，由购买者在购买时支付。

知识拓展

价外税

价外税是指税款不包含在商品价格内的税，即税金作为价格之外附加的税。在商品交易过程中，购买方除了支付商品本身的价格外，还需要额外支付按照税率计算出的税款。价外税的应用不仅增加了税收的透明度，还促进了税收的公平性和效率性，为政府提供了稳定的财政收入来源，同时也为消费者提供了清晰的税收信息。

价外税的计算公式为：税款=货款/(1+税率)×税率。其中，货款是指含税价格，即商品或服务的价格加上税款；税率是指政府规定的增值税税率。

2. 增值税的纳税人

增值税的纳税人是指在我国境内销售货物、服务、无形资产、不动产，以及进口货物的单位和个人（包括个体工商户）。其中销售货物、服务、无形资产、不动产，是指有偿转让货物、不动产的所有权，有偿提供服务，有偿转让无形资产的所有权或者使用权。

增值税的纳税人可以分为小规模纳税人和一般纳税人两类。小规模纳税人是指年应税销售额未超过500万元的纳税人。小规模纳税人一般为小型企业和零售业，其会计核算不健全，不能按规定报送有关税务资料，所缴纳税费的规模也较小。小规模纳税人可以按照销售额和征收率计算应纳税额的简易计税方法，计算缴纳增值税。

一般纳税人是指年应税销售额500万元以上（含500万元）的纳税人。一般纳税人会计核算相对健全，能够按照国家统一的会计制度规定设置账簿，根据合法、有效的凭证进行核算，并能够提供准确的税务资料。若小规模纳税人年应税销售额未超过规定标准，但会计核算健全，能够提供准确税务资料的，也可以主动申请为一般纳税人。一般纳税人应当按照一般计税方法，通过销项税额抵扣进项税额计算应纳税额的方式，计算缴纳增值税。

知识拓展
一般纳税人和小规模纳税人的区别

3. 增值税的税率

根据《增值税法》的规定，增值税适用下列税率。

（1）纳税人销售货物、加工修理修配服务、有形动产租赁服务，进口货物，除下列（2）、（4）、（5）规定外，税率为13%。

（2）纳税人销售交通运输、邮政、基础电信、建筑、不动产租赁服务，销售不动产，转让土地使用权，销售或者进口农产品、食用植物油、食用盐、自来水、暖气、冷气、热水、煤气、石油液化气、天然气、二甲醚、沼气、居民用煤炭制品、图书、报纸、杂志、音像制品、电子出版物、饲料、化肥、农药、农机、农膜等货物，除（4）、（5）规定外，税率为9%。

（3）纳税人销售服务、无形资产，除（1）、（2）、（5）规定外，税率为6%。

（4）纳税人出口货物，税率为0；国务院另有规定的除外。

（5）境内单位和个人跨境销售国务院规定范围内的服务、无形资产，税率为0。

此外，适用简易计税方法计算缴纳增值税的征收率为3%。

4. 增值税的免税范围

根据《增值税法》的规定，下列项目免征增值税：农业生产者销售的自产农产品，农业机耕、排灌、病虫害防治、植物保护、农牧保险以及相关技术培训业务，家禽、牲畜、水生动物的配种和疾病防治；医疗机构提供的医疗服务；古旧图书，自然人销售的自己使用过的物品；直接用于科学研究、科学试验和教学的进口仪器、设备；外国政府、国际组织无偿援助的进口物资和设备；由残疾人的组织直接进口供残疾人专用的物品，残疾人个人提供的服务；托儿所、幼儿园、养老机构、残疾人服务机构提供的育养服务，婚姻介绍服务，殡葬服务；学校提供的学历教育服务，学生勤工俭学提供的服务；纪念馆、博物馆、文化馆、文物保护单位管理机构、美术馆、展览馆、书画院、图书馆举办文化活动的门票收入，宗教场所举办文化、宗教活动的门票收入。上述规定的免税项目具体标准由国务院规定。

【案例8.1】甲公司为增值税一般纳税人，2023年某月销售货物取得增值税销售额339万元，当月发生可抵扣的增值税进项税额为5.8万元。已知增值税税率为13%。

请问：甲公司当月应缴纳增值税税额为多少？

解析：甲公司是增值税一般纳税人，通常使用一般计税方法计税，应纳税额=当期销项税额-当期进项税额=339/(1+13%)×13% −5.8=33.2（万元）。

（二）消费税

1. 消费税的特征

消费税是对特定消费品和特定消费行为按消费流转额征收的一种商品税。消费税是政府向消费品征收的税项，通常在生产或进口环节缴纳，是价内税的一种，税款最终由消费者承担。

消费税的特征主要体现在以下几个方面。

（1）征收范围具有选择性。消费税不是对所有的消费品和消费行为都征税，而是选择一部分消费品和消费行为征税，通常包括非生活必需品、奢侈品、高档消费品、不可再生的稀缺资源产品以及高能耗产品等。消费税的征税范围不是一成不变的，可根据需要进行调整，以适应不同的经济发展阶段和政策目标。

（2）征税环节具有单一性。消费税主要在生产和进口环节征收，除少数消费品的纳税环节为零售环节外，继续转销售该消费品不再征收消费税。

（3）征收方法具有灵活性。消费税既采用对消费品制定单位税额，以消费品的数量实行从量定额的征收方法，也采用对消费品制定比例税率，以消费品的价格实行从价定率的征收方法。消费税的税率和税额标准也是灵活可调的，政府可以根据经济发展情况、政策目标以及应税消费品的特性等因素，适时调整税率和税额标准。

2. 消费税的纳税人

消费税的纳税人是指在中华人民共和国境内生产、委托加工、零售、批发和进口应税消费

知识拓展
消费税税目税率表

品的单位和个人。

3. 消费税的税率

消费税税率种类繁多，各不相同，根据消费品的不同特性设定不同的税率。

（1）比例税率。根据消费品的价格按一定比例征收，如高档化妆品税率为15%，贵重首饰及珠宝玉石（金银首饰、铂金首饰和钻石及钻石饰品除外）税率为10%。

（2）定额税率。按消费品的单位数量征收固定金额，如黄酒的税额标准为240元/吨，甲类啤酒为250元/吨，乙类啤酒为220元/吨。

（3）复合计税。同时采用比例税率和定额税率，如卷烟和白酒，既按价格征收一定比例的消费税，又按单位数量征收固定金额的消费税。

【案例8.2】 甲酒厂为增值税一般纳税人，2024年8月销售自产白酒20吨，取得含增值税销售额3 390 000元。已知增值税税率为13%、消费税比例税率为20%、定额税率为0.5元/500克。

请问： 甲酒厂当月应缴纳消费税税额为多少？

解析： 甲酒厂是增值税一般纳税人，白酒适用复合计税方法计征消费税，甲酒厂本月应纳消费税税额=从价税部分+从量税部分=不含增值税销售额×消费税比例税率+销售数量×消费税定额税率=3 390 000/(1+13%)×20%+20×1 000×2×0.5=620 000（元）。

（三）关税

1. 关税的特征

关税是国家在边境处（如港口、车站、机场等）对进出境货物征收的一种税。关税的征收旨在维护国家主权和经济利益，保护和促进本国工农业生产的发展，以及筹集国家财政收入。

关税的特征主要体现在以下几个方面。

（1）征收对象特定。关税的征收对象是进出境的货物和物品，只有那些被允许进出口的货物和物品才会被征收关税。与其他税收如所得税、消费税等不同，它们的征收对象通常是国内的交易、收入或财产。

（2）单一环节征收。关税是在商品进出境时一次性征收的，是单一环节的价外税，只发生在商品跨境流通的特定环节，而不是在商品的整个生产、流通过程中多次征收。

（3）涉外性强。关税的征收涉及跨境交易，具有较强的涉外性，不仅受到国内法律法规的约束，还需要遵守国际贸易规则和相关协定的规定。

2. 关税的纳税人

关税的纳税人是指负有向海关缴纳关税义务的单位和个人，包括进口货物的收货人、出口货物的发货人、进境物品的携带人或者收件人。此外，从事跨境电子商务零售进口的电子商务平台经营者、物流企业和报关企业，以及法律、行政法规规定负有代扣代缴、代收代缴关税税款义务的单位和个人，是关税的扣缴义务人。

3. 关税的税率

根据《关税法》的规定，我国实行差别比例税率，并对进口税率和出口税率分别作了规定。其中进口关税设置最惠国税率、协定税率、特惠税率、普通税率，出口关税设置出口税率。对实行关税配额管理的进出口货物，设置关税配额税率。对进出口货物在一定期限内可以实行暂定税率。

在税率适用方面，上述各类税率分别适用不同的对象：①原产于共同适用最惠国待遇条款的世界贸易组织成员的进口货物，原产于与我国缔结或者共同参加含有相互给予最惠国待遇条款的国际条约、协定的国家或者地区的进口货物，以及原产于我国境内的进口货物，适用最惠国税率；②原产于与我国缔结或者共同参加含有关税优惠条款的国际条约、协定的国家或者地区且符合国际条约、协定有关规定的进口货物，适用协定税率；③原产于我国给予特殊关税优惠安排的国家或者地区且符合国家原产地管理规定的进口货物，适用特惠税率；④原产于上述①至③以外的国家或者地区的进口货物，以及原产地不明的进口货物，适用普通税率。此外，适用最惠国税率的进口货物有暂定税率的，适用暂定税率。适用协定税率的进口货物有暂定税率的，从低适用税率；其最惠国税率低于协定税率且无暂定税率的，适用最惠国税率。适用特惠税率的进口货物有暂定税率的，从低适用税率。适用普通税率的进口货物，不适用暂定税率。适用出口税率的出口货物有暂定税率的，适用暂定税率。

具体税率因商品种类、来源国家、贸易协定等多种因素而异，主要有以下四种。

（1）从价税。按照进口商品价值的一定比例征收，如某商品价值 1 000 元，税率为 10%，则需缴纳 100 元关税。

（2）从量税。依据进口商品的数量或重量等固定单位征收，如对每吨进口煤炭征收固定税额。

（3）复合税。同时征收从价税和从量税，如某商品既要按价值缴纳一定比例的税，又要按数量缴纳固定税额。

（4）滑准税。根据商品价格波动调整税率，价格越高税率越低，反之，价格越低税率越高，常用于调节市场供需和保持价格稳定。

📖 知识拓展

滑准税在我国的运用

根据《国务院关税税则委员会关于 2025 年关税调整的公告（涉棉部分）》〔税委会公告 2024 年第 12 号〕的规定，我国对配额外进口的一定数量棉花，适用滑准税形式暂定关税，具体方式如下：①当进口棉花计税价格等于或高于 14.000 元/千克时，按 0.280 元/千克计征从量税。②当进口棉花计税价格低于 14.000 元/千克时，暂定从价税率按下式计算：$R_i=9.0/P_i+2.69\%\times P_i-1$，对上式计算结果四舍五入保留 3 位小数。其中 R_i 为暂定从价税率，当按上式计算值高于 40% 时，R_i 取值 40%；P_i 为关税计税价格，单位为元/千克。

4. 关税的税收优惠

根据《关税法》的规定，下列进出口货物、进境物品，免征关税：国务院规定的免征额度内的一票货物；无商业价值的广告品和货样；进出境运输工具装载的途中必需的燃料、物料和饮食用品；在海关放行前损毁或者灭失的货物、进境物品；外国政府、国际组织无偿赠送的物资；我国缔结或者共同参加的国际条约、协定规定免征关税的货物、进境物品；依照有关法律规定免征关税的其他货物、进境物品。

同时，《关税法》也明确规定了减征关税的货物、物品，即：①在海关放行前遭受损坏的货物、进境物品；②我国缔结或者共同参加的国际条约、协定规定减征关税的货物、进境物品；③依照有关法律规定减征关税的其他货物、进境物品。

二、所得税类

所得税类是指国家对法人、自然人和其他经济组织在一定时期内的各种所得征收的一类税收，包括企业所得税和个人所得税。

（一）企业所得税

1. 企业所得税的特征

企业所得税是对我国境内的企业（居民企业及非居民企业）和其他取得收入的组织以其生产经营所得为征税对象所征收的一种所得税。

企业所得税的特征主要体现在以下几个方面。

（1）征税以量能负担为原则。量能负担即所得多、负担能力大的纳税人多纳税，所得少、负担能力小的纳税人少纳税，无所得、没有负担能力的纳税人不纳税。这体现了税收的公平性和合理性。

（2）按年计征、分期预缴。企业所得税通常以全年的应纳税所得额为计税依据，分月或分季预缴，年终进行汇算清缴。这种征收管理办法与会计年度及核算期限保持一致，既有利于税收的及时入库，又便于企业进行财务核算和管理。

（3）计税依据明确。企业所得税的计税依据是应纳税所得额，即纳税人的收入总额扣除各项成本、费用、税金、损失等支出后的净所得额。净所得额不等于企业实现的会计利润额，而是经过一系列税法规定调整后的应税所得。这体现了税收的公平原则，确保只有真正获得经济利益的纳税人才需要缴税。

2. 企业所得税的纳税人

企业所得税的纳税人根据纳税义务的不同，分为居民企业和非居民企业。

（1）居民企业。居民企业是指依法在我国境内成立，或者依照外国（地区）法律成立但实际管理机构在我国境内的企业。居民企业应当就其来源于我国境内、境外的所得缴纳企业所得税。

（2）非居民企业。非居民企业是指依照外国（地区）法律成立且实际管理机构不在我国境内，但在我国境内设立机构、场所的，或者在我国境内未设立机构、场所，但有来源于我国境内所得的企业。非居民企业在我国境内设立机构、场所的，应当就其所设机构、场所取得的来源于我国境内的所得，以及发生在我国境外但与其所设机构、场所有实际联系的所得，缴纳企业所得税。非居民企业在我国境内未设立机构、场所的，或者虽设立机构、场所但取得的所得与其所设机构、场所没有实际联系的，应当就其来源于我国境内的所得缴纳企业所得税。

3. 企业所得税的税率

一般情况下，企业所得税的税率为 25%。但是，非居民企业在我国境内未设立机构、场所的，或者虽设立机构、场所但取得的所得与其所设机构、场所没有实际联系的，应当就其来源于我国境内的所得缴纳企业所得税，其适用税率为 20%。

4. 企业所得税的税收优惠

（1）法定免税项目。企业的下列收入为免税收入：国债利息收入；符合条件的居民企业之间的股息、红利等权益性投资收益；在我国境内设立机构、场所的非居民企业从居民企业取得与该机构、场所有实际联系的股息、红利等权益性投资收益；符合条件的非营利组织的收入。

（2）酌定减免税。企业的下列所得，可以免征、减征企业所得税：从事农、林、牧、渔业项目的所得；从事国家重点扶持的公共基础设施项目投资经营的所得；从事符合条件的环境保护、节能节水项目的所得；符合条件的技术转让所得；非居民企业在中国境内未设立机构、场所的，或者虽设立机构、场所但取得的所得与其所设机构、场所没有实际联系的，来源于我国境内的所得。

实案广角

网络主播偷逃税款案

（3）低税率。符合条件的小型微利企业，减按20%的税率征收企业所得税。国家需要重点扶持的高新技术企业，减按15%的税率征收企业所得税。据此，本节案例导入中，A企业企业所得税计算是错误的，其应纳税额应为1 000万元×15%=150万元。

（4）其他优惠。如企业开发新技术、新产品、新工艺发生的研究开发费用可以在计算应纳税所得额时加计扣除；创业投资企业从事国家需要重点扶持和鼓励的创业投资，可以按投资额的一定比例抵扣应纳税所得额等。

（二）个人所得税

1. 个人所得税的特征

个人所得税是对个人（自然人）取得的各项应税所得征收的一种所得税。

个人所得税的特征主要体现在以下几个方面。

（1）分类征收。根据个人所得的不同性质和特点，个人所得税分为不同的税目，如工资、薪金所得，财产转让所得等，各税目的计算方法不尽相同。

（2）累进税率与比例税率并用。个人所得税根据所得类型的不同，采用累进税率或比例税率。累进税率通常适用于具有稳定来源的综合性收入，如工资、薪金所得，经营所得，财产租赁所得等。比例税率一般适用于非稳定所得，如特许权使用费所得、稿酬所得、劳务报酬所得等。

（3）源泉扣缴和自行申报并行。源泉扣缴是指在所得发生时由支付单位代扣代缴税款。自行申报是指纳税人在规定期限内自行向税务机关申报纳税。

2. 个人所得税的纳税人

个人所得税的纳税人主要包括居民个人和非居民个人。居民个人是指在中国境内有住所，或者无住所而一个纳税年度内在中国境内居住累计满183天的个人。居民个人需就其从中国境内和境外取得的所得缴纳个人所得税。非居民个人是指在中国境内无住所又不居住，或者无住所而一个纳税年度内在中国境内居住累计不满183天的个人。非居民个人仅需就其从中国境内取得的所得缴纳个人所得税。

3. 个人所得税的征税范围

根据《个人所得税法》的规定，下列各项个人所得，应当缴纳个人所得税：①工资、薪金所得；②劳务报酬所得；③稿酬所得；④特许权使用费所得；⑤经营所得；⑥利息、股息、红利所得；⑦财产租赁所得；⑧财产转让所得；⑨偶然所得。其中居民个人取得上述①至④所得（以下称综合所得），按纳税年度合并计算个人所得税；非居民个人取得上述①至④所得，按月或者按次分项计算个人所得税。纳税人取得上述⑤至⑨所得，依法分别计算个人所得税。

4. 个人所得税的税率

个人所得税的税率采用累进税率和比例税率相结合的方式。对于综合所得，适用7级超额累进税率，税率从3%至45%不等，所得越高税率也相应越高。对于经营所得，适用3%~45%的超额累进税率。对于利息、股息、红利所得，财产租赁所得，财产转让所得和偶然所得等其他所得，适用20%的比例税率。

5. 个人所得税的税收优惠

根据《个人所得税法》的规定，下列各项个人所得，免征个人所得税：省级人民政府、国务院部委和中国人民解放军军以上单位，以及外国组织、国际组织颁发的科学、教育、技术、文化、卫生、体育、环境保护等方面的奖金；国债和国家发行的金融债券利息；按照国家统一规

知识拓展

个人所得税税率表

定发给的补贴、津贴；福利费、抚恤金、救济金；保险赔款；军人的转业费、复员费、退役金；按照国家统一规定发给干部、职工的安家费、退职费、基本养老金或者退休费、离休费、离休生活补助费；依照有关法律规定应予免税的各国驻华使馆、领事馆的外交代表、领事官员和其他人员的所得；中国政府参加的国际公约、签订的协议中规定免税的所得；国务院规定的其他免税所得。

此外，有下列情形之一的，可以减征个人所得税，具体幅度和期限，由省、自治区、直辖市人民政府规定，并报同级人民代表大会常务委员会备案：残疾、孤老人员和烈属的所得；因自然灾害遭受重大损失的。国务院可以规定其他减税情形，报全国人民代表大会常务委员会备案。

【案例 8.3】 我国居民林某去年从其任职单位甲公司取得工资 280 000 元，从兼职单位取得劳务报酬 60 000 元，全年专项扣除为 18 000 元，全年可享受的专项附加扣除为 60 000 元。已知，综合所得减除费用为每年 60 000 元，全年应纳税所得额超过 36 000 元至 144 000 元的部分，税率为 10%，速算扣除数为 2 520 元；全年应纳税所得额超过 144 000 元至 300 000 元的部分，税率为 20%，速算扣除数为 16 920 元。

请问： 林某年度综合所得应缴纳个人所得税额为多少？

解析： 劳务报酬所得以收入减除 20% 的费用后的余额为收入额，所以个人所得税应纳税额 =（收入额 - 专项扣除 - 专项附加扣除 - 依法确定的其他扣除）× 适用税额 - 速算扣除数 =[280 000+ 60 000×(1-20%)-60 000-18 000-60 000]×20% -16 920=21 080 （元）。

三、财产税类

财产税是以财产为征税对象，并由对财产进行占有、使用或收益的主体缴纳的一类税，主要包括房产税、契税、印花税、车船税和船舶吨税等。

1. 房产税

房产税是以房屋为征税对象，向产权所有人或使用人征收的一种财产税。房产税的纳税人包括产权所有人、经营管理单位、承典人、房产代管人或使用人等。房产税依照房产原值一次减除 10% 至 30% 后的余值计算缴纳。具体减除幅度，由省、自治区、直辖市人民政府规定。没有房产原值作为依据的，由房产所在地税务机关参考同类房产核定。房产出租的，以房产租金收入为房产税的计税依据。房产税的税率，依照房产余值计算缴纳的，税率为 1.2%；依照房产租金收入计算缴纳的，税率为 12%。

此外，下列房产免纳房产税：国家机关、人民团体、军队自用的房产；由国家财政部门拨付事业经费的单位自用的房产；宗教寺庙、公园、名胜古迹自用的房产；个人所有非营业用的房产；经财政部批准免税的其他房产。

2. 契税

契税是以所有权发生转移变动的不动产为征税对象，向产权承受人征收的一种财产税。其纳税人是在我国境内转移土地、房屋权属过程中的产权承受单位和个人。征税范围具体包括土地使用权出让、转让，以及房屋买卖、赠与或交换。契税税率为 3%～5%，具体适用税率由省、自治区、直辖市人民政府在上述税率幅度内提出，报同级人民代表大会常务委员会决定，并报全国人民代表大会常务委员会和国务院备案。省、自治区、直辖市人民政府可以依照上述程序对不同主体、不同地区、不同类型的住房的权属转移确定差别税率。

3. 印花税

印花税是对经济活动和经济交往中书立、领受具有法律效力的凭证的行为所征收的一种税。

根据《印花税法》的规定，印花税的纳税人是在我国境内书立应税凭证、进行证券交易的单位和个人。在我国境外书立在境内使用的应税凭证的单位和个人，也应当依法缴纳印花税。我国印花税的征税范围共计 4 大类 17 个税目，包括书面合同、产权转移书据、营业账簿、证券交易。印花税的税率为比例税率。印花税的应纳税额按照计税依据乘以适用税率计算。其中应税合同的计税依据为合同所列的金额，不包括列明的增值税税款；应税产权转移书据的计税依据为产权转移书据所列的金额，不包括列明的增值税税款；应税营业账簿的计税依据为账簿记载的实收资本（股本）、资本公积合计金额；证券交易的计税依据为成交金额。若应税合同、产权转移书据未列明金额的，印花税的计税依据按照实际结算的金额确定。计税依据按照上述规定仍不能确定的，按照书立合同、产权转移书据时的市场价格确定；依法应当执行政府定价或者政府指导价的，按照国家有关规定确定。若证券交易无转让价格的，按照办理过户登记手续时该证券前一个交易日收盘价计算确定计税依据；无收盘价的，按照证券面值计算确定计税依据。

知识拓展
印花税税目税率表

4. 车船税和船舶吨税

车船税是对在我国境内依法应当登记的车船（包括车辆和船舶）征收的一种财产税。其纳税人为在我国境内拥有或管理车船的单位和个人，征税对象为应当依法登记的车船。

船舶吨税是海关对自境外港口进入境内港口的船舶，按船舶净吨位征收的一种税。其纳税人为拥有或租有进出中国港口的国际航行船舶的单位和个人，征税对象主要是行驶于中国港口的中外船舶。

第三节　税收征收管理法律制度

案例导入

A 公司因收受虚开增值税专用发票被税务机关查处，税务机关执行人员向 A 公司送达《税务处理决定书》《税务行政处罚决定书》，要求 A 公司在规定期限内到税务大厅缴纳查补的税款及罚款。但 A 公司在文书规定的期限内未履行缴纳义务，也未在法定期限内申请行政复议或提起行政诉讼。税务机关就向 A 公司下达《税务事项通知书》，责令 A 公司限期缴纳税款和罚款。在规定期限内，A 公司仍未履行缴税义务，也未申请行政复议、提起行政诉讼。之后税务机关对 A 公司厂区内尚余的存货，委托专业机构进行评估、拍卖，将拍卖所得抵缴税款、滞纳金和罚款。

请问：税务机关拍卖 A 公司存货所得抵缴税款、滞纳金和罚款是否合法？

税收征收管理法律制度是国家为了保障税收的顺利征收，规范税务机关和纳税人之间的权利义务关系，维护税收秩序而制定的一系列法律法规，主要包括税收征管体制法、税收征收管理法、税务争议救济法等。其中，税收征收管理法是关于税收征纳具体制度和程序的规定，包括税务管理、税款征收、税务检查、法律责任等，是税收征收管理法律制度的主体。1992 年，第七届全国人民代表大会常务委员会第二十七次会议通过了第一部税收征管专门法律《税收征收管理法》。该法经过 1995 年、2001 年、2013 年、2015 年四次修订，以保持其与时俱进，适应税收征管工作的新要求。

一、税务管理法律制度

1. 税务登记管理

税务登记是税务管理流程的首要环节。根据《税收征收管理法》的规定，企业、个体工商户和从事生产、经营的事业单位等纳税人，须在领取营业执照之日起30日内，携带相关证件向税务机关申报办理税务登记。税务机关在收到申报后，应办理登记并颁发税务登记证件。税务登记证是纳税人合法经营和纳税的凭证，也是税务机关进行税收管理的重要依据。

税务登记内容发生变化的，纳税人应自市场监督管理机关办理变更登记之日起30日内或者在向市场监督管理机关申请办理注销登记之前，持有关证件向税务机关申报办理变更或者注销税务登记。

2. 账簿凭证管理

纳税人、扣缴义务人必须按照国家有关规定设置账簿，并根据合法、有效凭证记账，进行核算。从事生产、经营的纳税人应当自领取营业执照或者发生纳税义务之日起15日内，按照国家有关规定设置账簿；扣缴义务人应当自税收法律、行政法规规定的扣缴义务发生之日起10日内，按照所代扣、代收的税种，分别设置代扣代缴、代收代缴税款账簿。

纳税人应设置总账、明细账、日记账以及其他辅助性账簿，其中总账、日记账必须采用订本式。生产经营规模小又确无建账能力的个体工商户可以聘请注册会计师或者经主管国家税务机关认可的财会人员代为建账和办理账务。如果聘请有困难，经县（市）以上国家税务局批准，可以按照国家税务机关的规定，建立收支凭证粘贴簿、进货销货登记簿等。

除法律、行政法规另有规定外，账簿、记账凭证、报表、完税凭证、发票、出口凭证及其他有关涉税资料应当保存10年。保存期满需要销毁时，应编制销毁清册，经主管国家税务机关批准后方可销毁。

3. 纳税申报管理

纳税人、扣缴义务人必须在法律、行政法规规定或者税务机关依照法律、行政法规规定确定的申报期限内办理纳税申报，报送纳税申报表、财务会计表或代扣代缴税款报告表，以及税务机关根据实际需要要求报送的其他纳税资料。如纳税人不能按期办理纳税申报，可以在税务机关核准的情况下申请延期申报。在核准的延期内，纳税人应按照上期实际缴纳的税额或税务机关核定的税额预缴税款，并在延期内办理税款结算。

二、税款征收法律制度

（一）税款征收方式

1. 查账征收

查账征收是由纳税人依据账簿记载，先自行计算缴纳税款，事后经税务机关查账核实，如有不符时，可多退少补的一种税款征收方式。查账征收适用于账簿、凭证、会计等核算制度比较健全，能够据以如实核算生产经营情况，正确计算应纳税款的纳税人。

2. 核定征收

核定征收是指由税务机关根据纳税人情况，在正常生产经营条件下，对其生产的应税产品查实核定产量和销售额，依照税法规定的税率征收税款的征收方式。核定征收包括查定征收、查验征收和定期定额征收等三种方式。

（1）查定征收。查定征收是税务机关根据纳税人的生产经营情况，对其产制的应税产品进行查定，并据此征收税款的一种方式。这种方式主要适用于生产经营规模小、产品零星、税源分散、会计账册不健全的单位。

（2）查验征收。查验征收是税务机关对纳税人的应税商品、货物进行查验，并据此征收税款的一种方式。这种方式主要适用于经营品种比较单一，但经营地点、时间和商品来源不固定的纳税人。

（3）定期定额征收。定期定额征收又称为双定征收或简易征收，是税务机关根据纳税人的生产经营情况和核定应税所得率或应纳税额，在一定期限内按照固定税额进行征收的一种方式。这种方式主要适用于一些营业额、所得额难以准确计算的小型纳税人，如小型个体工商户等。

3. 代扣代缴、代收代缴

代扣代缴是指支付纳税人收入的单位和个人从所支付的纳税人收入中扣缴其应纳税款并向税务机关解缴。代收代缴是指与纳税人有经济往来关系的单位和个人借助经济往来关系向纳税人收取其应纳税款并向税务机关解缴。代扣代缴、代收代缴适用于税源零星分散、不易控管的纳税人。

4. 自核自缴

自核自缴是指纳税人按照税务机关的要求，在规定的缴款期限内，根据其财务会计情况，依照税法规定，自行计算税款，自行填写纳税缴款书，自行向开户银行缴纳税款。自核自缴适用于一些大型企业或单位，其财务会计制度健全、账册齐全准确、依法纳税意识较强。

5. 委托代征

委托代征是指税务机关通过委托形式，将税款征收工作委托给代征单位或个人代为征收。主管税务机关根据代征主体的工作性质和条件，对特定范围纳税人应当缴纳的税款，以委托税务机关的名义代为征收税款，并行使有限的征税权。委托代征主要适用于税源零星分散、难以派出专人管理的地区，或者纳税人数量众多、征税成本较高的行业。税务机关在选择代征单位或个人时，需要严格审查其资格，确保其具备相应的法律地位和征税能力。

（二）税款征收的特定措施

1. 税收保全措施

税务机关有根据认为从事生产、经营的纳税人有逃避纳税义务行为的，可以在规定的纳税期限之前，责令限期缴纳应纳税款；在限期内发现纳税人有明显的转移、隐匿其应纳税的商品、货物以及其他财产或者应纳税的收入的迹象的，税务机关可以责成纳税人提供纳税担保。如果纳税人不能提供纳税担保，经县以上税务局（分局）局长批准，税务机关可以采取下列税收保全措施：一是书面通知纳税人开户银行或者其他金融机构冻结纳税人的金额相当于应纳税款的存款；二是扣押、查封纳税人的价值相当于应纳税款的商品、货物或者其他财产。

纳税人在上述规定的限期内缴纳税款的，税务机关必须立即解除税收保全措施；限期期满仍未缴纳税款的，经县以上税务局（分局）局长批准，税务机关可以书面通知纳税人开户银行或者其他金融机构从其冻结的存款中扣缴税款，或者依法拍卖或者变卖所扣押、查封的商品、货物或者其他财产，以拍卖或者变卖所得抵缴税款。

2. 税收强制执行措施

如果纳税人、扣缴义务人未按照规定的期限缴纳或者解缴税款，纳税担保人未按照规定的期限缴纳所担保的税款，税务机关可以责令限期缴纳，逾期仍未缴纳的，经县以上税务局（分局）局长批准，税务机关可以采取下列强制执行措施：一是书面通知其开户银行或者其他金融机构从其存款中扣缴税款；二是扣押、查封、依法拍卖或者变卖其价值相当于应纳税款的商品、货物或者其他财产，以拍卖或者变卖所得抵缴税款。据此，本节案例导入中税务机关有权委托专业机构评估、拍卖 A 公司存货，并将拍卖所得抵缴税款、滞纳金和罚款。

3. 加收滞纳金

纳税人未按照规定期限缴纳税款的，扣缴义务人未按照规定期限解缴税款的，税务机关除责令限期缴纳外，从滞纳税款之日起，按日加收滞纳税款万分之五的滞纳金。

4. 离境清税措施

欠缴税款的纳税人或者其法定代表人需要出境的，应当在出境前向税务机关结清应纳税款、滞纳金或者提供担保。未结清税款、滞纳金，又不提供担保的，税务机关可以通知出境管理机关阻止其出境。

【课堂讨论】税收保全措施与税收强制执行措施的异同点是什么？

三、税务检查

税务检查是税务机关依法对纳税人、扣缴义务人履行纳税义务和代扣代缴、代收代缴义务的情况所进行的监督审查活动。

税务机关有权进行下列税务检查：①检查纳税人的账簿、记账凭证、报表和有关资料，检查扣缴义务人代扣代缴、代收代缴税款账簿、记账凭证和有关资料；②到纳税人的生产、经营场所和货物存放地检查纳税人应纳税的商品、货物或者其他财产，检查扣缴义务人与代扣代缴、代收代缴税款有关的经营情况；③责成纳税人、扣缴义务人提供与纳税或者代扣代缴、代收代缴税款有关的文件、证明材料和有关资料；④询问纳税人、扣缴义务人与纳税或者代扣代缴、代收代缴税款有关的问题和情况；⑤到车站、码头、机场、邮政企业及其分支机构检查纳税人托运、邮寄应纳税商品、货物或者其他财产的有关单据、凭证和有关资料；⑥经县以上税务局（分局）局长批准，凭全国统一格式的检查存款账户许可证明，查询从事生产、经营的纳税人、扣缴义务人在银行或者其他金融机构的存款账户。税务机关在调查税收违法案件时，经设区的市、自治州以上税务局（分局）局长批准，可以查询案件涉嫌人员的储蓄存款。税务机关查询所获得的资料，不得用于税收以外的用途。

税务人员在进行税务检查时，必须出示税务检查证，并有责任为被检查人保守秘密；未出示税务检查证和税务检查通知书的，纳税人、扣缴义务人及其他当事人有权拒绝检查。

四、违反税法的法律责任及处理

1. 行政责任及处理

行政责任是税收法律责任中较为常见的一种，主要由税务机关依法追究。违反税法的行政责任主要包括以下几种处理方式：①责令限期改正。税务机关会要求纳税人或扣缴义务人在一定期限内改正其违法行为。如果逾期不改正，可能会面临更严厉的处罚。②罚款。这是最常见的行政处罚方式之一。对于违反税收法律法规的当事人，税务机关会根据违法情节的严重程度处以相应的罚款。罚款数额通常为 2 000 ~ 50 000 元或者处不缴、少缴、欠缴的税款 50% 以上 5 倍以下的罚款，具体数额由税务机关根据具体情况确定。③没收违法所得。税务机关有权没收纳税人通过违法行为所获得的收入，这是剥夺违法行为人财产权的一种处罚方式。④收缴未用发票和暂停供应发票。如果纳税人未按规定使用发票，税务机关有权收缴其未用的发票，并暂停向其供应发票。⑤停止出口退税权。对于违反税法的出口企业，税务机关有权停止其出口退税权。

2. 刑事责任及处理

刑事责任是税收法律责任中最严厉的一种制裁措施，由司法机关依法追究。对于情节严重、构成犯罪的税务违法行为，司法机关将依法追究刑事责任。

【案例 8.4】 甲公司是一家从事房地产开发的企业，成立于 2000 年，注册资本 1 000 万元。该公司在 2011 年至 2024 年间，通过土地开发、房屋销售等方式，累计实现销售收入 10 亿元。根据我国相关税收法律法规，甲公司应缴纳企业所得税、增值税、土地增值税等多种税费。然而，甲公司在税收申报过程中存在违法行为，甲公司在 2021 年至 2023 年间，通过内部销售、关联交易等方式，将部分销售收入转移至关联企业，未在税务机关申报纳税；甲公司在 2018 年至 2022 年间，利用国家关于高新技术企业税收优惠政策，虚构研发费用，骗取减免税；甲公司在 2019 年至 2023 年间，向税务机关提交的财务报表存在虚假记载，导致税务机关对其税收违法行为难以查处。

请问：（1）甲公司应承担什么法律责任？

（2）税务机关在查处甲公司税收违法行为过程中，可采取哪些措施？

解析：（1）第一，甲公司应补缴未申报的税款及滞纳金；第二，甲公司应限期改正，承担不缴或者少缴的税款 50% 以上 5 倍以下的罚款；第三，甲公司应承担刑事责任，即甲公司违法行为构成犯罪的，依法追究刑事责任。

（2）税务机关可采取实地检查，调取账簿资料，询问相关人员，责令提供纳税担保，查询、冻结存款，扣押、查封财产，立案稽查，责令限期整改，罚款，限制相关人员出境，移送司法机关等措施。

课后练习与实训

一、判断题

1. 所有商品和服务的销售都需要缴纳增值税。　　　　　　　　　　　　　　（　　）

2. 企业所得税的纳税人必须是法人。　　　　　　　　　　　　　　　　　（　　）

3. 税收优惠政策是国家为了鼓励某些特定行业或地区的发展而制定的减轻或免除纳税人税收负担的政策。　　　　　　　　　　　　　　　　　　　　　　　　　　（　　）

4. 累进税率是指按征税对象数额的大小规定不同等级的税率，征税对象的数额越大，税率越高；数额越小，税率越低。　　　　　　　　　　　　　　　　　　　　　（　　）

5. 税收法律制度中的违章处理仅包括对纳税人的处罚措施。　　　　　　　　（　　）

二、单项选择题

1. 下列关于税率的说法，正确的是（　　　　）。

A. 比例税率是指税率随征税对象数额的增大而提高

B. 累进税率是指对同一征税对象，不论其数额大小，均按同一比例征税

C. 定额税率又称固定税额，按单位征税对象（如面积、体积、重量等）直接规定其应纳税额

D. 边际税率总是低于平均税率

2. 适用简易计税方法计算缴纳增值税的征收率为（　　　　）。

A. 13%　　　　　　B. 9%　　　　　　C. 6%　　　　　　D. 3%

3. 在我国现行税法体系中，哪个税种体现了国家对特定消费品或消费行为的调节和限制作用？（　　　　）

A. 增值税　　　　B. 消费税　　　　C. 企业所得税　　　D. 个人所得税

4. 在我国，税务机关进行税务检查时，纳税人有权要求税务机关出示哪种证件？（　　　）
  A. 税务登记证　　　　B. 税务检查证　　　　C. 税务稽查证　　　　D. 税务人员工作证
5. 以下哪项不属于我国税收征收管理的基本制度？（　　　）
  A. 税务登记制度　　　　　　　　　　B. 纳税申报制度
  C. 税收保全制度　　　　　　　　　　D. 税务行政复议制度

三、多项选择题

1. 以下哪些税种属于我国流转税体系？（　　　）
  A. 增值税　　　　B. 消费税　　　　C. 个人所得税　　　　D. 关税
2. 以下哪些情形可能导致税务机关对纳税人进行纳税调整？（　　　）
  A. 纳税人未按照规定申报纳税
  B. 纳税人提供的计税依据明显偏低且无正当理由
  C. 纳税人与其关联企业之间的业务往来不符合独立交易原则
  D. 纳税人享受税收优惠政策的条件发生变化
3. 关税的主要特点包括哪些？（　　　）
  A. 征收对象特定　　　　　　　　　　B. 单一环节征收
  C. 涉外性强　　　　　　　　　　　　D. 多环节征税、税基面广
4. 税款征收管理的主要方式有哪些？（　　　）
  A. 查账征收　　　　B. 核定征收　　　　C. 委托代征　　　　D. 自核自缴
5. 以下哪些属于税收违法行为的法律责任？（　　　）
  A. 补缴税款　　　　B. 滞纳金　　　　C. 罚款　　　　D. 没收违法所得

四、思考题

1. 简述税法的定义和构成要素。
2. 简述我国增值税的税率及免税范围。
3. 简述关税的特征和税收优惠政策。
4. 简述个人所得税的征税范围和税率。
5. 简述税务检查制度的主要内容。

五、实训题

　　某有限责任公司 C 主要经营电子产品销售业务，计划于 12 月进行年度税务申报。在此之前，C 公司财务部门在准备相关税务材料时，遇到了一系列关于税收法律制度的问题。C 公司于 11 月 15 日在公司内部公告栏上发布了由财务经理署名的关于年度税务申报的通知。通知内容如下：①关于增值税申报。本次年度增值税申报定于 12 月 10 日完成，所有销售记录需在此之前提交至财务部门，无须区分应税项目和免税项目，统一按销售额申报。②关于企业所得税税前扣除。员工福利费、业务招待费等税前扣除项目，无须提供详细凭证，只需估算后提交。③关于税收优惠政策申请。公司计划申请高新技术企业税收优惠，但由于时间紧迫，相关资料准备不充分，决定先申报再补交材料。④关于税收违法风险。对于可能存在的税收违法行为，公司将采取"自查自纠"的方式处理，无须向税务机关报告。

　　请问：上述通知有哪些违法之处？为什么？

第九章

电子商务法律制度

【学习目标】

◆ 掌握电子商务的特征、电子商务法的调整对象，了解电子商务的立法概况。
◆ 掌握电子商务经营者的义务、电子商务平台经营者的特殊义务，了解电子商务经营者的分类。
◆ 掌握电子商务合同的成立和履行的特殊规则，了解电子商务合同的特征。
◆ 掌握电子签名的法律效力、电子认证服务机构的权利与义务，了解电子签名使用人的基本行为规范。
◆ 掌握电子支付当事人的权利与义务，了解电子支付的当事人及相互之间的法律关系。

【素养目标】

在电子商务活动中理解并践行"诚信、公正、法治"等核心价值观，规范电子商务活动，打击虚假宣传、网络消费欺诈等行为，保护消费者权益，增强社会信任；增强网络安全意识和数据保护观念，减少网络消费中的侵权行为。

【法律链接】

《电子商务法》《电子签名法》

第一节　电子商务法概述

案例导入

王某在某电子商务平台开设一家销售锂电池的网店，并签署了平台合作协议。平台协议及规则对商家售后责任、违约责任、平台单方判定买卖双方证据效力及争议结果的权利等方面作了约定和提示。由于该网店销售的锂电池均由王某自行购买电芯组装，无生产合格证，导致该锂电池在充电过程中爆炸引起火灾，造成消费者家中财物毁损。消费者与王某沟通无果后，向电子商务平台投诉。该电子商务平台在消费者向其投诉并提供相关证明材料后，根据具体情况对王某经营的网店采取了扣除店铺资金 6 万元并赔付消费者及限制店铺资金提现的措施。王某认为该电子商务平台无权对其与消费者之间的纠纷进行有拘束力的判断，要求解除双方合同、解除资金提现限制并返还扣款。

请问：王某的主张是否合法？为什么？

一、电子商务的特征

电子商务，是指通过互联网等信息网络销售商品或者提供服务的经营活动。这一概念涵盖了广泛的商业交易形式，包括企业与企业之间（B2B）的电子交易，例如阿里巴巴平台上众多企业间的原材料采购；企业与消费者之间（B2C）的在线销售，例如京东商城向个人消费者售卖各类商品；消费者与消费者之间（C2C）的二手物品交易，例如闲鱼平台上的个人闲置物品转让等。电子商务极大地改变了现代商业的运营模式和人们的消费习惯，具有以下特征。

（1）虚拟性。交易主体通过网络平台进行交流和交易，无须面对面接触。商家在虚拟的网络店铺中展示商品或服务信息，消费者也以虚拟账号进行浏览、选购和支付等操作，整个交易过程中的店铺、商品展示、交易磋商等环节均在虚拟空间中完成，降低了运营成本。

（2）跨越时空性。电子商务不受地域和时间的约束，消费者可以在任何时间、任何地点访问电商平台进行购物。这使得全球市场得以紧密相连，企业的销售范围和消费者的选择范围都得到了极大的拓展，真正实现了商业交易的全球化和全天候化。

（3）电子化和数字化。交易过程中的信息传递、合同签订、支付结算等环节均以电子数据的形式进行。电子合同替代了传统的纸质合同，电子支付方式方便快捷地完成资金转移，交易数据以数字化形式存储和传输，提高了交易效率和准确性。

（4）高效性和便捷性。借助自动化的交易系统和信息技术手段，电子商务能够快速处理大量订单，从下单到发货的流程大幅缩短。消费者只需轻点鼠标或滑动屏幕，即可完成从挑选商品到支付的全过程，商品随后通过物流配送直接送达消费者手中，节省了消费者的时间和精力，也提高了企业的运营效率和市场响应速度，促进了商品和资金的快速流转。

二、电子商务法的调整对象和电子商务的立法概况

1. 电子商务法的调整对象

电子商务法有广义和狭义之分。广义的电子商务法是指调整电子商务活动中所产生的全部社会关系的法律规范的总称。它不仅包括直接规范电子商务行为的法律，还包括与电子商务活动间接相关，如消费者权益保护、知识产权保护、电子支付等方面的法律规范。狭义的电子商务法是指调整以数据电文为交易手段引起的商事关系的法律规范的总称，主要指《电子商务法》。

电子商务法的调整对象包括但不限于电子商务交易主体之间的权利义务关系，如电商平台经营者与平台内经营者之间关于店铺入驻、平台规则遵守、服务费用收取等方面的关系；消费者与电商经营者之间在商品或服务质量、售后服务、消费者权益保护等方面的关系；电子商务活动中的监管关系，涉及市场监督管理部门对电商经营行为的监督检查、违法违规行为的处罚等。

2. 电子商务的立法概况

我国电子商务立法随着电子商务的发展而逐步完善。早期主要通过一些法律法规对电子商务的某些方面进行规范，如《电子签名法》的出台明确了电子签名的法律效力，为电子合同的合法性和有效性提供了法律依据。

知识拓展
我国电子商务的
最新发展状况

2018年8月，《电子商务法》正式颁布，这是我国电子商务领域的首部综合性法律，对电子商务经营者的范围、电子商务合同的订立与履行、电子商务争议解决、电子商务促进措施以及监管制度等方面进行了全面系统的规定，确立了电子商务活动的基本法律框架和原则，标志着我国电子商务法治建设进入了一个新的阶段。本节案例导入中，根据《电子商务法》的规定，王某的主张是不合法的。因为消费者在电子商务平台购买商品或者接受服务，与平台内经营者发生争议时，电子商务平台经

营者应当积极协助消费者维护合法权益。在充分考量危险的紧迫性以及协助的必要性后，电子商务平台划扣商家店铺或关联店铺资金并以"消费者赔付金"的形式向消费者赔付款项、限制店铺资金提现的行为，应属于"协助消费者维权"的范畴。同时平台协议和规则对此作了明确约定和提示，其合法有效，对平台和网店经营者均有约束力。本案中，平台在接到消费者投诉后介入纠纷，在商家怠于处理售后投诉及办理赔付时，针对性地采取相应处理方式，具有法律及合同依据。

此后，我国又陆续出台了相关的法律法规和司法解释，如《个人信息保护法》《关于审理网络消费纠纷案件适用法律若干问题的规定（一）》等，以适应不断发展变化的电子商务实践需求，加强对电子商务市场的全方位、多层次的规范和管理，推动我国电子商务行业在法治轨道上稳步前行，同时也为全球电子商务立法提供有益的借鉴和参考，提升我国在国际电子商务规则制定领域的话语权和影响力。

> **知识拓展**
> 我国电子商务
> 立法体系

第二节 电子商务经营者规制

案例导入

某具有支配地位的电子商务平台自 2015 年以来实施"二选一"策略，以明示或者暗示的手段要求商家在该平台和其他竞争平台之间作出选择。也就是说，只要入驻该平台的商家，就必须与该平台签订"独家合作协议"，保证产品只能在该平台销售，而不能在其他电子商务平台销售，更不能同时入驻竞争对手平台。

请问： 该电子商务平台实施"二选一"策略是否合法？为什么？

一、电子商务经营者的分类

电子商务经营者，是指通过互联网等信息网络从事销售商品或者提供服务的经营活动的自然人、法人和非法人组织，包括电子商务平台经营者、电子商务平台内经营者以及通过自建网站、其他网络服务销售商品或者提供服务的电子商务经营者。

（1）电子商务平台经营者。电子商务平台经营者是指在电子商务中为交易双方或者多方提供网络经营场所、交易撮合、信息发布等服务，供交易双方或者多方独立开展交易活动的法人或者非法人组织。现实中，它通常被称为"电商平台"，如淘宝网、美团等。需要注意的是，自然人不能成为电子商务平台经营者。

（2）电子商务平台内经营者。电子商务平台内经营者是指通过电子商务平台销售商品或者提供服务的电子商务经营者，即那些借助电子商务平台进行交易活动的经营者，也就是我们通常所说的"商家"。商家的主体资格并不绝对局限于法人或非法人组织，自然人同样有资格成为"商家"，例如在 C2C（消费者对消费者）模式中就很常见。电子商务平台内经营者都是独立的民事主体，独立进行电子商务经营活动。

（3）其他电商经营者。其他电商经营者是指通过自建网站、其他网络服务销售商品或者提供服务的电子商务经营者，如一些品牌的官方网店或在线服务提供商等。

二、电子商务经营者的市场主体登记

我国电子商务经营者原则上都应当依法办理市场主体登记，但个人销售自产农副产品、家纺工业产品，个人利用自己的技能从事依法无须取得许可的便民劳务活动和零星小额交易，以及依照法律、行政法规不需要进行登记的除外。

同时针对那些可能对消费者人身及财产安全产生特殊影响的商品和服务，如药品、医疗器械等，还需取得相关行政许可。例如根据《医疗器械网络销售监督管理办法》的规定，平台内经营者应当依法取得《互联网药品信息服务资格证书》，并向省级食药监局备案，获取备案证书。

三、电子商务经营者的义务

（1）依法纳税与办理纳税登记。电子商务经营者在依法享受税收优惠的同时应当依法履行纳税义务；不需要办理市场主体登记的电子商务经营者在首次纳税义务发生后，应当依照税收征收管理法律、行政法规的规定申请办理税务登记，并如实申报纳税。因此，无论是线上还是线下经营者，在纳税义务上均保持一致。

（2）合法合规经营。该义务主要体现在以下方面：依法需取得行政许可的，必须获得相应行政许可；应当依法出具纸质发票或者电子发票等购货凭证或者服务单据；应当在其首页显著位置，持续公示营业执照信息、与其经营业务有关的行政许可信息、属于不需要办理市场主体登记情形等信息，或者上述信息的链接标识；自行终止从事电子商务的，应当提前30日在首页显著位置持续公示有关信息；具有市场支配地位的，不得滥用市场支配地位，排除、限制竞争；从事跨境电子商务，应当遵守进出口监督管理的法律、行政法规和国家有关规定。据此，本节案例导入中"二选一"策略是该电子商务平台为限制其他竞争性平台发展，维持、巩固自身市场地位，滥用其网络零售平台服务市场的支配地位，排除、限制了相关市场竞争，损害了平台内经营者和消费者的利益，削弱了平台经营者的创新动力和发展活力，阻碍了平台经济规范、有序、创新、健康发展，因而是违法的。

知识拓展
商家侵权案例

（3）个人信息保护义务。电子商务经营者收集、使用其用户的个人信息，应当遵守法律、行政法规有关个人信息保护的规定，同时还应当明示用户信息查询、更正、删除以及用户注销的方式、程序，不得对用户信息查询、更正、删除以及用户注销设置不合理条件。

（4）消费者权益保护义务。电子商务经营者销售的商品或者提供的服务应当符合保障人身、财产安全的要求和环境保护要求，不得销售或者提供法律、行政法规禁止交易的商品或者服务；应当全面、真实、准确、及时地披露商品或者服务信息，保障消费者的知情权和选择权；不得以虚构交易、编造用户评价等方式进行虚假或者引人误解的商业宣传，欺骗、误导消费者；向消费者提供商品或者服务的搜索结果的，应当同时向该消费者提供不针对其个人特征的选项，尊重和平等保护消费者合法权益；应当以显著方式提请消费者注意，不得将搭售商品或者服务作为默认同意的选项；应当按照承诺或者与消费者约定的方式、时限向消费者交付商品或者服务，并承担商品运输中的风险和责任，除非消费者另选物流服务；若收取押金的，应当明示押金退还的方式、程序，不得对押金退还设置不合理条件，符合押金退还条件的应当及时退还。

知识拓展
电商平台维护消费者权益案例

四、电子商务平台经营者的特殊义务

根据《电子商务法》的规定，电子商务平台经营者除了履行电子商务经营者的义务外，还需要履行下列特殊义务。

（1）对平台内经营者信息的核验、报送义务。电子商务平台经营者应当要求申请进入平台销售商品或者提供服务的经营者提交其身份、地址、联系方式、行政许可等真实信息，进行核验、登记，建立登记档案，并定期核验更新。电子商务平台经营者应当按照规定向市场监督管理部门报送平台内经营者的身份信息，应当依照税收征收管理法律、行政法规的规定，向税务部门报送平台内经营者的身份信息和与纳税有关的信息。

（2）在线销售商品或服务的合法性、合规性的审查义务。电子商务平台经营者发现平台内的商品或者服务信息存在不符合保障人身、财产安全的要求和环境保护要求等，应当依法采取必要的处置措施，并向有关主管部门报告。

（3）提供稳定、安全服务的义务。电子商务平台经营者应当采取技术措施和其他必要措施保证其网络安全、稳定运行，防范网络违法犯罪活动，有效应对网络安全事件，保障电子商务交易安全。电子商务平台经营者应当制定网络安全事件应急预案，发生网络安全事件时，应当立即启动应急预案，采取相应的补救措施，并向有关主管部门报告。

（4）服务规则透明和信息公开义务。电子商务平台经营者应当遵循公开、公平、公正的原则，制定平台服务协议和交易规则，明确进入和退出平台、商品和服务质量保障、消费者权益保护、个人信息保护等方面的权利和义务。电子商务平台经营者应当在其首页显著位置持续公示平台服务协议和交易规则信息或者上述信息的链接标识，并保证经营者和消费者能够便利、完整地阅览和下载。

（5）不得滥用优势地位义务。电子商务平台经营者不得利用服务协议、交易规则以及技术等手段，对平台内经营者在平台内的交易、交易价格以及与其他经营者的交易等进行不合理限制或者附加不合理条件，或者向平台内经营者收取不合理费用。电子商务平台经营者修改平台服务协议和交易规则，应当在其首页显著位置公开征求意见，采取合理措施确保有关各方能够及时充分表达意见。修改内容应当至少在实施前7日予以公示。

（6）自营与他营业务明确区分义务。电子商务平台经营者在其平台上开展自营业务的，应当以显著方式区分标记自营业务和平台内经营者开展的业务，不得误导消费者。电子商务平台经营者对其标记为自营的业务依法承担商品销售者或者服务提供者的民事责任。

（7）交易信息的记录与保存义务。电子商务平台经营者应当记录、保存平台上发布的商品和服务信息、交易信息，并确保信息的完整性、保密性、可用性。商品和服务信息、交易信息保存时间自交易完成之日起不少于3年；法律、行政法规另有规定的，依照其规定。

（8）对平台内存在侵害消费者权益行为承担连带责任和相应责任。电子商务平台经营者知道或者应当知道平台内经营者销售的商品或者提供的服务不符合保障人身、财产安全的要求，或者有其他侵害消费者合法权益行为，未采取必要措施的，依法与该平台内经营者承担连带责任。对关系消费者生命健康的商品或者服务，电子商务平台经营者对平台内经营者的资质资格未尽到审核义务，或者对消费者未尽到安全保障义务，造成消费者损害的，依法承担相应的责任。

【案例 9.1】王某通过一家知名平台订购一份酸菜鱼，食用后出现食物中毒症状。王某联系商家和平台要求赔偿医疗费等相关损失，但商家辩称其酸菜鱼没有质量问题，平台则以"仅为信息中介"为由拒绝处理和赔偿。经调查，该商家未取得食品经营许可证，且食品卫生不达标。

请问：平台做法是否合法？为什么？

解析：不合法。根据《电子商务法》和《食品安全法》的规定，平台未对商家的经营资质和食品安全情况进行有效审核，使消费者的合法权益受到损害的，应当与商家承担连带责任。因此，该平台不得拒绝处理和赔偿。

（9）对知识产权负有保护义务。电子商务平台经营者应当建立知识产权保护规则，与知识产权权利人加强合作，依法保护知识产权。知识产权权利人认为其知识产权受到侵害的，有权通知电子商务平台经营者采取删除、屏蔽、断开链接、终止交易和服务等必要措施。通知应当包括构成侵权的初步证据。电子商务平台经营者接到通知后，应当及时采取必要措施，并将该通知转送平台内经营者；未及时采取必要措施的，对损害的扩大部分与平台内经营者承担连带责任。电子商务平台经营者因通知错误造成平台内经营者损害的，依法承担民事责任；恶意发出错误通知，造成平台内经营者损失的，加倍承担赔偿责任。电子商务平台经营者知道或者应当知道平台内经营者侵犯知识产权的，应当采取删除、屏蔽、断开链接、终止交易和服务等必要措施；未采取必要措施的，与侵权人承担连带责任。

实案广角
电商领域知识产权保护案例

第三节　电子商务合同法律制度

案例导入

某电子商务平台（以下简称平台）举办"名表新品折上最高立减500元"促销活动，夏某下单3块手表并收到平台订单确认邮件，但3天后夏某却被告知3块手表不能采购到货，已支付的款项将会尽快退款，且平台单方将3个订单全部删除。数日后夏某发现手表仍在售且价格升高，遂以虚假促销起诉平台要求履行合同并赔礼道歉。平台辩称按其网站"使用条件"，发出送货确认邮件合同才成立，订单确认不代表合同成立，缺货可删订单。但实际操作中，消费者无须阅读"使用条件"即可完成选择商品并购买的全过程，平台因未就"使用条件"的格式条款以合理的方式提请消费者注意而深表歉意，并愿意赠送夏某10元礼品卡。

请问：夏某和平台之间的电子商务合同是否成立？为什么？

一、电子商务合同的特征

电子商务合同是指平等的民事主体在电子商务活动中，以数据电文为载体，通过互联网信息网络技术，设立、变更、终止民事法律关系的协议。电子商务合同作为合同的一种，除具有传统合同一般特征外，还具备独有的特征，具体如下。

（1）主体的虚拟性。电子商务合同当事人在网络上以数字化的形式运作，可以互不谋面，其身份依靠密码辨认或者认证机构的认证，这使得交易主体没有地域上的局限性。

（2）手段的技术性。电子商务合同借助线上互联网技术订立，整个交易过程内有一系列的技术标准规定加以限制，如电子签名的认定与效力、电子认证的流程与效力等。

（3）表意的电子化。电子商务合同是通过计算机互联网以数据电文的方式订立的，合同当事人可以通过电子方式来表达自己的意愿。

（4）形式的无纸化。电子商务合同的信息记录在计算机或磁盘等载体中，其修改、流转、储存等过程均通过计算机进行，因而也被称为"无纸合同"。

二、电子商务合同的成立

电子商务合同的成立是指缔约主体经协商、谈判，就合同内容相互表达意思并达成一致的过程。电子商务合同与传统的民事合同一样，其成立需经过要约与承诺两个阶段，应遵守《民法典》的相关规定，这在本书第三章中已作阐释，在此不再赘述。下文仅就电子商务合同成立中的特殊规范作解析。

（1）合同主体的身份和缔约能力。由于电子商务合同的订立过程都是在虚拟的网络环境下进行的，与传统的民事合同相比，更难确定合同主体的身份和缔约能力，因而《电子商务法》明确规定，电子商务当事人使用自动信息系统订立或者履行合同的行为对使用该系统的当事人具有法律效力。在电子商务中推定当事人具有相应的民事行为能力，但有相反证据足以推翻的除外。

（2）要约、承诺的生效。电子商务合同的要约、承诺一般都采用数据电文形式。根据《民法典》的规定，若要约、承诺采用数据电文形式的，相对人指定特定系统接收数据电文的，该数据电文进入该特定系统时生效；若未指定特定系统的，相对人知道或者应当知道该数据电文进入其系统时生效。当然，电子商务合同当事人对要约、承诺的生效时间另有约定的，按照其约定。同时，鉴于数据电文传输的迅速性，电子商务活动中要约和承诺一般较难撤回。

（3）合同的成立。电子商务经营者发布的商品或者服务信息符合要约条件的，用户选择该商品或者服务并提交订单成功，合同成立。当事人另有约定的，从其约定。电子商务经营者不得以格式条款等方式约定消费者支付价款后合同不成立；格式条款等含有该内容的，其内容无效。本节案例导入中，"使用条件"系平台未与消费者协商、预先设定的、不允许对其内容作出变更的格式条款。根据《民法典》的规定，提供格式条款的一方应当采取合理的方式提示对方注意免除或者减轻其责任等与对方有重大利害关系的条款，并按照对方的要求，对该条款予以说明，否则对方可以主张该条款不成为合同的内容。据此，平台未就"使用条件"的格式条款以合理的方式提请消费者注意，特别是没有在消费者提交订单之前予以明确提示，故该条款应视为没有订入合同，当然也不应对消费者发生效力。而根据合同成立的一般规则，消费者提交确认订单，即应视为承诺，双方电子商务合同即告成立。

（4）合同签订中错误的更正。电子商务经营者应当清晰、全面、明确地告知用户订立合同的步骤、注意事项、下载方法等事项，并保证用户能够便利、完整地阅览和下载。电子商务经营者应当保证用户在提交订单前可以更正输入错误。

（5）电子签名的法律效力。根据《电子签名法》的规定，民事活动中的合同或者其他文件、单证等文书，当事人可以约定使用或者不使用电子签名、数据电文。当事人约定使用电子签名、数据电文的文书，不得仅因为其采用电子签名、数据电文的形式而否定其法律效力。因此，电子商务合同中的电子签名和纸质合同书上的签名具有同等的法律效力。

【案例9.2】李某于10月8日在某线上购物平台以10元的价格下单购买了3箱处于促销活动的某无糖饮料，并已于线上支付相应价款。后该商家称此促销价格远低于正常成本，属于店铺管理人员误操作造成，并且援引"服务协议"规则，主张网站上的无糖饮料商品展示是"要约邀请"，李某线上下单并支付相应价款是"要约"，只有在商家确认该订单并发货后才视为"承诺"，合同才得以成立并生效，故其可以取消订单并得到退款。李某则认为双方之间的合同已经成立并生效，商家应该履行该合同。据查，该商家并未对"服务协议"规则作提醒说明，而且在该购物网站的商品购买界面均可看到"立即购买"按钮，也可在点击后显示商品库存数量，选择"收货地址"，显示"预计到达时间"等内容。

请问：李某与该商家的买卖合同是否成立？为什么？

解析：李某与该商家的买卖合同成立。因为根据《电子商务法》和《民法典》的规定，电子商务经营者发布的商品或者服务信息符合要约条件的，用户选择该商品或者服务并提交订单成功时合同成立。同时，电子商务经营者不得以格式条款等方式约定消费者支付价款后合同不成立；格式条款等含有该内容的，其内容无效。本案中，商家并未对"服务协议"规则作提醒说明，且将消费者的下单及付款行为定义为"要约"的内容，因而该条款不发生效力。同时，"要约"与"要约邀请"最核心的区别在于要约内容具体明确，且表明经受要约人承诺，要约人即受该意思表示约束，而从本案商品购买页展示的信息中，该内容具体明确了商家"愿意受其约束的意思"，因而该商品展示应视为对不特定公众发出的"要约"，消费者下单并支付相应价款是"承诺"。通常情况，合同于承诺生效时成立，故李某与该商家的买卖合同成立。

三、电子商务合同的履行

1. 履行标的

电子商务合同的履行标的包括交付商品、提供服务或在线提供数字产品。对于标的物是有形商品的，如通过电商平台购买的电子产品、服装等，需符合合同约定的规格、型号、质量标准等。商家应确保交付的商品与在平台上展示的商品信息一致，包括商品的外观、功能、配件等详细描述。对于标的物是无形商品或服务的，如在线软件许可使用、数字音乐下载、网络课程培训等，其质量和特性则更多地依赖于技术参数、使用权限、内容完整性等方面的约定。例如，一款付费软件的电子商务合同，应保证软件无病毒、能正常运行，并提供约定的功能模块和使用期限。服务类电子商务合同则要确保服务的专业性、及时性和符合既定的服务流程与标准，以满足消费者的合理预期和合同要求。

2. 履行期限

电子商务合同的履行期限在确定和计算上可能因网络交易的特点而有所不同。一般而言，合同中会明确约定履行的起始时间和截止时间，如电商平台卖家承诺在消费者下单后的 48 小时内发货，这 48 小时即为货物交付的履行期限。对于一些需要持续提供服务的电子商务合同，如按月订阅的在线杂志，其履行期限以月为单位，在每个月的固定周期内完成内容更新和推送服务。在计算履行期限时，要考虑到网络传输、系统故障等可能影响履行进程的因素。若因不可抗力或其他合理原因导致履行延迟，商家或服务提供者应及时通知对方，并在合理范围内协商调整履行期限，以保障合同的顺利履行和对方当事人的权益，避免因逾期履行而构成违约。

【案例 9.3】甲某在 A 公司经营的某奢侈品 App 上先后购买了 10 单商品，订单交易金额共计 2 万元，订单中物流显示最长的发货时间为"预计 10 至 30 天内发货"。下单后，甲某付清货款，但后来只收到其中 2 单的商品，其余订单一直未发货。随后，甲某对未发货的订单申请退款，订单网页中显示"退款审核中"，却一直未退款。为此，甲某要求解除网络购物合同，并要求 A 公司退还其未发货商品的货款及赔偿相应损失。

请问：甲某的主张是否合法？为什么？

解析：合法。双方之间成立有效的网络购物合同，A 公司有义务按约定的发货时间向甲某交付所购商品，但除了 2 单已到货外，其余 8 单商品超过了 A 公司承诺最长的发货时间仍未发货，甲某申请退款后也未收到退款，A 公司的行为已构成违约。根据《民法典》的规定，当事人一方迟延履行主要债务，经催告后在合理期限内仍未履行的，当事人可以解除合同。当事人一方不履行合同义务或者履行合同义务不符合约定的，应当承担继续履行、采取补救措施或者赔偿损失等违约责任。据此，甲某有权要求解除网络购物合同，并要求 A 公司退还其未发货商品的货款及赔偿损失。

3. 履行地点

电子商务合同的履行地点的确定较为复杂。对于有形商品的交付，通常以消费者指定的收货地址为履行地点，这一地址在电商平台的订单信息中明确记录，商家需将商品准确送达该地点，完成交付义务，货物的风险自交付至该地点时转移给消费者。而对于无形商品和服务，履行地点则依据合同约定和交易性质而定。例如，在线软件的交付可能以消费者能够通过其指定的网络终端访问并下载软件的服务器所在地为履行地点。

知识拓展
网购后"仅退款不退货"是否合法？

4. 交付方式和交付时间

电子商务合同标的的交付方式和交付时间直接关系到合同当事人权利、义务、责任的认定。首先，合同标的为交付商品并采用快递物流方式交付的，收货人的签收时间为交付时间。合同标的为提供服务的，生成的电子凭证或者实物凭证中载明的时间为交付时间；前述凭证没有载明时间或者载明时间与实际提供服务时间不一致的，实际提供服务的时间为交付时间。合同标的为采用在线传输方式交付的，合同标的进入对方当事人指定的特定系统并且能够检索识别的时间为交付时间。其次，当事人对交付商品或者提供服务的方式、时间另有约定的，按照其约定。此外，当事人也可以约定其他线下运输方式交付。对于采用线下运输方式交付标的物的，适用《民法典》合同编分则关于买卖合同标的物交付的有关规定。

【案例 9.4】王某在购物网站上买了一件过冬的衣服。3 天后，该商家的客服告知王某，该快件在运输途中遗失了，王某表示自己已经付过款，物品丢失商家应该承担责任，但客服却说订单已按时发货，默认收货交易已经完成，商家无须承担责任。

请问：商家的主张是否合法？为什么？

解析：不合法。根据《民法典》的规定，标的物毁损、灭失的风险，在标的物交付之前由出卖人承担，交付之后由买受人承担，但是法律另有规定或者当事人另有约定的除外。通过互联网等信息网络订立的电子合同的标的为交付商品并采用快递物流方式交付的，收货人的签收时间为交付时间。本案中，商家虽然已经履行了发货的义务，但并不代表其已经完成了合同约定的标的物交付的义务。只有当收货人签收商品时，整个交付过程才结束，此时风险转移至买受人王某。衣服在王某确认签收前就已遗失，即标的物尚未完成交付，故此时衣服的灭失、损毁的风险和责任仍应由商家承担。

第四节　电子签名与电子支付法律制度

案例导入

李某通过一家电商平台与某商家签订了一份电子设备买卖合同。合同采用电子签名方式签署，平台提供了双重认证（密码+短信验证码）以确保签名人的身份。李某收到商品后，发现设备存在质量问题，要求退货退款。商家以合同已生效为由拒绝退款，李某遂将商家诉至人民法院，质疑电子签名的法律效力。

请问：电子签名是否具有法律效力？为什么？

一、电子签名法律制度

1. 电子签名概述

电子签名是指数据电文中以电子形式所含、所附用于识别签名人身份并表明签名人认可其中内容的数据，包括手写签名的数字图像、经过加密处理的密码、生物特征识别信息等多种形式。

与传统手写签名类似，电子签名的目的是为了确认文件签署者的身份及其对文件内容的认可，但它是以电子数据的形式存在和表现的，通过特定的技术手段生成和验证，将签名人的身份信息与电子文件紧密绑定，确保签名的真实性、完整性和不可抵赖性，从而在电子商务、电子政务等领域替代传统手写签名，实现各类电子文件的合法签署和流转。

（1）电子签名的形式。电子签名形式多样，常见的形式包括基于密码的签名，即通过设置密码，签名人使用密码对电子文件进行加密处理，接收方通过验证密码来确认签名人的身份和文件的完整性；数字证书签名，由权威的认证机构（CA）为签名人颁发数字证书，证书中包含签名人的公钥等身份信息，签名人使用私钥对文件进行签名，接收方利用公钥进行验证，这种方式具有较高的安全性和可信度，广泛应用于金融、电子商务等对安全要求较高的领域；生物特征识别签名，如指纹识别、虹膜识别等技术应用于电子签名过程，通过采集签名人的生物特征信息并将其转化为电子数据与文件关联，实现签名的唯一性和不可伪造性。不同的形式和手段适用于不同的应用场景和安全需求，为电子签名的广泛应用提供了多样化的选择。

（2）电子签名的功能。电子签名具有确认交易双方身份、保证交易信息的完整性和不可否认性等功能。它能够有效防止交易信息的篡改和伪造，确保交易的真实性和安全性。它还具备文件完整性确认功能，通过特定的技术算法，电子签名能够保证电子文件在签署后不被篡改，任何对文件内容的修改都将导致签名验证失败，从而维护了文件内容的原始性和可靠性。此外，电子签名具有不可抵赖性，签名人一旦对电子文件进行签名，就无法否认其签署行为和文件内容，这在法律纠纷中具有重要的证据效力，为电子交易的安全性和稳定性提供了有力保障。

（3）《电子签名法》的效力范围。《电子签名法》主要适用于民事活动中的电子签名行为，包括电子商务、电子政务等领域。该法明确了电子签名的法律效力、认证机构的设立与管理等事项，为电子签名的广泛应用提供了法律保障。值得注意的是，目前对于涉及婚姻、收养、继承等人身关系的文书，以及涉及土地、房屋等不动产权益转让的文书等，法律另有规定的，不适用《电子签名法》。这些特殊领域由于其自身的性质和法律要求的特殊性，仍以传统的书面形式和签名方式为主，以确保交易的审慎性和法律关系的稳定性。

2. 可靠电子签名的界定和法律效力

（1）可靠电子签名的界定。可靠电子签名是指符合下列条件的电子签名：①电子签名制作数据用于电子签名时，属于电子签名人专有；②签署时电子签名制作数据仅由电子签名人控制；③签署后对电子签名的任何改动都能够被发现；④签署后对数据电文内容和形式的任何改动能够被发现。符合这些条件的电子签名才能在法律上被认定为可靠电子签名，享有相应的法律效力。本节案例导入中，签名由李某本人通过密码和短信验证码完成，满足"签名人专有"和"签署时由签名人控制"的要求，同时平台采用加密技术确保签署后电子签名和合同内容的任何改动都能够被发现，因而该电子签名属于可靠电子签名。

实案广角
关于电子签名法律效力的认定

（2）可靠电子签名的法律效力。可靠电子签名与手写签名或者盖章具有同等的法律效力。在民事活动中，当事人可以约定使用或者不使用电子签名、数据电文。据此，本节案例导入中电子签名具有与手写签名同等的法律效力。但是，涉及人身关系、不动产权益转让、公用事业服务等事项的，法律、行政法规规定不适用电子文书、电子签名的除外。

3. 电子签名使用人的基本行为规范

电子签名使用人应当遵守法律法规，不得利用电子签名从事违法活动。同时，电子签名使用人应当妥善保管电子签名制作数据，防止数据丢失、被盗用或者篡改，如设置高强度密码、使用加密存储设备、定期更新密码等，防止电子签名制作数据被泄露、盗用或篡改，确保其专属性和安全性。电子签名使用人在签署电子文档时，要对所签署文件的内容进行仔细核对和确认，了解文件的法律意义和后果，避免因疏忽大意而签署了不符合自身利益或违反法律法规的文件。电子签名使用人应当确保签署行为真实、准确、完整，并承担相应的法律责任。

此外，电子签名使用人在发现电子签名制作数据可能已经失密或者已经遭到篡改时，应当及时通知相关方，如交易对方、电子认证服务机构等，并采取必要的措施，如申请挂失、更换电子签名制作数据、暂停相关电子交易等，以减少可能产生的法律风险和经济损失，积极配合相关机构进行调查和处理，维护电子签名的安全性和电子交易的正常秩序，保障自身和其他交易方的合法权益。

二、电子支付法律制度

（一）电子支付概述

电子支付是单位、个人直接或授权他人通过电子终端发出支付指令，实现货币与支付资金转移的行为。实践中，电子支付最常用的支付方式是网络支付，也就是收款人或付款人通过计算机、移动终端等电子设备，依托公共网络信息系统远程发起支付指令，且付款人电子设备不与收款人特定专属设备交互，由支付机构为收付款人提供货币资金转移服务的活动。

电子支付具有下列四个显著特点。

（1）电子性特征显著。电子支付凭借其与生俱来的电子性特质，成功突破了距离与地域的束缚。电子支付通过先进的电子通信技术，使用户能够随时随地享受服务、应用和信息获取，极大地提升了支付的便捷性。

（2）及时性优势突出。电子支付全然不受时间与地点的约束，这使得信息的获取能够更为迅速、高效，用户可随时对账户进行查询、转账或进行购物消费。

（3）定制化体验卓越。借助先进的电子通信技术以及简洁易用的手机操作界面，用户得以根据个人喜好与需求定制专属的消费模式以及个性化服务，账户交易更加简单方便。

（4）集成化功能强大。电子支付以手机等移动端为载体，通过与终端读写器近距离识别进行信息交互，运营商可以将电子通信卡、公交卡、地铁卡、银行卡等各类信息整合到以手机等移动端为平台的载体中进行集成管理，并搭建与之配套的网络体系，从而为用户提供方便的支付以及身份认证渠道。

（二）电子支付的当事人

电子支付的当事人主要包括以下几种。

（1）付款人。付款人在电子支付中是发起支付指令，指示其开户银行或其他支付机构将一定金额的货币支付给收款人的一方。付款人可以是个人消费者，如在网上购物时使用银行卡支付的买家；也可以是企业，在进行原材料采购、支付员工工资等业务活动时通过电子支付方式划转资金。

（2）收款人。收款人是指在电子支付中接收付款人支付的货币资金的一方。收款人可能是商品或服务的销售者，如电商平台上的商家在收到买家的货款后完成商品发货；也可能是接受劳务报酬的个人或企业，如自由职业者通过电子支付方式收取客户支付的服务费用。

（3）银行及网上支付平台。银行在电子支付中扮演着关键角色，既包括付款人、收款人的开户银行，也包括承担资金清算与结算职能的中央银行和其他金融机构。开户银行负责为客户提供支付账户的开立、管理和维护服务，确保客户资金的安全存储，并按照客户的支付指令准确、及时地进行资金划转。在执行支付指令过程中，银行需要对指令的真实性、合法性进行审核，防范洗钱、诈骗等违法金融活动。网上支付平台作为新兴的支付服务机构，为付款人和收款人提供了便捷的支付中介服务，如支付宝、财付通等。它们整合了多家银行的支付接口，简化了支付流程，提高了支付效率，同时还提供了诸如担保交易、交易记录查询、退款管理等增值服务。

（4）电子认证服务机构。电子认证服务机构在电子支付中起着保障交易安全的重要作用。电子认证服务机构通过对电子签名人的身份进行真实性验证，并为其颁发电子签名认证证书，确保电子支付指令的真实性和不可抵赖性。在电子支付交易中，电子认证服务机构为银行、网上支付平台、付款人、收款人等各方提供身份认证服务，使得各方能够确认对方的真实身份，防止身份冒用和欺诈行为的发生。

（三）付款人的权利与义务

1. 付款人的权利

付款人主要享有以下权利：①指令权。付款人有权要求银行及网上支付平台按照其合法有效的支付指令准确、及时地划转资金，确保支付交易的顺利进行，以实现其对商品、服务或债务的清偿目的。这是电子支付中付款人的最基本权利。②知情权。付款人有权了解电子支付过程中的相关信息，包括支付指令的具体内容、支付是否成功等。③选择权。付款人有权选择支付方式和支付工具，如银行卡、第三方支付平台等。④信息保护权。付款人将其相关信息如个人自然信息、账号、资金等上传到网络银行或网上支付平台，对其中不愿公开的信息有权获得保护。⑤指令纠错和核实权。付款人在电子支付过程中，如果发现支付指令存在错误，有权要求支付服务提供者进行纠正。同时付款人有权对其支付账户的交易明细进行查询和核对，以便及时发现异常交易并采取相应措施，保障自身资金安全和合法权益，银行及支付平台有义务提供清晰、准确、完整的交易记录供付款人查询。⑥索赔权。在支付过程中，若因银行、网上支付平台或其他相关方的过错导致付款人遭受损失，如支付金额错误、资金被盗刷等情况，付款人有权要求过错方承担相应的赔偿责任，包括返还错误支付的款项、赔偿资金损失以及因处理纠纷而产生的合理费用等。

2. 付款人的义务

付款人主要承担以下义务：①履行付款义务。付款人应按照合同约定履行支付义务，如因付款人原因未按时支付，可能构成违约，需承担违约责任。②保障信息安全义务。付款人应当妥善保管自己的支付账户信息，包括但不限于登录密码、支付密码、短信验证码、U 盾等支付工具及相关身份信息，防止账户被盗用或冒用，避免因自身疏忽导致资金损失，若因保管不善造成信息泄露并引发损失，付款人可能需承担相应责任。③确保指令正确义务。在发起支付指令前，付款人有义务确保支付指令的真实性、准确性和完整性，核对收款人的信息、支付金额、支付用途等关键要素，避免因错误指令而造成麻烦和损失，如因付款人自身原因导致支付指令错误，付款人应自行承担相应后果，如向收款人追回款项或承担因错误支付给收款人造成的损失等。④其他义务。付款人应当遵守与银行及网上支付平台签订的服务协议和相关法律法规，不得利用电子支付系统进行违法犯罪活动，如洗钱、诈骗、套现等行为，否则将依法承担相应的法律责任，包括刑事处罚和民事赔偿责任等。

【案例 9.5】张某在某电子支付平台注册了账户，并将支付密码告知了朋友李某。李某利用该密码登录张某的账户，将其账户内的 1 万元转走。张某发现后要求支付平台赔偿损失。

请问：支付平台是否要赔偿张某的损失？为什么？

解析：根据《电子支付指引（第一号）》的规定，付款人应妥善保管支付密码，因未妥善保管导致资金损失的，支付服务提供者不承担责任。因此，支付平台无须赔偿张某的损失。

（四）收款人的权利与义务

1. 收款人的权利

收款人主要享有以下权利：①接收支付款项的权利。收款人有权要求付款人按照合同约定或交易惯例及时、足额地支付款项，并通过合法有效的电子支付方式接收款项，确保自身债权的实现。②要求入账及提供相应凭证的权利。在收到付款人支付的款项后，收款人有权要求银行或网上支付平台及时、准确地将款项入账，并提供相应的入账通知和交易凭证，以便收款人进行财务核算和资金管理，保障其资金的正常使用和流转。③索赔权。若付款人未履行支付义务或支付存在瑕疵，收款人有权依据相关法律规定和合同约定，向付款人主张违约责任，要求付款人继续履行支付义务，赔偿因逾期支付或支付不足而造成的损失，如利息损失、生产经营延误损失等，同时有权采取合法的救济措施，如通过法律诉讼、仲裁等途径维护自身合法权益。

2. 收款人的义务

收款人主要承担以下义务：①提供准确、有效的收款账户信息义务。收款人应提供准确的账户信息，包括账户名、账号、开户行等，确保支付指令能够正确执行。同时还应确保收款人的银行账户处于正常状态，没有冻结或限制等情况，以便支付款项能够顺利进入账户。②履行相应合同义务。在收到款项后，收款人应按照相关法律法规和合同约定履行相应的义务，如交付商品、提供服务等。③遵守电子商务法律法规义务。收款人同样需要遵守电子支付的相关法律法规和行业规范，不得利用电子支付进行欺诈、洗钱、非法套现等违法活动，配合银行及支付平台的监管要求，提供必要的交易信息和资料，维护电子支付市场的正常秩序和安全稳定。

（五）银行及网上支付平台的权利与义务

1. 银行及网上支付平台的权利

银行及网上支付平台主要享有以下权利：①信息审查权。银行及网上支付平台有权要求付款人、收款人按照服务协议的约定提供真实、准确、完整的身份信息、账户信息、交易信息等资料，并对这些信息进行审核和验证，以确保交易的合法性和安全性，防范洗钱、诈骗、非法交易等风险，对于提供虚假信息或不配合审核的用户，有权暂停或终止其服务。②资金划拨权。银行及网上支付平台有权按照客户的指令进行资金的划拨和支付。③接受或拒绝交付指令。银行及网上支付平台有权接受或拒绝客户的支付指令，特别是在指令不符合相关规定或存在风险时。④收费权。根据服务协议，银行及网上支付平台有权向付款人、收款人收取一定的服务费用，作为其提供电子支付服务的报酬，收费标准应当遵循公平、合理、透明的原则，并提前向用户公示，用户在接受服务前应当明确知晓相关收费内容和标准，银行及网上支付平台有权依法追讨用户未支付的服务费用。⑤索赔权。在履行电子支付服务过程中，若因付款人、收款人或其他第三方的过错导致银行及网上支付平台遭受损失，如因用户提供的虚假指令、恶意欺诈行为或系统遭受外部攻击而造成的经济损失、声誉损害等，银行及网上支付平台有权要求过错方承担相应的赔偿责任，维护自身的合法权益和正常运营。

【案例 9.6】张某在某支付平台上注册账户时，提供了虚假的身份证号码和姓名。平台系统初步通过了信息验证，账户成功开通。张某在账户开通后，频繁进行大额转账和支付操作，触发了平台的风控系统。平台怀疑张某可能存在洗钱或其他违规行为，遂要求其补充提供身份证明材料（如身份证正反面照片、手持身份证照片等）以完成进一步审核。但张某拒绝提供补充材料，并声称其身份信息真实有效。平台多次通过短信、电话和邮件提醒张某配合审核，张某始终未予理会。后平台依据用户协议和相关法律法规，暂时冻结了张某账户，并通知张某需在30 天内完成身份验证，否则将终止服务。张某对平台的决定不满，向人民法院提起诉讼，要求平台解冻账户并赔偿因账户冻结导致的损失。

请问：张某的主张是否合法？为什么？

解析：不合法。根据《非银行支付机构网络支付业务管理办法》等相关法律法规的规定，平台有权要求用户按照服务协议的约定提供真实、准确、完整的相关信息，并对这些信息进行审核和验证，以确保交易的合法性和安全性，防范洗钱、诈骗、非法交易等风险，对于提供虚假信息或不配合审核的用户，有权暂停或终止其服务。

2. 银行及网上支付平台的义务

银行及网上支付平台主要承担以下义务：①依法履行资金划转义务。银行及网上支付平台应当按照付款人的合法支付指令及时、准确地处理资金划转业务，确保资金的正确流向和及时到账，不得无故拖延、拒绝或篡改用户的支付指令。②确保支付指令的安全性和准确性义务。电子支付服务提供者应确保电子支付指令的完整性、一致性、可跟踪稽核和不可篡改，以保障交易的安全性和准确性。③告知义务。银行及网上支付平台提供电子支付服务，应当遵守国家规定，告知用户电子支付服务的功能、使用方法、注意事项、相关风险和收费标准等事项，不得附加不合理交易条件。④提供对账服务义务。电子支付服务提供者应向用户免费提供对账服务以及最近 3 年的交易记录，方便用户查询和核对交易信息。⑤风险管控义务。银行及网上支付平台应采取先进的技术手段和安全防护措施，如加密技术、防火墙、风险监测系统等，防范黑客攻击、数据泄露、系统故障等安全事件的发生，保障电子支付系统的安全稳定运行，维护用户的资金安全和交易信息安全。同时对于异常交易、大额交易、可疑交易等情况，应当及时进行核实和调查，并按照法律法规的要求向相关监管部门报告，协助监管部门防范和打击金融违法犯罪活动。此外，银行及网上支付平台还要向用户普及电子支付安全知识，增强用户的风险防范意识，提高用户的自我保护能力。

知识拓展

第三方支付平台风险管控不力被罚案例

（六）电子认证服务机构的权利与义务

1. 电子认证服务机构的权利

电子认证服务机构有权要求申请人提供真实、准确的身份信息，并有权对申请材料进行审核。在审核通过后，电子认证服务机构有权签发电子证书，并对证书的使用进行管理和监督，包括：在证书到期前，通知用户更新证书；若发现证书被滥用、用户信息变更或证书存在安全隐患，有权撤销证书；在特定情况下（如用户涉嫌违法操作等），可以暂时中止证书的使用。此外，电子认证服务机构有权根据行业规范和技术发展，制定电子证书的技术标准和管理规范，以确保其服务的可靠性和安全性，有权向申请电子证书的用户或企业收取合理的服务费用，有权通过法律途径追究因用户或第三方故意或过失行为导致其遭受损失的法律责任等。

2. 电子认证服务机构的义务

电子认证服务机构应当确保其系统和技术能够有效防止电子证书被伪造或盗用，也不得签发虚假的电子证书，要保障电子证书的真实性和有效性。电子认证服务机构应履行信息披露义务，及时向用户和依赖方（如电子商务平台等）说明电子证书的使用范围、有效期、风险提示及用户责任等。电子认证服务机构应当妥善保管电子证书制作数据，防止数据丢失、被盗用或者篡改。在发现证书被盗用或者存在其他安全隐患时，应当及时采取措施予以处理，如撤销证书、通知用户等，并向有关部门报告。电子认证服务机构应当对用户的个人信息和业务数据严格保密，不得泄露或滥用，并遵守市场竞争规则，不得利用其市场地位从事不正当竞争行为。电子认证服务机构因过错造成他人损失的，应当承担赔偿责任。

【案例9.7】某电子认证服务机构 A 为一家电子商务平台 B 的用户提供电子证书服务。用户李某在平台 B 上使用 A 发放的电子证书进行交易时，因 A 的系统存在安全漏洞，导致李某的电子证书被黑客伪造。黑客利用伪造的证书冒充李某的身份，进行了一系列欺诈交易，造成李某和平台 B 的经济损失。

请问：电子认证服务机构 A 是否履行了其法定义务？是否应对李某和平台 B 的损失承担法律责任？为什么？

解析：根据《电子签名法》和《网络安全法》的规定，电子认证服务机构的义务之一是确保其系统和技术能够有效防止电子证书被伪造或盗用。电子认证服务机构未履行义务导致用户或第三方遭受损失的，应承担相应的民事赔偿责任。因此，在本案中，电子认证服务机构 A 未能有效保护其系统，导致用户李某的电子证书被伪造，属于未履行其法定义务，应该承担李某和平台 B 的经济损失。

课后练习与实训

一、判断题

1. 《电子商务法》是我国电子商务领域中首部综合性法律。 （   ）
2. 电子商务经营者可以随意收集和使用消费者的个人信息，无须告知消费者。 （   ）
3. 在电子商务中一律推定当事人均具有相应的民事行为能力。 （   ）
4. 电子支付服务提供者应当确保电子支付指令的完整性、一致性、可跟踪稽核和不可篡改。
（   ）
5. 未经授权的支付造成的损失，由电子支付服务提供者承担；电子支付服务提供者能够证明未经授权的支付是因用户的过错造成的，不承担责任。 （   ）

二、单项选择题

1. 以下哪类经营者不需要办理市场主体登记？（   ）
   A. 个人销售自产农副产品　　　　　　B. 个人销售进口商品
   C. 企业销售电子产品　　　　　　　　D. 平台内经营者销售服装
2. 电子商务合同标的为交付商品并采用快递物流方式交付的，交付时间是（   ）。
   A. 快递物流接收时间　　　　　　　　B. 收货人签收时间
   C. 快递驿站收货时间　　　　　　　　D. 收货人付款时间
3. 电子商务平台经营者对平台内经营者的资质未尽到审核义务的，需承担（   ）。
   A. 补充责任　　　B. 部分责任　　　C. 连带责任　　　D. 全部责任
4. 可靠电子签名的法律效力如何？（   ）
   A. 高于手写签名或者盖章的法律效力　　B. 低于手写签名或者盖章的法律效力
   C. 与手写签名或者盖章具有同等效力　　D. 无法确定
5. 电子支付服务提供者应当向用户免费提供对账服务以及最近（   ）年的交易记录。
   A. 1　　　　　　B. 3　　　　　　C. 5　　　　　　D. 10

三、多项选择题

1. 电子商务平台经营者的义务有哪些？（　　）
   A. 不得滥用优势地位义务
   B. 对平台内经营者信息的核验、报送义务
   C. 消费者权益保护义务
   D. 交易信息的记录与保存义务

2. 电子商务合同的订立方式包括（　　）。
   A. 通过电子邮件
   B. 通过电子商务平台
   C. 通过纸质合同
   D. 通过电子数据交换

3. 下列哪些说法是错误的？（　　）
   A. 电子商务经营者不得以格式条款等方式约定消费者支付价款后合同不成立
   B. 电子商务经营者应当保证用户在提交订单前可以更正输入错误
   C. 对电子商务合同的交付方式和交付时间，当事人必须严格按照法律规定执行，不得另行约定
   D. 快递物流服务提供者在提供快递物流服务的同时，不得接受电子商务经营者的委托提供代收货款服务

4. 以下哪些文件不适用电子签名？（　　）
   A. 婚姻、收养、继承等人身关系的协议
   B. 涉及不动产权益转让的合同
   C. 涉及停止供水、供热、供气的通知
   D. 普通商品买卖合同

5. 在电子支付活动中，银行及网上支付平台承担的义务主要有哪些？（　　）
   A. 资金划转
   B. 确保支付指令的安全性和准确性
   C. 提供对账服务
   D. 风险管控

四、思考题

1. 简述电子商务平台经营者的特殊义务。
2. 简述电子商务合同的概念与特征。
3. 简述电子商务合同成立的时间和地点。
4. 可靠电子签名需具备哪些条件？
5. 简述银行及网上支付平台的权利与义务。

五、实训题

2024年，张某在某知名电子商务平台（以下简称平台）上的一家网店（以下简称网店）购买了一部价值5 000元的手机。张某通过平台的电子支付系统完成了支付，但网店在收到款项后，以手机缺货为由拒绝发货，并提议退款。张某不同意退款，认为网店的行为构成了违约，要求网店按照合同约定交付手机或赔偿相应损失。同时，张某还发现网店在平台上展示的商品信息中存在虚假宣传，手机的实际配置与宣传不符。

请问：（1）网店展示商品信息的行为在法律上应如何定性？张某与网店之间的网购合同是否成立？

（2）网店以手机缺货为由拒绝发货，是否构成违约？

（3）张某发现网店存在虚假宣传，应如何维护自己的合法权益？

（4）在电子支付过程中，如果张某的支付账户被盗用导致资金损失，应由谁承担责任？

第十章

经济仲裁与诉讼法律制度

【学习目标】

◆ 了解经济仲裁的概念和基本原则，掌握经济仲裁的范围，了解仲裁协会、仲裁委员会、仲裁庭的基本组成，熟悉经济仲裁的基本制度和仲裁程序。

◆ 了解经济审判的概念，掌握经济审判的基本制度，熟悉审判管辖的有关规定，准确认定原告与被告的资格，掌握经济诉讼的程序。

◆ 掌握仲裁裁决的撤销与不予执行的区别，掌握仲裁裁决的中止执行、终结执行和恢复执行的基本概念和相关规定。

【素养目标】

提高对经济仲裁和民事诉讼的目的和价值的认识，公正、稳妥解决市场经济纠纷，维护各方经济主体的权利，培养公平、公正、公开的程序法意识及程序正义理念。

【法律链接】

《仲裁法》《民事诉讼法》

第一节 经济仲裁

案例导入

甲工厂与乙公司签订了一份加工承揽合同，合同约定6个月后，甲工厂将成品交给乙公司，乙公司收货后1个月内付清款项。6个月后，甲工厂按期将成品交付乙公司，但乙公司迟迟未付货款。甲工厂多次找乙公司请求其支付货款，并赔偿损失。后双方经协商达成书面仲裁协议。1周后，甲工厂向协议书约定的仲裁委员会申请仲裁，乙公司却向合同履行地人民法院提起诉讼，人民法院未予受理。

请问：本案当事人之间的纠纷由仲裁委员会还是由人民法院受理？为什么？

经济仲裁也称经济公断，是指发生经济争议的双方当事人，根据其在事前或事后达成的协议，自愿将该争议提交中立的第三者进行裁判的争议解决制度和方式。与调解和诉讼一样，仲裁也是解决经济争议的一种方式，但仲裁却是非经司法诉讼途径即具有法律约束力的争议解决方式。

一、经济仲裁的范围

《仲裁法》第二条规定，平等主体的公民、法人和其他组织之间发生的合同纠纷和其他财产权益纠纷，可以仲裁。"合同纠纷"不仅指与《民法典》所包括的合同有关的纠纷，而且包括与《铁路法》《海商法》《商标法》《专利法》《著作权法》等法律所规定的合同有关的纠纷。"其他财产权益纠纷"主要指侵权纠纷，如海事侵权纠纷等。

《仲裁法》规定，下列纠纷不能仲裁。

（1）婚姻、收养、监护、扶养、继承纠纷。这类纠纷虽然属于民事纠纷，也不同程度涉及财产权益争议，但这类纠纷往往涉及当事人本人不能自由处分的身份关系，需要人民法院作出判决或由政府机关作出决定，不属于仲裁机构的管辖范围。

（2）依法应当由行政机关处理的行政争议。这里主要涉及国家各类不同机关之间权力的划分。其中，行政机关是国家专门设立的行使国家行政管理权的组织，对于依法应当由行政机关处理的行政争议，当事人不得协议交由仲裁机构仲裁解决。

【案例10.1】王甲与妻子张乙生有王丙、王丁两个子女。后来王甲购买了他现居住的位于某市某路250号的房屋。王丙婚后与丈夫自购房另住。王甲去世后，张乙和王丁仍住在原房，后因王丁拟将该处房屋中的一间作为婚房，受到王丙的阻挠，双方发生争执，王丁向某市仲裁委员会申请仲裁。仲裁委员会经审理认定，对该案不予受理。

请问：仲裁委员会不予受理该案是否正确？

解析：正确。在本案中，案件各方当事人是因继承遗产而产生的纠纷，根据《仲裁法》的规定，继承纠纷不属于仲裁范围，所以仲裁委员会作出的不予受理的决定是正确的。

知识拓展

可以仲裁但是不适用《仲裁法》的事项

根据《仲裁法》第七十七条的规定，劳动争议与农业集体经济组织内部的农业承包合同纠纷不适用《仲裁法》。此外，从我国关于劳动争议以及农业承包合同纠纷案件处理的其他法律法规的具体规定来看，这两类纠纷案件应当仲裁，但应当分别适用《劳动争议调解仲裁法》和《农村土地承包法》。劳动争议案件中，仲裁是提起相应民事诉讼的前置性程序，即只有经过仲裁解决，当事人对仲裁机构作出的仲裁裁决不服的，才可以在法定期间内向人民法院提起民事诉讼。

二、经济仲裁的基本原则

经济仲裁应当遵循以下几项基本原则。

1. 自愿原则

自愿原则是仲裁制度的重要原则，是仲裁制度赖以存在和发展的基石。自愿原则主要体现在以下五个环节上。

（1）以仲裁方式解决纠纷，应当出于当事人双方的共同意愿。双方自愿达成仲裁协议的，一方向人民法院起诉，人民法院不予受理；双方没有达成协议的，一方申请仲裁，仲裁委员会也不予受理。

（2）向哪个仲裁机构申请仲裁，由当事人双方协商选定。法律对当事人约定仲裁机构明确规定不受地域管辖限制和级别管辖限制，当事人可以选择他们共同信任的仲裁机构进行仲裁。

（3）组成仲裁庭的仲裁员由当事人在仲裁员名册中自主选定，也可以委托仲裁机构的主任代为指定。

（4）当事人可以约定交由仲裁解决的争议事项。

（5）当事人在开庭和裁决过程中，可以约定公开仲裁或秘密仲裁，也可以约定开庭仲裁或书面仲裁。

2．独立原则

仲裁依法独立进行，不受行政机关、社会团体和个人的干涉，具体表现在：仲裁机构不属于行政机关；仲裁机构的设置以按地域设置为原则，相互独立，没有上下级之分，没有隶属关系。仲裁委员会、仲裁协会与仲裁庭三者之间相互独立，仲裁庭依法对案件进行审理，不受仲裁协会、仲裁委员会的干预；人民法院依法对仲裁活动行使监督权，仲裁并不附属于审判，仲裁机构也不附属于人民法院。

3．合法、公平原则

合法、公平原则是指仲裁应当根据事实、符合法律规定，公平合理地解决纠纷。只要当事人依法经营、依法履行双方的约定，在事实清楚、证据确凿的情况下，就能在仲裁中处于有利的地位。

三、仲裁机构

1．仲裁协会

中国仲裁协会是仲裁委员会的自律性组织，根据章程对仲裁委员会及其组成人员、仲裁员的违纪行为进行监督。仲裁委员会是中国仲裁协会的会员，中国仲裁协会的章程由全国会员大会制定。中国仲裁协会依照《仲裁法》和《民事诉讼法》的有关规定制定仲裁规则。

2．仲裁委员会

（1）仲裁委员会的设置。仲裁委员会是常设性仲裁机构，一般在直辖市和省、自治区人民政府所在地的市设立，如天津仲裁委员会、济南仲裁委员会等；也可以根据需要在其他设区的市设立，即根据自身的需要决定是否设立仲裁委员会，如大连仲裁委员会、青岛仲裁委员会等。仲裁委员会由市人民政府组织有关部门和商会统一组建，并应经省、自治区、直辖市的司法行政部门登记。

（2）仲裁委员会的内部组织结构。仲裁委员会由主任1人，副主任2～4人和委员7～11人组成。仲裁委员会的主任、副主任和委员由法律、经济贸易专家和有实际工作经验的人员担任。仲裁委员会的组成人员中法律、经济贸易专家不得少于2/3。

（3）仲裁员。每个仲裁委员会设仲裁员名册，仲裁员应当符合下列条件之一：通过国家统一法律职业资格考试取得法律职业资格，从事仲裁工作满8年的；从事律师工作满8年的；曾任法官满8年的；从事法律研究、教学工作并具有高级职称的；具有法律知识，从事经济贸易等专业工作并具有高级职称或具有同等专业水平的。仲裁委员会根据不同专业设置仲裁员名册，便于当事人挑选仲裁员。

3．仲裁庭

仲裁委员会受理仲裁案件后，并不直接仲裁案件，而是组成仲裁庭行使仲裁权。

仲裁庭的组织形式分为合议制和独任制两种。合议制由3名仲裁员组成仲裁庭，其中1名为首席仲裁员，负责主持案件的仲裁。独任制由1名仲裁员组成仲裁庭。

当事人约定由3名仲裁员组成仲裁庭的，应当各自选定或各自委托仲裁委员会主任指定1名仲裁员，第3名仲裁员是首席仲裁员，应当由当事人共同选定或共同委托仲裁委员会主任指定。当事人约定由1名仲裁员组成仲裁庭的，仲裁员应当由当事人共同选定或共同委托仲裁委员会主任指定。

四、经济仲裁的基本制度

经济仲裁的基本制度包括以下三种。

实案广角
仲裁案例

1. 协议仲裁制度

协议仲裁制度是仲裁中当事人自愿原则的根本体现和基本保证。《仲裁法》规定仲裁必须要有书面仲裁协议，仲裁协议可以是合同中写明的仲裁条款，也可以是单独书写的仲裁协议书（包括可以确认的其他书面方式）。

仲裁协议是指合同各方的当事人在争议发生之前或争议发生之后约定将其争议提交仲裁解决的书面协议。仲裁协议有三种形式：一是在主合同中加入仲裁条款；二是签订专门的仲裁协议作为对主合同的补充；三是其他书面形式，如在相互往来的信函、电报、电传、传真、电子数据交换、电子邮件等书面材料中包含双方当事人同意将他们之间已经发生或可能发生的争议提交仲裁的内容。《仲裁法》第十六条明确要求仲裁协议中包含选定的仲裁委员会的内容，尤其是《仲裁法》第十八条规定："仲裁协议对仲裁事项或者仲裁委员会没有约定或者约定不明确的，当事人可以补充协议；达不成补充协议的，仲裁协议无效。"

2. 或裁或审制度

或裁或审制度是指当事人可以自愿选择仲裁或者司法诉讼作为其解决争议的途径，它充分体现和保障了对当事人选择争议解决途径权利的尊重，其含义如下。

（1）当事人达成仲裁协议的，排除了人民法院对争议的管辖权，只能向仲裁机构申请仲裁，而不能向人民法院起诉。本节案例导入中，当事人之间的纠纷应由仲裁委员会受理，因为双方当事人已达成了有效的仲裁协议，乙公司向人民法院起诉，人民法院不受理是正确的。

（2）当事人签订的仲裁协议虽然排除了人民法院对争议的管辖权，但在某些特定情况下人民法院对受理的已有仲裁协议的争议拥有管辖权。这些情况是：仲裁协议无效或失效的；一方当事人起诉后，另一方当事人应诉，进行了实质性答辩，并未就管辖权问题提出异议的，可视为放弃了原有的仲裁协议，人民法院可对案件继续审理。

【案例 10.2】上海某衬衫厂与某市贸易中心在上海签订了一份服装购销合同。合同履行前，贸易中心通知衬衫厂要求变更合同，衬衫厂不同意，并按合同发货，贸易中心以质量、颜色不符为由拒付货款，双方发生争执。衬衫厂遂向人民法院起诉。人民法院依法立案，被告贸易中心在答辩期内提交了答辩状。人民法院在调查中发现，原被告在纠纷发生后曾经签订了一份仲裁协议，但直至人民法院开庭审理时，双方均未声明有仲裁协议。

请问：（1）人民法院对本案是否有管辖权？

（2）人民法院应如何处理此案？请说明理由。

解析：（1）人民法院享有对该案的管辖权。因为根据法律规定，当事人一方向人民法院起诉时未声明有仲裁协议，人民法院受理后，对方当事人又应诉答辩的，视为该人民法院有管辖权。

（2）本案中人民法院应当继续审理。本案当事人均未声明有仲裁协议，被告在答辩期内又应诉答辩，未对人民法院管辖权提出异议，因此人民法院应当继续审理该案。

3. 一裁终局制度

《仲裁法》规定："仲裁实行一裁终局的制度。裁决作出后，当事人就同一纠纷再申请仲裁或者向人民法院起诉的，仲裁委员会或者人民法院不予受理。"其含义是：仲裁裁决作出后即发生法律效力，即使当事人对裁决不服，也不能再就同一争议向人民法院起诉，同时也不能再向仲裁机构申请仲裁或复议。当事人对裁决应当自动履行，否则对方当事人有权申请人民法院强制执行。

但是，当事人认为仲裁裁决确有错误，即符合法律规定的撤销情形时，可依法向人民法院申请审查核实，予以裁定撤销。这是对一裁终局制度的一项补救措施。

五、仲裁协议的无效

1. 仲裁协议无效的法定情形

一项仲裁协议签订后，只有为有效仲裁协议时，才能产生应有的法律效力。仲裁协议除需要具备法定内容，并符合《仲裁法》对仲裁协议的书面形式要件的要求外，还不得具有《仲裁法》所规定的仲裁协议无效的法定情形。

有下列情形之一的，仲裁协议无效。

（1）约定的仲裁事项超出法律规定的仲裁范围。例如，甲某与乙某就离婚及共同财产的分割问题达成仲裁协议，请求××仲裁委员会解决。这个仲裁协议是无效的，因为该仲裁协议违反了法定仲裁范围。

（2）无民事行为能力人或者限制民事行为能力人订立的仲裁协议。民事行为能力是民事主体实施有效民事行为的必要条件，如果一个人，不论是自然人，还是法人，属于民法上的无民事行为能力人或者限制民事行为能力人，则其订立的仲裁协议无效。

（3）一方采取胁迫手段，迫使对方订立的仲裁协议。仲裁协议是双方当事人共同的、真实的、自愿的意思表示的书面形式，如果一方采取胁迫手段，迫使对方订立仲裁协议，则该仲裁协议不可能是该被胁迫当事人的真实意思表示，因此该仲裁协议无效。

2. 实践中常见的无效仲裁协议

在仲裁实践中，经常出现以下无效仲裁协议。

（1）无法实现的仲裁协议。在仲裁实践中，经常出现当事人在仲裁协议中约定的仲裁机构是一个在我国目前根本不存在的仲裁机构，这就必然导致仲裁协议的无效。例如，当事人在合同中约定，如果合同履行过程中出现的争议协商不成，提交××县仲裁委员会仲裁；还有的约定，协商不成，提交本市经济合同仲裁委员会仲裁等。这类仲裁协议都属于无法实现的仲裁协议。因为根据《仲裁法》的规定，仲裁委员会可以在直辖市和省、自治区人民政府所在地的市设立，也可以根据需要在其他设区的市设立，不按行政区划层层设立。

（2）仲裁终局性不确定的仲裁协议。仲裁终局性不确定的仲裁协议通常包括以下几种：第一，当事人约定将争议提交仲裁委员会仲裁，或者向人民法院起诉；第二，当事人约定将争议提交仲裁委员会仲裁后，对仲裁裁决不服的可向人民法院起诉；第三，当事人约定将争议提交仲裁委员会仲裁，对仲裁裁决不服的，可以向人民法院上诉。

【案例10.3】某年1月12日，厦门市某机电公司与福州市某机械加工公司签订一份机电设备加工合同。合同约定：机械加工公司于同年2月底之前为机电公司完成一项机电设备加工任务，部分原材料及加工费总计为66万元，于设备交付后7日内一次性付清，如果一方违约，应向对方支付合同总额10%的违约金。合同签订后，双方又单独签订了一份仲裁协议，约定在合同履行过程中，如果就标的物的质量问题发生争议，协商解决不成时，应提交厦门仲裁委员会仲裁。合同履行后，双方就机电设备质量问题发生争议。机电公司于同年5月10日向人民法院起诉并未表明有仲裁协议，人民法院受理案件后，向被告机械加工公司送达了起诉状副本，并在被告进行实体答辩的情况下对争议案件进行了审理，并作出责令机械加工公司重新加工设备并支付违约金的判决。判决作出后，机械加工公司以存在仲裁协议、人民法院无权受理为由提起上诉。

请问：（1）机械加工公司的上诉理由是否成立？人民法院的判决是否有效？

（2）如果就上述争议，机电公司申请厦门仲裁委员会仲裁解决，仲裁委员会受理案件后，经过审理作出责令机械加工公司重新加工设备并支付违约金的仲裁裁决，那么，该仲裁裁决是否有效？

（3）若查明问题（2）中该仲裁委员会的仲裁员有非法收受机电公司财物的行为，该份仲裁裁决效力如何？

解析：（1）机械加工公司的上诉理由不能成立，人民法院作出的一审判决有效。在本案中，双方当事人之间订立了独立的仲裁协议。争议发生后，本不应当向人民法院起诉，但是，机电公司起诉时并未表明有仲裁协议，人民法院受理时也不知情。此时，作为被告的机械加工公司如果就人民法院的管辖权提出异议，则人民法院无权审理此案，而机械加工公司却应诉答辩，意味着双方愿意接受人民法院的司法管辖。

（2）该仲裁机构就机电设备质量问题作出的裁决部分为有效，而就违约金部分作出的裁决为无效。这是因为，当事人之间订立的仲裁协议不仅对仲裁机构产生授权的法律效力，而且也限定了仲裁权的行使范围。在本案中，仲裁协议是就标的物质量问题的约定，并不涉及违约金问题。因此，该仲裁裁决为部分有效，另外部分无效。

（3）机械加工公司可以向厦门市中级人民法院申请撤销该仲裁裁决，仲裁裁决一经撤销，自始无效。

六、经济仲裁程序

仲裁的程序是指仲裁活动必须遵循的法定步骤。为了确保仲裁裁决的公正及时，仲裁必须依法定程序进行。

1. 受理阶段

仲裁程序以当事人向仲裁机构申请仲裁为起始。仲裁委员会收到当事人提交的仲裁申请书后，认为符合受理条件的，在收到仲裁申请书之日起5日内向申请人发出受理通知书，同时向被申请人发出仲裁通知书及附件。

当事人在受理阶段应做的工作：申请人须在规定的期限内预交仲裁费用，否则将视为申请人撤回仲裁申请；被申请人可在仲裁通知书规定的期限内向仲裁委员会提交书面答辩书；双方当事人应分别做好证据材料的核对及整理工作，必要时可提交补充证据并及时提交《仲裁员选定书》《法定代表人证明书》、详细写明委托权限的《授权委托书》等相关材料；在被申请人下落不明的情况下，申请人应主动查找其下落，并向仲裁委员会提交被申请人的确切住所，否则将影响仲裁程序的进行；被申请人若要提出仲裁反请求，则必须在仲裁规则规定的期限内提出。

此外，双方当事人均有权向仲裁委员会申请财产保全和证据保全，有权委托律师和其他代理人进行仲裁活动。

2. 组庭阶段

双方当事人应当在规定的期限内约定仲裁庭的组成方式和选定仲裁员。若当事人在规定的期限内未能约定仲裁庭的组成方式或者选定仲裁员，则由仲裁委员会主任指定。

仲裁庭组成后，仲裁委员会向双方当事人发出组庭通知书。当事人在收到组庭通知书后，对仲裁员的公正性有怀疑时，可以在首次开庭前提出回避申请，同时应当说明理由。若回避事由在首次开庭后知道的，可以在最后一次开庭终结前提出。因回避而重新选定或指定仲裁员后，当事人可以请求已进行的仲裁程序重新进行，是否准许，由仲裁庭决定。仲裁庭也可以自行决定已进行的仲裁程序是否重新进行。

3. 开庭审理阶段

仲裁委员会应当在仲裁规则规定的期限内将开庭日期通知双方当事人。当事人在收到开庭通知书后，应当注意以下几个问题。

（1）当事人若确有困难，不能在指定的开庭日期到庭，则可以在仲裁规则规定的期限内向仲裁庭提出延期开庭请求，是否准许，由仲裁庭决定。申请人经书面通知，无正当理由不到庭或未经仲裁庭许可中途退庭的，视为撤回仲裁申请。被申请人经书面通知，无正当理由不到庭或者未经仲裁庭许可中途退庭的，仲裁庭可以缺席裁决。

（2）双方当事人应当严格遵守开庭纪律。在庭审过程中，当事人享有进行辩论和表述最后意见的权利。

（3）当事人申请仲裁后，有自行和解的权利。达成和解协议的，可以请求仲裁庭根据和解协议作出裁决书，也可撤回仲裁申请。在庭审过程中，若双方当事人自愿调解，可在仲裁庭主持下先行调解。调解成功的，仲裁庭依据已达成的调解协议制作调解书，当事人可以要求仲裁庭根据调解协议制作裁决书。调解不成的，则由仲裁庭及时作出裁决。

（4）仲裁庭对专门性问题认为需要鉴定的，可以交由当事人共同约定的鉴定部门鉴定，也可以由仲裁庭指定的鉴定部门鉴定，鉴定费用由当事人预交。

4．裁决阶段

仲裁庭在将争议事实调查清楚，宣布闭庭后，应进行仲裁庭评议，并按照评议中的多数仲裁员的意见作出裁决。若仲裁庭不能形成多数意见，则按照首席仲裁员的意见作出裁决。

在裁决阶段，双方当事人享有以下几项权利：有权根据实际情况，要求仲裁庭就事实已经清楚的部分先行裁决；在收到裁决书后的30日内，当事人有权对裁决书中的文字、计算错误或者遗漏的事项申请仲裁庭补正。双方当事人在收到裁决书后，应当自觉履行仲裁裁决。

【案例10.4】太阳公司经营房地产开发，在有偿取得某块土地的使用权之后，由于资金困难，与环球公司签订了合作开发合同，约定由双方共同投资并分享该开发项目的利润。后双方因利润分配发生纠纷。环球公司根据合同中的仲裁条款申请仲裁。双方在仲裁委员会受理后自行达成了和解协议，请求仲裁委员会根据和解协议制作裁决书。仲裁庭3名仲裁员中1名认为应当否定和解协议，1名认为应当制作调解书，首席仲裁员认为应当制作裁决书，最后按仲裁庭首席仲裁员的意见，根据和解协议的内容作出了裁决书并送达双方当事人。

请问：仲裁委员会制作裁决书在程序上是否合法，为什么？

解析：合法。《仲裁法》规定，当事人达成和解协议的，可以请求仲裁庭根据和解协议作出裁决书，也可以撤回仲裁申请；仲裁庭不能形成多数意见时，裁决应当按照首席仲裁员的意见作出。

第二节　经济审判

案例导入

原告张某，女，系湖南省某市甲县某小学教师；被告李某，男，系湖南省长沙市乙区某厂会计。某年9月15日，乙区人民法院受理了张某诉李某离婚一案。同年10月20日，李某因贪污罪被检察机关逮捕。乙区人民法院即以"本案被告正在被监禁，应由原告所在地人民法院管辖"为由，于同年10月30日将案件移送甲县人民法院。甲县人民法院认为此案应当由乙区人民法院审理，遂将案件又移送给了乙区人民法院。

请问：（1）甲县人民法院移送案件的行为是否正确？为什么？

（2）甲县人民法院与乙区人民法院的管辖权争议如何解决？为什么？

经济审判是指审判机关在当事人和其他诉讼参与人参加下，对经济纠纷案件进行审理并作出裁决的活动。

一、经济审判的基本制度

我国经济审判的基本制度有以下几项。

1．合议制度

合议制度是指由若干名审判人员组成合议庭对经济案件进行审理的制度。实行合议制度，是为了发挥集体的智慧，弥补个人能力上的不足，以保证案件的审判质量。

第一审合议庭的组成有两种方式：一是全部由审判员组成，二是由审判员和人民陪审员共同组成。第二审合议庭只能由审判员组成。发回重审的案件，按照第一审程序另行组成合议庭。再审案件，由第一审人民法院审结，又由第一审人民法院再审的，按照第一审程序另行组成合议庭；由第二审人民法院审结，又由第二审人民法院再审的，按照第二审程序另行组成合议庭；由上级人民法院提审的，按照第二审程序另行组成合议庭。

2．回避制度

回避制度是指为了保证案件的公正审判，而要求与案件有一定的利害关系的审判人员或其他有关人员，不得参与本案的审理活动或诉讼活动的审判制度。其主要内容如下。

（1）回避人员。回避人员包括审判员、法官助理、书记员、司法技术人员、翻译人员、鉴定人、勘验人等。

（2）回避的法定情形。根据《民事诉讼法》第四十七条的规定，回避的法定情形有：①是本案当事人或者当事人、诉讼代理人的近亲属的；②与本案有利害关系的；③与本案当事人、诉讼代理人有其他关系，可能影响对案件公正审理的；④审判人员接受当事人、诉讼代理人请客送礼，或者违反规定会见当事人、诉讼代理人的。

（3）申请回避的程序。①当事人申请回避，在案件开始审理时提出，回避事由在案件开始审理后知道的，也可以在法庭辩论终结前提出。②人民法院应当在申请提出的 3 日内，以口头或者书面形式作出决定。③申请人对决定不服的，可以在接到决定时申请复议一次。复议期间，被申请回避的人员，不停止参与本案的工作。人民法院对复议申请，应当在 3 日内作出复议决定，并通知复议申请人。

（4）申请回避的效力。被申请回避的人员，在人民法院作出是否回避的决定前应当暂时停止参与本案工作，但因案件需要采取紧急措施的除外。

（5）回避的批准权限。院长担任审判长或者独任审判员时的回避，由审判委员会决定；审判人员的回避，由院长决定；其他人员的回避，由审判长或者独任审判员决定。审判人员应当回避，本人没有自行回避，当事人及其法定代理人也没有申请其回避的，院长或者审判委员会应当决定其回避。

3．公开审判制度

公开审判制度指人民法院审理经济案件，应当将审判过程和结果向社会公开、向群众公开的制度。

人民法院审理经济案件，公开是原则，但也有例外情况。根据《民事诉讼法》的规定，下列案件不公开审理：①涉及国家秘密的案件；②涉及个人隐私的案件；③离婚案件和涉及商业秘密的案件，当事人申请不公开审理的，可以不公开审理。

不论案件是否公开审理，宣判都应是公开的。

4．两审终审制度

两审终审制度指经济案件经过两级人民法院审理即告终结的制度。人民法院审理经济案件，两审终审是原则，但也有例外情况。具体说来，适用特别程序、督促程序、公示催告程序等的案件，实行一审终审。

【**案例 10.5**】原告甲公司向人民法院起诉被告乙及丙公司。起诉状中称，被告乙原是其营销部经理，被丙公司高薪挖去，在丙公司负责市场推销工作。乙利用其在甲公司所掌握的商业秘密，将甲公司的销售与进货渠道几乎全部提供给了丙公司，甲公司因而损失严重，请求乙和丙公司承担连带赔偿责任。同时申请不公开审理，保护商业秘密。

请问：人民法院能否同意原告不公开审理的要求？

解析：人民法院应当同意原告不公开审理的要求。本案中甲公司的销售及进货渠道与甲公司的经营有重大关系，一旦公开，很可能使其损失进一步扩大。因此甲公司认为案件涉及商业秘密，申请不公开审理是合情合理的，也符合《民事诉讼法》的规定和最高人民法院的司法解释，受诉人民法院应当同意原告不公开审理的要求。

二、审判管辖

经济审判中的审判管辖是指各级人民法院之间和同级人民法院之间受理第一审经济案件的分工和权限。它是在人民法院内部具体确定特定的经济案件由哪个人民法院行使经济审判权的一项制度。

1. 级别管辖

级别管辖是指按照一定的标准，划分上下级人民法院之间受理第一审经济案件的分工和权限。基层人民法院管辖第一审经济案件，但《民事诉讼法》另有规定的除外。中级人民法院管辖的第一审经济案件有：重大的涉外案件，在本辖区有重大影响的案件，最高人民法院确定由中级人民法院管辖的案件。高级人民法院管辖的第一审经济案件为在本辖区内有重大影响的案件。最高人民法院管辖的第一审经济案件有两类：一类是在全国有重大影响的案件，另一类是认为应当由本院审理的案件。

2. 地域管辖

地域管辖是指按照各人民法院的辖区和经济案件的隶属关系来划分诉讼管辖。

（1）一般地域管辖，是指以当事人所在地与人民法院的隶属关系来确定诉讼管辖。被告为公民的由被告住所地人民法院管辖，被告住所地与经常居住地不一致的，由经常居住地人民法院管辖。公民的住所地是指该公民的户籍所在地，经常居住地是指公民离开住所地至起诉时已连续居住满 1 年的地方，但公民住院就医的地方除外。被告为法人或其他组织，由被告住所地人民法院管辖。

（2）特殊地域管辖，是指以被告住所地、诉讼标的所在地、法律事实所在地为标准确定的管辖。如因保险合同纠纷提起的诉讼，由被告住所地或者保险标的物所在地人民法院管辖；因票据纠纷提起的诉讼，由票据支付地或者被告住所地人民法院管辖；因公司设立、确认股东资格、分配利润、解散等纠纷提起的诉讼，由公司住所地人民法院管辖等。

（3）专属管辖，是指法律规定某些特殊类型的案件专门由特定的人民法院管辖。根据《民事诉讼法》的规定，专属管辖有以下三类：因不动产纠纷提起的诉讼，由不动产所在地人民法院管辖；因港口作业中发生纠纷提起的诉讼，由港口所在地人民法院管辖；因继承遗产纠纷提起的诉讼，由被继承人死亡时住所地或者主要遗产所在地人民法院管辖。

【案例 10.6】孙甲、孙乙二人系兄弟，兄弟俩曾共同出资在原籍 A 市修建住宅一幢，共同居住。之后，兄弟二人先后来到 B 市工作。孙甲的家属亦被调到 B 市工作。孙乙的家属仍在 A 市工作，并住在原房中。某年月，孙甲想退休回 A 市养老，要求其弟孙乙腾出一部分房屋，孙乙不同意腾房，只愿补偿房屋价款。兄弟二人遂发生争议，孙甲准备诉请人民法院解决。

请问：本案应由哪个人民法院管辖？

解析：本案应由房屋所在地 A 市人民法院管辖。根据《民事诉讼法》的规定，因不动产纠纷提起的诉讼，由不动产所在地人民法院管辖。本案争议的房屋属不动产，在 A 市，故应由 A 市人民法院管辖。因不动产纠纷提起的诉讼，属于专属管辖的案件。专属管辖具有排他性和不可改变性。因此，尽管原、被告双方均在 B 市，B 市人民法院对本案也无管辖权。

（4）协议管辖，又称合意管辖或约定管辖，是指双方当事人在经济纠纷发生之前或之后，以书面方式约定特定案件的管辖人民法院。合同或者其他财产权益纠纷的当事人可以书面协议选择被告住所地、合同履行地、合同签订地、原告住所地、标的物所在地等与争议有实际联系的地点的人民法院管辖，但不得违反《民事诉讼法》对级别管辖和专属管辖的规定。协议管辖只能针对第一审人民法院的管辖，第二审人民法院的管辖不能由当事人以协议方式约定。

3. 裁定管辖

裁定管辖是指人民法院以裁定的方式确定诉讼的管辖。管辖的确定主要依据法定管辖，裁定管辖是法定管辖的必要补充。

（1）移送管辖，是指人民法院在受理经济案件后，发现自己对案件并无管辖权，依法将案件移送到有管辖权的人民法院审理。移送管辖是为人民法院受理案件发现错误时提供的一种纠错办法，它只是案件的移送，而不涉及管辖权的转移。

（2）指定管辖，是指上级人民法院因特殊原因以裁定方式指定其下级人民法院对某一案件行使管辖权。"特殊原因"包括：①受移送的人民法院认为自己对移送来的案件无管辖权；②有管辖权的人民法院由于特殊原因不能行使管辖权；③通过协商未能解决管辖争议。人民法院之间发生管辖权争议后，应尽可能通过协商解决，协商不成的，应报它们的共同上级人民法院指定管辖。如双方为同属一地、市的基层人民法院，由该地、市的中级人民法院指定管辖；同属一省、自治区、直辖市的两个人民法院，由该省、自治区、直辖市的高级人民法院指定管辖；如双方为跨省、自治区、直辖市的人民法院，先由双方的高级人民法院协商，协商不成的，由最高人民法院指定。

本节案例导入中，甲县人民法院的移送行为不正确。根据《民事诉讼法》的规定，受移送的人民法院认为受移送的案件不属于本院管辖的，应当报请上级人民法院指定管辖，不得再自行移送。甲县人民法院与乙区人民法院之间的管辖权争议，在协商不成的情况下，应当报请它们的共同上级人民法院指定管辖。

【案例 10.7】某市南区人民法院民事审判庭庭长于某搬家至南区某街 15 号居住，正位于南区市民戴某的房屋后面，于某在靠近戴某房后屋檐搭建了一间 9 平方米的厨房，严重影响了戴某家通风采光。戴某多次找于某，要求他拆除厨房，但于某置之不理，因此双方发生纠纷。戴某决定起诉，由于戴某认为于某就在南区人民法院工作，担心南区人民法院判决对其不利，就向该市北区人民法院起诉，要求于某排除妨害。北区人民法院收到戴某的民事诉状后，经审查认为该案是因不动产引起的纠纷，应由不动产所在地人民法院管辖，裁定不予受理，并告知戴某应向南区人民法院起诉。戴某无奈，只好将民事诉状交到南区人民法院。

请问：南区人民法院对此案应如何处理？

解析：根据法律规定，有管辖权的人民法院由于特殊原因不能行使管辖权的，由上级人民法院指定管辖。在本案中，按地域管辖的规定应由南区人民法院管辖，但由于南区人民法院有特殊原因——被告是该人民法院民事审判庭庭长，可能影响对案件的公正处理，因此依照法律规定，该案不能由南区人民法院管辖，而应由南区人民法院的上级人民法院——市中级人民法院指定管辖。

（3）管辖权转移，是指依据上级人民法院的决定或取得其同意，将案件的管辖权从原来有管辖权的人民法院转移至无管辖权的人民法院，使无管辖权的人民法院因此而取得管辖权。管辖权转移在上下级人民法院之间进行，通常在直接的上下级人民法院间进行，是对级别管辖的变通和个别调整。

知识拓展

管辖权恒定

管辖权恒定是指确定案件管辖权，以起诉时为标准，起诉时对案件享有管辖权的人民法院，不因确定管辖的事实在诉讼过程中发生变化而影响其管辖权。管辖权恒定包括级别管辖恒定和地域管辖恒定。前者主要指级别管辖按起诉时的诉讼标的额确定后，不因为诉讼过程中标的额增加或减少而变动。《最高人民法院关于执行级别管辖规定几个问题的批复》中规定："当事人在诉讼中增加诉讼请求从而加大诉讼标的额，致使诉讼标的额超过受诉人民法院级别管辖权限的，一般不再予以变动。但是当事人故意规避有关级别管辖等规定的除外。"后者指地域管辖按起诉时的标准确定后，不因为诉讼过程中确定管辖的因素的变动而改变。具体来说，当事人住所地、经常居住地的变更以及案件起诉后行政区域（人民法院辖区）的变更均不能引起管辖权的变化。管辖权恒定原则包含的情形有：诉讼标的额的变化，当事人住所地、经常居住地的变化，人民法院辖区的变化（因行政区划的变化而发生）。在诉讼过程中，发生以上三种情形都不会引起人民法院管辖权的变化，以原人民法院为准。

三、原告与被告

原告是指为维护自己或自己所管理的他人的经济权益，而以自己名义向人民法院起诉，从而引起经济诉讼程序发生的人。被告是指被原告诉称侵犯原告经济权益或与原告发生经济争议，而由人民法院通知应诉的人。

原告和被告是经济诉讼中最基本的当事人。双方当事人对立，是经济诉讼得以存在和继续的前提。因此，经济诉讼不能允许自己诉自己，或没有对立的当事人。如果在诉讼中，因为继承或法人合并而使原告和被告同属一人，或者因为一方当事人死亡而无继承人，只有原告或被告一方，诉讼便会因此终结。

在我国，公民、法人和其他组织都可以作为当事人，成为经济诉讼中的原告或被告。但在实践中，公民、法人和其他组织作为原告或被告的情况比较复杂，为了正确认定经济诉讼中的原告和被告，《最高人民法院关于适用〈中华人民共和国民事诉讼法〉的解释》（以下简称《民诉解释》）中专门作了解释。

1. 公民

公民作为经济活动主体，在与他人发生经济纠纷时，可以自己的名义起诉或应诉，成为原告或被告。

根据《民诉解释》，公民作为诉讼当事人的情形，还包括以下几种。

（1）以经营者作为当事人。公民为个体工商户的，应以营业执照上登记的经营者为当事人。有字号的，以营业执照上登记的字号为当事人，但应同时注明该字号经营者的基本信息。营业执照上登记的经营者与实际经营者不一致的，以登记的经营者和实际经营者为共同诉讼人。

（2）以行为人作为当事人。这包括三种情况：法人或者其他组织应登记而未登记，行为人即以该法人或者其他组织名义进行民事活动的；行为人没有代理权、超越代理权或者代理权终止后以被代理人名义进行民事活动的，但相对人有理由相信行为人有代理权的除外；法人或者其他组织依法终止后，行为人仍以其名义进行民事活动的。

2. 法人

法人也是经济活动的主体，在与他人发生争议后，也可以自己的名义起诉或应诉，成为当事人。根据《民事诉讼法》和《民诉解释》的规定，法人作为当事人，应由其法定代表人进行诉讼。

法人的法定代表人以依法登记的为准，但法律另有规定的除外。依法不需要办理登记的法人，以其正职负责人为法定代表人；没有正职负责人的，以其主持工作的副职负责人为法定代表人。

3. 其他组织

其他组织也可以作为经济诉讼中的当事人。根据《民诉解释》，作为经济诉讼当事人的其他组织是指合法成立、有一定的组织机构和财产，但又不具备法人资格的组织。其他组织作为经济诉讼当事人时，应由其主要负责人进行诉讼。其他组织虽然可以自己名义从事经济活动，但它们不是经济活动的主体，不能独立承担经济责任，而只能由其成员承担经济责任。《民事诉讼法》之所以认为它们是经济诉讼主体，有当事人地位，主要是基于方便诉讼的目的。

根据《民诉解释》，其他组织包括：依法登记领取营业执照的个人独资企业、合伙企业，依法登记领取我国营业执照的中外合作经营企业、外资企业，依法成立的社会团体的分支机构、代表机构，依法设立并领取营业执照的法人的分支机构，依法设立并领取营业执照的商业银行、政策性银行和非银行金融机构的分支机构，经依法登记领取营业执照的乡镇企业、街道企业，以及其他符合《民诉解释》第五十二条规定条件的组织。

【案例 10.8】甄某、乔某、雷某商量合伙开设餐馆，由甄某负责领取营业执照并担任负责人，乔某负责租赁房屋。乔某找到王某，协议租赁王某私有住房两间，每月租金 1 000 元，约定按月支付。餐馆经营 6 个月后，因经营管理不善，亏损较大，不能按合同约定支付租金。王某找乔某交涉，要求乔某按合同约定支付租金，乔某以自己不是餐馆负责人为由拒绝了王某的要求。王某又找甄某交涉，甄某表示自己没有履行合同的能力。于是王某起诉到人民法院。

请问：受诉人民法院应如何确定本案的被告？

解析：根据《民诉解释》的规定，个人合伙组织的全体合伙人在诉讼中为共同诉讼人。全体合伙人可以推选代表人，被推选的代表人应由全体合伙人出具推选书。本案中，甄某、乔某、雷某合伙经营餐馆，乔某代表餐馆签订的租赁合同对全体合伙人发生法律效力，其诉讼标的是共同的，甄某、乔某、雷某应为共同被告。

四、诉讼时效

诉讼时效是指权利人在法定期间内不行使权利，即丧失请求人民法院或仲裁机关保护其权利的时效制度。诉讼时效消灭的是一种请求权，而不消灭实体权利。因此，超过诉讼时效期间，当事人自愿履行的，不受诉讼时效限制。

1. 诉讼时效期间

诉讼时效期间是指权利人请求人民法院或仲裁机关保护其民事权利的法定期间。根据《民法典》的规定，诉讼时效期间自权利人知道或者应当知道权利受到损害以及义务人之日起计算。法律另有规定的，依照其规定。

诉讼时效期间可分为以下几种。

（1）普通诉讼时效期间。它是指由民事普通法规定的具有普遍意义的诉讼时效期间。除法律另有规定外，一般诉讼时效为 3 年。

（2）特别诉讼时效期间。特别诉讼时效期间，也称特殊诉讼时效期间，是指由民事普通法或特别法规定的，仅适用于特定民事法律关系的诉讼时效期间。

（3）最长诉讼时效期间。自权利受到损害之日起超过 20 年的，人民法院不予保护，有特殊情况的，人民法院可以根据权利人的申请决定延长。

2. 诉讼时效期间的中止、中断与延长

（1）诉讼时效期间的中止是指在诉讼时效期间的最后 6 个月内，因法定障碍致使权利人不能行使请求权的，诉讼时效期间暂时停止计算。根据《民法典》的规定，法定障碍具体包括：①不可抗力；②无民事行为能力人或者限制民事行为能力人没有法定代理人，或者法定代理人死亡、丧失民事行为能力、丧失代理权；③继承开始后未确定继承人或者遗产管理人；④权利人被义务人或者其他人控制；⑤其他导致权利人不能行使请求权的障碍。自中止时效的原因消除之日起满 6 个月，诉讼时效期间届满。

（2）诉讼时效期间的中断是指在诉讼时效期间，因权利人向义务人提出履行请求、义务人同意履行义务、权利人提起诉讼或者申请仲裁，以及与提起诉讼或者申请仲裁具有同等效力的其他情形，而使已经经过的时效期间全归于无效。从中断、有关程序终结时起，诉讼时效期间重新计算。

（3）诉讼时效期间的延长是指在诉讼时效期间届满后，权利人基于某种正当理由要求人民法院根据具体情况延长时效期间，经人民法院审查确认以后决定延长的制度。

【案例 10.9】2022 年 1 月 1 日，李某向王某借款 5 万元准备给儿子买房子，约定同年 1 月 20 日还钱，20 天以后李某没有还钱。

请问：（1）若王某一直也没有向李某要钱，那么诉讼时效什么时候截止？

（2）若王某在 2024 年 12 月 25 日因为地震无法向人民法院提起诉讼，诉讼时效如何计算？

（3）若王某在 2022 年 12 月 10 日向李某要钱，李某也答应会尽快还钱，那么诉讼时效如何计算？

解析：（1）诉讼时效在 2025 年 1 月 21 日截止。根据《民法典》的规定，诉讼时效为 3 年，起算时间为 2022 年 1 月 20 日；同时根据《民法典》第二百零一条，按照年、月、日计算期间的，开始的当日不计入，自下一日开始计算。所以诉讼时效在 2025 年 1 月 21 日截止。

（2）诉讼时效中止，等王某能行使诉权时，继续计算剩余的诉讼时效期间。

（3）因为王某向李某主张权利，发生诉讼时效的中断，应从 2022 年 12 月 11 日起重新计算诉讼时效期间。

五、经济诉讼程序

（一）起诉与受理

起诉是指公民、法人和其他组织在其经济权益受到侵害或与他人发生争议时，向人民法院提起诉讼，请求人民法院通过审判予以司法保护的行为。起诉是当事人获得司法保护的手段，也是人民法院对经济案件行使审判权的前提。

当事人的起诉要得到人民法院的受理，必须具备法律规定的起诉条件。依照《民事诉讼法》的规定，起诉必须同时具备如下四个条件：①原告是与本案有直接利害关系的公民、法人或其他组织；②有明确的被告；③有具体的诉讼请求和事实、理由（这是起诉中的核心内容）；④属于人民法院的受案范围和受诉人民法院管辖。

人民法院对起诉审查以后，针对不同情况作出不同的处理：①人民法院认为起诉符合法定条件的，应当在 7 日内立案并通知当事人；②人民法院认为起诉不符合法定条件的，应当在 7 日内作出裁定书，不予受理；原告对不予受理裁定不服的，可以提起上诉。如果人民法院在立案后发现起诉不符合法定条件，裁定驳回起诉，当事人对驳回起诉的裁定不服，可以提起上诉。

【案例 10.10】退休工人刘某去电影院看电影，散场时因出口拥挤被人挤倒摔伤，住院治疗共花医疗费 300 元。刘某向人民法院起诉，要求人民法院为他寻找被告并由被告赔偿损失，但刘某说不出是谁挤倒他的。

请问：人民法院是否应受理刘某的起诉？

解析：人民法院不予受理。根据《民事诉讼法》的规定，起诉的条件之一是必须有明确的被告。本案中原告刘某不知是谁给他造成的伤害，无法确定被告是谁，所以人民法院不予受理。

知识拓展

如何书写起诉状

依照《民事诉讼法》第一百二十四条的规定，起诉状应当写明以下事项：①当事人的有关情况。包括原告的姓名、性别、年龄、民族、职业、工作单位、住所、联系方式，法人或者其他组织的名称、住所和法定代表人或者主要负责人的姓名、职务、联系方式；被告的姓名、性别、工作单位、住所等信息，法人或者其他组织的名称、住所等信息。②原告的诉讼请求，以及诉讼请求所依据的事实和理由。③证据和证据来源，证人的姓名、住所等。

（二）审理前的准备

审理前的准备，是指人民法院接受原告起诉并决定立案受理后，在开庭审理之前，由承办案件的审判员依法所做的各项准备工作。

（1）送达起诉状副本和答辩状副本。人民法院应当在立案之日起 5 日内将起诉状副本送达被告，原告口头起诉的案件，也应当在立案后 5 日内将口头起诉的笔录抄件送达被告。被告应当在收到起诉状副本之日起 15 日内提出答辩状。人民法院应当在收到答辩状之日起 5 日内将答辩状副本发送原告。

（2）告知当事人诉讼权利义务及合议庭组成人员。对于决定受理的案件，人民法院应当在受理案件通知书和应诉通知书中告知原告和被告所享有的诉讼权利、所承担的诉讼义务，或者以口头形式告知当事人诉讼权利和义务。

普通程序的审判组织必须采用合议制度，为了保障当事人申请回避权的充分行使，审理案件的合议庭组成后，人民法院应当在 3 日内将合议庭的组成人员告知当事人。

（3）审阅诉讼材料，调查收集必要的证据。审阅诉讼材料是在审判前的准备阶段承办案件的审判员必须进行的工作，主要是通过审阅原告提交的起诉状、被告提交的答辩状以及各自的证据和其他诉讼材料，初步了解案情，掌握双方当事人争执的问题和矛盾的焦点，并确定当事人提供的证据是否充分，是否需要人民法院调查、收集必要的证据，案件应当适用的有关法律，涉及的有关专业知识以及案件是否能及时进入开庭审理阶段。

（4）当事人的追加。在审理前的准备工作中，如果人民法院发现应当参加诉讼的当事人没有参加诉讼，应当通知其参加诉讼，或者由当事人向人民法院申请追加，此谓当事人的追加。追加当事人只有在诉讼属于共同诉讼的情况下才会发生。

（三）开庭审理

开庭审理是指人民法院在当事人和其他诉讼参与人的参加下，按照法定的方式和程序对案件进行全面审查并作出裁判的活动。

开庭审理的过程分为几个既相互独立又相互联系的阶段：庭审准备，法庭调查，法庭辩论，合议庭评议和宣告判决。

1. 庭审准备

开庭审理前，书记员应当查明当事人以及其他诉讼参与人是否到庭，然后宣布法庭纪律。正式开庭时，由审判长或独任审判员核对当事人，宣布案由以及审判人员、书记员名单，并口头告知当事人有关的诉讼权利和义务，询问当事人是否提出回避申请，从而使当事人、其他的诉讼参与人以及旁听的群众了解案情以及各自的诉讼权利和义务、应遵守的法庭纪律。

2. 法庭调查

法庭调查是指在法庭上通过展示与案件有关的所有证据，对案件事实进行全面的调查，从而为进入开庭审理的下一个阶段作好准备的活动。法庭调查是开庭审理的重要阶段，其任务是审查核实各种诉讼证据，对案件进行直接的、全面的调查。法庭调查按照下列顺序进行：①当事人陈述；②告知证人的权利义务，证人作证，宣读未到庭的证人证言；③出示书证、物证、视听资料和电子数据；④宣读鉴定意见；⑤宣读勘验笔录。

3．法庭辩论

法庭辩论的参加者只能是原告、被告和诉讼中的第三人，以及他们的诉讼代理人。法庭辩论按下列顺序进行：①原告及其诉讼代理人发言；②被告及其诉讼代理人答辩；③第三人及其诉讼代理人发言或答辩；④互相辩论。法庭辩论终结，由审判长按照原告、被告、第三人的先后顺序征询各方最后意见。

4．合议庭评议和宣告判决

法庭辩论终结后，由审判长宣布休庭，合议庭组成人员进入评议室对案件进行评议。合议庭评议实行少数服从多数的原则，评议的情况应如实记入笔录。评议完毕，由审判长宣布继续开庭，宣告判决结果。

宣告判决有两种方式：一种是当庭宣判，另一种是定期宣判。当庭宣判的，应在 10 日内向当事人发送判决书；定期宣判的，应在宣判后立即发给判决书。不管采用哪种形式宣判，都要告知当事人上诉权利、上诉期限以及上诉的人民法院。

📖 知识拓展

审理期限

审理期限是指某一案件从人民法院立案受理到作出裁判的法定期限。依照现行《民事诉讼法》的有关规定，适用普通程序审理的案件，人民法院应当在立案之日起 6 个月内审结。有特殊情况需要延长的，经本院院长批准，可以延长 6 个月。在上述期限内还未审结，需要延长的，由受诉人民法院报请上级人民法院批准，延长的期限由上级人民法院决定。

（四）上诉

当事人不服第一审人民法院判决或裁定的，可以自收到判决之日起 15 日内或收到裁定之日起 10 日内向上一级人民法院提起上诉。第二审人民法院审理期间，原审人民法院的判决暂不生效。第二审人民法院对第一审人民法院的判决所认定的事实和适用的法律进行全面审查，并作出决定。第二审人民法院审理上诉案件可以进行调解。调解达成协议的，应当制作调解书。调解书送达当事人后，原审人民法院的判决即视为撤销。调解不成的，依法裁判。第二审人民法院的判决、裁定是终审的判决、裁定，当事人无权再上诉，即应按照终审判决、裁定执行。第二审人民法院审理对判决的上诉案件，应当在第二审立案之日起 3 个月内审结。有特殊情况需要延长的，由本院院长批准。第二审人民法院审理对裁定的上诉案件，应当在第二审立案之日起 30 日内作出终审裁定。

📖 知识拓展

如何书写上诉状

上诉状应写明以下内容：①当事人的姓名，当事人是法人或者其他组织的，还应写明法人或其他组织的全称，法定代表人或者主要负责人的姓名；②原审人民法院的名称、案件的编号和案由；③上诉的请求和理由，这一部分是上诉状的核心部分。上诉的请求是上诉人提起上诉所要达到的目的；上诉的理由是上诉人提出上诉的根据，是上诉人向上诉人民法院对一审人民法院在认定事实的适用法律方面持有异议的全面陈述。上诉的请求和理由决定着二审人民法院对案件的审理范围。

六、执行程序

（一）执行程序与审判程序

执行程序是指保证具有执行效力的法律文书得以实施的程序。

执行程序与审判程序既有联系又有区别。两者的联系表现为：依审判程序作出的具有给付内容并需予以执行的法律文书适用执行程序予以执行。两者的区别表现为：审判程序是确认民事权利义务关系的程序，执行程序是实现民事权利义务关系的程序。执行程序是保证审判程序的任务得以实现的有力手段。但执行程序具有相对的独立性：首先，经审判程序处理的民事案件并不必然也要经过执行程序；其次，执行程序所适用的案件不只限于审判程序处理的案件范围。例如，公证机关制作的赋予强制执行效力的债权文书、仲裁机构作出的生效裁决书，需要执行的，也由人民法院适用执行程序进行执行。因此，执行程序既不绝对地依赖于审判程序而存在，也不必然地是审判程序的继续。

（二）执行程序的开始

执行程序的开始发生于两种情况：一是权利人申请执行，二是审判人员移送执行。

1. 申请执行

申请执行是指享有权利的一方当事人根据生效的法律文书，在对方拒不履行义务的情况下，可以向有管辖权的人民法院申请强制执行。申请执行是当事人依法享有的重要权利。

（1）对生效裁决和调解书的申请执行。根据《民事诉讼法》的规定，发生法律效力的民事判决、裁定、调解书和其他应由人民法院执行的法律文书，当事人必须履行。一方当事人拒绝履行的，对方当事人可以向人民法院申请执行。

（2）对仲裁裁决的申请执行。根据《民事诉讼法》的规定，对依法设立的仲裁机构的裁决，一方当事人不履行的，对方当事人可以向有管辖权的人民法院申请执行，受申请的人民法院应当执行。

（3）对公证机关依法赋予强制执行效力的债权文书的申请执行。根据《民事诉讼法》的规定，对公证机关依法赋予强制执行效力的债权文书，一方当事人不履行的，对方当事人可以向有管辖权的人民法院，即被执行人住所地或被执行财产所在地的人民法院申请执行，受申请的人民法院应当执行。公证债权文书确有错误的，人民法院裁定不予执行，并将裁定书送达双方当事人和公证机关。

申请执行的期间为2年。申请执行时效的中止、中断，适用法律有关诉讼时效中止、中断的规定。这里的期间从法律文书规定履行期间的最后一日起计算；法律文书规定分期履行的，从最后一期履行期限届满之日起计算；法律文书未规定履行期间的，从法律文书生效之日起计算。

2. 移送执行

移送执行是指人民法院的裁判发生法律效力后，由审理该案的审判员将案件直接交付执行员执行，从而开始执行程序的行为。移送执行是对申请执行的补充。

移送执行的案件主要包括：发生法律效力的具有给付赡养费、扶养费、抚育费内容的法律文书、民事制裁决定书，以及刑事附带民事判决、裁定、调解书。

移送执行应当由审判员填写移送执行书，说明执行的事项和应注意的问题，连同生效的法律文书一并移送执行员；对于移送执行的期限，法律未作具体规定。

人民法院的执行员接到申请执行书或移送执行书后，应当向被执行人发出执行通知，责令其在指定的期间履行义务；逾期不履行的，强制执行。执行通知应当在收到申请执行书10日内发出，除责令被执行人履行义务外，还应当通知其承担迟延履行利息或迟延履行金。

第三节　人民法院对仲裁的监督

案例导入

甲公司和乙公司在合同中订有"双方若在合同履行中发生纠纷应协商解决，若不能协商解决则任何一方有权要求仲裁"的条款。后两公司发生纠纷，甲公司遂向公司所在地的仲裁委员会申请仲裁。仲裁委员会受理该案后作出了裁决。

请问：本案的仲裁裁决能否撤销？如果乙公司不服仲裁裁决，应向哪一级人民法院申请撤销？

一、仲裁裁决的撤销

仲裁裁决的撤销是指对于符合法定应予撤销情形的仲裁裁决，人民法院基于当事人的申请进行审查核实后，裁定撤销仲裁裁决的法律制度。

1. 撤销裁决的条件

仲裁裁决生效后，当事人申请撤销须符合以下条件。

（1）提出申请的主体是当事人。这里的当事人是指双方当事人。可以从两个方面来理解：一是从仲裁程序的角度来理解，有权申请撤销仲裁裁决的当事人既包括仲裁申请人，也包括仲裁被申请人；二是从仲裁裁决的角度来理解，有权申请撤销仲裁裁决的人既可以是依据该仲裁裁决享有实体权利的人，也可以是承担实体义务的人。

（2）应当向有管辖权的人民法院提出申请。申请撤销仲裁裁决应当向仲裁委员会所在地中级人民法院提出。本节案例导入中，若乙公司不服仲裁裁决，应向仲裁委员会所在地中级人民法院提出撤销仲裁裁决的申请。

（3）应当在法定期间内提出。当事人申请撤销仲裁裁决应当自收到仲裁裁决书之日起 6 个月内提出。

（4）有证据证明仲裁裁决出现法定需要撤销的情形。有证据证明仲裁裁决出现法定需要撤销的下列情形之一的，当事人可以申请撤销仲裁裁决：①没有仲裁协议的；②裁决的事项不属于仲裁协议的范围或者仲裁委员会无权仲裁的；③仲裁庭的组成或者仲裁的程序违反法定程序的；④仲裁裁决所依据的证据是伪造的；⑤对方当事人隐瞒了足以影响公正裁决的证据的；⑥仲裁员在仲裁该案时有索贿受贿、徇私舞弊、枉法裁决行为的；⑦人民法院认定该裁决违背社会公共利益的。本节案例导入中，甲、乙公司的仲裁条款中没有明确规定具体的仲裁委员会，因此该仲裁条款无效，乙公司可以向人民法院申请撤销仲裁裁决。

2. 人民法院的审查监督

对当事人撤销仲裁裁决的申请，人民法院应当组成合议庭进行审查，经过审查后可以分别作出以下处理。

（1）通知仲裁庭重新仲裁。人民法院认为可以由仲裁庭重新仲裁的，通知仲裁庭在一定期限内重新仲裁，并裁定中止撤销程序。仲裁庭拒绝重新仲裁的，人民法院应当裁定恢复撤销程序。

（2）裁定撤销仲裁裁决或者驳回申请。对于不需要由仲裁庭重新仲裁或者仲裁庭拒绝重新仲裁的，人民法院应当在 2 个月内进行审查，对于符合撤销情形的，裁定撤销仲裁裁决；对于不符合撤销情形的，裁定驳回申请。

二、仲裁裁决的不予执行

仲裁裁决的不予执行是指对于符合法定不予执行情形的仲裁裁决，人民法院基于被申请执行人的申请进行审查核实后，裁定不予执行仲裁裁决的法律制度。申请不予执行仲裁裁决须具备以下条件。

（1）申请的主体是依据仲裁裁决需要履行实体义务的人。即仲裁裁决生效后，如果申请人向有管辖权的人民法院申请强制执行，在执行程序中，被执行人有权申请不予执行仲裁裁决。由此可见，仲裁裁决作出后，当该仲裁裁决不具有正当性时，依据仲裁裁决享有权利的当事人只有一项权利，即申请撤销该仲裁裁决。而依据仲裁裁决需要履行义务的当事人则有两项权利，即申请撤销该仲裁裁决和不予执行该仲裁裁决。

（2）在执行程序中向受理执行案件的人民法院提出申请。

（3）有证据证明仲裁裁决出现法定不予执行情形。根据《仲裁法》的规定，被申请人有证据证明国内仲裁裁决有《民事诉讼法》规定的下列情形之一的，可以申请不予执行该仲裁裁决：①当事人在合同中没有仲裁条款或者事后没有达成书面仲裁协议的；②裁决的事项不属于仲裁协议的范围或者仲裁机构无权仲裁的；③仲裁庭的组成或者仲裁的程序违反法定程序的；④裁决所根据的证据是伪造的；⑤对方当事人向仲裁机构隐瞒了足以影响公正裁决的证据的；⑥仲裁员在仲裁该案时有贪污受贿、徇私舞弊、枉法裁决行为的；⑦人民法院认定执行该裁决违背社会公共利益的。

被申请人有证据证明涉外仲裁裁决具有《民事诉讼法》规定的下列情形之一的，可以申请撤销该仲裁裁决：①当事人在合同中没有订有仲裁条款或者事后没有达成书面仲裁协议的；②被申请人没有得到指定仲裁员或者进行仲裁程序的通知，或者由于其他不属于被申请人负责的原因未能陈述意见的；③仲裁庭的组成或者仲裁的程序与仲裁规则不符的；④裁决的事项不属于仲裁协议的范围或者仲裁机构无权仲裁的；⑤人民法院认定执行该裁决违背社会公共利益的。

仲裁裁决被人民法院裁定不予执行的，当事人可以根据双方达成的书面仲裁协议重新申请仲裁，也可以向人民法院起诉。

【案例 10.11】甲市 A 县的刘某与乙市 B 区的何某签订了房屋买卖合同，购买何某位于丙市 C 区的一套房屋。合同约定，因合同履行发生的一切纠纷，应提交设立于甲市的 M 仲裁委员会进行仲裁。之后，刘某与何某又达成了一个补充协议，约定合同发生纠纷后也可以向乙市 B 区人民法院起诉。刘某按约定先行支付了部分房款，何某却迟迟不按约定办理房屋交付手续，双方发生纠纷。刘某向 M 仲裁委员会申请仲裁，请求何某履行交房义务，M 仲裁委员会受理了此案。仲裁庭进行审理并作出裁决：何某在 30 日内履行房屋交付义务。因何某在履行义务期间拒不履行房屋交付义务，刘某向人民法院申请强制执行。

请问：人民法院在执行过程中，何某是否有权向人民法院申请不予执行仲裁裁决？

解析：无权。根据《仲裁法》以及司法解释的规定，当事人约定争议可以向仲裁机构申请仲裁也可以向人民法院起诉的，仲裁协议无效。但一方向仲裁机构申请仲裁，另一方未在仲裁庭首次开庭前提出异议的，该仲裁协议有效。根据本案情况，何某未在仲裁庭首次开庭前提出仲裁协议效力的异议，该仲裁协议有效，也不存在仲裁裁决不予执行的法定事由。因此何某无权向人民法院申请不予执行该仲裁裁决。

三、仲裁裁决的中止执行、终结执行和恢复执行

在执行程序开始后，可能出现某些特殊情况，从而影响仲裁程序的正常进行，并导致仲裁裁决的中止执行、终结执行和恢复执行。

1. 仲裁裁决的中止执行

仲裁裁决的中止执行是指在执行程序开始后，由于出现某种特定的原因，从而暂时停止执

行程序，等到这种特定原因消除之后，再决定执行程序是否继续进行的制度。

根据《仲裁法》的规定，一方当事人申请执行仲裁裁决，另一方当事人申请撤销仲裁裁决的，人民法院应裁定中止执行。

按照《民事诉讼法》的规定，有下列情形之一的，人民法院应当裁定中止执行：申请人表示可以延期执行的；案外人对执行标的提出确有理由的异议的；作为一方当事人的公民死亡，需要等待继承人继承权利或承担义务的；作为一方当事人的法人或者其他组织终止，尚未确定权利义务承受人的；人民法院认为应当中止执行的其他情形。

2. 仲裁裁决的终结执行

仲裁裁决的终结执行是指在执行程序开始后，由于出现特定的事由，使执行程序无法再进行或者已经没有进行的必要，因而结束执行程序的制度。根据《仲裁法》的规定，人民法院裁定撤销仲裁裁决的，应当裁定终结执行。

依照《民事诉讼法》的规定，下列情形也将导致仲裁裁决的终结执行：申请人撤销申请的；据以执行的法律文书被撤销的；作为被执行人的公民死亡，无遗产可供执行，又无义务承担人的；追索赡养费、扶养费、抚养费案件的权利人死亡的；作为被执行人的公民因生活困难无力偿还借款，无收入来源，又丧失劳动能力的；人民法院认为应当终结执行的其他情形。

3. 仲裁裁决的恢复执行

仲裁裁决的恢复执行是指已中止执行的程序，由于中止原因消失而继续进行的制度。根据《仲裁法》的规定，撤销仲裁裁决的申请被裁定驳回的，人民法院应当裁定恢复执行。依照《民事诉讼法》的规定，当导致中止执行的原因消失后，人民法院应当裁定恢复对仲裁裁决的执行。

课后练习与实训

一、判断题

1. 平等主体之间的所有经济纠纷都可以通过仲裁来解决。　　　　　　　　（　　　）
2. 根据《民事诉讼法》的有关规定，人民法院书记员的回避应当由审判长决定。（　　　）
3. 仲裁委员会作为常设性仲裁机构，是按照行政区域层层设置的。　　　（　　　）
4. 商业银行的分支机构不具有民事诉讼主体资格。　　　　　　　　　　（　　　）
5. 当事人申请撤销仲裁裁决应当自收到仲裁裁决书之日起半年内提出。　（　　　）

二、单项选择题

1. 下列不属于仲裁的基本原则的是（　　　）。
   A. 自愿原则　　　　　B. 公开原则　　　　　C. 合法原则　　　　　D. 独立原则
2. 下列关于仲裁制度的表述错误的是（　　　）。
   A. 仲裁裁决作出后即发生法律效力，即使当事人对裁决不服，也不能再就同一争议向人民法院起诉，同时也不能再向仲裁机构申请仲裁或复议
   B. 当事人对裁决应当自动履行，否则对方当事人有权申请人民法院强制执行
   C. 当事人对合同纠纷申请仲裁，不需要事先有仲裁协议或事后达成仲裁补充协议
   D. 当事人达成仲裁协议的，排除了人民法院对争议的管辖权，只能向仲裁机构申请仲裁，而不能向人民法院起诉
3. 根据《民事诉讼法》的规定，下列案件可以不公开审理的是（　　　）。
   A. 涉及国家秘密的案件　　　　　　　　B. 涉及个人隐私的案件

C. 离婚案件，当事人申请不公开审理的   D. 涉及未成年人的案件

4. 下列不属于专属管辖的案件的是（   ）。

    A. 因房地产纠纷提起的诉讼   B. 因继承遗产纠纷提起的诉讼

    C. 因港口作业发生纠纷提起的诉讼   D. 因婚姻纠纷提起的诉讼

5. 甲公司欠乙公司货款 30 万元，现甲公司分立为丙与丁两个公司，若乙公司作为原告向人民法院起诉，谁应当作为本案的被告？（   ）

    A. 甲公司   B. 丙公司   C. 丙与丁公司   D. 丙或丁公司

三、多项选择题

1. 下列纠纷不属于仲裁范围的有（   ）。

    A. 应当由行政机关处理的行政争议   B. 监护纠纷

    C. 合同纠纷   D. 收养纠纷

2. 根据《民事诉讼法》的规定，下列人员需要回避的有（   ）。

    A. 书记员   B. 勘验人   C. 人民陪审员   D. 证人

3. 根据《民事诉讼法》的有关规定，下列属于移送执行的案件的有（   ）。

    A. 审判员认为涉及国家、集体或者公民重大利益的案件

    B. 具有财产执行内容的刑事判决书、裁定书

    C. 判决具有交付扶养费、医药费的案件

    D. 裁定具有交付赡养费、抚育费的案件

4. 被申请人提出证据证明国内仲裁裁决有（   ）情形的，可以申请不予执行该仲裁裁决。

    A. 认定事实的证据不足的

    B. 仲裁庭的组成或者仲裁的程序违反法定程序的

    C. 当事人在合同中没有订立仲裁条款的

    D. 适用法律确有错误的

5. 按照《民事诉讼法》的规定，有（   ）情形的，人民法院应当裁定中止执行。

    A. 案外人对执行标的提出确有理由的异议的

    B. 申请人表示可以延期执行的

    C. 作为一方当事人的法人或者其他组织终止

    D. 作为一方当事人的公民死亡，需要等待继承人继承权利或承担义务的

四、思考题

1. 简述经济仲裁的受案范围。

2. 简述仲裁协议无效的情形。

3. 简述管辖权转移和移送管辖的区别。

4. 简述经济诉讼中起诉的条件。

5. 简述撤销仲裁裁决与不予执行仲裁裁决的区别。

五、实训题

河北省某机电公司向天津某贸易公司购买了一批彩电，合同在北京某区签订。合同规定贸易公司为机电公司代运，货到付款；如发生争议，双方协商解决，协商不成则任何一方可向北京市某区人民法院起诉。机电公司收到货后，发现电视机不符合质量要求，遂要求退货。贸易公司不同意，因此双方发生争议。为此，贸易公司向北京市某区人民法院起诉，要求机电公司交付货款，人民法院受理了本案。

请问：北京市某区人民法院对此案有无管辖权？协议管辖应如何适用？

主要参考文献

[1] 曹清清，2023. 证券法教程. 北京：中国法制出版社.

[2] 冯术杰，2024. 商标法原理与应用. 2 版. 北京：中国人民大学出版社.

[3] 冯晓青，刘友华，2022. 专利法. 2 版. 北京：法律出版社.

[4] 高庆新，李霞，2021. 经济法. 2 版. 北京：中国人民大学出版社.

[5] 高宇，2021. 保险法学. 北京：法律出版社.

[6] 关怀，林嘉，2022. 劳动法. 6 版. 北京：中国人民大学出版社.

[7] 郭海霞，2021. 电子商务法. 北京：电子工业出版社.

[8] 黄明欣，罗鑫，饶柳西，2023. 消费者权益保护法案例教程. 武汉：武汉大学出版社.

[9] 黄薇，2020. 中华人民共和国民法典释义. 北京：法律出版社.

[10] 黎建飞，2019. 劳动法与社会保障法：原理、材料与案例. 2 版. 北京：北京大学出版社.

[11] 李良雄，王琳雯. 2021. 金融法. 3 版. 北京：人民邮电出版社.

[12] 李玉泉，2019. 保险法. 3 版. 北京：法律出版社.

[13] 李正华，2020. 经济法. 6 版. 北京：中国人民大学出版社.

[14] 林嘉，2023. 劳动与社会保障法. 5 版. 北京：中国人民大学出版社.

[15] 马明华，虎岩，2022. 经济法概论. 北京：北京大学出版社.

[16] 乔欣，2020. 仲裁法学. 3 版. 北京：清华大学出版社.

[17] 施天涛，2024. 商法学. 7 版. 北京：法律出版社.

[18] 汤维建，2023. 民事诉讼法学. 3 版. 北京：北京大学出版社.

[19] 陶凯元，杨万明，王淑梅，2024. 中华人民共和国民事诉讼法理解与适用. 北京：人民法院出版社.

[20] 王利明，2023. 民法. 10 版. 北京：中国人民大学出版社.

[21] 王利明，朱虎，2024. 民法典合同编通则司法解释释评. 北京：中国人民大学出版社.

[22] 王翔，2022. 中华人民共和国反垄断法解读. 北京：中国法制出版社.

[23] 吴汉东，2023. 知识产权法. 6 版. 北京：法律出版社.

[24] 邢会强，2023. 证券法学. 3 版. 北京：中国人民大学出版社.

[25] 张士元，2015. 企业法. 4 版. 北京：法律出版社.

[26] 赵威，2024. 经济法. 9 版. 北京：中国人民大学出版社.

[27] 朱大旗，2015. 金融法. 3 版. 北京：中国人民大学出版社.

[28] 张守文，2023. 财税法学. 北京：高等教育出版社.

更新勘误表和配套资料索取示意图

说明1：本书配套教学资料存于人邮教育社区（www.ryjiaoyu.com），资料下载有教师身份、权限限制（身份、权限需网站后台审批，参见示意图）。

说明2："用书教师"，是指学生订购本书的授课教师。

说明3：本书配套教学资料将不定期更新、完善，新资料会随时上传至人邮教育社区本书相应的页面内。

更新勘误及意
见建议记录表

说明4：扫描二维码可查看本书现有"更新勘误记录表""意见建议记录表"。如发现本书或配套资料中有需要更新、完善之处，望及时反馈，我们将尽快处理！

咨询邮箱：13051901888@163.com